자원봉사론
Volunteer Management

남기철 저

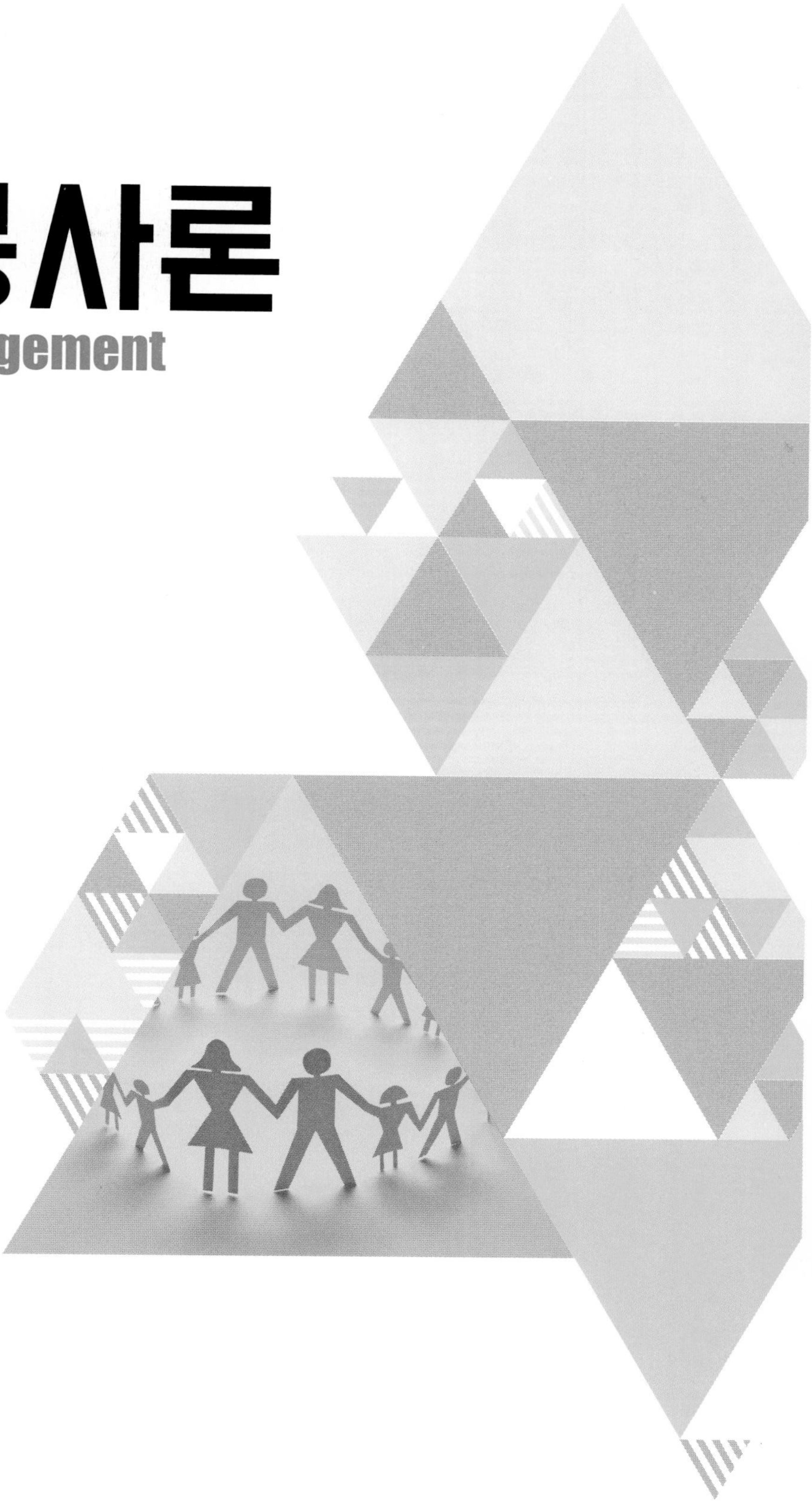

학지사

머리말

대학에서 꽤 오랫동안 학생들에게 사회복지전공의 교과목을 강의하며 함께 공부해 왔다. 그중 한 부분은 시민참여의 중요성 및 시민의 참여를 사회복지분야에서 어떻게 조직화할 것인가와 관련되어 있었다. 대표적으로 '자원봉사론'이라는 명칭의 교과목이 이에 해당한다. 사회경제적 변화에 따라 사회복지의 중요성이 강조되면서 사회복지 현장에서는 공공의 자원 외에도 민간의 자발적 기여를 잘 활용할 필요성이 높아지고 있다. 특히 시민의 자발적인 참여는 사회복지 증진을 위한 인적 자원 활용이라는 측면뿐만 아니라, 참여자에 대한 경험학습으로서 복지교육의 측면, 지역사회 공동체의 형성이라는 측면에서 매우 중요하기 때문에 자원봉사활동에 대한 적절한 관리가 필요하다. 자원봉사는 자원봉사 참여를 희망하는 사람과 활동 현장이 있다고 해서 저절로 잘 연결되고 좋은 성과를 가져오는 것이 아니다. 계획적이고 전문적인 자원봉사관리가 좋은 자원봉사활동의 필수 조건이다. 이 책은 특히 사회복지사나 사회복지를 공부하는 학생들에게 자원봉사관리에 대해 소개하는 것을 목적으로 집필되었다. 우리나라 교육현장에서 일반적으로 사용되는 '자원봉사론'을 책의 제목으로 삼았지만, 구체적인 내용은 사회복지사의 '자원봉사관리'에 초점을 두고 있다.

필자는 약 15년 전에 자원봉사와 관련된 책을 한 번 집필한 바 있는데, 그 이후로 '자원봉사'에는 많은 변화가 있어 왔다. 1990년대 중반 교육과정에 자원봉사과정이 편성된 이후 자원봉사자가 급격하게 증가하다가 최근에는 양적 증가세가 주춤하고 있다. 2005년 「자원봉사활동 기본법」 제정 이후 몇 차례의 개정과 국가기본계획이 수차례 발표되었다. 자원봉사활동을 관리하는 체계도 행정안전부의 1365, 사회복지분야의 VMS(사회복지자원봉사관리체계), 청소년 자원봉사활동 관련의 DOVOL 등이 정비되어 왔고, 자원봉사관리와 관련된 실제의 이론적 · 실천적 내용에서도 강조점들의 변화가 나타나고 있다. 외국의 자원봉사 관련 주요 체계에서도 변화가 나타난 부분들이 있다. 이러한 변화의 반영 필요성뿐만 아니라, 자원봉사관리와 관련하여 사회복지사가 알아야 할 중요성에 대한 필자의 관점에도 변화가 생겼기에 이 책을 새롭게 집필하게 되었다.

이 책은 사회복지학 교과목 지침의 기본적인 구성을 따르고 있다. 제1부에서는 자원봉사활동과 관련된 개념, 역사, 현황의 전반적 동향을 다루고 있다. 제2부에서는 자원봉사관리의 의미와 과정별 실천내용에 대해 6개의 장으로 다루고 있다. 자원봉사관리의 기본적 특성과 의미, 자원봉사 프로그램의 기획과 자원봉사자의 역할설계, 자원봉사자의 모집과 선발, 자원봉사자의 교육훈련, 자원봉사활동에 대한 지도감독, 종결에서의 인정과 평가에 대한 내용이 그것이다. 제3부에서는 자원봉사활동의 다양한 유형별 특성과 자원봉사관리에서의 유의사항을 다루고 있다. 학생의 자원봉사, 기업의 자원봉사와 전문직의 자원봉사, 노인의 자원봉사와 가족단위의 자원봉사, 사회복지시설에서의 자원봉사, 다양한 자원봉사자별 특징의 5개 장으로 편성되어 있다.

마땅히 포함되어야 할 중요한 사안을 충분히 다루지 못하거나, 적절하게 취급하지 못한 부분이 있을 것이다. 내용에서 부적절한 모자람이나 과함이 있다면 모두 필자의 탓이다. 독자 여러분의 너그러운 양해를 바란다.

처음에 계획했던 것에 비추어 볼 때 원고가 예정보다 늦게 정리되었다. 이 과정에서 불편함을 느끼셨을 서울대학교 사회복지연구소와 학지사 관계자분들께 죄송하다는 말씀을 드린다. 필자에게 사회복지총서 집필의 기회를 주신 강상경 서울대학교 사회복지연구소장님께 감사드린다. 또한 경제적으로 보아서는 매력적이지 않을 이 책을 흔쾌히 발간해 주신 학지사 김진환 사장님께 깊은 감사를 드린다. 특히 늦어지고 깔끔하지 못한 원고임에도 많은 노력을 기울여 책자로서 온전한 모습을 갖추도록 심혈을 기울여 주신 이영봉 선생님께 죄송하다는 말씀과 함께 감사의 말씀을 전한다.

원고를 쓰고 정리하는 일은 생각보다 시간이 걸리는 탓에 개인적인 시간이 희생되곤 한다. 원고를 핑계로 대소사를 소홀히 하는 필자를 가족들이 너그럽게 보아주었다. 이제는 하늘나라에 계시는 아버지, 그리고 몸이 불편하실 때조차도 가족들을 훌륭하게 돌보아 주시는 어머니께서 이 책을 쓰는 노력과 시간을 가능하게 해 주셨다. 아들 현이와 시현이는 아빠와 함께할 시간을 양보해 주었다. 평소에는 잘 표현하지 못했던 사랑한다는 말과 함께 건강하고 훌륭한 사회인으로 자라 주기를 바라는 마음을 전한다. 장인, 장모님께서 주말이면 늘 손자들을 돌보고 챙겨 주실 때, 사위로서 돕지 못하여 죄송하고 감사한 마음이다. 자주 찾아뵙지 못하는 이모님과 이모부님께도 진심으로 감사하고 죄송하다. 조카인 가현, 도현, 재민, 혜정, 지우, 민주, 민서 모두 지금까지와 같이 멋있게 성장하기를 바란다. 마지막으로, 이 책의 내용과 관련된 많은 자원봉사 자료를 아내인 권영혜 사회복지사가 수집하고 정리해 주곤 하였다. 그것만으로도 책의 공저자로 이름을 올린다고 하여도 모자람이 없다. 그 이상으로 필자가 하는 모든 일이 가능할 수 있게끔 지켜 주고 동반자가 되어 주는 아내에게 각별한 감사와 사랑한다는 말을 전한다.

월곡동 연구실에서

남기철

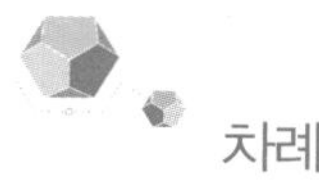

차례

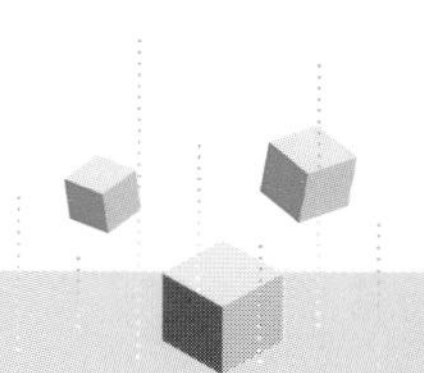

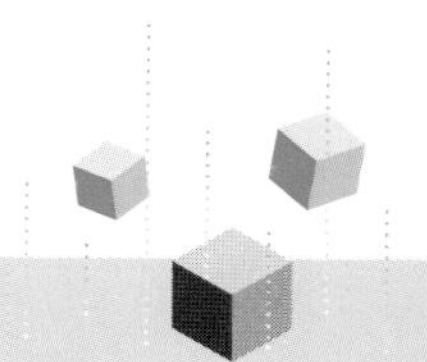

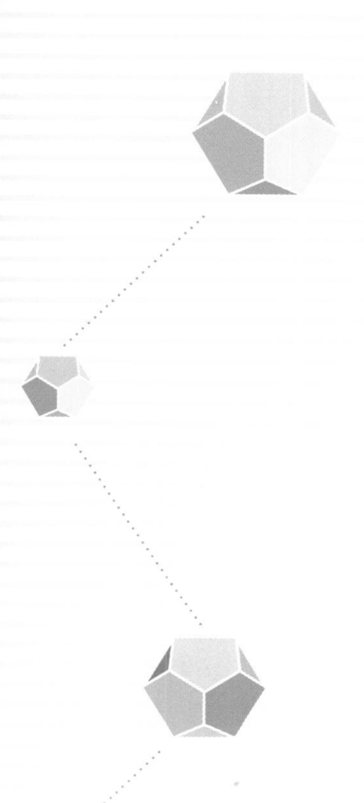

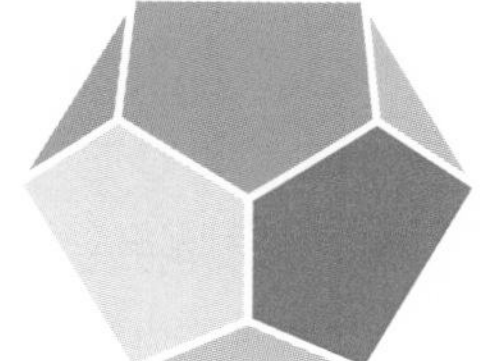

제1부

자원봉사의 개념과 현황

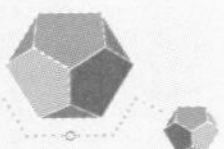

"돈이나 권력을 이용해 사람이 정해진 임무를 달성하도록 시킬 수 있다. 하지만 사람의 열정과 창의성은 오직 자발성에 기초해서만 발휘될 수 있다."(D. Marquet)

1부는 자원봉사에 대한 기본적인 이해를 위한 내용으로 구성되어 있다. 1장에서는 자원봉사의 개념, 가치와 원칙, 그리고 자원봉사와 사회복지의 관계에 대해 살펴본다. 2장은 자원봉사의 역사적 전개 과정을 살펴보고, 자원봉사를 목적으로 하거나 그 활성화를 지원하기 위해 만들어진 대표적인 국내외의 주요 조직들의 특징을 설명한다. 3장에서는 자원봉사활동 현황에 대해, 특히 우리나라의 상황을 중심으로 살펴본다. 전반적인 자원봉사활동 참여의 정도, 자원봉사활동과 관련된 법률과 제도, 자원봉사활동 영역과 현장의 다양한 모습, 자원봉사의 현황과 관리에 대해 다루고 있다.

특히 사회복지사라면 1부의 내용을 통해서 자원봉사가 대가 없이 타인을 돕는 선한 행동이라는 소극적 개념인식에서 벗어나 자원봉사 개념의 특징적 요소와 현대적 자원봉사가 가지고 있는 실제의 모습에 대해 객관적으로 인식할 필요가 있다.

제1장
자원봉사의 개념과 이해

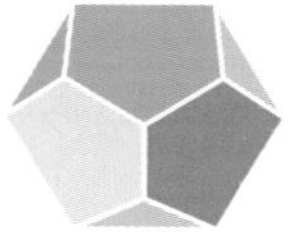

1. 자원봉사의 개념

보통 자원봉사활동 혹은 자원봉사자라는 말에서 많은 사람이 선(善)한 행동, 종교적 의미와 같은 이미지를 연상하곤 한다. 혹은 조금은 부정적인 의미에서 '무보수의 공짜로 하는 일'을 일컬을 때 자원봉사라는 용어를 사용하기도 한다. 결국 이러한 의미들은 '대등한 대가 없이 이루어지는 일방적인 시혜'라는 측면에 초점을 두고 자원봉사를 바라보는 관점과 관련된다. 그러나 이는 자원봉사에 대해 일반적으로 가지고 있는 선입견을 나타낸 것으로서 정확한 인식이라고 할 수는 없다. 자칫 자원봉사활동의 주체와 객체가 분리되고 더 나은 사람이 더 못한 사람에게 베푸는 활동으로만 인식될 우려도 있다.

어의적인 면에서 볼 때, 자원봉사자를 의미하는 단어 'volunteer'의 어원은 'voluntas' 혹은 'volo'와 관련되는데 이는 '자유의지'라는 의미를 가진다. 여기에서 사실상 무보수나 공짜라는 의미보다는 자발성이라는 측면이 자원봉사 개념에서 보다 더 본질적이라는 점을 유추해 볼 수도 있다. 마르케(Marquet)는 "돈이나 권력을 이용해 사람이 정해진 임무를 달성하도록 시킬 수 있다. 하지만 사람의 열정과 창의성은 오직 자발성에 기초해서만 발휘될 수 있다."라고 지적한 바 있다(Madding & King, 2018). 자원봉사는 자본주의 시장에서의 교환관계에 따라 사람의 활동과 노력을 돈 주고 고용해 이루어지는 것이 아니다. 사회적 존재로서의 인간이 경제적 수입보다 더 중요하다고 느끼는 사회적 책임성이나 자발성에 기초해서 자원봉사 활동이 이루어진다.

최근 우리 사회에 자원봉사활동 참여가 과거보다 많아졌다. 그리고 교육기관, 기업, 사회복지기관, 여러 시민단체 등에서 자원봉사에 대한 관심도 높아지고, 자원봉사의 형태와 내용도 다양해지고 있다. 마을공동체 활동이나 주민자치의 활성화에 따라 지역사회를 위한 민간 공동체의 자발적이고 주체적인 참여활동이 부각되기도 한다. 법률이나 의료 영역을 비롯한 전문가들의 프로보노(pro bono) 활동과 같이 공익을 위한 활동도 많아지고 있다. 최근 코로나19 팬데믹과 같은 재난상황에서도 다양한 자원봉사활동이 사회문제 해결에 크게 기여한 바 있다. 시대 상황에 따라 자원봉사활동은 매우 다양한 모습으로 나타나고 있다.

코로나19 확산으로 대면 접촉이 어려워지고 사회적 거리두기가 일상화되면서 전통적인 방식의 대면봉사활동이나 단체봉사활동은 줄고 비대면 봉사활동이 하나의 트렌드로 자리 잡고 있다. 2021년 7월 4일 경기도에 따르면, 2019년 16개에 불과하던 도내 비대면 자원봉사 프로그램은 2020년 155개, 2021년 상반기에는 143개로, 전년 동월 대비 약 2배가량 증가했다.

수원시에서는 고려인들을 대상으로 한 온라인 한글 교육과 우리 문화 알리기에 약 200명이 참여했다. 미혼모에게 애착인형을 제작 · 선물하는 안양시의 '소나기 프로젝트'에는 110명이 참가했다.

……〈중략〉……

이 밖에도 경기도자원봉사센터에서는 야생조류 유리창 충돌조사 활동과 미세먼지 측정 시민참여활동, 온라인 유해정보 모니터링 활동, 환경보호 플로깅(조깅하며 쓰레기를 줍는 운동) 활동 등 기발하고 다양한 프로그램을 개발해 자원봉사자들의 큰 호응을 얻고 있다. 야생조류 유리창 충돌조사 활동에 참여한 A씨는 "코로나19로 인해 자원봉사를 못하고 있었는데 우연히 SNS를 통해 비대면 봉사활동이 있다는 것을 보고 참여하게 됐다."며 "혼자서도 가능한 활동이어서 안전하다고 생각하고, 작은 생명을 위해 봉사한다는 보람도 느낄 수 있다."라고 만족감을 드러냈다.

〈박상욱 기자, 뉴시스(2021. 7. 4.)〉

자원봉사에 대한 관심도 비교적 높고 많은 사람이 참여하고 있지만 자원봉사의 개념을 명확히 규정하는 것은 쉽지 않다. 만약 어떤 사람이 특정 자원봉사단체에 속해서 교육을 받고 병원이나 시설에서 호스피스 관련 활동을 정기적으로 하고 있다면 이는 당연히 자원봉사활동이라고 할 것이다. 그런데 만약 누군가가 호스피스 활동을 심하게 중병을 앓고 있는 가까운 이웃에게 하고 있다면 이는 자원봉사활동이라고 할 수 있을까? 혹은 호스피스 활동의 대상이 본인의 가족이나 친척이라면 자원봉사활동이라고 할 수 있을까? 동네의 스포츠 모임에서 우연한 계기로 주말마다 스포츠를 가르치며 코치활동을 하고 있는 사람은 스스로 자원봉사자라고 생각하고 있을까? 개념의 정의는 그에 해당하는 것과 그렇지 않은 것을 구별해 낼 수 있어야 하지만 구체적인 현실에서 명확한 구별은 상당히 어려운 일이다.

학술적인 측면에서도 자원봉사활동의 개념에 대해 모두가 동의하는 단일한 정의를 찾기는 쉽지 않다. 여러 주체에 의해 정의되고 있으나 조금씩 다르게 표현하고 있는 것이 현실이다.

사전적인 의미에서 『표준국어대사전』에서는 자원봉사를 "어떤 일을 대가 없이 자발적으로 참여하여 도움. 또는 그런 활동"으로 정의하고 있다. 행정안전부에서 관할하고 있는 1365 자원봉사포털에서는 자원봉사활동에 대해 "개인 또는 단체가 지역사회 · 국가 및 인류사회를 위하여 대가 없이 자발적으로 시간과 노력을 제공하는 행위"라고 정의하고 있다. 한국사회복지협의회의 사회복지자원봉사관리체계(VMS)에서는 "개인 및 단체의 자발적 참여와 대가 없이 도움이 필요한 이웃과 사회에 시간과 재능을 제공하여 사회문제 해결 및 사회공익에 기여하는 것"이라고 정의하고 있다. 미국의 『사회복지백과사전(Encyclopedia of Social Work)』에서는 자원봉사활동에 대해 "사회복지기관이나 공사의 여러 기관에서 개인, 집단, 지역사회의 여러 가지 사회문제를 예방, 통제, 개선하는 일에 보수 없이 자발적으로 참여하는 활동"으로 이야기하고 있다.

2005년 법률 7669호로 제정된 우리나라의 「자원봉사활동 기본법」에서는 '자원봉사활동'을 "개인 또는 단체가 지역사회, 국가 및 인류사회를 위하여 대가 없이 자발적으로 시간과 노력을 제공하는 행위를 말한다."라고 정의하고 있다. 또한 '자원봉사자'는 "자원봉사활동을 행하는 사람" '자원봉사단체'는 "자원봉사활동을 주된 사업으로 행하거나 이를 지원하기 위하여 설립된 비영리 법인 또는 단체" '자원봉사센터'란 "자원봉사활동의 개발 · 장려 · 연계 · 협력 등의 사업을 수행하기 위해 법령과 조례 등에 따라 설치된 기관 · 법인 · 단체" 등으로 규정하고 있다(「자원봉사활동 기본법」, 법률 제14839호, 2017. 7. 26. 개정).

엘리스(Ellis)와 노일즈(Noyles)는 자원봉사의 개념을 명확히 하기 위해 자원봉사활동의 구성요소를 자발적 선택, 사회적 책임, 경제적 이익의 배제, 기본적 의무의 초월이라는 네 가지로 설명하고 있다(Ellis & Noyles, 1990: 류기형 외, 2015에서 재인용). 그리고 이와 유사하게 한국사회복지협의회의 『자원봉사 프로그램 백과』(1997)에서는 자원봉사를 "특정한 사회적 요구의 인식하에 사회적 책임감의 태도를 가지고 금전적 이득에 대한 관심 없이, 또한 기본적 의무감으로부터 벗어나서 자발적으로 행동할 것을 선택해서 이루어지는 활동"이라고 정의하고 있다. 여기서 말하는 기본적 의무란 작게는 부모 형제 간에 서로 돕거나 집안일을 분담하는 것과 같이 일상적으로 생활하면서 책임을 나누어져야 할 일들을 수행하는 것, 크게는 세금 납부나 병역 등과 같이 공동체적으로 제도화된 구성원의 의무를 수행하는 것을 의미한다. 자원봉사활동은 이와 같은 '의무가 아닌 활동'을 대가 없이 자발적으로 수행하는 것이라는 의미가 된다. 그리고 그 근간에는 함께 살아가는 사회구성원에 대한 넓은 의미의 책임과 참여의식이 존재하는 것이다.

결국 자원봉사는 시민사회에 능동적으로 참여하여 사회문제를 해결하고 지역사회의 삶의 질을 증진하고자 하는 자발적인 활동에 초점을 두는 것이다. 겉으로 나타나는 형태는 다양하고, 그 대표적인 모습의 하나가 사회적 취약계층을 돕는 활동일 수 있다. 하지만 자원봉사활동은 비단 선한 행동, 무보수의 행동, 자기희생, 이타적인 행동이라는 의미에 국한되는 것이 아니다. 종교적이거나 특별한 사람의 행동으로 볼 것이 아니라 한 사회의 구성원으로서 사회참여와 책임의식을 자각함으로써 나타나는 성숙한 시민의식의 발로라 할 것이다.

따라서 자원봉사자는 특별히 착한 사람, 어려운 이웃을 도와주는 사람으로 인식될 것이 아니라 시민의식과 공동체의식에 기반하여 자신의 사회적 책임을 다하려는 사람으로 보아야 한다. 자원봉사자와 활동 대상자 간의 관계를 도와주는 사람과 도움을 받는 사람 간의 일방적인 관계로 보아 '불쌍한 사람을 내려다보는 관점'을 조장해서는 곤란하다.

〈전략〉…… 외국에서는 자원봉사자가 자신의 활동에 대해 관련 기관으로부터 마일리지 형식으로 활동기록을 승인받아 두면 이후 자신이 다른 사람의 자원봉사활동을 필요로 할 때, 우선적으로 자원봉사자를 배치받는다. 이러한 교환형식은 자원봉사활동이 시민활동의 하나로 활동자와 대상자가 서로 대등한 관계로 인식되도록 하는 것이다. 자원봉사활동에 대한 보상에 연연하는 것도 곤란하지만 자원봉사자를 일방적으로 자신보다 못한 사람을 돕는 착한 사람이라는 식으로 인식하는 것도 불평등한 태도이기 때문에 부적절한 것이다. ……〈하략〉

〈교보다솜이사회봉사단(2006)〉

결국 자원봉사와 자원봉사자의 개념에는 개인적인 선(善) 의지의 속성도 중요한 것이지만 이보다는 사회적 존재로서 시민의식의 발현이라는 속성이 본질적인 내용을 구성하고 있다고 하겠다. 한편으로, 이는 자본주의 경제체제하에서 인간 활동의 교환가치에 대한 고려를 최소화하고 그 사용가치의 측면에 관심이 집중된 독특한 것이라 할 수 있다.

2. 자원봉사의 가치와 원칙

1) 자원봉사의 철학적 배경

한국사회복지협의회(1997)에서는 자원봉사의 다섯 가지 철학적 배경을 통해 자원봉사활동의 특성을 유추하고 있다.

첫째, 상호부조(mutual aid)의 정신이다. '우리'라는 공동체의식이나 연대의식의 바탕 위에서 서로 돕는 행위와 정신을 나타내며 사회적 · 공동체적 존재로서의 인간에게서 자연스럽게 나타나는 상호적 행동양식이다. 사회적 존재로서 인간은 연대를 통해 생존과 번영을 가능하게 했다. 사회에서 다양하게 나타나는 사회문제에 대해서도 사회구성원이 서로 돕는 연대적 활동과 상호부조는 자원봉사의 가장 큰 철학적 배경이 된다.

둘째, 박애정신(philanthropy)이다. 박애정신은 종교적인 것이라기보다는 인도주의적 도덕과 윤리에 기초하여 어려움에 빠진 사람을 원조하는 활동으로 볼 수 있다. 우리나라의 전통적인 홍익인간(弘益人間)의 정신 역시 박애정신의 표현이라 할 수 있다.

셋째, 종교적 윤리의 속성이다. 대부분의 종교들에서 자선 혹은 상호부조활동에 대한 강조와 긍정적인 가치부여가 두드러지게 나타나고 있다. 그리고 많은 사람이 이러한 종교적 윤리를 통해 자원봉사활동에 가까워지곤 한다.

넷째, 시민참여(citizen participation)의 정신이다. 책임을 분담하기를 원하는 지역사회 내의 개인에 의해 경제적 보상 없이 자발적으로 이루어지는 노력을 말하는 것이다. 이러한 시민참여의 기회들은 모든 시민의 권리이며 의무가 된다. 사회문제의 해결은 시민참여의 질적인 정도에 의해 좌우되기 때문이다.

다섯째, 자발적 참여주의(voluntarism)이다. 이는 말 그대로 자유의사 또는 선택에 의해서 어떤 행위를 하는 것을 말하는 것이다. 자원봉사활동에 참여하지 않았을 때의 일상적이고 기본적인 생활에 더하여 일상적이지 않은 각종 활동에 자발적으로 기부, 시간 또는 노력을 무료로 제공하여 사회의 공익에 이바지하는 것을 말한다. 자발적 참여주의에서 자원봉사주의(volunteerism)가 파생되었다고 볼 수 있다. 자발적 참여주의는 인간복지서비스 체계에의 자발적 참여의 철학 및 원칙을 의미하는 데 비해 자원봉사주의는 추상적인 원칙에만 관여하기보다는 실제적인 자원봉사자 개인, 그들이 제공하는 서비스 및 그리고 그들이 관련을 맺고 있는 전문직에까지 초점을 넓히는 것이다.

이상과 같이 몇 가지로 국한된 표현 이외에도 자원봉사의 철학적 배경으로 강조되는 것들이 있다. 대표적인 것은 민주주의 정신이다. 이는 자원봉사활동이 민주주의라는 현대사회의 기본적 정치이념에 부합해야 하는 것을 의미한다. 또 인권과 생명존중에 대한 이념 역시 자원봉사활동의 철학적 배경으로 강조된다. 자원봉사활동은 모든 인간의 천부적 권리와 가치를 존중하는 것이며 그렇지 않은 당파적 · 계층적 활동은 자원봉사로 인정될 수 없다는 것이다. 최근에는 기후변화와 생태에 대한 관심이 높아지면서 비단 인간이라는 종(種)을 넘어선 모든 생명과 환경 생태계에 대한 존중을 강조하는 추세도 강하다. 특히 유럽 일부 국가에서는 헌법을 개정하여 인간존중에 국한되지 않는 생명존중과 생태계의 보전을 전 국가적 우선 가치로 설정하기도 하여 '녹색'에 대한 강조는 자원봉사활동에도 큰 영향을 미치고 있다.

2) 현대사회에서 자원봉사활동의 필요성

현대사회에서 자원봉사활동의 사회적 의미는 매우 크다. 현대사회의 특징이라고 할 수 있듯이 자본주의체제에 의한 시장경제가 전일화되면서 전통사회에서 일반적이었던 집단적인 부조망이나 원조체계는 시장경제의 위력 속에서 거의 소멸되었다. 따라서 엄청난 생산력의 발전에도 불구하고 시장에서 필요한 욕구를 충족할 수 있는 경제력이 없는 사람들은 자신의 생활유지에 심각한 문제를 가지게 되었다. 또한 이러한 경제적 측면만이 아니더라도 공동체적 생활양식이나 부조체계가 사라지면서 개인들의 소외현상이나 의지할 곳 없는 사람들의 심리적 고립감들은 심각한 문제가 되고 있다. 이러한 현대사회에서의 사회문제를 해결하기 위해 시장경제체제 외적으로 적극적 국가의 역할을 통한 복지국가가 중요한 역할을 하고 있다. 그러나 사회구성원들이 경험하는 현대사회의 문제는 국가나 여타 조직들의 제도적 개입만으로는 해결되기 어려우며, 사회문제 해결을 위해 사회구성원 각자의 공동체에 관한 관심과 자발적인 노력을 필요로 한다.

한편, 개인의 입장에서 바라본다면, 우리가 자아를 실현하고 자신의 행복을 추구하는 사회적인 현장이라고 할 수 있는 직장에서의 활동, 즉 직업도 경제적인 이유에 묶여 자기 자신의 사회적 책임의 완수라는 자기만족을 얻기는 힘들다. 또한 현대사회에서 주로 경제적인 생산성으로 편성되는 각종 직업의 내용만으로는 사회적으로 필요한 활동이나 공공선을 모두 달성하기는 어렵다. 그러므로 이러한 부분은 어느 정도 현대국가의 역할에 의해서 이루어져야 할 일이나, 한편으로 시민 각자의 비경제적이지만 공공선을 달성하기 위한 활동을 필요로 하며 또한 이는 각자의 자기 행복 추구의 방편이 되기도 한다. 이러한 자발적인 공동체 지향의 활동을 통해서 현대사회가 가지는 문제에 대한 접근과 각 개인의 생활에서의 자기성장이 이루어지게 될 것이다.

이러한 점에 비추어 볼 때 현대사회에서 자원봉사활동의 필요성을 다음과 같이 살펴볼 수 있다(신혜섭, 남기철, 2001).

(1) 개인의 자기발견

산업사회의 복잡화와 조직의 거대화에 따라 개인은 점차 무력해지고 자아정체감을 상실하게 된다. 또한 경제발전에 따른 급속한 사회변화는 전통적인 제도교육만으로는 그 사회에서 요구하고 필요로 하는 각종 지식과 기술을 습득하고 적용하는 데 한계가 있다. 따라서 자원봉사활동은 사회에 대해서 자신이 가지고 있는 능력과 자원의 일부를 서비스하는 것인 동시에 그 사회에서 현재 나타나고 있는 다양

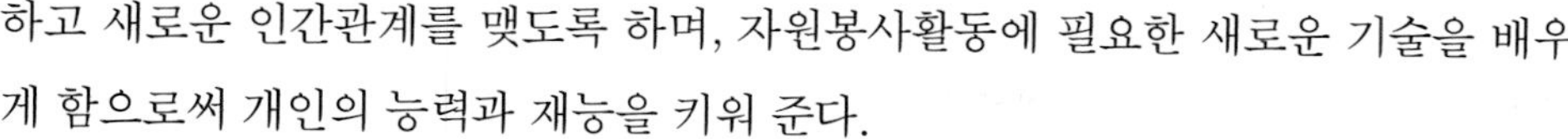

하고 새로운 인간관계를 맺도록 하며, 자원봉사활동에 필요한 새로운 기술을 배우게 함으로써 개인의 능력과 재능을 키워 준다.

(2) 사회적 책임의 공유

현대사회에서는 각 개인이 원자화되고 인간관계가 익명화되면서 사회의 정상적인 유지를 저해하는 여러 가지 사회문제가 증가하고 있다. 다양한 사회문제의 해결을 위한 국가나 정부의 조직적 노력은 한계가 있으며, 따라서 시민들의 다양하고 자발적이며 적극적인 참여를 통해 사회적 책임을 공유해야 할 필요에 직면하고 있다. 그러므로 제3영역으로서 비정부조직의 활동이 많아지고 있으며, 이것이 성공적이기 위해서는 이를 지원할 다양한 자원봉사자의 역할이 중요하다. 어떤 의미에서는 자원봉사자들의 질과 양이 현대사회가 직면한 다양한 문제해결의 잠재적인 지표가 될 수 있다.

(3) 사회적 생산성 강화

자원봉사는 단순히 있는 자가 없는 자를 돕거나 지역사회를 위해 여유 있는 사람만이 단순히 봉사한다는 의미를 넘어 국민의 가용자원을 충분히 활용할 수 있는 중요한 사회적 기제인 것이다. 즉, 사회 각 구성원이 자신들이 가진 능력의 최소한의 부분을 사회에 환원함으로써 사회발전의 총체적인 에너지가 증가하게 된다. 또한 경제적인 풍요와 노인인구의 증가 및 정년제도와 최근 부각되는 조기퇴직 등의 현상에 비추어 볼 때 전문적인 능력을 가진 유휴인력이 자신의 지식과 기술을 살려 자원봉사활동을 할 경우에 사회의 전체적인 생산력을 향상시킬 수 있다.

(4) 지역사회 공동체 건설

현대사회에서는 사회적인 응집력이 약화되고 지역사회 공동체의 의미가 상실되어 가며 개인 이익에 충실한 자본주의적 삶의 양식이 지배적이 되었다. 이에 따라 인간소외, 물질만능주의 등 다양한 사회문제가 나타나고 있다. 또한 모든 사람이 더 나은 생활을 추구하고 있지만 사회구성원 간에는 서로에 대한 불신과 대립이 계속적으로 생겨나 세대 간, 계층 간, 지역 간 갈등이 나타나며 한 지역사회 안에서도 서로에 대한 무관심으로 지역사회에 대한 개념이 현저하게 줄어들고 있는 추세이다. 자원봉사활동을 통해 다양한 사회구성원 간의 지역사회문제에 대한 공통된 인식과 해결을 위한 노력을 하고 그로 인해 지역사회 구성원임을 인식하고 협조적인 태도를 길러 지역사회의 유대를 강화할 수 있을 것이다.

3) 자원봉사활동의 가치

자원봉사활동이 가지는 원칙이나 특성은 사람에 따라 여러 가지로 서로 다르게 분류되거나 나열되고 있다. 대개 이러한 분류나 나열은 상식적인 통찰에 기초하여 이루어지고 있다. 이와 관련된 기존의 여러 견해를 종합하여 양참삼(1995)은 다음과 같이 전형적 자원봉사활동의 가치적 특징을 나열하고 있다.

첫째, 자원봉사활동은 각 개인이 사회적으로 자신의 존재를 자각하고 타인에게 또는 타인과 함께 봉사활동을 경험함으로써 인격적 성장을 가져옴과 동시에 자신의 잠재능력을 실현하는 자아실현성의 특징을 가지고 있다.

둘째, 자원봉사활동은 자발성과 자주성이라는 특징을 가지고 있다. 자발성이나 자주성이란 자원봉사가 자신의 의사로서 활동을 하는 것이지 권력이나 외부의 세력 등 타의에 의해 강제로 활동하는 것이 아니라는 것이다. 따라서 자원봉사활동은 개인의 자유의지에 따라 자발적으로 이루어지는 활동이어야 하며, 이웃이라는 연대감 속에서 자발적으로 도움을 주고받아야 한다.

셋째, 자원봉사활동은 경제적으로 유급이 아니고 순수한 의미에서의 봉사활동이라는 무보수의 특징을 가진다. 즉, 이것은 직업으로서가 아니라 비영리적인 행위로서 금전적 보수를 기대하지 않고 행하는 활동을 말한다.

넷째, 자원봉사활동은 타인의 생명을 존중하며 이웃과 더불어 사는 가치관에 바탕을 두어 이타성을 기초로 하고 있다.

다섯째, 자원봉사활동은 사회에 영향을 주고 사회적 책임을 다하는 사회성을 특징으로 한다. 사회성은 각 개인이 다른 사람들과 공통성을 가졌다고 의식하고 소속감을 느낄 때 발생한다. 그러므로 자원봉사활동은 자기발전과 성숙에 기반이 되는 사회성을 강화시킬 수 있다.

여섯째, 자원봉사활동의 특징으로 공동체성을 들 수 있다. 자원봉사활동은 공동체의식을 높일 뿐만 아니라 그러한 생활을 실현하는 장이다. 공동체성은 사회에 대한 소속감, 주인의식, 적극적인 참여 없이는 불가능하기 때문에 자원봉사활동은 이러한 특징을 기초로 하고 있다.

일곱째, 자발성에 바탕을 둔 행위가 자신만의 이익이 아니고 지역사회의 구성원이나 욕구를 지닌 사람들의 복지향상과 관련된 복지성을 특징으로 한다. 이는 자원봉사활동이 자신의 영리나 어느 특정 종교의 포교를 목적으로, 혹은 특정 집단의 이익이나 특권을 지지하는 목적하에서 수행되어서는 안 된다는 것과 관련된다.

여덟째, 자원봉사활동은 영리적 보상을 받지 않고 인간존중의 정신과 민주주의 정신에 입각하여 필요한 서비스를 제공함으로써 사회의 공동선을 실현하는 것이다. 따라서 자원봉사활동은 민주주의 철학과 밀접한 관계가 있다.

아홉째, 자원봉사활동은 개척성과 지속성을 갖는다. 자원봉사활동에서는 모두가 공동체 건설에 헌신한다는 개척적인 사명의식이 동반되며 이러한 자원봉사활동은 우연한 일회성의 활동이 아니라 의도되고 계획적인 일정 기간의 지속적인 프로그램을 가지고 있어야 하며 활동 자체가 임의로 단절되거나 왜곡되어서는 안 된다.

1365 자원봉사포털에서는 자원봉사의 특징으로 자발성, 무보수성, 공익성, 지속성을 대표적인 것으로 정리하고 있다. VMS(사회복지자원봉사관리체계)에서는 이 중 공익성을 사회복지성으로 표현하기도 한다.

- 자발성: 자신의 의사로써 시간과 재능, 경험을 도움이 필요한 이웃과 지역사회 공동체 형성에 아무런 대가 없이 활동하는 것
- 무보수성: 경제적 보상과 관련되는 것으로 자원봉사활동에 대해 금전적 대가를 받지 않는 것
- 공익성: 이웃과 지역사회 내에 산재하고 있는 문제를 해결하여 삶의 질을 향상시키기 위하여 활동하는 것

- 지속성: 자원봉사활동에 참여하게 되면 일정 기간 동안 지속적 · 정기적으로 봉사활동에 참여하는 것

「자원봉사활동 기본법」 제2조에서 자원봉사활동의 진흥을 위한 정책을 추진하기 위한 기본 방향을 제시하고 있는데 이는 공식적인 자원봉사활동의 원칙이라고 할 수 있다. 특히 2호의 경우 이를 잘 나타내어 주고 있다. 또한 법률 제5조에서는 자원봉사활동에서 정치활동 등의 금지,[1] 자원봉사활동 강요의 금지 등도 명시하고 있다.

「자원봉사활동 기본법」 제2조의 기본 방향

「자원봉사활동 기본법」 제2조(기본 방향) 자원봉사활동의 진흥을 위한 정책은 다음 각 호의 사항을 기본 방향으로 하여야 한다.

1. 자원봉사활동은 국민의 협동적인 참여 능력을 높일 수 있는 방향으로 추진하여야 한다.
2. 자원봉사활동은 무보수성, 자발성, 공익성, 비영리성, 비정파성(非政派性), 비종파성(非宗派性)의 원칙 아래 수행될 수 있도록 하여야 한다.
3. 모든 국민은 나이, 성별, 장애, 지역, 학력 등 사회적 배경에 관계없이 누구든지 자원봉사활동에 참여할 수 있도록 하여야 한다.
4. 자원봉사활동의 진흥을 위한 정책은 민 · 관 협력의 기본 정신을 바탕으로 하여 추진하여야 한다.

한국사회복지협의회에서는 자원봉사활동의 기본적 특성으로 [그림 1-1]과 같이 자발성, 무보수성, 지속성, 상호성을 강조하고 있다. 기본적 맥락들은 대체로 앞에서 서술했던 것들과 유사하게 나타나고 있다.

1) 포괄적인 의미에서는 자원봉사활동에서 정치적 성격의 금지는 논란이 발생할 수 있다. 「자원봉사활동 기본법」 제5조에서 명시하고 있는 바는 국가의 지원을 받는 자원봉사단체와 자원봉사센터가 조직이나 대표의 명의로 특정 정당이나 특정인의 선거운동을 해서는 안 된다는 의미이다.

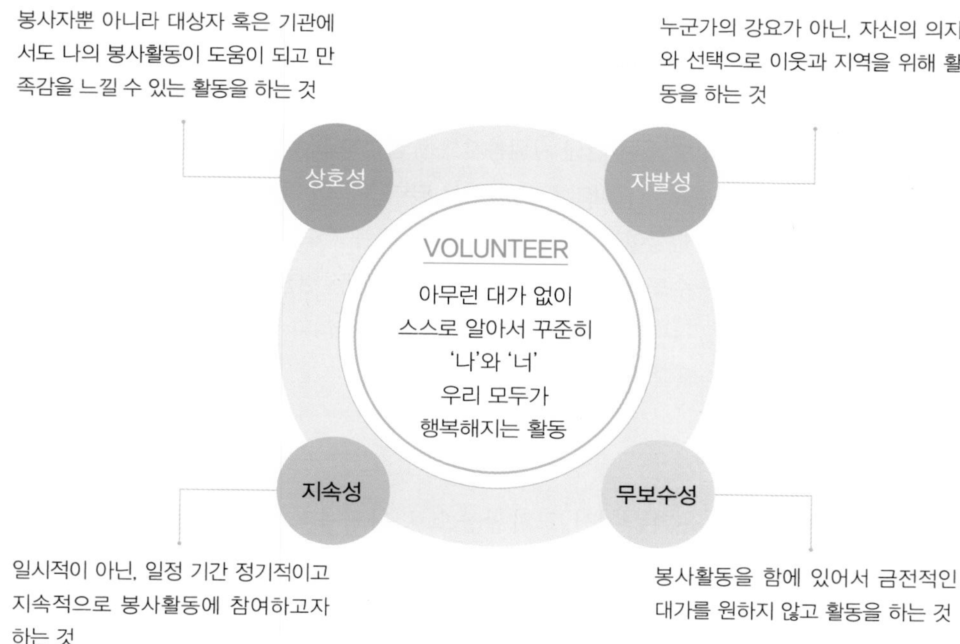

그림 1-1 한국사회복지협의회의 자원봉사 특성

출처: 복지넷(www.bokji.net).

자원봉사활동이 가지는 원칙적 특성은 이처럼 다양하게 논의될 수 있다. 이 중 지나치게 무보수성과 이타성의 측면에서만 조망하다 보면 자원봉사활동이 자원봉사자의 '자기희생'에만 초점을 두게 되고 일반 시민의 참여활동이라는 점이 희석될 수 있다.

자원봉사활동의 특성은 단지 나열되는 속성으로서가 아니라 실제의 자원봉사활동과 관련되어 몇 가지의 중요한 쟁점을 유발할 수 있다.

(1) 자발성과 유도된 자발성

자원봉사활동의 가장 중요한 속성은 자발성 혹은 자주성과 관련된다. 이것이 없다면 강제적인 활동이 되어 도저히 자원봉사라고 할 수 없는 경우가 된다. 그러나 실제 자원봉사활동은 순수한 자발성만으로 이루어지지 않는 경우도 있다.

> 우리나라의 대학 중 상당수는 졸업을 위해 1개 혹은 2개 코스의 자원봉사 프로그램을 이수해야 하는 학제를 운영하고 있다. 이에 따라 학생들은 본인이 의사가 없어도 대학 졸업 전까지 정해진 수십 시간의 자원봉사활동 참여가 의무화되어 있는 경우가 많다. 같은 대학 내의 자원봉사동아리 활동 등과는 달리 졸업을 위한 프로그램 이수의 경우 참여자의 순수한 자발성이라기보다는 봉사활동을 의무화하는 제도에 의해 봉사활동이 이루어진다고 할 수도 있다. 대학과 인접한 봉사활동 현장에서도 졸업학점 이수를 위한 자원봉사자를 기피하고, 같은 대학 내의 봉사동아리나 '순수 자발'적 자원봉사 학생을 선호하여 이를 모집의 조건으로 삼기도 한다.

사회봉사명령제, 교육기관에서 교과활동으로 자원봉사를 편성하는 경우, 졸업을 위해서는 필수 학점으로 자원봉사 학점을 이수해야 하는 경우 등 여러 가지 경우에 이를 자발성에 기초한 자원봉사활동이라고 할 수 있느냐 하는 논란의 여지가 있다. 혹자는 강제성이 있으므로 자원봉사로 볼 수 없다고 주장하기도 한다.

그러나 자원봉사활동이 가지는 긍정적인 효과나 가치는 큰 의미가 있기 때문에 자원봉사를 활성화하기 위한 제도는 많은 사회에서 채택되고 있는 것이다. 그리고 자원봉사 활성화를 위한 제도에 참여한 경우 이를 '유도된 자발성'이라 하여 자원봉사의 범주에 포함시키는 것이 일반적이다. 이를 강제적이라는 것과 동일시하지는 않는다. 단, 유도된 자발성에 기초한 자원봉사 프로그램에서도 자원봉사의 가장 중요한 속성이 자발성인 만큼 이 특징이 퇴색되지 않도록 해야 한다. 프로그램의 운영에서 참여자의 자발성과 자주성을 최대한 보장하도록 하는 노력이 필요하다.

(2) 이타성과 자아실현성

자원봉사활동은 다른 사람을 돕는다는 이타성을 가진다. 그러나 실제로 이타적인 측면만이 있는 것이 아니라 이기적인 측면도 있다. 자원봉사활동을 통해 해당 분야의 실제에 대한 지식을 얻고자 하는 욕구가 있다거나 나중의 직업을 얻기 위해 경력(career)을 쌓고자 하는 것들은 분명히 이기적 측면에 해당한다. 혹은 자원봉사

활동을 통해 남을 도왔다는 '자기만족'을 얻었다면 이것 역시 이기적 측면에 해당하는 것일 수 있다.

자원봉사활동이 다른 사람을 이롭게 하는 내용을 가져야 한다는 이타성은 기본적 특징에 해당한다. 하지만 그렇다고 해서 이기적 속성이 반드시 배제되어야 함을 의미하는 것은 아니다. 자원봉사활동은 그 철학과 활동내용에서 이타성을 기본으로 하지만 이는 활동 참여자(자원봉사자)의 자아실현과 관련되기 때문이다. 자아실현성은 궁극의 이기적 측면이라고 할 수 있다. 따라서 모든 자원봉사활동은 이타적 측면과 이기적 측면이 동전의 양면처럼 함께 존재한다.

이타적 활동은 긍정적인 것이고 이기적 활동은 부정적이라는 이분법은 자원봉사활동의 실제를 잘 반영한 것이 아니다. 자원봉사활동이 이타성과 자아실현성(이기성)을 동시에 가지고 있는 만큼 이 양자의 가치를 모두 충족시킬 수 있는 활동이 이루어질 수 있도록 하는 것이 중요하다.

(3) 무보수성과 보상

자원봉사활동은 기본적으로 보수를 받는 활동이 아니다. 그러나 다른 한편으로는 자원봉사자에게 여러 가지 직간접적 형태의 보상이 이루어지기도 한다. 심지어는 '유급 자원봉사'라 하여 활동에 대해 금전적으로 직접 보상해 주기도 한다. 최근에는 아무런 보상이 없는 자원봉사활동이 오히려 드문 경우도 있다.

대학생인 A는 여름방학 동안 특정 기업에서 운영하는 자원봉사활동 프로그램에 참여하였다. 이 프로그램에서 A는 시각장애인의 이동을 일주일간 동행하며 보조해 주는 역할을 담당하였다. 그리고 활동일마다 일정한 액수에 해당하는 활동비를 지급받았다.

A의 친구인 B는 같은 여름방학 동안 패스트푸드 식당에서 일하며 시급을 받았다. B는 A에게 어차피 일당을 받았다면 자원봉사활동이 아니라 B가 했던 것과 마찬가지인 아르바이트가 아니냐고 질문하였다.

자원봉사활동에 참여하는 사람은 보상을 원하지 않고 자신의 시간을 할애하여 참여한다. 그런데 활동을 위해서는 이동을 위한 교통비나 활동을 위한 실비 등이 소요되는 경우가 많다. 이럴 경우 자원봉사자가 활동을 위해 필요한 비용까지를 동시에 부담하기는 어렵다. 따라서 활동에 필요한 실비는 봉사현장에서 자원봉사자에게 지급하는 것이 보통이다. 어떤 경우에는 활동시간 중에 식사시간이 있는 경우가 있어 자원봉사자에게 식사를 제공하는 경우도 많다.

최근에는 자원봉사자의 활동 만족도를 높이기 위한 방편으로 다양한 승인과 보상방법을 강구하고 있다. 그리고 이 중에는 물질적인 보상도 포함된다. 이러한 보상이 무조건 자원봉사활동의 순수성을 떨어뜨리는 것은 아니다.

자원봉사자의 무보수성은 자원봉사활동의 기본적 특징이다. 그러나 이는 아무런 보상이나 승인을 받아서는 안 된다는 의미보다는 '보수를 추구하는 것'이 활동에 참여하는 주된 동기가 되지 않는다는 것으로 받아들여야 할 것이다. 따라서 일정한 활동비를 보상으로 받는 유급 자원봉사활동의 경우에도 그 보상의 내용이 일반적으로 급여나 보수처럼 활동참여의 동기가 될 만한 속성이나 금액에 이르지 않는 한, 자원봉사활동으로 인정하는 데에 무리가 없다.

(4) 조직성

현대의 자원봉사활동은 모두 '조직(organization)'을 매개체로 이루어진다. 혼자서 우발적으로 이루어진 활동에 대해서 선행(善行)이라고 할 수는 있어도 자원봉사활동이라고 하지는 않는다. 조직적인 결정과 계획에 의해 휴지를 줍는 것은 자원봉사활동의 일환일 수 있으나 누군가 길에 버려진 휴지가 지저분해 보여서 혼자의 생각에 의해 그 근처를 청소했다고 해도 이는 자원봉사활동이라고 부르기 어렵다.

대학생 A는 학교의 자원봉사담당 관리부서에서 장애학생이 교내에 편의시설이 없는 특정 건물로 이동할 때 그 통행을 지원해 주는 자원봉사활동을 하도록 부여받았다. 다른 자원봉사자들과 교대해 가며 일주일에 일정한 시간대를 담당하는 활동이다. 그런데

A의 담당 시간대에는 장애학생이 아무도 해당 건물로 이동하는 경우가 없어 실제로 도움을 준 경우는 없다.

같은 대학의 B는 같은 강좌를 듣는 학생 중에 지체장애학생이 있어서 수시로 장애학생의 휠체어를 들어 주는 등 우연적이지만 실제로 도움을 주는 경우가 많다.

이 경우 A는 실제로 장애인에게 도움을 준 것이 없고, B는 도움을 주었지만 통상 A에 대해서만 '자원봉사활동'을 했다고 한다.

자원봉사활동이 일정한 조직을 통해 이루어지는 것은 궁극적으로는 활동의 책임성(responsibility)을 고양시키고자 하는 시도로 볼 수 있다. 개인적이고 우연적인 활동은 전체적으로 보아 활동 대상자에게 도움이 되지 못할 수 있으며 부적절한 활동(malpractice)이 이루어질 가능성도 높다. 따라서 현대사회에서의 모든 자원봉사활동은 조직적으로 이루어진다. 이 조직에는 학교, 기업, 자원봉사 관련 단체, 사회복지기관, 공공단체 등 여러 가지 유형이 있을 수 있다. 자원봉사자는 자신이 소속된 조직의 일원 혹은 위임받은 대리인으로서 자원봉사활동을 하는 것이다. 동시에 이 자원봉사자의 활동과 그 환경에 대해서는 관련 조직체가 책임과 보장을 수행한다. '무보수로 원해서 하는 활동이므로 아무런 구속을 받지 않고 자유롭게 활동하고 싶다.'는 욕구가 나타날 수 있으나 아무런 소속이나 조직체 없이 활동한다는 것은 사실상 현대적 자원봉사활동에서는 어렵고, 자기만족 이외에 아무 의미가 없을 수 있다. 다만, 사회구성원의 욕구에 비추어 자원봉사활동의 조직체가 자칫 관료적이고 경직적이지는 않은지 잘 검토하고 보다 유연하고 다양한 방식으로 운영하려는 노력은 중요하다.[2)]

2) 잭슨 등(Jackson et al., 2019)은 자원봉사활동에 대해 "재정적인 보상 없이 자유로운 의지로 자신의 가족 범위를 넘어선 사람을 위해 시간과 노력을 기울여 행하는 모든 활동을 포함한다."는 호그(Hogg)의 정의에 기초하여 자원봉사활동 관리에서 공식적 자원봉사활동만이 아니라 비공식적 자원봉사활동을 포함해야 한다고 서술하며 조직성의 의미를 협소하게 규정하는 것을 경계하였다.

(5) 인권존중

자원봉사활동은 그 활동의 내용과 방법에서 인간의 인권을 존중하고 옹호하는 민주적 성격을 견지해야 한다. 신나치나 KKK 같은 인종차별주의 활동에 참여한다거나 특정 정치적 입장 혹은 종교의 선교 목적으로 활동하는 경우는 자원봉사활동이라 하기 어렵다.

어느 종교단체에서 종교적 목적을 가지는 행사에 사람들이 참여하도록 하는 경우 이는 종교활동(해당 종교단체에서는 신도들의 자원봉사활동이라 부르더라도)이지 자원봉사활동은 아니다. 특정 정치적 입장이나 특정 종교적 입장을 초월하는 보편적 인권증진의 관점이 자원봉사활동의 기본적 특징이다.

3. 자원봉사와 사회복지

자원봉사활동은 자선적이고 박애적인 활동인 전통적인 모습이었지만, 현대사회에서는 각종 사회문제가 복잡한 양상을 나타내면서 그 해결을 위해 다양한 자발적 시민참여를 포괄하는 넓은 범위를 가지는 것으로 변화되었다. 현대사회의 사회적 위험에 대한 사회적 보장이나 사회문제 해결에 초점을 두는 사회복지의 관점에서는 자원봉사가 주요한 관심사가 되고 있다. 물론 자원봉사활동의 실천영역은 사회복지의 영역 이외에 다른 부분도 포함하고 있다. 환경과 생태보전에 대한 활동, 보건에 대한 활동, 치안이나 소방과 같은 안전 관련 활동, 스포츠 행사나 문화활동, 권력의 부패 감시나 민주주의 증진을 위한 시민단체활동 등이 모두 이에 해당한다. 그러나 자원봉사활동의 대상 영역을 생각할 때 가장 우선적으로 사회복지 영역을 떠올리는 것이 보통이다. 이는 자원봉사와 사회복지가 가지는 취약계층의 인권보장이나 삶의 질 증진에 대한 공통적 관심을 반영하는 것이다.

1) 자원봉사활동의 역할과 사회복지

자원봉사활동에 대해서 사회복지와의 연관성 속에서 생각해 본다면 다음과 같은 역할을 하는 것으로 볼 수 있다.

첫째, 자원봉사활동은 사회의 복지증진을 위한 전 시민적 참여의 방편이 된다. 사회구성원들의 생활의 질을 전반적으로 향상시키는 것은 정부의 제도나 전문적인 공공, 민간의 사회복지기관의 노력만으로 이루어지는 것은 아니다. 사회복지 관련 활동을 정체성으로 하는 복지단체나 조직 이외에도 일반 시민들의 전반적 참여가 있어야 그 사회가 복지의 수준을 높일 수 있는 기본적 조건이 형성될 수 있다.

둘째, 자원봉사활동은 참여하는 개개인에게 성장을 위한 효과라는 교육적 측면을 가진다. 자원봉사활동은 사회적 상황에 대한 생생한 정보를 접할 기회가 된다. 복지교육의 현장학습과 같은 기제이다. 특히 자원봉사자들은 자신이 사회적으로 필요한 역할을 수행하는 경험을 통해 자기존중감 고양과 생활의 가치를 발견하게 된다. 자원봉사활동은 개인에게 건강한 사회인이나 참여하는 시민으로서의 심리사회적 성장에 중요한 역할을 한다. 사회복지는 사회적 관심과 연대성(solidarity)을 중시하는 시민들에 의해 확충된다. 사회복지의 토대가 되는 시민을 육성하는 교육과 체험의 기제로서 자원봉사는 효과적 수단이다.

셋째, 자원봉사활동의 활성화는 시민사회운동과 사회개혁운동의 토대가 된다. 시민들의 자원봉사활동은 기존 제도의 관료제적 비효율성이나 다양한 사회문제 현상과 원인을 체험하게 하고, 이는 자생적인 시민운동의 촉매제로 작용하여 사회개혁을 위한 활동을 불러오게 한다. 이와 같은 사회개혁적 요소의 상당 부분은 사회복지에서 관심을 가지는 영역이 되곤 한다.

넷째, 자원봉사활동은 지역사회의 공동체성을 강화하는 좋은 매개 역할을 한다. 다양한 자조적 활동에의 참여는 사회적 책임의 완수라는 의식을 강화하고 지역사회에 대한 자발적 참여와 책임의식을 고취한다. 따라서 이는 지역사회의 건강성과 공동체성을 강화하는 것으로 지역사회의 복지증진에 도움이 된다. 비단 자원봉사활동의 성과가 지역사회에 직접적으로 얻어지는 결과에만 국한되는 것이 아니다.

그 이상으로 참여과정적인 면에서 지역사회의 주체성과 자발성이 조직화되는 긍정적 경험과 역량의 강화를 가져온다.

다섯째, 자원봉사활동은 정치적 · 정책적 측면에서도 사회복지에 대한 국민적 공감대를 형성하고 사회복지의 확대전략으로서 유용하다. 시민들의 자원봉사활동 참여 기회는 현실의 경험을 통해 사회복지에 대한 교육적 파급효과를 가질 수 있다. 즉, 복지제공의 주체로서 국가, 기업, 각종 민간기구 등 기존 조직체의 활동만이 아니라 국민이 개별적으로 사회복지와 관련된 활동에 참여하는 것은 기존 공공복지의 확충 필요성, 간과되어 온 사회문제나 비복지(非福祉) 현상을 발견하게 한다. 이는 공공의 여론을 형성하는 등 '사회복지 요구'를 위한 단초가 될 수 있다.

여섯째, 자원봉사활동은 자원이 부족한 공공 혹은 민간 복지기관과 사회공익단체들의 인력을 보충해 준다. 많은 사회복지기관은 서비스 대상자의 욕구 충족을 위한 활동에 충분한 인적 · 물적 자원을 확보하고 있지 못하다. 더구나 사회복지기관은 사회서비스 제공과 관련된 역할을 수행하는데, 이 역할의 특성상 인적 자원만 충분하다면 서비스 대상자들에 대한 대면 접촉을 더 많이 제공하여 취약계층의 삶의 질을 증진시킬 수 있다. 그러나 현실적인 예산의 제약으로 대면 접촉을 개별적으로 충분히 수행할 수 있을 만큼의 직원을 채용하고 있는 사회복지기관은 거의 없다. 때문에 자원봉사자는 사회복지전문 유급인력만으로는 수행할 수 없는 대인적 사회서비스(interpersonal social service)의 제공에 필수적인 인적 자원이 되고 있다.

자원봉사활동은 그 활동 현장의 측면에서만이 아니라 활동참여 자체가 가지는 과정적 속성과 역할이 사회복지 증진에 가지는 의미가 중요시되어야 한다. 따라서 사회복지서비스 제공에 부족한 인력을 활용한다는 것에만 국한될 것이 아니라 그 이상의 측면에서 자원봉사의 의미가 고려되어야 한다.

2) 사회복지에서 공공과 민간의 관계에 대한 논의

자원봉사활동의 의미에 대해 논의할 때 공공과 민간의 역할에 대한 이론적 개념들이 활용되곤 한다. 엄밀히 말해, 공식적인 사회복지체계와 자원봉사활동은 공공과 민간의 관계와는 다르다. 사회복지서비스 자체가 이미 민간의 영역을 주요한 요소로 삼고 있기 때문이다. 그러나 자원봉사활동이 전체 국가의 사회복지 관련 서비스 체계에서 차지할 위치에 대해 모색하기 위해서는 기존의 공공-민간 관계에 대한 논의들이 시사점을 줄 수 있다.

공공과 민간, 양자의 관계유형에 있어 순수한 정부지배모형과 순수한 민간지배모형을 제외한다면 네 가지 형태의 공공과 민간의 파트너십 관계를 상정할 수 있다(Gidron, Kramer, & Salamon, 2000: 이태수, 2005: 32-40에서 재인용).

첫 번째 모형은 병행보완모형(parallel supplement model)으로 공공과 민간이 각각 재원을 조달하고 급여의 대상은 다른 경우이다. 이 경우 공공과 민간의 파트너십은 결국 급여의 대상자를 결정하는 과정에서 이루어진다. 가령, 민간은 공공급여의 사각지대에 위치한 수요자에게 급여를 제공하는 역할을 수행한다.

두 번째 모형은 병행보충모형(parallel complement model)인데, 공공과 민간이 각각 재원을 조달하고 급여의 대상도 같지만 서로 상이한 급여를 제공하는 것이다. 동일한 복지 수요자에게 민간은 사회복지서비스를, 공공은 현금급여와 같은 것을 제공하는 경우가 여기에 해당한다. 공공과 민간의 파트너십은 결국 급여의 내용을 결정하는 과정에서 이루어진다.

세 번째 모형은 협동대리모형(collaborative vendor model)이다. 여기에서 공공은 재원조달의 책임을 맡고 민간은 급여제공의 책임을 맡는다. 다만, 공공과 민간의 관계가 일방적이라는 특성을 가진다. 즉, 이 모형에서 민간은 정부의 대리인으로 기능하며 정부는 민간의 역할을 세세하게 평가감독한다. 이 모형에서 정부와 민간의 파트너십은 재원을 배분하는 과정에서 이루어진다.

네 번째 모형은 협동동반모형(collaborative partnership model)이다. 공공이 재원조달의 책임을 맡고 민간이 급여제공을 맡는다는 점은 앞의 협동대리모형과 동일하지만, 공공과 민간의 관계가 쌍방적이라는 점에서 다르다. 즉, 이 모형에서 민간은 프로그램 관리나 정책개발에서 상당한 재량권을 가질 뿐만 아니라 공공의 정책결정과정에도 영향을 미친다.

그러나 이상의 네 가지 모형과 관련하여 공공과 민간의 역학관계에 따라 하나의 모형에서 다른 모형으로 변화될 수 있다. 가령, 협동대리모형에 기초한 파트너십은 민간조직의 역량강화에 따라 협동동반모형으로 전환될 수 있다. 반대로 협동동반모형에 따라 파트너십에 참여한 민간조직이 공공재원의 활용을 위해 조직의 목표를 변화시키게 되면 공공과 민간의 파트너십은 협동대리모형에 더 가까운 것이 된다.

우리나라의 현실에서는 사회복지서비스를 둘러싼 상황을 감안하여 병행보충모형과 협동동반모형의 장점이 크게 부각될 수 있으나 이는 구체적인 상황에 따라 달라질 수 있다. 우리나라에서는 사회복지의 주체로서 민간이 다양한 형태의 역할을 하고 있다. 공공이 설립한 사회복지시설과 기관을 민간이 위탁운영하는 경우가 매우 많다. 또한 민간이 설립한 사회복지시설이나 기관도 많다. 그러나 이 경우에도 해당 기관의 운영비용은 거의 대부분 공공이 제공하고 있다. 우리나라의 이러한 상황에 비추어 볼 때, 자원봉사활동은 전체 사회복지에서 가장 민간활동 본연의 속성을 강하게 나타내고 있는 것이라 할 수 있다.

3) 자원봉사활동과 공공복지활동과의 관계

흔히 나타나는 자원봉사활동에 관한 잘못된 시각 중의 하나가 바로 자원봉사활동 혹은 자원봉사자가 공공책임 혹은 국가의 사회복지활동의 대행자로 치환되는 것이다. 시민의 자원봉사활동은 시민사회 차원에서 공공선과 복지를 증진하기 위한 자발적인 참여활동으로 이해되어야 한다. 자원봉사의 활성화가 국가 책임의 공공복지를 대신하는 것은 아니다.

자원봉사활동은 국가 책임의 공공서비스에 대한 비용의 절감을 위해 이루어지는 것이 아니다. 자원봉사활동의 활성화가 무급으로 인력을 운영하게 하여 사회복지 관련의 활동에 지출되는 국가비용을 절감할 수 있다는 것은 잘못된 인식이다. 일반적으로 자원봉사활동이 활성화되어 있는 국가가 공공복지서비스에 대한 지출 수준도 높다.

오히려 공공복지제도와 서비스가 어느 정도 마련되어야 자원봉사활동을 활용한 프로그램들이 다양하게 기획되고 참여가 활성화될 수 있다. 실제로 현재 수행되고 있는 자원봉사활동의 많은 내용은 적절한 공공복지의 제도적 기반하에서 이루어지고 있는 것이다. 예를 들어, 1980년대 후반부터 확충이 본격화된 지역사회복지관은 지역사회의 사회복지 욕구 충족을 위한 종합센터로서 기능하는 공적인 복지 시스템이다. 이 설치와 운영을 위해 국가는 많은 재원을 투입하고 있다. 그리고 현재 지역사회복지관은 자원봉사활동의 대표적인 활동 현장으로 활용되고 있다. 즉, 사회복지 증진을 위한 공공기관과 서비스의 확충을 통해 이를 활용하는 다양한 자원봉사활동이 나타나게 된다. 또 한편으로 자원봉사활동은 사회복지에 대한 국민적 공감대 형성과 복지요구를 증대시키는 역할을 한다.

따라서 자원봉사활동은 사회복지에서 주로 비용의 절감과 효율성 제고 측면에서 고려되는 것은 아니다. 또한 그러한 취지에서 자원봉사활동을 활용하려는 시도는 자원봉사활동 본래의 역할을 수행하지 못하게 만들고, 대개는 자원봉사자가 단기에 활동에서 탈락하는 결과를 초래하기 쉽다. 이와 달리 자원봉사활동은 공공복지서비스의 내용과 질을 풍부하게 하고 시민활동을 통해 이를 실현 혹은 감독하게 하는 것이다. 국가에 의한 공공복지서비스의 확충은 자원봉사활동 활성화의 전제조건이 되고, 자원봉사에의 활발한 참여는 다시 공공복지서비스를 풍부하고 다양화하는 원동력이 될 수 있다. 사회복지와 자원봉사활동은 서로 대체재(代替財)가 아니라 보완재(補完財)로서 선순환의 효과를 가져오기를 기대하는 것이라 할 수 있다.

제2장

자원봉사의 역사와 동향

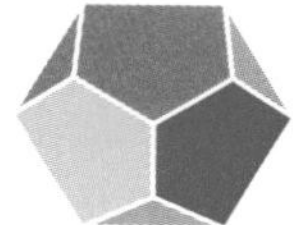

1. 전근대적 상부상조와 자원봉사의 전통

인간은 사회적 존재로서 상호의존성을 가지고 생활한다. 각각의 개체가 고립적으로 생활하는 것이 아니라 집단으로 연대성을 가지고 서로 돕는 것은 인간이 가지는 생활방식의 기본적 특징이다. 때문에 상부상조의 관행이나 모습을 특별히 자원봉사의 역사로 보기에는 무리가 따른다. 인간생활에서의 일반적인 전통이라 할 수 있다. 이러한 점은 사회복지 일반의 역사에서도 마찬가지이다. 관행에 따른 공동체적 상부상조의 모습을 일반적인 생활 전반과 따로 떼어서 독립적으로 보기 어려운 까닭이다. 자원봉사의 본격적 역사를 이야기할 때는 자본주의 이후의 사항들을 이야기하는 것이 일반적이다. 근대사회의 성립과 자본주의 경제체제가 일반화되면서 인간의 활동은 체제 내에서 경제성을 가진 것과 그렇지 않은 사적인 것으로 명확히 구별되었고, 자원봉사는 직업적 활동 혹은 경제적 활동과 구별되는 것이 가장 큰 특징 중 하나이기 때문이다.

근대사회 성립 이전의 상부상조와 관련되는 전통적 모습들은 현대적 관점에서의 자원봉사활동과는 차이가 나는 부분도 있지만 현재까지도 영향을 미치고 있다. 우리나라에서도 과거에 농촌사회의 특성상 서로 상부상조하는 전통이 강하게 나타났으며 이는 계, 품앗이, 두레, 향약 등 우리에게 익숙한 민간의 전통풍습을 통해 쉽게 확인할 수 있다. 농사를 짓기 위해 협업 활동을 폈던 것은 경제적 의미를 가지는 협력이었다고 할 수 있지만, 우리나라에서는 특별히 어려운 상황을 맞이하는 이웃들을 위해 시간과 노력을 나누는 체계도 일반화되어 있었다. '환난상휼(患難相恤)'과 같은 덕목으로 표현되곤 했다. 이러한 상부상조의 전통은 자연스럽게 현대에 이르러서도 자원봉사활동 참여나 방식에 영향을 미치고 있다.

서구에서도 노예와 나병환자 혹은 극빈자 등 도움을 절실하게 필요로 하는 사람들에게 고통을 줄여 주고자 하는 동기에서 봉사활동을 시작했던 로마교회의 프란시스(St. Fransis Acceici)의 이야기를 공식적인 자료에서 찾아볼 수 있다. 또한 로마교회의 베네딕트(St. Benedict)가 부유한 계층의 젊은이들을 동원하여 저개발지역으로 봉사활동을 위해 여행하였다는 기록도 찾아볼 수 있다. 이러한 기록을 통해 중세 이전의 종교적 활동, 대표적으로 로마 가톨릭교회의 활동에서 자원봉사활동의 기원을 찾아보기도 한다(조휘일, 1997).

이민 후의 신대륙 역사가 구대륙에 비해 상대적으로 짧은 미국의 경우에도 개척시대의 상부상조활동이 자원봉사활동 정착에 직접적인 계기가 되었다. 주로 유럽으로부터 건너온 이민자들은 생존을 위해서 이웃끼리 문제를 공동으로 해결하고 돕지 않을 수 없었다. 독립혁명과 이후 이민자들의 급속한 증가에 따라 이러한 활동은 조직화되고 지역사회에 확대되었다.

근대 산업사회가 역사적으로 일반화되기 이전에 상부상조의 전통은 자원봉사활동의 맹아적 모습이라 할 수 있다. 이는 '스스로의 생존을 위해 집단적으로 협력하는 활동'이라는 속성과 '곤궁한 자에 대한 자선적 베풂'이라는 속성을 가지는 것이었다. 그리고 형태는 다를지언정 어느 사회에서나 보편화된 것이라 하겠다.

이와는 약간 다르게 스스로를 지키기 위한 집단적 노력의 일환으로 자원봉사활동과 유사한 모습이 나타나기도 하였다. 영국에서는 1600년대 역사적인 혼란 시기에 스스로 자신들의 마을과 나라를 지키고자 자발적으로 활동한 '자경단'이 많았다. 그리고 '자원봉사자'라는 용어가 이러한 의미로 사용되었다.

우리나라에서도 외적의 침입이나 난리가 발생하였을 경우 정부가 조직한 군대 이외에도 자발적인 활동이 많이 나타난 바 있다. 역사적으로 어려웠던 여러 시기에 나타난 '의병활동'이 대표적인 예가 될 수 있다.

근대 이전의 상부상조적인 협력활동, 특권계층에 의한 자선활동, 외부로부터의 방위를 위한 자생적 집단활동 등은 현대적 의미에서 자원봉사활동이라고 부르기에는 다소 비체계적이고 비조직적인 면을 가지고 있다. 과거의 이러한 활동은 인간사회에서 보편적인 전통이자 이후에 자원봉사주의(volunteerism)를 형성해 가는 초기의 전통적 모습이라 할 수 있다.

2. 근대 산업사회에서의 사회복지와 자원봉사

서구에서는 근대의 산업사회화 과정을 통해 자본주의 경제체제가 성립되면서 이전의 전통적 일차산업 사회와 다르게 사람들의 생활양식이 크게 변화하였다. 본격적으로 노동 및 노동시간과 그에 따르는 임금체계가 경제생활의 기반이 되었으며, 임금노동자가 아닌 경우에도 자신이 생산한 부가가치에 대해 상품화 과정을 통해서 수입을 얻어야 하는 체제가 정착되었다. 이는 사회 전체적으로 생산력을 높이는 결과를 가져왔지만 동시에 과거에는 두드러지지 않았던 형태의 사회문제에도 맞닥뜨리게 하였다. 도시화에 따른 보건위생의 문제, 공장에서의 산업재해나 아동노동의 문제, 실업에 따른 빈곤문제, 도시빈민지역 집중과 거처가 없는 홈리스(homeless)의 문제 등이 대표적이었다. 그 이전까지 전통적으로 겪어 왔던 재난이나 낮은 생산력에 따른 생활위기의 모습과는 전혀 다른 형태의 사회문제들이었다. 그리고 전통사회에서 가지고 있던 확대가족이나 지역사회 공동체를 통한 상부상조의 전통으로 더 이상 대응하기 어려운 양상이었다. 생산력 증대나 자본주의 시장경제로 자연스럽게 해결되지 않았고 이 문제들에 대응하기 위한 사회복지(social welfare) 체계들도 나타나기 시작하였다. 자선조직화협회, 인보관 활동과 같은 새로운 프로그램을 통해 차츰 체계적인 모습을 찾아갔다. 이 시기 자원봉사의 역사는 사회복지의 역사 일반과 명확히 구별되지 않고 깊은 관련성을 가지며 전개되었다. 전문적 직업체계이자 공식적 제도로서의 사회복지가 아직 확립되지 않은 시기였기 때문이다. 이 시기는 과거 전통사회에서의 맹아적 모습과 구별하여 '근대적 의미에서 자원봉사활동의 초기단계'라 할 수 있다.

이 시기의 특징은 산업화와 자본주의화를 먼저 진행한 영국을 비롯한 서구국가에서 두드러졌다. 18세기부터 영국은 산업혁명과 근대화로 인한 많은 사회문제를 가장 심각하게 경험하였다. 구체제의 신분제 및 특권계급이 무너지고 새롭게 재편되었다. 경제적으로는 농촌중심의 전통경제의 붕괴와 새로운 자본주의 경제구조로의 전환이 나타났다. 세계에서 가장 부강한 나라로 '해가 지지 않는 나라'로 전세계에 식민지를 확보하였다. 하지만 국민의 상당수는 극도의 빈곤과 생존의 위기를 경험하였다. 런던이나 요크에서의 사회조사 결과는 시민의 빈곤상황을 실증적으로 대변하였다. 영국에서는 이 시기 도시빈민가의 아동을 대상으로 학교를 만들어 안전한 환경과 교육기회를 제공하려는 빈민아동학교 활동이 나타났다. 이 빈민학교에 관심을 가진 사람들이 무료로 야간과 휴일에 가르치기 시작한 빈민학교 운동을 근대적이고 조직적인 자원봉사활동의 시초로 보기도 한다. 많은 시민이 이 문제의 해결과 사회개선을 목표로 활동을 전개했는데 당시의 자원봉사자는 주로 신흥 중산계급의 기독교인이 많았다(조휘일, 1997).

근대 산업사회의 문제에 대응하기 위해 과거의 전통과는 조금 다른 모습의 활동들이 나타나기 시작하였다. 그리고 이러한 초기의 사회복지체계와 밀접하게 관련되며 시민의 자원봉사활동도 전개되었다. 그 대표적인 것이 자선조직화협회(Community Organization Society: COS)와 인보관 운동(Settlement House Movement)이다.

자선조직화협회는 말 그대로 자선활동을 전문적·합리적으로 조직화하려는 시도이다. 산업사회의 빈곤문제에 대해 자본주의화 초기에 나타났던 「구빈법(Poor Law)」과 구빈행정, 그리고 민간이나 종교 기반의 개별적 자선활동들이 크게 효과

를 보지 못했다. 자선조직화협회는 영국에서 그간 산발적으로 나타난 자선이 무계획적이고 비체계적으로 행해지면서 사회적 필요성에 비해 민간 자선활동이 효과적이지 못했다는 점, 자선 노력의 중복과 자원의 낭비가 초래되었다는 점, 이러한 비조직적인 자선활동이 오히려 빈민에게 해를 끼치게 되는 경우가 발생한다는 점 등에 주목하였다. 주로 종교적 배경을 가진 부유층들이 중심이 되어 지역별로 자선활동의 조직화를 시도하였다. 자선조직화협회의 활동에서 구제 대상자의 판별은 지구 위원회의 임무였지만 일단 구제 대상자로 승인된 빈민에 대해서는 우애방문원(friendly visitor)이 활동을 전개하였다. 이들은 빈곤가정을 방문하여 빈곤의 원인과 실태를 파악하고 구호 및 교육 활동을 전개하였다. 우애방문원은 중상류계층의 여성이 많이 참여하였는데 이들은 자발적으로 활동에 참여한 자원봉사자들이었다.

자선조직화협회의 활동은 1869년에 영국에서 최초로 나타났다. 이후 다른 나라에도 같은 활동이 확산되었다. 미국은 이민과 독립 초기부터 청교도 정신에 입각한 근면과 참여, 자원봉사활동이 활발하게 이루어져 왔고, 개인주의 사상이 특히 발달한 미국에서는 자선조직화협회의 활동이 매우 활발하였다. 1877년 버팔로에 미국 최초의 자선조직화협회가 설립되었고 이후 미국 전역에 퍼져 1890년대에는 100여 도시에 자선조직화협회가 결성되었다. 자선조직화협회의 활동은 기본적으로 개인적 관점에서 빈곤 등 사회문제에 접근하는 것이었기 때문에 개인주의 사조가 강한 미국에서 가장 활발한 활동을 나타낸 것이라 할 수 있다. 19세기에 미국의 대도시에서는 수천 명의 우애방문원이 활동하였고 이들은 대부분 자원봉사자였다.

한편, 같은 시기에 개인적 변화에 초점을 둔 자선조직화협회의 활동만이 아니라 환경변화에 초점을 둔 인보관 운동도 활발하게 나타났다. 1880년대 영국의 빈민지역에서 보조교사로 근무하면서 주민의 빈곤과 불결한 환경문제에 관심을 가졌던 바넷(Barnett) 부부는 주민의 복합적인 빈곤상황을 발견하고서 주민들로 하여금, 자존심과 독립심을 갖도록 격려해 주고 또한 그들의 취미를 살리는 음악, 미술 등을 즐길 수 있는 기회뿐 아니라, 교육의 기회까지 마련해 주는 운동을 벌이기 시작했다. 자선조직화협회와는 달리 사회개혁적 활동에도 초점을 두었다. 이들은 런던

표 2-1 자선조직화협회와 인보관 운동의 비교

구분	자선조직화협회	인보관 운동
사회문제의 원인	개인적 속성	환경적 요소
이데올로기	사회진화론	자유주의와 급진주의
참여 주도층	상류층	중류층과 대학 지식인
활동의 초점	빈민개조와 역기능 수정	빈민지역 거주와 사회질서 비판
사회문제 해결방법	자선기관의 서비스 조정	서비스 직접 제공
활동의 주된 내용	우애방문원의 가정 방문	각종 서비스와 사회개혁 활동
사회복지적 의의	지역사회조직 실천방법 전문화의 기초	민간 사회복지관 활동의 시초

출처: 오정수, 류진석(2019).

동부 빈민거주 지역에 토인비홀(Toynbee hall)이라는 이름으로 최초의 인보관을 설립하였다. 인본주의적 속성을 가지는 인보관 운동은 여러 시민의 관심을 끌게 되었으며 지식인층, 특히 대학사회에 영향을 끼쳐 많은 교수와 학생이 이 운동에 가담하게 되었다. 그리고 인보관 운동에서는 많은 자원봉사자가 활동하여 자원봉사활동이 활성화되는 주요한 계기가 되었다. 미국에서도 코이트(Coit, S.)가 영국의 토인비홀을 모델로 삼아 1887년에 뉴욕 동부에 근린조직(neighborhood guild)을 설립하였다. 1889년에는 애덤스(Adams, J.) 여사가 시카고에 헐 하우스(Hull house)를 설립한 이후 미국 전역으로 인보관 운동이 급속히 확장되었다. 미국의 인보관 운동은 이민자들을 대상으로 영어교육, 탁아소 운영, 직업훈련, 학교의 환경문제 등을 주로 다루었다. 인보관 운동가들은 자선사업가보다는 사회개혁가로 스스로의 정체성을 설정하였다.

미국에서는 자선조직화협회와 인보관 운동만이 아니라 남북전쟁 시기부터 1930년대에 이르기까지 많은 단체가 자원봉사활동을 진행하기 시작하였다. 적십자사, YMCA, 구세군, 미국공중보건협회, 미국결핵협회, 보이스카우트 등이 대표적이다. 초기에 이러한 민간단체들 대부분의 업무는 유능한 자원봉사자에 의해 이루어졌다. 그러나 이들이 충분한 활동시간을 가질 수 없게 되자, 유급직원을 고용하기 시작했다. 한편으로 자선조직화협회(COS), 인보관(settlement house) 등은 조직화된 사회복지단체로 체계화되어 갔다. 초기에 자원봉사자의 활동중심이었던 것들 중 상당 부분은 사회복지를 교육하기 위한 전문 교육기관이 설립되면서 전문직종으로 전문화된다. 이에 따라 기존의 자원봉사활동 내용이 교육받은 전문직종의 직업활동으로 재편되었다고 할 수 있다. 물론 자발적인 자원봉사자의 활동도 여전히 큰 비중을 차지하였다. 인간사회에서 보편적인 상부상조의 전통이 현대 산업사회에서 제도화되는 모습이다. 이 제도화 과정에서 직업적 전문화의 과정은 전문 사회복지의 영역으로 발전해 가는 한편, 대중화되는 과정은 점차 현대적인 조직적 자원봉사활동 영역으로 전개되어 갔다고 할 수 있다.

우리나라의 경우에는 근대 이전의 상부상조와 관련된 맹아적 자원봉사의 전통이 근대적 초기 자원봉사활동으로 발전할 자생적 기회를 별로 가지지 못하게 된다. 이는 구한말 이후 자생적인 자본주의화의 과정이 외세의 침탈과 식민지 역사를 거치면서 왜곡되었기 때문이다. 개항 이후 기독교 전파 등에 따른 교회나 YMCA 등의 활동에 의해 자선적이고 박애적인 활동이 일부 나타났다. 1903년 한국기독교청년회(YMCA)의 창립을 계기로 지역사회활동이 조직적으로 이루어지면서 자원봉사활동도 일부 나타났다. 1921년 마이어스 선교사가 태화기독교여자관을 설립하여 여성계몽 및 교육, 아동보건사업 등 복지를 위한 사업을 실시하였다. 인보관 운동의 이식형태라 할 수 있다.

또한 일제 강점기에 빈곤 등 사회문제에 대한 대응으로는 일제와 총독부에 의한 식민지 통제를 위한 구호사업이 일부 나타났고, 반대의 민족진영에서는 구국계몽운동이나 농촌계몽운동도 나타났다. 구국운동으로 시작한 학생운동이 봉사활동으로 시작되면서 광복 후에 사회개량적 성격으로 전환되어 문맹퇴치를 위한 야학이나 농촌봉사활동, 질병구제 등 자원봉사활동으로 전개되기도 하였다. 그러나 이러한 활동은 일제 치하에서 공적인 지지를 받지 못하고 오히려 억압당하는 경우가 많았다. 따라서 광범위한 조직화나 체계화에는 한계가 나타났다. 이러한 상황은 같은 시기 서구 사회에서의 일반적인 초기 자원봉사활동 조직화 전개와는 다른 것으로 역사적 특수성에 의한 것이라 할 수 있다.

3. 현대 자원봉사의 체계화

20세기 이후 자원봉사활동은 공공 사회복지 영역이 전문화 · 제도화되는 흐름 속에서 조직화된 시민참여활동으로 발전되어 갔다. 이전 시기 전문적 사회복지활동과의 미분화 상황이 극복되면서 보다 다양하고 광범위한 시민참여활동으로 영역이 확장되었다.

영국의 경우 19세기 후반부터 페이비언(Fabian) 사회주의의 등장, 그리고 제2차 세계대전 이후 「베버리지 보고서(Beveridge Report)」 등에 의한 복지국가 수립은 복지에 관한 국가 책임의식을 정착시켰다. 그러나 정부의 책임확대가 민간 자원봉사활동을 대신하는 것은 아니었다. 폭넓은 사회서비스의 확충은 시민참여에 의한 자원봉사활동의 필요성도 동시에 부각시켰다. 「베버리지 보고서」 내에서도 자원봉사활동의 활성화와 관련된 내용이 별도 「자원활동(volunary action) 보고서」로 다루어지고 있다.

영국은 국가 재정에 의한 공공의료체계인 NHS 체계를 갖추고 있는데, 공공의료에 대한 지나친 의존과 불필요한 의료자원의 비효율적 사용을 막기 위해서 지역사회에서의 돌봄(care)이 많이 강조되었다. 이러한 맥락은 1968년의 「아베스 보고서(Aves Report-the voluntary worker in the social service)」, 1969년의 「시봄 보고서(Seebohm Report)」, 1971년의 「하버트 보고서(Harbert Report)」, 1982년 「바클레이 보고서(Barclay Report)」 등에 계속해서 나타났다. 시기별로 정책 환경에 따른 구체적 차이는 있으나 지역사회에서 민간활동에 의한 사회서비스 공급의 중요성에 대해 강조하고 있고, 돌봄과 관련된 자원봉사 활성화에 초점을 두고 있었다.

법적인 측면에서는 1960년에 민간 사회복지 관련 기관과 단체를 육성하는 「자선법(Charity Act)」과 1970년에 지방 차원에서 자원봉사활동을 육성하기 위한 「지방정부사회복지서비스법(Local Authority Social Service Act)」이 제정되어 자원봉사 활성화와 관련된 근거로 작동하였다. 1970년대부터는 자원봉사활동을 지원하는 조직이 중앙정부와 지방정부에 편성되고 담당자가 배치되었다. 이와 아울러 특히 청소

년 자원봉사자를 육성하고자 하는 많은 프로그램이 나타나기 시작하였다. 1992년에 「자선법」이 개정되어 자원봉사활동의 진흥을 위한 다양한 법적 노력이 경주되었으며 정부의 재정적 보조에 힘입어 새로운 기관이 설립되었다. 특히 지방정부로부터의 보조금은 새로 만들어지는 자원봉사조직들이 좀 더 견고한 기반 위에서 설립되도록 하는 여건을 만들어 주기도 하였다(류기형 외, 1999). 매우 큰 규모를 나타내는 새천년 자원봉사단(Millenium Volunteers)이 청소년 자원봉사활동을 집중 육성하기 위한 조직으로 만들어지는 등 다양한 자원봉사조직이 육성되고 있다.

1997년 영국 노동당의 토니 블레어 총리 후보는 민관의 협약을 통해 자원봉사활동 지원을 공약의 하나로 내걸고 당선되어 영국 정부와 민간 자원섹터(voluntary sector)의 협약(the Compact, 1998)을 발표하였다. 중앙정부와 여러 지방정부에서도 협약을 통해 자원봉사활동을 활성화하기 위한 지원의 토대를 구축하고 있다.

영국 정부와 민간 자원섹터 협약의 원칙

1. 자원봉사활동은 민주사회의 기본적인 요소이다.
2. 독립적이고 다양한 자원 영역과 공동체 영역은 사회 전체적 복리의 기초가 된다.
3. 공공정책과 서비스의 개발 및 전달에서 정부와 자원섹터는 각각 독특하지만 보완적인 역할을 분담한다.
4. 정부와 자원섹터는 서로 다른 형태의 책무성을 가지고 서로 다른 이해당사자들에게 책무를 가진다. 그럼에도 양자 모두에게 공통적으로 필요한 것은 통합성, 객관성, 책무성, 개방성, 정직 및 리더십이다.
5. 자원섹터와 공동체 섹터는 자신들의 목표를 달성하기 위해 법의 범위에서 캠페인을 할 수 있는 권리를 가진다.
6. 정부는 다른 일보다도 자원섹터의 재정지원자로서 중요한 역할을 한다. 정부와 자원섹터 관계에서 재정지원은 중요한 요소가 된다.
7. 정부와 자원섹터는 인종, 연령, 장애, 성, 종교와 관계없이 모든 사람의 기회와 평등을 증진시키는 중요성을 상호 인지한다.

출처: 이만식 외(2020)에서 재인용.

표 2-2 영국 자원봉사 제도의 변화

<table>
<tr><th rowspan="2">시기</th><th rowspan="2">1기
(1945~1969)</th><th>2기
(1970~1997)</th><th>3기
(1998~2009)</th><th>4기
(2010 이후)</th></tr>
<tr><th>보수당 집권</th><th>노동당 집권</th><th>보수당 집권</th></tr>
<tr><td>주요
제도적
사항</td><td>• 베버리지「자원활동 보고서」(1948)</td><td>• 내무부의 자원봉사센터 설치 지원(1973)
• 울펜덴(Wolfenden)「비영리조직의 미래보고서」(1978)
• 자원봉사 컨소시엄(1983)
• 자원봉사 활성화 캠페인, NHS 등 정부기관과 자원봉사자 협력(1994~ 1997)</td><td>• 제3섹터청 설치
• 정부-비영리조직 협약(the Compact) 결성
• 전국적 자원봉사센터 및 자원봉사개발 조직, 영국 자원봉사단체협의회 지원</td><td>• 시민사회청(명칭 변경)
• 지역사회의 자발적 문제해결(social action, informal volunteering 강조)
• 정부-비영리조직 협약(the Compact) 유지
• 자원봉사조직 인프라 재정지원 축소</td></tr>
</table>

출처: 송정인, 이혜영(2017).

영국의 자원봉사참여는 꾸준히 증가하는 모습을 보이고는 있으나 국가복지의 축소라는 상황에서 자원봉사활동 역시 영향을 받기도 한다. 송정인과 이혜영(2017)은 현대 영국의 자원봉사 제도화 및 변화의 과정을 〈표 2-2〉와 같이 표현하고 있다.

미국은 유럽 국가들에 비해서 전통적으로 국가개입의 비중이 작아 공공복지의 책임성도 약한 편이었다. 개인주의와 자유주의 사조가 강한 사회이다. 그러나 다른 한편으로 시민의 자발적 참여활동에 대한 전통이 강하여 현대에 이르러서는 민간 자원봉사조직이 보다 다양한 형태로 육성될 수 있는 배경이 되었다.

현대 미국의 자원봉사와 사회복지에 가장 큰 영향을 미친 계기는 세계대전과 경제공황이다. 제1차 세계대전 중 미국 적십자 협회는 전국에 3,000개의 지부를 설치하여 군인을 전장에 보낸 가정을 중심으로 봉사활동과 이에 필요한 훈련을 실시하였다. 그 후 전후의 구조사업과 국가문제 해결을 위한 활동으로서 상이군인을 위한 활동분야에서 전문직원과 협력하여 공헌하였고 이러한 활동 속에서 자원봉사자의 지위가 신장되었다(조휘일, 1997). 1926년에는 보스턴에 최초의 자원봉사자 사무국이 세워져 자원봉사자를 필요로 하는 각 민간보건 및 사회단체를 조사하고, 인종과 신앙에 관계없이 모든 시민을 모집 · 훈련하여 이러한 기관에 배치하였다. 이는 지역사회 전체에 대한 헌신이었다. 1933년에는 사회사업자원봉사자 전국위원회가 생겨 전 분야에 따른 자원봉사자의 업무와 훈련의 원칙 및 방법 등이 명확하게 제시된 시기이기도 하다. 경제대공황 시기에는 루즈벨트 대통령이 뉴딜 정책의 일환으로 대규모 공공사업을 진행하여 유급인력과 자원봉사인력을 활용하는 정책을 전개하였는데 미국자원보존단(Civilian Conservation Corps: CCC)이 이에 관련된다.

이후 제2차 세계대전 시기에는 연방정부가 시민방위청(office of civilian defence)을 조직하여 청년, 여성, 노인, 장애인, 그 밖에 전쟁으로 피해를 입은 시민들을 구조할 목적으로 봉사활동을 전개하였다. 여기에는 당시 약 1,100만의 자원봉사자가 참여했는데 이는 전쟁이라는 특수 상황을 배경으로 해서 경제적으로 여유가 있는 사람들만이 자원봉사자가 된다는 이전의 경향을 극복한 것이었다(조휘일, 1997). 이러한 방위계획이 진전됨에 따라 자원봉사자사무국이 각지에 설치되었으며, 1945년에는 시민협력자문위원회가 세워져 자원봉사자사무국의 운영을 돕고 자원봉사자를 모집, 훈련, 배치, 지도하여 표창하는 등 자원봉사 관리 방법 개선과 홍보사업을 진행하였다.

1960년대에는 미국의 경제호황과 더불어 연방정부에 의해 대내적 · 대외적인 공공 자원봉사활동이 대규모로 이루어졌다. 대표적으로 1961년에는 케네디 대통령이 국제평화에 공헌하기 위한 평화봉사단(Peace Corps)을 창설하여 여러 후진국의 경제 · 사회 발전을 도와주는 대규모의 조직적인 봉사활동을 시작하였다. 1964년에는 존슨 대통령이 VISTA(Volunteers in Service to America)를 조직하여 미국 국내에서의 봉사활동 활성화를 도모하였다. VISTA는 1950년대 이후 미국 경제성장의 부산물로서 나타난 빈부격차문제를 해결하기 위해, 이에 관심이 있는 시민을 동원하고 훈련하여 빈민을 돕는 사업에 연결시키고 지원하기 위한 기구이다. 종래 무급의 단기근무봉사자와 일 년간 최소한의 생활비를 지급받으면서 해당 지역에 주재하여 봉사하는 전일제 정규 자원봉사자를 병행하여 활용하였다. 1971년 VISTA와 평화봉사단을 포함하여 그동안 부처별로 나누어 운영되어 오던 자원봉사 프로그램을 하나의 독립기구가 맡아서 관장하도록 하고 민간 자원봉사 프로그램을 지원하기 위해 정부 내의 독립기관인 ACTION을 창설하였다(류기형 외, 2015).

1960년대는 미국에서 자원봉사 프로그램이 다양하게 개발되면서 공공봉사단의 창설만이 아니라 민간자원봉사조직에 대한 연방정부의 지원도 급격하게 증가된 시기이다. 자원봉사활동을 조장하기 위한 비정부조직이 필요하다는 판단에서 1970년에는 전국자원봉사센터(National Center of Voluntary Action: NCVA)를 창설하게 되었다. NCVA는 종전의 자원봉사사무국의 기능을 확대시킨 기구로 회원단체의 사업을 도와주는 비영리조직이다. 닉슨 행정부는 자원봉사활동을 더욱 법적으로 보장하고 지원하기 위해 1973년 「국내자원봉사활동법(Domestic Volunteer Service Act)」을 특별법으로 만들었다. 이는 자원봉사자에 대한 연방정부의 각종 지원활동을 규정하고 정부의 직접적인 공공자원봉사단 운영에 관한 내용을 담고 있었다. 1979년에는 전국자원봉사활동정보센터(National Information Center on Volunteerism: NICV)와 전국자원봉사센터(NCVA)를 통합하여 자원봉사센터를 민간 수준에서 네트워크화한 VOLUNTEER가 창설되었다.

1980년대에는 미국의 대학 등 각종 교육기관에서 봉사학습(service learning)의 원리하에 교육과 자원봉사활동을 연결하는 프로그램들이 활성화되었다. 한편으로는 기업의 사회공헌과 관련된 자원봉사활동도 활성화되기 시작하였다. 1990년대에 들어서는 미국 전역의 약 수백 개에 이르는 자원봉사센터에 기술적 원조를 하는 촛불재단(Points of Light Foundation)이라는 민간 자원봉사전문기관이 설립되어 자원봉사의 전문화를 위해 노력하였다. 촛불재단은 민간조직이지만 정부의 재정지원하에 활동하였다. 이는 이후 다른 조직들과의 합병 등을 통해 자원봉사관리와 시민참여에서 세계에서 가장 큰 민간조직으로 지금까지 활동하고 있다. 법적으로는 「전국지역사회봉사법(National and Community Service Act)」「전국봉사트러스트법(National Service Trust Act)」 등이 만들어지기도 하였다. 그리고 이러한 법률들에 기초하여 미국전국봉사단(Corporation for National Service: CNS)이 조직되었다. CNS는 현재 CNCS(Corporation for National and Community Service)라는 명칭으로 5백만 명 이상의 미국인을 자원봉사활동에 연계시키는 미국 정부의 독립기관으로 활동하고 있다. CNCS는 미국봉사단(AmeriCorps), 시니어봉사단(Senior Corps) 등의 프로그램을 포함하고 있다. 2001년 9 · 11 테러 이후에는 부시 행정부에서 미국자유봉사단(USA Freedom Corps)을 창설하였다.

일본의 경우 20세기 초부터 방면위원 혹은 민생위원이라는 명칭으로 생활에 어려움을 겪는 주민들을 지원하는 체계가 있었다. 약간의 활동비를 받았기 때문에 자원봉사활동에 해당하는지에 대한 논란이 있었으나 빈민층 지원을 위해 많은 역할을 수행하였기 때문에 일본 자원봉사에서의 독특한 전통으로 이야기하기도 한다. 제2차 세계대전 이후 사회복지협의회의 자원봉사활동 지원 등을 통해 현대적인 자원봉사활동이 정착되어 갔다. 1962년 이후 사회복지협의회에 선의은행이 설치되었다. 또한 비슷한 시기에 민간 주도의 자원봉사사무국이 개설되어 운영되기 시작하였다. 선의은행은 1973년에 볼런티어센터로 개편되었다. 1986년에는 후생성에 의한 볼런토피아(Voluntopia) 사업이 추진되는 등 자원봉사의 활동영역이 확장되었다. 1990년대 이후 최근에는 교육과 자원봉사활동의 접맥, 기업의 자원봉사활동 참여가 두드러지고 있다. 특히 일본에서는 1995년 한신 대지진 당시 구조와 피해 복구 등 활동에서 일반 시민의 자발적 자원봉사활동이 크게 확산되었다. 때문에 이 시기를 일본 자원봉사의 원년이라고 부르기도 한다(김범수, 이기백, 2021).

우리나라는 1960년대까지는 산발적으로 종교인이나 학생 등의 선의에 의한 특별한 활동으로서 자원봉사활동이 이루어졌다. 적십자 운동을 중심으로 인도주의적 활동이 보다 조직화되기도 하였다. 본격적인 조직적 활동의 모습은 1970년대 새마을 운동 등을 통해 관변단체를 중심으로 나타났으나 이는 지속적이고 민주적인 자원봉사활동으로서는 한계를 나타냈다. 1978년부터는 한국사회복지협의회가 자원봉사자 교육훈련을 실시하고 사회복지분야에 배치하는 체계적 노력이 나타나기 시작하였으며, 각종 사회복지단체를 중심으로 자원봉사활동이 좀 더 확장되었다.

1980년대에 들어 아시안 게임과 올림픽 등 국가적인 행사에 대규모의 자원봉사자 활용이 이루어지면서 우리나라의 현대적 자원봉사활동은 큰 전환점을 마련하게 되었다. 1985년 올림픽조직위원회가 자원봉사단을 구성하였고, 여기에 많은 국민이 자원봉사자로 참여하기 위해 자발적으로 신청하여 자원봉사자로 선발된 것은 큰 자부심을 가질 수 있는 계기가 되었다. 이 시기부터 경제수준의 향상, 국민의식의 고양, 가족구조의 변화 등 사회경제적 변화에 의해 자원봉사활동은 시민들 사이에서 자발적으로 팽창되기 시작하였다. 또한 1984년 한국여성개발원에 의해 자원봉사인력은행이 설치되었고, 한국자원봉사능력개발연구회, 생명의전화, 사랑의전화, 각종 사회복지단체와 시설 등에서 자원봉사자교육을 받고 자원봉사활동을 하는 자원봉사자 수가 늘어났다.

1991년에는 한국자원봉사연합회가 창립되어 전문적인 민간 자원봉사단체가 활성화되기 시작하였다. 1992년 보건복지부는 한국사회복지관협회에 전국 사회복지관 부설 재가복지봉사센터의 관리업무를 위탁하였는데 이는 사회복지생활시설이 아니라 지역사회에 거주하는 취약계층에 대한 지원활동을 수행하는 공식적 거점으로 많은 자원봉사자의 활동무대가 되어 왔다. 1994년에 한국자원봉사단체협의회가 조직되었고 1995년에는 학계 · 정부 · 기업 · 사회복지관 등 각계 자원봉사 전문가들이 한국자원봉사포럼을 구성하였다. 1990년대에는 언론사와 기업들의 자원봉사활동에 대한 적극적 움직임과 아울러 교육과정에 자원봉사활동을 포함시키는 교육개혁 조치가 나타났다. 1994년 「중앙일보」에 의한 자원봉사캠페인은 사회적 여건과 맞물려 큰 반향을 나타냈고, 1995년 교육개혁 조치에 따른 중 · 고등학교의 학생 봉사활동, 1996년의 한국대학사회봉사협의회 발족 등은 교육계와 자원봉사활동의 연결을 잘 보여 준다. 이후 자원봉사활동에 대한 시민의 관심은 매우 고양되었고 자원봉사활동 참여율도 비약적으로 증가하였다. 이 시기 이후 민간과 공공의 자원봉사 관련 조직과 기관은 다양하게 나타났으나 아직 그 숫자의 증가만큼 체계적으로 정비 및 관리되지는 못하고 있는 상황이다. 법적으로는 2005년 「자원봉사활동 기본법」이 제정되어 우리나라도 자원봉사활동 진흥에 대한 독립적 법안을 가지게 되었다.

자원봉사활동의 역사적 전개를 살펴보면 최근의 현대적 자원봉사 흐름은 몇 가지의 특성을 나타내고 있다.

첫째, 자원봉사 관련 조직의 증가이다. 대부분의 나라는 민간 자원봉사단과 공공 자원봉사단을 다양하게 육성하여 일반 시민들의 자원봉사활동을 체계화하고자 노력하고 있다. 자원봉사활동이 개인적이고 파편적인 활동을 넘어 체계적으로 국가와 지역사회의 공공선을 도모하도록 하기 위해서 조직을 육성하고 있다. 이 조직들은 자원봉사에 관심을 가지는 민간이 자발적으로 만들기도 하고, 국가나 공공이 주도하는 프로그램 형태로 편성되기도 한다. 자원봉사활동 참여는 개개인의 민간이 주체가 되지만, 이를 조직화하고 연계하는 자원봉사조직은 고도화되고 전문화되는 양상이다. 그리고 민간조직과 공공조직 모두 일정한 정도는 공공의 재정지원을 받는 경우가 많다. 또한 초기에는 빈민을 지원하는 활동에만 초점을 둔 자원봉사활동이 점차 다양한 영역의 사회문제에 관여하게 되면서 자원봉사 관련 조직들은 사회구성원이 관심을 가지는 다양한 분야에서 자원봉사활동이 이루어질 수 있는 정보와 지원을 제공하고 있다.

둘째, 자원봉사활동 진흥과 관련된 법제적 노력이다. 자원봉사활동이 산발적이고 소규모의 활동에서 벗어나 점차 조직화되고 많은 사람이 참여하는 보편적 활동

뭘 기대할까

우리는 미국봉사단(AmeriCorps) 회원과 시니어봉사단(AmeriCorps Senior) 자원봉사자를 전국에 걸쳐 2,000개 이상의 조직에 배치합니다.

누가 봉사할 수 있습니까?

미국봉사단 프로그램은 모든 연령과 배경의 개인에게 열려 있습니다. 시니어봉사단은 2차 기부를 원하는 55세 이상 개인이 이용할 수 있는 기회를 강조합니다.

어떻게 섬길 수 있습니까?

프로그램을 통해 우리는 시간 약속과 요구사항이 다른 기회를 제공합니다. 즉, 목표와 생활 방식에 맞는 모든 역량에서 봉사할 수 있습니다.

어떻게 신청합니까?

프로그램 신청 절차를 시작하려면 가입페이지를 방문하십시오.

그림 2-1 미국봉사단의 참여안내

출처: 미국봉사단(https://americorps.gov/join).

이 되면서 이와 관련된 지원 혹은 공식적 근거를 만들기 위해 법률이나 지방자치단체의 조례와 같은 법제도의 정비가 이루어지고 있다. 자원봉사 관련 조직들은 법제적 근거를 통해 활성화되곤 한다. 특히 자원봉사활동은 기본적으로 무보수의 특성을 가지기 때문에 보수가 아닌 다른 형태로 자원봉사활동에 대한 유인을 높이기 위한 조치들에 대해서 법적인 근거를 만들기도 한다.

셋째, 교육과정과 자원봉사활동과의 접맥이다. 이는 학생인력을 활용하는 자원봉사자의 양적 확충이라는 의미에 국한되지 않는다. 자원봉사활동을 통해서 사회문제와 현실에 대한 통찰을 증진하고, 건전한 시민으로서의 성장을 도모하고자 하는 교육적 목적이 결합된다. 미래 시민에 대한 자원봉사교육이고 경험학습의 일환이다. 때문에 봉사학습은 최근 여러 나라에서 다양한 방법으로 각급 교육기관의 프로그램으로 편성되고 있다.

넷째, 기업과 언론 등의 적극적인 자원봉사활동 참여와 시민적 캠페인이다. 과거 기업들은 기부를 사회공헌의 주된 방식으로 활용해 왔으나 최근에는 직원들의 자원봉사 프로그램을 운영하는 경우도 많다. 또한 채용과 승진 등 인사정책에 자원봉사활동 참여를 한 요소로 반영하기도 한다. 자원봉사활동이 전체 사회의 공공선을 증진하는 데 중요한 수단이라는 사회적 합의가 만들어지고 있어서 언론에서도 자원봉사활동과 관련된 소개나 캠페인과 같은 활동을 전개하는 경우가 많아지고 있다.

4. 자원봉사활동의 조직 동향

최근 세계 각국의 자원봉사활동 동향에서는 자원봉사활동과 관련된 다양한 조직의 활성화가 두드러진다. 물론 자원봉사활동 자체를 조직의 주 목적으로 하지는 않지만 교육기관이나 기업, 종교단체의 자원봉사활동 참여나 지원도 중요한 의미를 가지고 있다. 그러나 자원봉사활동의 조직화와 활성화 자체를 목적으로 하는 관련 조직들의 확장은 특히 자원봉사활동의 현대적 동향을 잘 나타내어 주는 것이다.

자원봉사 관련 조직들의 상황은 자원봉사의 역사와 현황을 가장 잘 나타내어 주는 요소이기도 하다. 자원봉사 관련 조직은 나라별로, 시기별로 매우 많으므로 대표적인 몇 가지만 살펴보면 다음과 같다.

1) 미국의 주요 자원봉사조직

미국은 공공과 민간의 자원봉사조직이 가장 활성화되어 있는 나라 중 하나이다. 앞의 역사에서 살펴본 바와 같이 1960년대에는 평화봉사단(Peace Corps)과 VISTA, 1990년대 이후의 미국전국봉사단 CNCS 등의 공공 자원봉사조직과 VOLUNTEER, 촛불재단 등의 민간 네트워크가 특히 대표적인 것으로 볼 수 있다(김범수, 이기백, 2021; 류기형 외, 2015; 성민선, 1997; 이강현 역, 2002).

(1) 평화봉사단

1961년 케네디 대통령에 의해 창설된 프로그램으로, 미국의 청년들에게 국제평화에 이바지하고 저개발국의 교육, 의료, 기술개발 등의 분야에서 활동할 수 있는 기회를 제공하고자 하였다. '뉴프론티어' 정책의 일환으로 추진되었으며 미국 연방정부 차원에서 조직화된 가장 대표적인 자원봉사 프로그램이다. 해외에서의 활동을 주로 하였고, 저개발국가의 문맹퇴치운동, 빈곤추방 등의 활동을 전개하였으며, 직접적 접촉을 통한 대인관계에 기반하여 활동하는 경우가 많았다. 대개 대학 학위를 받은 미국 시민이 단원으로 활동에 참여하며 3개월의 교육 후에 2년가량을 해외에서 활동하였다. 창립 이래 24만 명가량이 142개국에서 활동하였다. 우리나라에서도 평화봉사단원들이 활동했다. 대부분의 자원봉사자는 전문 기술인력으로 해외에서 전임제로 활동하였고 기본적인 현지 생활에 소요되는 비용은 정부가 부담하였다. 이후 ACTION 등과 같은 정부의 네트워크 기관에 포함되는 조직적 변화도 있었으나 현재까지도 활동을 계속하며 대표적인 공공주도 국제자원봉사조직으로서의 위상을 지니고 있다.

(2) VISTA

1964년 존슨 대통령에 의해 창설되었다. 이는 평화봉사단과 대조적으로 주로 미국 국내의 문제에 초점을 두어 활동하는 국내봉사단이었다. 1950년대의 지속적인 경제성장과 함께 나타나고 있는 미국 국내의 빈부격차를 해소하기 위해 창설되었고 당시의 '대빈곤전쟁(war on poverty)'과 맥락을 같이한다. VISTA(Volunteers in Service to America)에서는 빈곤문제에 관심을 가진 시민들을 교육하여 빈민을 돕도록 지원하였다. VISTA의 자원봉사자들은 지방정부, 지역사회 서비스 단체, 농촌조직, 교회 및 이와 관련된 프로그램, 대학과 기타 교육기관 등에서 주로 활동하였으며 대개는 1년의 임기 동안 전일제로 활동하고 생활유지를 위한 비용이나 혜택을 지원받았다. 대표적인 공공봉사단이라 할 수 있다. 닉슨 행정부 시기 ACTION 프로그램으로 통합되었고, 다시 클린턴 행정부 시기에 미국전국봉사단 CNCS 체계로 편입되면서 AmeriCorps VISTA로 명칭이 전환되었다.

(3) 미국전국봉사단

1990년「전국 및 지역사회봉사법(National and Community Service Act)」「전국봉사트러스트법」이 제정되면서 클린턴 정부는 백악관의 National Service와 ACTION, NCCC 등을 통합하여 미국전국봉사단(Corporation for National and Community Service: CNCS)을 창설하였다. 당시에는 CNS(Corporation for National Service)로 지칭되기도 하였다. 1993년 미국봉사단이 결성되었는데 이는 미국의 도시와 농촌지역에서 활동을 활성화하기 위한 새로운 전국적인 서비스 프로그램으로 CNCS 체계 내에서 운영되고 있다. CNCS는 공공조직으로 예산 지원 및 운영 전반이 공공에 의하고 있다는 특징을 가지지만, 정치적 상황에 좌우되지 않도록 다양한 견해와 이해관계를 반영하는 이사회와 경영팀에 의해 운영된다. 이 CNCS가 현재 미국 정부 내의 대표적인 자원봉사활동 전담기구라고 할 수 있다. CNCS가 제공하고 있는 미국봉사단과 시니어봉사단은 전 세계적으로도 매우 유명한 프로그램으로 현재도 활발하게 활동하고 있다. 미국봉사단은 매해 8만 명 이상의 미국인에게 10~12개월의 자원봉사활동 수행 기회를 제공하고 있다. 기존 프로그램의 통합 내용에 따라

AmeriCorps VISTA, AmeriCorps NCCC 등의 하위 프로그램을 가지고 있다. 시니어봉사단은 55세 이상의 자원봉사활동을 위해 RSVP, FG, SC[1] 등의 프로그램을 운영하고 있다.

(4) VOLUNTEER

1979년 전국자원봉사활동정보센터(National Information Center on Volunteerism)와 전국자원봉사센터(NCVA)가 통합되어 전국시민참여센터(National Center for Citizen Involvement)인 VOLUNTEER가 창립되었다. VOLUNTEER는 촛불재단과 통합하기 이전까지 자원봉사센터나 자원봉사자활동센터(Volunteer Action Center) 등을 기초로 하여 수백 개에 이르는 자원봉사 추진체계를 네트워크화하였다(류기형 외, 2015).

평화봉사단, VISTA, ACTION 등이 공공봉사단의 형태라면 이는 민간의 봉사조직체 연합으로서의 성격을 가진다.

(5) 촛불재단

촛불재단(Point of Light Foundation)은 사회문제 해결을 위해 자원봉사활동에 많은 인력과 자원을 참여시키고자 하는 독립적인 비영리단체이다. 미국 250개 도시의 지부를 통해 매해 수백만 명의 활동을 연계하고 있으며 수천 개의 비영리단체 및 기업과 파트너십을 가지고 있다.

1990년 부시 대통령의 선거공약으로 설립된 재단으로「전국 및 지역사회봉사법」이 제정된 이후 당시 자원봉사 전국협의회인 VOLUNTEER와 통합하여 자원봉사활동의 중요성을 전파하고 자원봉사자를 확산시키는 업무를 담당하였다. 촛불재단은 56개 기업 자원봉사협의회(Coporate Volunteer Council)와 1,200여 회원을 가진 전국자원봉사센터(National Volunteer Center)를 합병해서 조직되었디. 창립 초부터 탄탄한 지역 구성체를 가진 전국적 기구이다. 2007년에 핸즈온 네트워크(Hands On

1) 이 프로그램의 자세한 내용은 본서의 '노인 자원봉사활동' 부분 참조

Network)와 합병하여 새롭게 'Points On Lights'를 형성하였다. 국회로부터 독립적인 예산편성을 받지만 민간기구이다. 기본적으로 지역 자원봉사센터를 지원하는 임무를 맡고 있으며 자원봉사 진흥을 위해 다음과 같은 사업을 실행한다.

- 지역 자원봉사센터의 신규 설립 지원
- 기존 센터의 육성
- 자원봉사활동 활성화를 위한 프로그램 개발과 상담 교육 및 훈련
- national and community conference 주최
- 미국 최대 봉사활동의 날인 '차이의 날(make a difference day)' 행사
- 전국 자원봉사주간(national volunteer week) 주최
- 해외 자원봉사 지원사업
- 세계자원봉사연합회(IAVE)와 공동업무 진행

촛불재단은 전 세계에서 가장 영향력 있는 자원봉사 관련 조직이며 영국 등 미국 이외의 다른 나라에도 촛불재단의 네트워크가 형성되어 활동하고 있다.

(6) 학생 자원봉사조직[2)]

1980년대 이후 미국에서는 다양한 학생 자원봉사 프로그램이 출현하게 되었다. 이는 교육과 봉사의 접목이라는 봉사학습(service learning)의 사조가 사회적으로 넓게 퍼진 것과도 관련된다. 학생 자원봉사 프로그램(National Student Volunteer Program: NSVP), 대학생 자원봉사단(University Year for Action), Campus Compact, COOL(Campus Outreach Opportunity League) 등이 이에 해당하며 각 대학별로도 사회봉사센터가 활동하고 있다.

4) 이 프로그램의 자세한 내용은 본서의 '학생의 자원봉사' 부분 참조

2) 영국의 주요 자원봉사조직

영국은 복지국가의 수립 이후 복지에 대한 국가 책임 우선의 전통이 미국보다는 강하게 나타났다. 그러나 특히 지역사회돌봄(community care) 정책의 과정에서 민간과 지역사회의 역할이 강조되면서 보건과 복지 영역에서의 자원봉사활동 활성화에 관한 관심이 높다. 영국의 자원봉사 관련 조직체계는 자원봉사센터가 중심이 된 하나의 전국적 지역망 축과 민간 자원봉사기관이나 단체가 중심이 된 축 등 두 개의 흐름이 중요한 위치를 차지하고 있다. 영국의 주요한 자원봉사조직과 프로그램으로는 NCVO(National Council of Voluntary Organizations), 새천년 자원봉사단 등을 들 수 있다(김범수, 이기백, 2021; 이만식 외, 2020).

(1) 전국자원봉사단체협의회

NCVO(National Council of Voluntary Organizations)는 영국에서 민간의 자원단체를 지원 및 대표하는 조직으로 활동하고 있다. 직접적인 자원봉사자 모집이나 활동연계를 주된 활동으로 수행하고 있지는 않고 간접적으로 돕는 로비, 캠페인, 자문 등의 역할을 수행하고 있는 지원조직이다. 20세기 초 서비스 제공 비영리조직들의 모임인 전국사회서비스협의회(National Council of Social Services: NCSS)가 1980년에 NCVO로 개편되었다. 블레어 정부에서 1998년 정부와 시민사회 간 협약(the Compact)을 체결하고 「아베스 보고서」를 작성하는 과정을 통해 민간의 자원봉사계를 대표하는 조직으로서 NCVO는 결정적인 역할을 수행하였다. 14,000개 이상의 민간자원단체가 회원이 되고 있다. 협약을 토대로 하는 영국 자원봉사체계에서는 가장 대표적인 조직이라 할 수 있다.

(2) 새천년 자원봉사단

영국에서 전국적인 규모의 대표적인 자원봉사 프로그램의 하나이다. 대표적으로 청년의 자원봉사활동에 초점을 두고 있다. 16~24세의 청년들이 지역사회에 이바지하는 자원봉사활동에 참여하도록 영국 정부가 장려하고 인정하기 위해 1998년부터 시범사업을 거쳐 프로그램이 진행되었다. 새천년 자원봉사단(Millenium Volunteers)의 프로그램은 지속적인 헌신, 지역사회의 공익, 자발적 참여, 포용성, 청년의 주도성, 다양성, 파트너십, 품질, 승인이라는 아홉 가지의 원칙에 기초하고 있다. 자원봉사자들 스스로 봉사활동 계획을 세우거나 지역단체에서 제공하는 활동업무를 선택하는데, 참여하는 청년들의 주도성과 주인의식을 최대한 강조한다는 특징을 가지고 있다. 자원봉사활동을 일정 시간 이상 이수하면 인증서를 제공하거나 표창하는 단계별 인정방식을 가지고 있다.

(3) 자원봉사센터

자원봉사센터(Volunteer Bureaux)는 자원봉사자를 발굴하고 자원을 동원하며 적절한 활동 현장에 배치하거나 이를 지원하는 활동을 한다. 전국단위의 자원봉사센터는 영국의 특성상 잉글랜드 지역은 전국자원봉사센터(National Center for Volunteering), 스코틀랜드 지역은 자원봉사개발원(Volunteer Development), 북아일랜드는 국립개발원(National Development Agency), 웨일스는 자원봉사활동협회(Wales Council for Volunteer Action)가 전국자원봉사센터 역할을 담당하며 자원봉사 진흥과 모델사업 개발, 여러 부문의 연계를 위해 활동한다. 지역 단위로는 자원봉사센터가 지역 단위별 네트워크로 활동하고 있다. 많은 자원봉사센터가 전국자원봉사센터연합(National Association of Volunteer Bureaux: NAVB)의 회원이다.

3) 일본의 주요 자원봉사조직

일본은 역사적 경험이 서구와는 달라 독특한 자원봉사조직 형태를 보이고 있다. 일본은 민간의 자발적이고 자주적인 자원봉사활동 참여의 전통이 짧은 편으로 경우에 따라서는 1995년 대지진을 주요한 전환점 혹은 현대적 자원봉사활동의 원년으로 보기도 한다(김범수, 이기백, 2021; 이강현 역, 2002; 이만식 외, 2020).

(1) 선의은행

1962년에 도쿠시마현 사회복지협의회가 금품과 서비스 제공기관으로 설치했던 '선의은행'이 도도부현 및 시구정촌 사회복지협의회로 확대되면서 자원봉사 개발과 수급조정 기능을 담당하는 역할을 하게 되었다. 1970년대 후반부터 1980년대 전반에는 중앙정부와 지방정부의 보조에 의해 사회복지협의회를 중심으로 자원봉사활동체계가 조직되었다. 선의은행은 1975년 이후 사회복지협의회 조직 내의 '볼런티어센터'로 개편되었다.

(2) 자원봉사센터(볼런티어센터)

1975년 이후 사회복지협의회 내에는 자원봉사센터가 자리 잡게 되었으며 이 볼런티어센터가 정부와 관련된 서비스 제공 프로그램에 자원봉사인력을 연결한다. 자원봉사관리에 관한 자문을 해 주는 지원센터의 기능도 수행하고 있다. 예산은 정부가 사회복지협의회를 통해 지원하고 있다.

(3) 볼런토피아(Voluntopia) 사업

1980년대 이후 사회문제와 사회적 필요가 다양해짐에 따라 민간활동과 자원봉사활동도 기존의 빈곤층 지원 중심 활동에서 벗어나 다양한 영역으로 확대되었다. 1986년부터 후생성에 의해 볼런토피아 사업이 진행되었다. 이는 지역별로 복지공동체 조성을 위한 마을 만들기와 유사한 형태로 진행된 곳이 많았다. 볼런토피아 사업을 통해 자원봉사센터를 강화함과 동시에 기존 민생위원의 전통과는 별개로 행정기관의 위촉을 받은 유급자원봉사자가 지방자치단체를 중심으로 활동하기 시작하였다.

4) 주요 국제 자원봉사조직

특정 국가의 차원을 넘어선 국제적 자원봉사활동 조직도 다양하게 나타나고 있다. 대표적인 것으로는 UN의 국제연합봉사단(UNV), 민간기구로서 세계자원봉사연합회(IAVE) 등을 들 수 있다.

(1) 국제연합봉사단

1968년 국제연합총회의 결의로 1970년에 UNDP(United Nations Development Program, 국제연합개발계획) 산하에 발족된, 국제연합 내의 국제봉사기구이다. 개발도상국에 실제적인 도움을 줄 뿐만 아니라, 세계 각국 청년들의 자원봉사활동을 통한 다양한 문화체험, 국제연합 회원국들의 이해증진 등을 목적으로 하며, 전 세계의 UNDP 사무소를 통해 활동하고 있다.

UNV(UN Volunteers: UNV) 본부는 독일 본에 있으며 약 150명의 직원이 있다. 매년 150개국 이상에서 지원한 각 분야의 능력 있고 경험 있는 자원봉사자들이 전문봉사원 또는 현장봉사원으로서 임무를 수행한다. 최근에는 한 해 약 1만 명에 달하는 유엔 자원봉사자를 활동 현장에 배치하고 있다. 파견 분야는 경제, 사회, 과학, 의학, 정보 등 각 분야의 수백 개 직종이며, 중간수준의 기술원조(middle-level technical assistance)를 제공하여 봉사 대상지역의 국민을 훈련시키고 기술개발계획을 지원한다. 자원봉사자 파견은 UNV 등록자 명부에 개별적으로 등록한 후보자 가운데서 수용국의 요청에 따라 본부의 지역담당관이 검토하여 소수의 후보자를 통보하고, 수용국 정부는 적임자를 지명한다. 동일한 지역에서 1년 혹은 2년가량 파견되는 계약에 따라 활동하는 경우가 많다.

재원의 일부는 관리기관인 UNDP가 부담하며, 나머지 예산은 국제연합기관들의 정규 프로그램 예산과 봉사자를 보내는 국가 또는 받아들이는 국가의 기부금으로 충당한다. 한국은 1986년에 UNV와 협력양해각서를 체결하였고, 1990년부터 수십 명 단위의 인원이 현지에 파견되어 활동하고 있다. UNV에는 청년봉사단(UNV youth volunteers programme), 전문봉사단(UNV specialist programme) 등 다양한 프로그램이 있다.

(2) 세계자원봉사연합회

1970년 창립된 이래 국제 간 자원봉사활동의 활성화를 위한 활동을 진행하고 있다. NGO, 기업, 각국의 자원봉사센터 및 자원봉사단체의 풀뿌리 지도자로 구성된 국제 네트워크로 전 세계 70여 개 국가에 회원 및 회원단체를 포함하고 있다. IAVE(International Association for Volunteer Effort)는 격년으로 열리는 세계자원봉사회의 소집, 자원봉사자와 단체를 위한 국제적 옹호활동, 자원봉사 관련 지식의 개발과 보급, 네트워크 개발의 네 가지 핵심 기능을 가지고 있다. 네트워크는 IAVE 자체의 리더십 네트워크 외에도 기업 중심의 GCVC(Global Corporate Volunteer Council), 리더십 네트워크인 GNVL(Global Network of Volunteering Leadership), 전국 자원봉사센터의 글로벌 네트워크 등이 대표적이다. GCVC는 2006년에 글로벌 기업들의 네트워크로 시작되어 50개 이상의 글로벌 기업이 참여하고 있는데 이 중 6개의 창립멤버에는 삼성이 포함되어 있다.

IAVE는 다양성, 포괄성, 파트너십, 영향력, 평화와 개발이라는 원칙을 가지고 있으며 자원봉사대회 개최, 자원봉사센터 지원, 교육 및 훈련, 공보, 청년참여, 회원관리 등의 사업을 진행하고 있다.

5) 우리나라의 주요 자원봉사조직

우리나라는 자원봉사활동에 대한 조직화의 흐름이 다른 나라보다 늦은 1990년대 중반 이후부터 사회적으로 활성화되었다. 이에 따라 자원봉사 관련 조직들은 아직 혼란스러운 양상을 보이고 있다.[3]

(1) 1365 자원봉사포털 및 사회복지자원봉사관리체계

우리나라에서 자원봉사 관련 업무의 주관부처인 행정안전부에서는 1365자원봉사포털을 통해 자원봉사에 관한 정보제공과 인증관리 역할을 수행하고 있다.

보건복지부의 예산지원을 받는 민간조직인 한국사회복지협의회에서는 사회복지분야의 자원봉사 정보제공 및 관련 인증사업을 수행하고 있다. 이는 과거 사회복

3) 우리나라의 자원봉사 관련 조직 현황은 이 책의 제3장에서도 다루고 있다.

지자원봉사정보안내센터라는 조직으로 부설되어 있다가 사회복지자원봉사관리체계(VMS) 기능으로 운영되고 있다.

(2) 시 · 군 · 구청 및 공공의 자원봉사센터

현재 행정자치부의 행정체계를 따라 시 · 군 · 구청에는 자원봉사센터가 설치되어 있는데, 자치단체가 직접 운영하기도 하고 민간에 의해 위탁운영되기도 한다. 자원봉사센터 활동의 정도는 센터마다 편차가 큰 실정이다. 이 외에도 정부 여러 부처의 행정체계나 관련 산하 민간 조직체를 통해 여성, 청소년, 학생, 노인 등에 대한 별도의 자원봉사센터들을 운영하고 있는 실정이다. 청소년 자원봉사활동진흥센터(DOVOL) 등이 대표적이다.

(3) 한국자원봉사협의회와 민간 자원봉사조직

민간의 각종 자원봉사단체나 조직들도 여러 가지가 활동하고 있다. 대표적인 것으로는 한국자원봉사협의회(Volunteering Korea)가 있다. 이는 「자원봉사활동 기본법」 제17조에 따른 법정기구로 125개 회원단체와 250여 개의 협력단체로 구성되어 있다. 관련된 전국적 조직으로는 한국자원봉사포럼, 한국자원봉사센터협회, 한국자원봉사연합회, 한국자원봉사학회 등이 있다. 지역별 혹은 활동내용에 따라 개별적으로 구성된 자원봉사단체와 모임은 매우 많다.

(4) 국제 자원봉사 관련 조직

우리나라에서는 국제개발협력(Official Development Assistance: ODA)의 일환으로, 한국국제협력단(KOICA)의 활동에서 부분적으로 개발도상국 등을 대상으로 하는 국제 자원봉사활동이 연결되곤 하였다. 과거에는 국제협력단 활동의 하나로 국제협력봉사요원제도를 두고 병역기간 등을 활용하여 해외봉사활동을 수행하는 대표적인 프로그램을 운영해 왔으나 지금은 폐지되었다. 그 밖에도 사단법인 한국국제봉사기구(Korea International Volunteer Organization: KVO), 사단법인 코피온(Cooporation & Participation in Overseas NGOs: COPION), 국제개발협력민간협의회

(Korea NGO Council for Overseas Development Cooperation: KCOC) 등의 조직이 국제적 자원봉사활동을 주된 활동영역으로 삼고 있다. 이 밖에도 굿네이버스나 월드비전 등 개별 민간비영리법인의 해외봉사 프로그램도 다양하게 운영되고 있다.

제3장
자원봉사의 현황과 구성체계

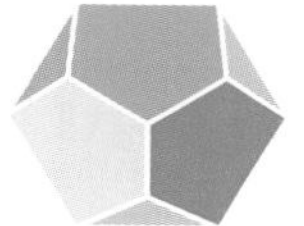

1. 자원봉사 참여 현황

최근 우리 사회에서는 사회문제의 해결과 공공선의 달성을 위해 자원봉사활동을 활성화하기 위한 다양한 노력을 경주하고 있다. 자원봉사의 현황을 나타낼 때, 얼마나 많은 사회구성원이 자원봉사활동에 참여하고 있는지가 가장 기본적인 지표가 되곤 한다. 자원봉사활동에 참여하는 수와 비율이 높아지는 것은 자원봉사활동이 점점 보편화되고 있음을 의미한다. 우리나라는 1990년대 이후 본격적으로 자원봉사활동의 양적 성장을 경험했다.

자원봉사활동의 참여 현황에 대한 정확한 집계는 쉽지 않다. 통계청의 사회조사 결과보고에 따르면, 2019년 조사결과를 기초로 할 때 전 국민의 16.1%가 자원봉사활동에 참여한 경험이 있는 것으로 나타나고 있다. 이는 50% 선의 참여율을 보이는 서구국가들에 비하면 낮은 수치이다. 그러나 우리나라의 자원봉사활동 참여율은 1990년대 이후 20~30년간 크게 증가한 것이다. 〈표 3-1〉에서 보는 바와 같이 지난 1999년 이후 13.0%에서 16.1%로 상승하였다. 특히 1991년 통계청의 조사결과에서는 인구의 5.4%만이 자원봉사활동에 참여하고 있다고 결과가 나타났던 바 있다. 이후 1999년 13.0%, 2003년 14.6%, 2013년에는 19.9%까지 상승하였고 그 이후로는 2017년 17.8%, 2019년에는 16.1%를 나타내며 다소 감소 추세를 보였다.

1990년대 급격히 상승하였던 자원봉사활동 참여율 향상에는 학생 자원봉사활동의 제도화가 크게 기여하였다. 이는 2019년 20세 미만 연령대의 자원봉사활동 참여율이 자원봉사활동 참여율의 76.1%로 다른 연령층보다 매우 높게 나타나고 있다는 점에서 드러난다. 1990년대 말부터 2000년대 초반까지의 급격한 자원봉사활동 참여율 향상기에는 특히 20세 미만 연령대 자원봉사활동 참여율이 전체적 상승을 주도하고 있다.

성별로는 전체적으로 남성보다는 여성이 자원봉사활동 참여율이 다소 높게 나타나고 있다. 2000년대 초반 조사결과에서는 남성이 조금 더 높게 나타났던 시기도 있다. 성별 차이는 두드러진 것이 아니다. 최근 조사결과에서는 20대와 30대의 자원봉사활동 참여율이 10%에 채 미치지 못하는 것이 40대와 50대에 다시 다소 높아지고 있다. 또한 60대 이상 고령층의 경우에 자원봉사활동 참여율이 낮아지는데

표 3-1 자원봉사활동 참여율

(단위: %, 회, 시간)

		1999	2003	2006	2009	2011	2013	2015	2017	2019
전체		13.0	14.6	14.3	19.3	19.8	19.9	18.2	17.8	16.1
성	남자	12.2	15.1	14.0	19.3	19.6	19.6	17.7	16.8	15.1
	여자	13.8	14.1	14.6	19.3	20.1	20.1	18.7	18.8	17.0
연령집단	20세 미만	33.8	52.4	59.5	79.8	77.7	80.1	76.6	78.4	76.1
	20~29세	7.8	10.3	8.3	13.9	13.2	13.7	11.6	11.5	9.9
	30~39세	13.2	11.6	10.2	13.6	11.2	11.2	10.6	10.7	9.8
	40~49세	13.0	14.2	13.9	18.6	17.0	17.3	15.6	17.0	15.4
	50~59세	10.8	12.2	12.4	15.5	14.6	14.5	14.6	14.2	12.6
	60세 이상	6.7	6.7	6.5	7.0	7.2	7.8	7.8	7.8	8.1

출처: 통계청(각 연도).

노년층의 자원봉사활동 참여율이 낮은 것은 우리나라의 급격한 고령화 추세를 감안할 때, 향후 개선의 과제라 할 수 있다.

자원봉사활동의 주된 참여분야는 아동, 청소년, 노인, 장애인 등 소위 사회복지 대상자들에 대한 지원활동이 절반 이상의 높은 비중을 차지하고 있다. 이는 전형적으로 자원봉사활동의 대표적인 분야라 할 수 있다. 과거에는 취약계층 지원활동과 아울러 환경보전이 유사하게 높은 비율을 나타내었던 바 있다. 이에 비추어 본다면 시간이 지나면서 환경보전활동은 상대적으로 감소하고 취약계층에 대한 직접 지원활동 부분은 더 증가했다고 할 수 있다. 물론 환경보전활동도 중요한 자원봉사활동 영역의 하나이기는 하지만, 실제에서는 과거에 이 분야의 활동이 특별한 관리 프로그램 없이 인근 지역의 청소활동 등으로 이루어지는 경우가 많았다. 이는 효과적인 자원봉사 프로그램으로서는 부족한 점이 있었기 때문에 자원봉사 관리가 개선되어야 할 여지가 많았다. 특히 노인이 활동하는 자원봉사의 내용으로 지역 환경보전활동이 많았다. 최근 자원봉사관리가 조금씩 향상되면서 지역에서의 청소와 같은 활동이 차지하는 비중이 다소 줄어든 것이라 할 수 있다.

표 3-2 자원봉사활동 참여분야

(단위: %)

	아동, 청소년, 노인, 장애인	환경보전 범죄예방	기타 (무료상담 등)	자녀교육 관련	국가 및 지역 행사	재해지역 주민돕기 및 시설복구
2017년	54.5	18.5	20.5	9.1	8.8	3.9
2019년	57.7	20.4	17.5	9.7	9.1	4.6

출처: 통계청(각 연도).

한편, 전문성을 활용한 자원봉사활동은 2011년 이후 계속 증가 추세이다. 19세 이상으로 자원봉사활동에 참여한 사람들 중에서 전문성을 활용한 자원봉사활동의 경험은 2019년 기준으로 34.6%이다. 전문적 활동분야 중에서는 아동학습지도의 부분이 가장 높은 비율을 나타내고 있다. 전문성을 활용한 자원봉사활동의 활성화는 특히 자원봉사활동의 다양성이라는 측면에서 바람직한 현상이라 할 수 있다.

표 3-3 전문적 자원봉사활동 참여경험과 분야

(단위: %)

	계	있다	아동 학습 지도	의료	운전	공연	요리	주택 수리 등	평생 학습 관련	이용 · 미용	전문 상담	통역 및 번역	기타	없다
2015년	100.0	30.3	20.6	12.6	7.3	10.2	10.8	8.0	8.4	5.2	6.4	5.1	5.3	69.7
2019년	100.0	34.6	23.5	11.5	10.6	9.3	9.2	8.4	7.8	6.6	5.7	2.7	4.8	65.4

출처: 통계청(2019. 11. 25.).

자원봉사활동의 영역 중 가장 대표적인 영역이라 할 수 있는 사회복지 영역에서의 자원봉사활동 현황을 『VMS 사회복지 자원봉사 통계연보』를 통해 살펴볼 수 있다. 2020년 기준으로 총 8,675,733명의 자원봉사자가 등록되어 있고, 연간 활동자 수는 2019년에 1,256,421명, 코로나19 창궐로 활동이 크게 위축된 2020년에는 590,538명으로 나타나고 있다. 사회복지 자원봉사자는 여성이 보다 많은 비율을 나타내고 있다. 약 15년 전인 2005년에 약 35만 명의 자원봉사자가 사회복지분야에서 활동한 것으로 나타났던 것에 비추어 보면 크게 증가한 것이다. 이는 실제 자원봉사자의 수가 증가한 것과 아울러 활동을 인증하는 체계의 발전에 따른 집계 활성화의 측면도 영향을 미친 것으로 볼 수 있다. 그러나 2010년대 중반 이후 약간

표 3-4 사회복지 자원봉사자 활동 현황

구분	주민등록인구			등록자원봉사자(A)			등록률 (%)	활동자원 봉사자 계 (B)	활동률 (%) (B/A)
	계	남	여	계	남	여			
2015	51,529,338	25,758,186	25,771,152	6,979,584	3,073,016	3,906,568	13.5%	1,501,604	21.5%
2016	51,696,216	25,827,594	25,868,622	7,381,923	3,263,394	4,118,529	14.3%	1,401,996	19.0%
2017	51,778,544	25,855,919	25,922,625	7,941,067	3,522,054	4,419,013	15.3%	1,353,475	17.0%
2018	51,826,059	25,866,129	25,959,930	8,168,638	3,631,084	4,537,554	15.8%	1,272,588	15.6%
2019	51,849,861	25,864,816	25,985,045	8,542,983	3,775,131	4,767,852	16.5%	1,256,421	14.7%
총계	51,825,932	25,838,512	25,987,420	8,675,733	3,839,079	4,836,654	16.7%	590,538	6.8%

* 등록자원봉사자는 2001년부터 2020년 12월 31일까지의 등록봉사자이며, 활동자원봉사자는 2020년 1회 이상 활동한 자원봉사자임.

출처: 보건복지부, 한국사회복지협의회(2021).

감소 추세를 나타내고 있으며 감염병 창궐의 시기인 2020년과 2021년에는 자원봉사자의 활동도 양적으로는 크게 축소되는 경향을 나타내고 있다.

등록자원봉사자의 수는 누계치의 속성을 가지므로 계속 증가하고 있지만, 2010년대 들어 활동자원봉사자의 수는 다소 감소하는 추세이다. 이에는 고령화 경향과 학생 자원봉사자의 감소가 영향을 미치는 것으로 사료된다. 연도별로는 [그림 3-1]에서 보는 바와 같이, 활동자원봉사자는 2014년을 정점으로 하여 감소하고 있음을 볼 수 있다. 특히 2020년은 코로나19 감염병 확산에 따른 영향으로 전년에 비해 절반 이상 감소한 활동등록자 수를 나타내었다.

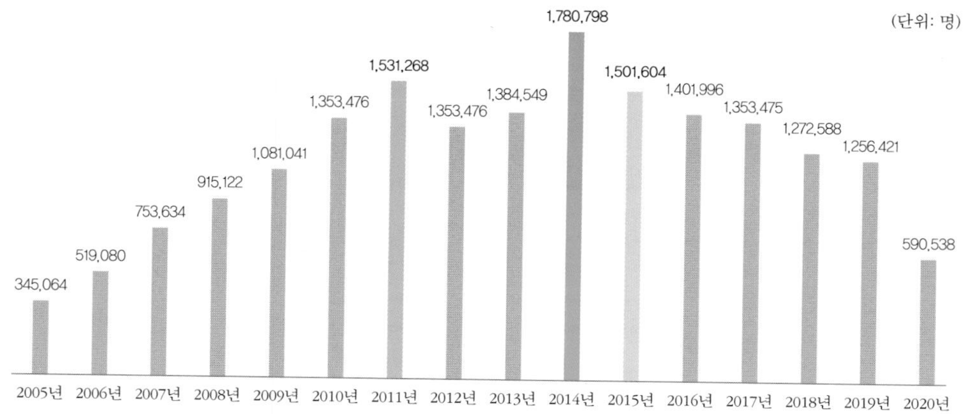

그림 3-1 연도별 사회복지 자원봉사활동 자원봉사자 현황

출처: 보건복지부, 한국사회복지협의회(2021).

활동 현장별로는 노인시설과 장애인시설에서의 자원봉사자가 가장 많은 편이고, 다음으로는 사회복지관과 아동시설에서의 봉사자 수가 뒤를 잇고 있다. 직업별로는 중학생, 고등학생, 대학생이 가장 많으며, 그다음으로는 주부이다.

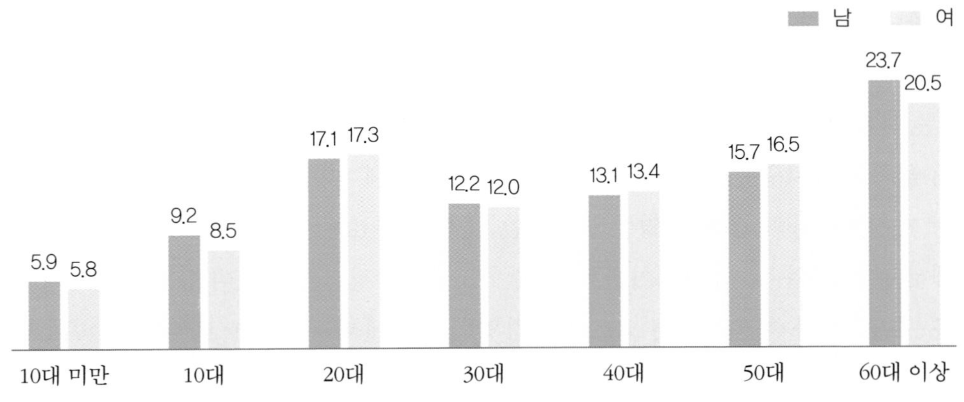

그림 3-2 사회복지 자원봉사자의 1인당 연간 평균 자원봉사 활동시간

출처: 보건복지부, 한국사회복지협의회(2021).

사회복지 자원봉사자 1인당 연간 평균 봉사시간은 15시간으로 나타났는데 이는 2019년까지 20시간 이상이었던 것에 비해 감염병 확산 영향으로 크게 축소된 것이다. [그림 3-2]에서와 마찬가지로, 1인당 평균 봉사시간은 60대 이상의 고령층에서 높게 나타나고 10대 혹은 그 미만의 어린 연령층에서는 낮게 나타난다.

사회복지 자원봉사자의 연간 자원봉사 총 활동시간은 2019년 기준 25,481,073시간, 2020년 기준 8,172,735시간이다. 최저임금으로만 환산해도 인증된 활동만으로도 감염병 직전 시기인 2019년 기준으로 연간 2,000억 원이 훨씬 넘는 환산가치가 있다. 연간 매월 1회 이상을 기준으로 하는 정기적 · 지속적 활동 자원봉사자는 전체 사회복지 자원봉사자의 2.6% 정도인 3만 명 선으로 나타나고 있다. 특히 정기적 · 지속적 자원봉사자는 여성, 50대와 60대 이상의 연령층에서 많이 나타나고 있다. 그런데 자원봉사활동 인증서 발급은 고령층에서는 현저히 적게 나타나고 있다. 활동의 인증을 경력관리 측면에서 활용하려는 욕구가 고령층에서는 낮다는 점을 반영하는 것이라 할 수 있다.

2. 자원봉사활동 기본법과 기본계획

정부의 자원봉사활동에 관한 진흥 및 지원의 정책적 태도는 법적 측면에서 나타난다. 자원봉사활동 활성화에 대한 사회적 관심이 높던 1990년대 중반의 분위기를 반영하여, 1996년 7월 「사회보장기본법 시행령」 제14조 '사회보장제도에 대한 민간의 참여보장'에 민간자원동원과 관련하여 자원봉사활동 육성에 관한 조항이 나타났다. 또한 「사회복지사업법」에서는 제9조 '사회복지 자원봉사활동의 지원 · 육성'에 관련 조항을 두어 자원봉사활동 지원을 위한 정부의 책임을 규정하였다. 비슷한 시기에 현재의 행정안전부에 해당하는 내무부에서 자원봉사활동 지원법안을 별도의 독립법안으로 입법 추진하였으나 선거와의 관련성 등 정치적 이슈와 맞물려 곧장 통과되지는 못했다. 10년가량의 논란 끝에 지난 2005년 「자원봉사활동 기본법」이 제정되었고 이후 몇 번의 개정을 거쳐 현재에 이르고 있다. 2017년 개정되어 법률 제14839조로 시행 중인 현재 「자원봉사활동 기본법(약칭: 자원봉사법)」은 총 20개 조문과 부칙으로 구성되어 있으며 그 구조는 다음과 같다.

「자원봉사활동 기본법」의 구조

제1조(목적)

제2조(기본 방향)

제3조(정의)

제4조(국가와 지방자치단체의 책무)

제5조(정치활동 등의 금지 의무)

제5조의2(자원봉사활동의 강요 금지)

제6조(다른 법률과의 관계)

제7조(자원봉사활동의 범위)

제8조(자원봉사진흥위원회)

제9조(자원봉사활동의 진흥에 관한 국가기본계획의 수립)
제10조(연도별 시행계획의 수립)
제11조(학교 · 직장 등의 자원봉사활동 장려)
제12조(포상)
제13조(자원봉사자의 날 및 자원봉사주간)
제14조(자원봉사자의 보호)
제15조(자원봉사활동의 관리)
제16조(국유 · 공유 재산의 사용)
제17조(한국자원봉사협의회)
제18조(자원봉사단체에 대한 지원)
제19조(자원봉사센터의 설치 및 운영)
제20조(벌칙)

「자원봉사활동 기본법」에서는 자원봉사활동의 기본 방향, 자원봉사 관련 개념들의 정의와 범위, 국가와 지방자치단체의 의무, 정치활동의 금지, 자원봉사활동 강요의 금지 등을 규정하고 있다. 자원봉사와 관련된 자원봉사진흥위원회, 한국자원봉사협의회, 자원봉사센터 등의 조직에 대해 규정하고 있으며 국가기본계획과 시행계획에 대해 밝히고 있다. 학교와 직장에서의 자원봉사활동 장려, 자원봉사자에 대한 보험 가입 등 보호규정과 포상에 관한 규정, 매해 12월 5일을 자원봉사자의 날 그리고 이로부터 일주일을 자원봉사주간으로 설정하여 자원봉사활동을 활성화하기 위한 내용들을 규정하고 있다. 「자원봉사활동 기본법」은 대통령령(시행령)을 통해 보다 구체적 사항을 규정하고 있다.

「자원봉사활동 기본법」에 따라 행정안전부를 필두로 하여 정부는 관계부처 합동으로 자원봉사활동 진흥을 위한 국가기본계획을 5년 단위로 수립하여 발표하고 있다. 국가기본계획은 5개년간 국가적 자원봉사 정책을 포괄하는 중장기 종합계획이다. 정부 자원봉사 정책의 기본 방향과 사업계획 및 일정을 제시하는 것으로 자원봉사진흥위원회 심의를 통해 확정한다. 국가기본계획을 바탕으로 관계부처와 지방자치단체의 연도별 시행계획을 통해 구체적 실행을 위한 세부 사업계획들이 수립되고 있다.

국가기본계획은 「자원봉사활동 기본법」 제정 이후, 1차 기본계획은 2008년부터 2012년까지, 2차 기본계획은 2013년부터 2017년까지, 그리고 3차 기본계획은 2018년부터 2022년까지로 규정하고 있다. 3차에 걸친 국가계획의 특징적 측면을 [그림 3-3]과 같이 비교하고 있다.

국가기본계획에서는 자원봉사활동의 패러다임을 3단계로 구별하고 3차 기본계획을 후기제도화의 단계와 관련되는 것으로 보고 있다. 1990년대 이전까지는 비제도화의 시기로, 자원봉사활동이 비공식적이고 주변적인 영역에서 자선적이고 개인적인 행위로만 존재하였으나 1990년대 이후 정부 주도의 자원봉사 활성화 정책

	제1차 기본계획	제2차 기본계획	제3차 기본계획
비전	자원봉사국가-행복한 사회	참여와 나눔, 지속 가능한 미래	성장하는 자원봉사, 함께 가는 대한민국
목표	• 참여와 나눔의 자원봉사 국민문화의 확산 • 성인 자원봉사 참여율 30% 달성	• 성숙한 자원봉사문화의 확산 • 생애주기별 시민참여 확대 • 시민사회의 역량 강화	• 시민성과 공공성 기반의 자원봉사 가치 확장 • 협력과 책임의 자원봉사 거버넌스 구현 • 연결과 순환의 자원봉사 생태계 조성
과제	5대 정책영역, 13개 정책과제, 39개 세부과제	5대 정책영역, 15개 정책과제, 41개 세부과제	5대 정책영역, 17개 정책과제, 36개 세부과제
정책과제 특징	양적 성장과 인프라 구축 • 연구자 중심 어젠다 발굴 • 단체 · 센터 지원 중심	자원봉사 사업체계 구축 • 체계적 연구절차 도입 • 관리, 평가, 프로그램 영역의 새로운 과제 중심	가치기반 · 이행중심 질적 개선 • 평가 및 연구과정 내실화 • 자원봉사 질적 개선과제 중심 • 문재인 정부 국정과제와 연계

그림 3-3 제1 · 2 · 3차 국가기본계획 비교

출처: 대한민국정부 관계부처 합동(2018).

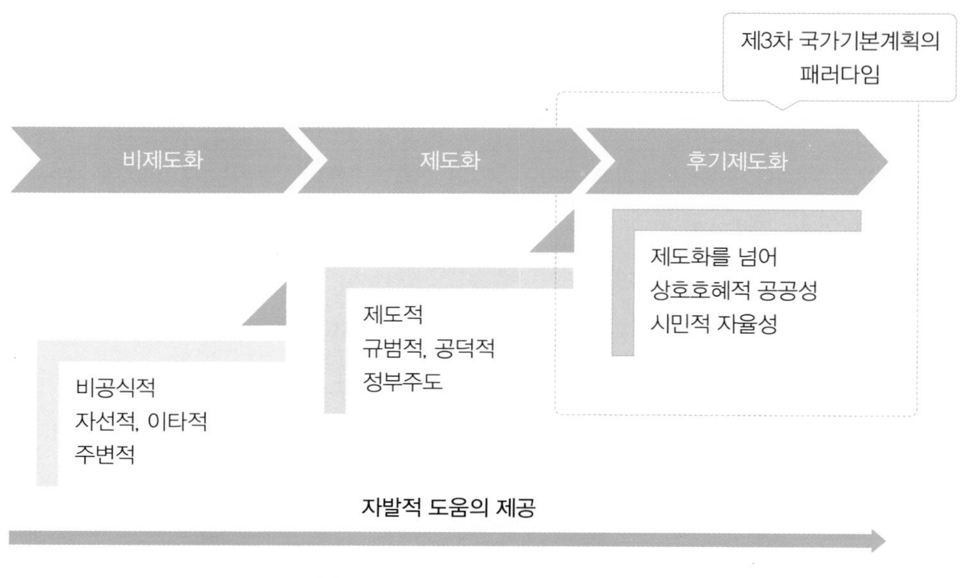

그림 3-4 자원봉사 패러다임의 변화과정

출처: 대한민국정부 관계부처 합동(2018).

이 본격적으로 추진되어 관련 법, 제도와 인프라 구축이 부각된 제도화의 시기로 접어들었다. 최근은 자원봉사 환경의 성숙에 따라 새로운 패러다임으로 전환되는 후기제도화의 시기로 보고 있으며, 시민자율성에 기반한 상호호혜성과 공공성 가치가 균형을 이루는 일상적 자원봉사로의 발전적 전환을 모색 중인 시기에 해당한다. 이에 따라 자원봉사활동도 민간이 중심이 되어 자율적으로 추진하되 공공은 효과적으로 지원하기 위해 인프라의 내실화와 실효적 운영에 초점을 두고 있다.

제3차 국가기본계획은 자원봉사 문화와 참여, 자원봉사 인프라, 자원봉사 관리와 사업, 자원봉사 연구와 평가, 자원봉사 국제교류와 협력이라는 5대 정책영역에 17개 정책과제, 36개 세부과제로 구성되어 있다.

자원봉사의 최근 현황을 살펴보면 과거에 비해 자원봉사활동 참가율이 높아져 보편화되고 있다는 점을 알 수 있으며, 이와 관련하여 자원봉사활동을 조직하고 후원하기 위한 조직적이고 체계적인 노력 또한 공공·민간의 각 영역에서 활발하게 나타나고 있음을 확인할 수 있다.

비전	성장하는 자원봉사, 함께 가는 대한민국	
목표	• 패러다임: 시민성과 공공성 기반의 자원봉사 가치 확장 • 구조: 협력과 책임의 자원봉사 거버넌스 구현 • 실천: 연결과 순환의 자원봉사 생태계 조성	
	5대 정책영역, 17개 정책과제, 36개 세부과제	
정책영역 및 정책과제	제1영역 자원봉사 문화와 참여	1-1. 자원봉사의 시민적 가치 확장 1-2. 일상적 자원봉사의 참여 접근성 향상 1-3. 사회 저변의 자원봉사 참여영역 확장 1-4. 자원봉사 홍보와 캠페인의 영향력 향상
	제2영역 자원봉사 인프라	2-1. 자원봉사 공적 지원기구 정비 2-2. 자원봉사센터의 민간중심성 및 전문역량 강화 2-3. 자원봉사포털의 기능 혁신
	제3영역 자원봉사 관리와 사업	3-1. 자원봉사관리자 전문역량 및 사회적 위상 강화 3-2. 자원봉사자 지원 및 관리전략 혁신 3-3. 자원봉사 전략사업 및 프로젝트 지원
	제4영역 자원봉사 연구와 평가	4-1. 자원봉사 연구 및 학술활동 지원 4-2. 자원봉사 실태조사 내실화 4-3. 자원봉사 기록물 발간 및 보존 4-4. 자원봉사 평가체계 개발 및 시행
	제5영역 자원봉사 국제교류와 협력	5-1. 자원봉사 국제개발협력 확대 및 내실화 5-2. 자원봉사 국제교류 강화 5-3. 국내 · 외 자원봉사섹터 간 연계 · 협력 활성화

그림 3-5 제3차 국가기본계획 구성

출처: 대한민국정부 관계부처 합동(2018).

3. 자원봉사기관과 관련 조직

1) 우리나라의 자원봉사 관련 조직

현대사회에서의 자원봉사활동은 조직적 활동으로서의 특징이 두드러진다. 우리나라에서도 1990년대 중반 이후 자원봉사활동 참여율의 증가와 더불어 자원봉사활동의 조직화와 체계화가 크게 두드러졌다. 기업과 학교 등 단체들의 체계적인 자원봉사 조직 활동이 증가한 것이다. 특히 학생들의 자원봉사활동이 정규 교육과정으로 편성되면서 중·고등학교와 대학에서 중요한 교육활동의 일환으로 활용되고 있다. 기업도 자원봉사활동의 조직화에 나서고 있으며, 각종 자원봉사 관련 조직도 늘어났다. 한편, 자원봉사활동의 활성화를 조직하기 위한 각종 법적·행정적 조치나 지원체계들도 정비되고 있다. 이러한 조직화와 체계화의 경향은 외국의 자원봉사활동 발전경향에서도 유사하게 나타났던 경험이라 할 수 있다.

우리나라에서 「자원봉사활동 기본법」에 따라 자원봉사활동 지원의 주무부처가 된 행정안전부는 1995년 이후로 지속적으로 지역단위별 자원봉사센터의 설립과 운영을 진행하고 있다. 동시에 자원봉사포털 등을 운영하고 있다. 전통적으로 자원봉사활동과 밀접한 관련을 가져온 보건복지부에서도 한국사회복지협의회 부설로 '사회복지자원봉사정보안내센터' 설립을 지원하여 자원봉사자와 중간지도자의 교육, 조사업무, 자원봉사전산망 운영, 자원봉사자와 사회복지현장의 연결 등의 업무를 수행하였다. 보건복지부는 현재도 사회복지자원봉사관리체계(VMS)를 사회복지협의회를 통해 운영하고 있다. 1990년대 이후 많은 정부 관련 부처가 해당분야에 대한 자원봉사센터의 건립, 관련법에 자원봉사조항 신설, 자원봉사활동에 대한 지원 등의 활동을 펴서 외형적 측면에서는 자원봉사활동에 대한 다양한 지원체계를 마련하고 있으며, 어느 정도 자원봉사활동의 양적 성장에 기여하고 있다. 여성가족부의 경우 청소년활동진흥사업의 일환으로 DOVOL이라는 청소년 자원봉사활동 지원포털을 운영하고 있다. 과거 문화관광부가 청소년자원봉사센터를 설립하여 운영하였으며, 법무부에서는 '범죄예방자원봉사단체협의회'의 결성 지원과 사회봉사명령제 및 퇴소원생자원봉사 등의 활동을 지원하였고, 현재 여성가족부에 해당하는 당시 정무2장관실에서는 여성자원활동센터를 개설하여 운영하였던 바도 있다.

특히 학생 자원봉사활동의 제도화는 우리나라의 자원봉사자 확충에 엄청난 파급효과를 가져왔다. 1995년 이른바 5 · 31 교육개혁조치에 따라 중 · 고등학생들이 내신 성적과 관련하여 자원봉사활동에 의무적으로 참여하게 되었다. 이는 학생들의 인성교육을 강화하고 다양한 실천학습의 경험을 제공함으로써 사회에 대한 봉사효과와 봉사경험을 통한 학습효과를 동시에 높이기 위한 취지에서 이루어졌다. 학생들의 사회봉사활동을 생활기록부에 기록하고 이를 입시에 반영하는 자료로 삼은 것이다. 이는 상급학교에 진학하기 위해서는 자원봉사활동이 의무화된 것이나 마찬가지이므로, 특히 대학진학을 앞둔 고등학생들의 자원봉사활동이 전면화되었다. 그 후 각 시 · 도에 청소년자원봉사센터와 시 · 군 · 구에 종합자원봉사센터, 일부 교육청에 온라인 형태로 구축된 학생 자원봉사정보센터 등이 학생에 대한 자원봉사활동 지원을 강화하고 있다. 중 · 고등학교뿐만 아니라 대학에서도 자원봉사활동을 정규 교육과정에 포함시키면서 대학생들의 자원봉사활동을 활성화하고 있다. 1996년 7월에 대학 총장들의 모임인 '한국대학사회봉사협의회'가 창립되어 대학별로 운영되던 자원봉사 프로그램이 상호연계하며 정보교환을 할 수 있도록 조직화되었다. 현재 대부분의 대학에서는 자원봉사활동 혹은 사회봉사과정에 교양학점을 부여하거나 혹은 성적을 부여하지는 않더라도 졸업을 위한 필수과정이나 학점을 부여하는 체계를 구축하고 있다.

정부나 교육계에서의 활동 이외에도 자원봉사활동의 조직화를 위한 흐름은 다양하게 나타나고 있다. 1990년대 중반부터 전문 자원봉사단체나 지원연구모임 등의 결성이 두드러지고 있다. '한국자원봉사연합회' '한국자원봉사포럼' '한국자원봉사학회' '대학사회봉사협의회' '한국자원봉사문화(볼런티어 21)' '한국중앙자원봉사센터' '한국자원봉사센터협회' 등이 있어 각기 독특한 지원활동을 펼치고 있다. 특히 '한국자원봉사협의회'는 「자원봉사활동 기본법」에 따른 대표적인 조직이다.

기업과 언론 역시 우리나라에서 1990년대 이후의 자원봉사활동 활성화에 많은 영향을 끼치고 있다. 기업들은 종래의 단순한 기부나 협찬 수준에서 벗어나, 임직원들이 직접적으로 지역사회에 존재하는 각종 문제의 해결 노력에 동참하도록 유도하고 있다. 기업의 사회적 책임(CSR) 혹은 기업시민으로서의 정체성에 따른 적극적 행보라 할 수 있다. 일부 기업은 신입사원의 채용이나 인사고과에 자원봉사경력을 반영하기 시작했고, 임직원들의 교육과 훈련에 자원봉사내용을 포함시켰다. 또한 기업 내에 사회공헌 팀이나 자원봉사 팀을 상설하여 사회봉사와 직원개발의 일환으로 활용하는 움직임도 보이고 있다. 언론에서도 자원봉사 캠페인이나 자원봉사활동에 관한 특집기획 등을 활용하여 사회 내에 자원봉사활동의 분위기가 확산될 수 있도록 단초를 마련하였다.

2) 자원봉사기관과 체계

기관(agency)은 일반적으로 특정 활동을 목적으로 일정한 공식적 근거와 규정에 따라 체계화된 조직체를 말한다. 자원봉사활동과 관련된 기관은 크게 세 가지 종류로 나누어 살펴볼 수 있다.

첫째, 자원봉사활동의 수요를 가진 기관이다. 많은 경우 이러한 기관은 사회구성원들에게 일정한 사회적 서비스를 제공하고 있으며, 그 서비스 제공을 위해 자원봉사자를 필요로 하는 기관이다. 이는 특히 자원봉사자가 자원봉사활동을 하는 직접적 현장(field)이 되는 것이 일반적이다. 예를 들어, 장애인복지시설이나 보육원 등에서는 장애인이나 보호자가 없는 아동들에게 각종 서비스를 제공하고 있는데, 보다 풍부한 서비스 제공을 위해 지역사회로부터 자원봉사자들을 제공받아 활용하게 된다. 대개 자원봉사활동기관이라고 이야기할 때는 이러한 자원봉사활동 현장의 조직체를 의미하는 것이 보통이다.

둘째, 자원봉사활동, 즉 자원봉사자를 공급하는 기관이다. 개인적으로 관심이 있어 자원봉사활동에 참여하는 사람들도 있으나 자원봉사활동의 참여가 활발해지면서 최근에는 기업체나 학교와 같은 많은 기관이나 단체에서 구성원들의 자원봉사

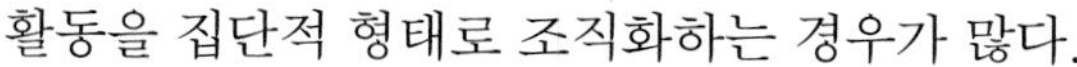
활동을 집단적 형태로 조직화하는 경우가 많다.

셋째, 자원봉사활동의 수요와 공급을 연결하며 자원봉사활동을 활성화하고자 하는 '자원봉사활동 자체를 목적으로 조직된 기관'이다. 과거에는 자원봉사동아리 등의 비공식적 활동이 여기에 해당되었으나 최근에는 공식적인 기관에서 이러한 활동을 하는 경우가 많다. 우리나라에도 각 지역별로 자원봉사센터 등이 운영되고 있으며, 외국에서도 촛불재단, CNCS 등의 자원봉사조직체 활동이 매우 활발하게 이루어지고 있다.

자원봉사자가 활동에 참여하는 경로는 매우 다양하다. 예를 들어, 대학생의 자원봉사활동 참여는 학교에서 운영하는 사회봉사과정이나 교과목에서 이루어지는 경우가 많은데, 이는 두 번째 기관 유형에 해당하는 학교가 첫 번째 유형에 해당하는 자원봉사수요기관과 접촉하여 필요한 활동을 알선하는 경우이다. 이때 참여 학생들은 필요한 기초교육 이수 후 자신이 원하는 활동의 내용을 선택하게 되는 것이 일반적이므로, 특히 첫 번째의 기관 유형에 해당하는 자원봉사활동 현장 기관에 대해 잘 이해하는 것이 필요하다.

자원봉사자들은 자신의 시간과 노력을 무보수로 투자해서 사회적으로 이익이 되는 활동을 하고자 하는 데 왜 '기관'이라는 조직체에 소속되거나 관련되어 일정한 규제나 통제를 받아야 하는가 의문을 가질 수 있고 이에 대해 불만을 토로하기도 한다. 그러나 한 가지 영역에서 오랫동안 자원봉사활동을 해 온 자원봉사자도 그 활동영역에서의 활동에 대해 직업적 전문성이나 책임성을 가지기는 어렵다. 따라서 현대사회에서의 자원봉사활동은 특정한 기관을 매개로 하여 전개되는 것이 이미 보편화되어 있다.

현대의 자원봉사활동은 개인적으로 그리고 임의로 이루어지는 것이 아니라 어떠한 형태로든 조직체와 관련을 가지면서, 지속성을 가지면서 이루어진다. 우리가 길에서 우연히 길을 묻는 노인을 만나 길을 가르쳐 주었다고 해서 이를 자원봉사활동이라고 하지는 않는다. 하지만 노인복지관에서 주관하는 '지역 무의탁노인 나들이 행사' 프로그램에 보조인력으로 참여하는 것은 자원봉사 프로그램에서 흔히 볼 수 있으며, 이 경우는 두말할 나위 없이 자원봉사활동에 해당한다. 이는 단지 자원봉사활동이라고 부르느냐 그렇지 않느냐 하는 호칭 구분의 문제가 아니다. 일단 자원봉사자가 활동을 필요로 하는 대상자를 만나게 되는 것은 기관을 통해서 가능한 경우가 대부분이다. 또한 자원봉사기관은 '자원봉사활동의 사회적 책임성'의 측면에서 공공성을 담보하기 위해 중요하다. 만약 자원봉사자가 자신의 활동에 필요한 지식과 기술이 충분히 없다면, 선의에도 불구하고 활동의 대상자에게 나쁜 결과를 낳는 행동을 할 수도 있다. 그리고 자원봉사활동 대상자들의 현황에 대한 정확한 정보가 없다면 보다 긴급한 욕구를 가지고 심각한 문제에 처해 있는 대상자가 아닌 사람들에게 우선적인 활동이 이루어져 공정성을 잃게 될 수도 있다. 가장 필요한 대상자들에게 자원봉사자의 노력이 제공되고 실질적으로 효과 있고 도움이 되는 활동이 이루어지기 위해서는 욕구(needs)와 자원(resource)에 대한 정보와 관리가 필요하며, 이러한 것들은 자원봉사활동과 관련된 여러 기관을 통해서 조정되고 있다. 자원봉사자들의 활동에 필요한 적절한 교육이나 유의사항 그리고 활동에 대한 책임을 기관이 지게 되는 것이다. 따라서 자원봉사자는 보수를 받지 않더라도 기관의 도움과 통제하에서 활동하는 것이 자원봉사 대상자에게는 궁극적으로 더 좋은 도움이 된다. 따라서 자원봉사자는 자신이 활동하게 되는 기관과 좋은 관계를 맺고 책임성 있는 활동을 전개해야 한다.

이처럼 자원봉사활동은 자원봉사수요기관, 자원봉사공급기관, 자원봉사관리조정기관 그리고 이들을 둘러싼 외부환경과의 상호작용 속에서 이루어진다. 따라서 자원봉사활동의 조직화와 체계화를 통해 사회적 활성화를 도모하는 역할이 나타난다. 이를 구성체계로 개념화하여 자원봉사 추진체계, 관리체계, 지원체계로 구별하여 살펴보기로 한다(류기형 외, 2015).

(1) 추진체계

추진체계는 자원봉사활동 육성 및 추진을 주목적으로 하는 기관이나 단체들로 구성된다. 잠재적 자원봉사자와 자원봉사수요기관을 원활하게 연결하여 자원봉사활동에의 접근성이 용이하도록 네트워크를 구축하고, 자원봉사활동을 조직화하기 위한 노력이 추진체계의 역할이 된다. 가장 전형적인 자원봉사 추진체계는 자원봉

사센터이다.

(2) 관리체계

관리체계는 자원봉사자를 효과적으로 관리하고 활용하기 위해 시설이나 기관이 행하는 활동 중에서 자원봉사자의 모집, 홍보, 교육, 배치, 평가, 인정과 승인 등의 관리과정과 이 과정을 다루는 인력을 포함하는 것이다. 따라서 여기서는 자원봉사 관리자와 관리과정이 가장 핵심적인 요소가 된다. 이는 하드웨어나 인프라적 속성을 가지는 추진체계에 비교한다면 보다 자원봉사자와 근접하여 미시적인 직접관리활동을 전개하는 것이라 할 수 있다.

우리나라에서는 1990년대 중반 이후에야 자원봉사관리체계의 중요성이 부각되었다. 이는 자원봉사자가 급증했지만 체계적으로 관리되지 못하여 활동의 조기탈락하거나 형식적 활동에 그침으로써 자원봉사자나 수요기관의 상호불만족 등의 문제가 많이 나타났기 때문이다. 우리나라의 사회복지기관이나 시설을 포함하여 많은 공공 혹은 공익 조직에서는 자원봉사자를 활용하고 있으나 여전히 전문 자원봉사관리자나 체계적 자원봉사관리과정을 갖추지 못한 곳이 많은 실정이다.

(3) 지원체계

지원체계란 자원봉사활동을 둘러싼 외부환경으로 물질적 · 재정적 · 인적 지원을 행하는 기관이나 단체들을 뜻한다. 이는 지원주체에 따라 공적 지원체계와 민간 지원체계로 구분이 가능하다. 지원체계는 추진체계나 관리체계와는 달리 그 조직 자체가 자원봉사활동을 지원하기 위한 목적에서 조직된 것은 아니다. 그러나 자원봉사활동이 발전하기 위해서는 자원봉사자, 자원봉사수요기관, 자원봉사센터 등에 대한 사회적 지원과 이들의 상호작용이 활발하게 이루어질 수 있는 환경의 정비가 필요하고, 이러한 지지적 환경을 만들어 가는 것이 지원체계라고 할 수 있다. 중앙정부와 지방자치단체, 사회복지 관련 기관, 기업, 언론, 학교 등이 지원체계에 해당한다.

3) 자원봉사진흥위원회, 한국자원봉사협의회, 자원봉사센터

우리나라의 「자원봉사활동 기본법」에서는 자원봉사진흥위원회(제8조), 한국자원봉사협의회(제17조), 자원봉사센터(제19조), 자원봉사단체(제18조) 등에 대해 규정하고 있으며, 이들은 우리나라의 대표적인 자원봉사활동기관이라 할 수 있다.

(1) 자원봉사진흥위원회

우리나라에서는 「자원봉사활동 기본법」 제8조에 따라 자원봉사활동에 관한 주요 정책을 심의하기 위한 가장 상위기구로서 자원봉사진흥위원회를 두고 있다. 국무총리가 위원장이 되며 부위원장은 2인인데 행정안전부 장관, 그리고 민간위원 1인이 각각 담당한다. 당연직 위원으로는 기획재정부 장관, 교육부 장관, 법무부 장관, 보건복지부 장관, 여성가족부 장관 및 국무조정 실장이 위원이 된다. 민간위원은 자원봉사 분야에 관한 학식과 경험이 풍부한 자 중에서 한국자원봉사협의회와 교육부 장관, 보건복지부 장관, 여성가족부 장관의 추천을 받아 국무총리가 위촉한 자들로 구성된다. 위원장 1인과 부위원장 2인을 포함하여 30인 이내로 구성되며 민

그림 3-6 2020년 자원봉사진흥위원회 장면

출처: 뉴시스 포토뉴스(2020. 7. 10.).

간위원이 과반수가 되도록 구성하고 있다. 자원봉사진흥위원회는 자원봉사활동 기본계획과 연차별 시행계획을 수립할 때, 이를 심의하는 역할을 담당하고 있으며 그 계획의 이행상황에 대해 점검 평가한다. 정부기관의 자원봉사활동 추진시책 전반에 대해서 심의하고 자원봉사활동 진흥을 위해 필요한 사항이나 제도개선 내용에 대해서도 심의하는 등 전반적인 국가 정책방향을 설정하고 협력 및 조정하는 역할을 담당한다. 실무를 담당하기 위한 실무위원회를 산하에 두고 있다.

다만, 여러 중앙정부의 위원회에서 종종 나타나는 바와 같이 매해 정기적으로 위원장(국무총리)의 주재하에 실제로 개최되지는 않고 서면으로 회의가 갈음되는 등 다소 형식적인 활동에 그치고 있다는 비판도 나타나곤 한다.

(2) 자원봉사단체와 한국자원봉사협의회

「자원봉사활동 기본법」에 따르면 자원봉사단체란 "자원봉사활동을 주된 사업으로 하거나 이를 지원하기 위하여 설립된 비영리 법인 또는 단체"이다(제3조 3항). 영리성을 가지지 않은 자원봉사와 관련된 많은 조직이나 체계가 자원봉사단체라고 할 수 있는데, 「자원봉사활동 기본법」 제18조에 따라 자원봉사단체에 대해서는 국가나 지방자치단체가 자원봉사단체의 활동에 필요한 행정적 지원을 할 수 있으며 「비영리민간단체 지원법」에 따라 사업비를 지원할 수 있도록 하고 있다.

한국자원봉사협의회(Volunteering Korea)는 「자원봉사활동 기본법」 제17조에 의해 자원봉사단체들이 전국단위의 자원봉사활동을 진흥·촉진하기 위해 설립한 것이다. 협의회의 회원은 자원봉사를 주된 목적으로 하는 비영리 법인이나 단체의 대표자로 구성된다. 그 밖에도 협의회 이사회의 의결을 거쳐 자원봉사활동의 진흥을 위해 필요하다고 인정되는 개인이나 단체도 회원이 될 수 있다.

우리나라에는 각 지역단위 혹은 분야나 직능단위별로 자원봉사단체들이 매우 많이 존재하고 있으며 경우에 따라서는 전국단위로 활동을 전개하는 자원봉사단체들도 있다. 이 단체들이 정부를 상대로 활동할 때 총괄적인 대표기구가 되고 있는 것이 한국자원봉사협의회라고 할 수 있다. 1994년 한국자원봉사단체협의회로부터 출발하여 2003년 한국자원봉사협의회로 변경되어, 「자원봉사활동 기본법」 제정

이후 상설 민간협의체로서 대표성을 추구하고 있다. 한국자원봉사협의회는 125개 회원단체(시민사회, 재계, 교육계, 종교계, 의료계 등)와 250개 협력단체로 구성되어 있다. 기본계획에 따른 자원봉사 5대 정책영역에서 포괄적으로 활동하고 있으며, 세계자원봉사협의회(IAVE)의 한국 대표로서의 역할을 하고 있다.

(3) 자원봉사센터

자원봉사와 관련된 여러 조직과 단체 중에서 가장 핵심적인 역할을 수행하는 곳은 자원봉사센터이다. 자원봉사센터는 자원봉사활동의 활성화와 자원봉사관리를 주된 목적으로 삼고 있을 뿐만 아니라 이를 직접적으로 수행하는 조직으로, 가장 대표적인 자원봉사 추진체계이자 관리체계라고 할 수 있다. 「자원봉사활동 기본법」 제3조에서는 자원봉사센터를 자원봉사활동의 개발, 장려, 연계, 협력 등의 사업을 수행하기 위해 법령과 조례 등에 따라 설치된 기관, 법인, 단체로 규정하고 있다. 따라서 법적 토대를 통해 자원봉사센터는 여타의 일반 민간 자원봉사단체와는 구별되는 공신력이 있다. 「자원봉사활동 기본법 시행령」에서 자원봉사센터는 광역시 · 도 단위와 기초 시 · 군 · 구 단위에 국가기관 및 지방자치단체가 설치하도록 하고 있으며, 민간 법인에게 위탁하여 운영하거나 지방자치단체가 직접 운영하기도 한다. 자원봉사센터의 장(센터장)에 대해서도 자원봉사나 사회복지에 관한 경력이나 전문성을 규정하고 있다.

이처럼 자원봉사센터는 기본적으로 국가와 지방자치단체라는 공공조직을 기초로 편성되고 있어서 자원봉사활동 주관부서는 행정안전부가 되고 있다. 때문에 행정안전부는 전국단위로는 1365 자원봉사포털을 운영하고 있으며 광역 및 기초지방자치단체에 편성된 자원봉사센터의 업무를 총괄하고 있다. 전국의 246개 자원봉사센터를 총괄하는 업무는 재단법인 형태의 중앙자원봉사센터가 수행하기도 한다. 또한 과거부터 자원봉사자들이 주된 활동영역으로 삼았던 사회복지분야에서도 전국 사회복지자원봉사관리 DB시스템인 VMS를 활용하여 자원봉사활동 인증업무를 수행하고 있고, 청소년자원봉사활동(DOVOL) 포털사이트가 운영되는 등 행정안전부 이외에 보건복지부나 여성가족부 관련의 활동도 함께 이루어지고 있다.

자원봉사센터는 자원봉사활동을 필요로 하는 수요처나 자원봉사활동을 하려는 자원봉사자가 가장 일선에서 직접적으로 만나게 되는 공적 체계로서 실제 자원봉사활동에 대한 관리가 일어나는 공적 현장이다. 많은 자원봉사자는 자신이 거주하거나 활동하는 지역의 시·군·구 단위 자원봉사센터와 연계되곤 한다. 아직은 지역에 따라 자원봉사센터의 실제 자원봉사관리 역량이 미흡한 곳도 많아서 해당 지역 자원봉사활동을 대표하는 체계가 되지 못한다는 비판도 있다.

4. 자원봉사자의 다양성

자원봉사활동은 결국 자원봉사자가 자발적 의지로 참여하는 활동이다. 자원봉사자가 핵심적 요소가 된다. 자원봉사활동에 참여하는 사람들은 학생, 주부, 은퇴노인, 기업의 직원 등으로 다양하다. 과거에는 자원봉사자가 자원봉사활동이 자신의 일상에서 가장 주된 활동이거나 다른 직업 없이 전업으로 활동하는 경우도 많았다. 최근에는 이러한 활동 양상은 크게 줄어든 상태이다. 현재는 대개의 자원봉사자들이 직업을 가지고 있으며 자신의 여러 사회적 활동 중의 하나로 자원봉사활동 '도' 수행하는 것이 보통이다. 자원봉사자들은 활동에 개인적으로 참여하기도 하고 동아리나 봉사단과 같은 형태로 집단적인 방식으로 참여하기도 한다.

예전에 자원봉사활동은 종교적 신념이 강하거나 매우 강한 선의지를 가진 유별난 사람들이 하는 일로 인식되기도 했다. 그러나 이제는 많은 시민의 일반적 사회참여활동의 하나가 되고 있다. 이에 따라 다양한 주체가 자원봉사활동의 참여자가 되고 있다. 자원봉사활동 참여자는 개인적으로 모두 다양한 동기나 욕구에 의해 활동에 참여하고 있지만 인구층이나 참여형태별로 독특한 특징을 지니기도 한다. 예를 들어, 10대 미만의 아동은 자원봉사자 등록률이 가장 낮고, 20대는 등록률은 가장 높으나 실제 활동률이 가장 낮다. 70대 이상의 노년층은 등록률과 활동률이 모두 낮은 편에 속한다.

1) 학생 · 청소년

학생과 청소년의 자원봉사활동은 교육과정에서의 자원봉사 제도화로 인해 비약적으로 성장하였다. 현재는 모든 연령층 중에서 이들의 자원봉사활동 참여가 가장 많으며 자원봉사활동 수요처에서는 빼놓을 수 없는 주요한 자원이 되고 있다. 이들의 자원봉사활동은 수요처에 대한 직접적 도움과 아울러 자원봉사활동을 통한 성장과 학습이라는 교육적 측면이 큰 의의를 가지고 있는 것으로 볼 수 있다. 이에 따라 '봉사학습(service learning)'이라는 용어가 강조되고 있다. 최근에는 초등학생 때부터 자원봉사활동을 수행하는 경우도 많고 이 경우에는 부모와 함께 하는 활동의 모습도 나타난다. 학생 자원봉사활동의 제도화 이후 우리나라에서는 10대까지의 자원봉사자가 가장 높은 비중을 나타내고 있다. 사회복지자원봉사관리체계(VMS)의 통계에 따르면, 2019년 말 기준으로 10대 이하의 자원봉사자가 전체의 30%가량을 나타내고 있다. 1365 자원봉사포털의 통계로는 2020년 말 기준으로 10대는 전체 인구 약 480만 명 가운데 자원봉사자 등록인원은 290만 명, 활동인원은 84만 명으로 전체 인구 중 가장 높은 29%의 활동률을 나타내고 있다.

그러나 한편으로는 학생의 자원봉사활동에 대한 관리가 부실하여 동기화가 잘 되지 않은 채, 입시나 성적을 위해 거쳐야 하는 반강제적이고 형식적인 활동이라는 부정적 인식을 심어준다는 비판도 있다.

2) 대학생

대학생은 과거부터 전통적으로 중요한 자원봉사자층이었다. 사회문제에 대한 자연스러운 관심과 동아리활동 등을 통해 자원봉사활동에 참여해 왔다. 또한 1990년대 이후로는 대학교에서도 '사회봉사'과정을 학점제 교과목으로 운영하거나 학점을 부여하지 않더라도 졸업을 위해 이수해야 하는 필수과정으로 개설하여 참여가 늘어나고 있다. 『VMS 사회복지 자원봉사 통계연보』(보건복지부, 한국사회복지협의회, 2021)에 따르면 최근에는 중학생이나 고등학생만큼의 대학생이 사회복지분야

의 자원봉사활동에 참여하고 있는 것으로 나타나고 있다. 반면, 대학생의 자원봉사활동 역시 경우에 따라서는 관리 소홀로 인해 형식적인 자원봉사활동 참여에 머무르는 부작용을 일부 나타내고 있다.

3) 여성

사회복지분야에서는 전통적으로 여성이 남성보다 자원봉사활동 참여가 많았다. 그리고 그 원인이 취약계층을 지원하는 내용의 봉사활동이 이른바 '여성적'인 일이며 여성의 직업이나 사회활동이 적어서 자원봉사활동의 기회가 많았기 때문이라는 부정적 인식 또한 존재하였다. 여성의 자원봉사활동은 여전히 우리 사회에서 중요한 비중을 차지하고 있으며, 특히 사회복지시설에서의 자원봉사활동 참여에서는 클라이언트에 대한 돌봄(care)의 측면에서 남성보다 훨씬 큰 역할을 담당하고 있다. VMS나 1365 자원봉사포털의 통계 모두에서 여성은 남성보다 약간 더 높은 정도의 자원봉사활동 참여율을 나타내고 있다.

4) 노인

평균수명의 연장과 산업화에 따른 정년제도의 보편화, 조기퇴직 등으로 인해 사회적 활동의 능력과 경험이 있는 많은 노인이 일선의 경제활동에서 물러나게 되었다. 이는 사회적으로도 심각한 낭비이며 동시에 노인 개인적으로도 보람 있고 자아를 실현할 수 있는 활동의 기회가 제약되는 문제를 발생시킨다. 이에 따라 노인들의 자원봉사활동 참여가 가지는 중요성이 부각되고 있다. 외국의 경우에도 'RSVP' 같은 노인 자원봉사단의 활동이 두드러지게 나타나고 있으며, 정년준비 프로그램의 일환으로 자원봉사 관련 내용이 나타나곤 한다. 우리나라에서도 아직 충분하지는 않지만 노인일자리 및 사회참여 지원사업과 같은 국가적 프로그램, 노인단체에서의 자원봉사활동 조직화가 나타나고 있으며, 기업의 퇴직자에 대한 프로그램이나 지역사회 단위의 노인 프로그램 등에서 시니어봉사단 조직이 점점 늘어나고 있다. 그러나 1365 자원봉사포털의 통계에 따르면 아직 60대나 70대 이상의 연령대에서는 자원봉사자 등록률이나 참여율이 다른 연령대에 비해 낮은 편이다.

5) 종교계

예전부터 종교계의 자원봉사활동은 자원봉사에 있어서 가장 중요한 자원이었다. 지금도 마찬가지로 종교인의 자원봉사활동 참여는 비종교인의 그것보다 더 활성화되어 있다. 대부분의 종교가 가지고 있는 가치나 사상적 기반에 의해 종교계의 자원봉사활동은 매우 헌신적이고 지속적인 특징을 보인다. 특히 최근에는 각 종교단체에서 사회문제에 대해 조직적 접근을 나타내면서, 자원봉사활동 참여도 조직적 양상을 보이고 있다. 그러나 한편으로는 자원봉사활동이 가지는 '사회적 속성'에 대해 지나치게 종교적 자선의 관점에서 해석하여 다른 자원봉사활동의 영역과 조화되지 못하는 부정적 모습도 일부 나타나고 있다.

6) 전문직

전문직의 자원봉사활동은 예전부터 있었으나, 최근 들어 과거보다 조직적 형태의 전문직 자원봉사활동이 많아지고 있다. 그리고 전문성을 활용한 자원봉사활동이 점점 더 많이 개발되는 추세이다. 자신이 가진 전문성을 자원봉사활동에 활용하고자 하는 것으로 보건의료인 단체나 법조인 단체, 교육전문가, 이미용 기술자 등 전문적 기능을 활용한 조직적 자원봉사활동 참여는 매우 중요한 자원이 되고 있다. 전문직의 자원봉사활동은 대개의 경우 시장경제 속에서 비용의 문제 때문에 전문적 서비스를 이용하지 못하는 클라이언트층에게 큰 도움이 되고 있다. 또한 사회복지 현장이나 자원봉사단체의 서비스 품질을 높여, 선의에만 기반한 '아마추어리즘' 극복에 도움을 주고 있다.

7) 기업

기업의 자원봉사활동 조직화는 과거에는 찾아보기 어려웠던 것으로 미국에서는 1970년대 이후에, 우리나라에서는 1990년대 이후에 두드러지고 있는 모습이다. 이는 기업홍보의 차원과 기업의 사회적 책임성 완수가 강조되는 맥락 속에서 점점 보편화되고 있다. 기업이 단지 임직원에 대한 자원봉사활동 참여를 장려하는 것에서 벗어나 인사고과 반영, 자체 자원봉사 팀 운영, 자원봉사활동에 대한 유급휴가 인정 등의 프로그램을 운영하기 시작했다. 우리나라에서는 삼성그룹의 사회봉사단 활동이 본격적인 사회적 관심의 대상이 된 후, 큰 규모의 기업체들이 자원봉사활동 관련 조직을 갖추기 시작하였으며 언론의 자원봉사캠페인 등도 큰 역할을 하고 있다. 최근 기업의 경영에서도 기업의 사회적 책임과 관련된 CSR이나 지속가능경영의 ESG 등은 핵심적인 의제가 되고 있어 이는 기업의 자원봉사활동 참여 및 지원과도 직결되고 있다.

8) 장애인

많은 경우 장애인은 자원봉사활동의 주체라기보다는 대상으로만 여겨져 온 것이 사실이다. 그러나 장애인이 자원봉사활동에 참여하는 경우도 적지 않으며 장애인단체 등에서 이를 조직화하고 있다. 특히 정상화와 차별 없는 사회참여가 장애인 복지의 주요 이념이라는 점을 감안한다면 장애인의 자원봉사활동 참여는 앞으로 더욱 확대될 것으로 전망된다. 한편으로는 장애인 상호 간의 자조활동이라는 측면에서, 수요자의 욕구에 더 잘 부합하는 독특한 자원봉사활동 프로그램이 될 수 있는 장점도 가지고 있다.

9) 기타

이 밖에도 지역공동체 실현을 위해 지역사회 단위의 자원봉사조직체를 운영하는 경우, 각종 시민단체의 운영에서 조직적인 자원봉사활동이 나타나는 경우, 가족 단위의 자원봉사활동 프로그램 조직화 등에서는 특정한 인구학적 동일성에 기반하지 않고 다양한 특성의 자원봉사자들이 함께 활동하는 모습을 나타내고 있다.

10) 장기 자원봉사자와 단기 자원봉사자

맥컬리(McCurley)와 린치(Lynch)는 자원봉사활동 참여가 점점 더 조직화되면서 자원봉사자의 스타일에 변화가 나타나고 있음을 지적하고 장기 자원봉사자와 단기 자원봉사자의 두 가지 유형을 〈표 3-5〉와 같이 제시하였다(McCurley & Lynch, 1989). 여기서 장기 자원봉사자(long-term volunteer)와 단기 자원봉사자(short-term volunteer)의 구분은 단지 자원봉사활동의 기간만을 의미하는 것은 아니다. 장기 자원봉사자는 전통적 유형으로 자신이 활동하는 영역의 문제에 대해 주인의식을 가지고 헌신하며 관련되는 모든 일에 참여하는 양상을 보인다. 반면, 단기 자원봉사자는 여러 가지 시스템이나 프로그램에 의해 활동에 참여하게 되었으며 자신이 맡은 부분의 활동만 정확히 수행하려는 경향을 보이는 외부 참여자적 속성을 보인다.

최근 장기 자원봉사자에 비해 단기 자원봉사자가 늘어나는 추세에 있으며 장기 자원봉사자와 단기 자원봉사자를 무계획 · 무작위로 함께 업무에 배치하는 것은 갈등을 야기하곤 한다. 따라서 자원봉사자의 유형이나 특성을 감안한 자원봉사관리 노력이 이루어질 필요가 있다.

표 3-5 장기 자원봉사자와 단기 자원봉사자

장기 자원봉사자	단기 자원봉사자
• 활동의 목적과 동기에 대해 헌신 • 자기모집과 체계 내 성장 • 활동에 있어 일반주의자 • 성취와 연대에 관심 • 함께한다는 생각(think with them)	• 아주 깊이 있는 동조가 아닌 참여자 • 특정 업무나 이벤트, 강요된 선택에 의한 모집 • 특정 업무에 국한된 스페셜리스트 • 개인적 활동 성취에 관심 • 돕는다는 생각(think for them)

자료: McCurley & Lynch (1989)에서 편집.

5. 자원봉사활동 영역과 현장의 다양성

1) 자원봉사활동 영역의 다양성

자원봉사활동의 대상이 되는 대상자도 장애인, 독거노인, 요보호아동 등 매우 다양하다. 올림픽이나 월드컵과 같은 행사를 지원하거나, 홍수나 대형사고 등의 재해 발생 시에 이를 복구하기 위한 자원봉사활동도 활발하게 나타난다. 자원봉사활동 대상자를 대면하여 서비스를 제공하는 직접적 봉사활동과 대상자를 직접 대면하지 않고 기관이나 현장에 대한 활동을 수행하는 간접적 봉사활동도 서로 다른 성격을 나타낸다. 때문에 자원봉사활동을 구분할 때는 활동의 주체, 활동의 대상 영역, 활동방법 등 여러 기준이 활용될 수 있다. 이는 자원봉사활동이 가지는 다양성에 의한 것이다.

자원봉사활동의 분류할 때는 앞서 살펴보았던 자원봉사자의 특성에 따라 분류(학생 자원봉사, 노인 자원봉사 등)하는 것 이외에도 활동의 대상 영역을 기초로 분류(사회복지자원봉사, 환경자원봉사, 재난피해복구자원봉사 등)하는 경우도 많다. 원칙적으로는 자원봉사활동의 기본적 성격에 해당하는 공익성, 복지성에 해당하는 문제와 욕구(needs)를 가진 모든 영역은 자원봉사활동의 활동 대상이 된다.

법률적인 규정에서 영역을 살펴본다면「자원봉사활동 기본법」제7조에서 자원봉사활동의 범위를 다음과 같이 규정하고 있다.

① 사회복지 및 보건 증진에 관한 활동
② 지역사회 개발 · 발전에 관한 활동
③ 환경보전 및 자연보호에 관한 활동
④ 사회적 취약계층의 권익증진 및 청소년의 육성 · 보호에 관한 활동
⑤ 교육 및 상담에 관한 활동
⑥ 인권 옹호 및 평화 구현에 관한 활동

⑦ 범죄 예방 및 선도에 관한 활동
⑧ 교통질서 및 기초질서 계도에 관한 활동
⑨ 재난 관리 및 재해 구호에 관한 활동
⑩ 문화 · 관광 · 예술 및 체육 진흥에 관한 활동
⑪ 부패 방지 및 소비자 보호에 관한 활동
⑫ 공명선거에 관한 활동
⑬ 국제협력 및 국외봉사활동
⑭ 공공행정 분야의 사무 지원에 관한 활동
⑮ 그 밖에 공익사업의 수행 또는 주민복리의 증진에 필요한 활동

관련 단체마다 자원봉사활동의 내용과 영역을 약간씩 다르게 분류하거나 서로 다른 용어로 이야기하고 있으나 매우 넓은 분야를 포괄하고 있음을 볼 수 있다. 현대사회가 과거의 전통사회에 비해 복잡해지고 고도로 분화되면서 자원봉사활동을 필요로 하는 영역도 다양해지고 있다. 이에 따라 각 분야별로 활동의 내용과 자원봉사자가 알아두어야 할 내용들도 매우 상이한 것이 되어 자원봉사활동에 참여하겠다는 '착한 마음'만으로는 활동 대상자와 사회의 공익에 기여하는 진정한 자원봉사활동을 수행하기에 충분하지 못하게 되었다. 그러나 어떠한 자원봉사자도 자원봉사활동의 다양한 영역과 분야에 필요한 지식과 기술을 다 숙지하고 있을 수는 없다. 따라서 자원봉사활동에 대한 관리나 교육이 중요하다.

2) 자원봉사활동 현장의 다양성

엄밀히 말해, 자원봉사활동 영역은 자원봉사활동 현장과는 다르다. 영역의 다양성은 자원봉사활동의 내용이 여러 사회문제 분야에 넓게 분포되어 있음을 나타내는 것이고, 자원봉사활동 현장의 다양성은 자원봉사활동이 관심을 가지는 문제영역뿐만 아니라 직접 활동하는 현장이 여러 종류가 있음을 나타내는 것이다. 같은 문제영역 내에서도 서로 다른 여러 가지 유형의 현장과 기관이 있을 수 있다. 예를

들어, 아동 관련의 사회복지 영역에서 자원봉사활동을 수행한다고 해도 보육시설, 학대아동일시보호시설, 학교, 경찰서나 공공기관, 상담소, 아동옹호단체 등 여러 가지의 서로 다른 현장에서 활동할 수 있다.

(1) 사회복지(생활)시설

자원봉사활동의 현장으로 가장 많이 활용되는 곳은 사회복지시설이다. 사회복지시설 및 기관은 사회구성원 전체 혹은 특정 일부 집단의 기본적 욕구의 미충족 문제나 사회문제로 인한 비복지문제를 직접적으로 다루는 조직이라는 점에서 자원봉사활동의 일차적 관심의 표적이 되기 때문이다. 사회복지시설은 다시 생활시설과 이용시설로 크게 나누어 볼 수 있는데, 생활시설은 특정 대상자가 사회복지시설에서 숙식을 하며 서비스를 받는 곳이고 이용시설은 대상자들이 자신의 집에서 기거하면서 특정 프로그램이나 서비스를 받기 위해 방문하여 이용하는 곳이다.

사회복지시설은 대상 인구층에 따라 아동복지시설, 노인복지시설, 장애인복지시설, 정신요양시설, 노숙인복지시설 등 다양하게 나눌 수 있고, 각각에서도 시설 고유의 성격에 따라 다양한 모습을 가지게 된다. 사회복지시설, 특히 생활시설에서 자원봉사활동을 수행하는 사람들은 그곳이 생활공간인 사람들을 대상으로 활동하는 것이므로 대상자의 사생활을 존중하며, 타인의 집을 방문한 것과 마찬가지로 예의에 어긋나지 않도록 주의해야 한다.

(2) (지역)사회복지관

지역사회복지관은 각종 복지 프로그램을 통해 지역사회의 주민들에게 사회복지 서비스를 제공하거나 자립능력의 배양을 위한 교육훈련의 기회제공 등 각종 복지 서비스를 제공하며, 지역사회 문제의 예방치료 및 지역주민의 연대감을 조성하는 사회복지시설로 지역주민의 복지증진을 위한 종합복지센터의 역할을 수행하는 곳이다.

사회복지관은 일단 사회복지 대상자들을 수용・보호하는 곳이 아니라는 점에서 사회복지생활시설과는 구별되는 이용시설이다. 장애인복지관이나 노인복지관 등과 같이 특수한 인구층을 대상으로 하여 서비스를 편성하는 사회복지관도 있고, 지역사회복지관과 같이 지역성을 중심으로 지역주민 모두를 대상으로 서비스를 제공하는 시설도 있다. 많은 사람이 주변에서 가장 쉽게 볼 수 있고 가장 대표적으로 인식하고 있는 사회복지시설이 사회복지관이다.

지역사회복지관의 프로그램 내용은 지역사회의 특성 등에 따라 일부 편차가 있으나 서비스 제공, 지역사회조직화, 사례관리 등의 기능과 가정복지사업, 아동복지사업, 청소년복지사업, 노인복지사업, 장애인복지사업, 지역복지사업 분야의 다양한 프로그램 역할을 수행하고 있다. 자원봉사자들도 이 중의 어느 한 프로그램에서 활동하게 되는 경우가 많다. 지역사회복지관은 현재 우리나라에서 가장 대표적인 자원봉사활동 현장이라고 할 수 있다.

또한 지역사회복지관은 재가복지사업을 운영하고 있는데, 과거에는 재가복지봉사센터라는 이름으로 운영되기도 하였다. 이곳이 자원봉사자들이 매우 많이 활동하는 영역이다. 재가복지는 생활시설에 거주하는 것은 아니지만 사회복지관과 같은 이용시설을 방문해서 이용하기도 어려운 (지역사회 거주지에서의 보호를 필요로 하는) 장애인, 노인 등 지원이 필요한 주민을 대상으로 하는 것이다. 지역사회 내 자신의 거주지에서 복지서비스를 필요로 하는 경우에 자원봉사자들이 방문하여 가사, 간병, 정서, 의료, 결연 등의 서비스를 제공한다. 사업의 특성상 많은 주민에게 방문을 해야 하므로 자원봉사자 활용이 많은 현장이다.

(3) 공공기관

자원봉사활동이 모두 사회복지 관련 영역의 현장에서만 이루어지는 것은 아니다. 사회구성원 전반에게 이득이 돌아갈 수 있도록 비영리 공공기관에서의 자원봉사활동도 많이 이루어지고 있다. 많은 경우 공공기관은 양질의 서비스를 제공하기에는 인력이 충분하지 않아 자원봉사활동을 통해 공공기관을 이용하는 일반인들에게 편익을 도모할 수 있다. 공공기관에서의 자원봉사활동에 대한 정보는 각 공공기관에 직접 접촉하거나 각 구별로 조직되어 있는 지역별 자원봉사센터를 통해서 알선이 가능하다. 자원봉사활동의 현장으로 활용될 수 있는 공공기관은 구청이나

관공서, 학교, 병원, 도서관, 체육시설, 문화예술시설, 경찰서, 소방서, 우체국, 법원, 교정시설, 직업보도시설, 공항, 관광시설 등 다양하다.

(4) 시민단체와 비영리조직

오늘날 기후변화와 환경문제, 감염병 문제, 유해식품문제, 청소년유해환경문제, 소수집단에 대한 차별과 혐오범죄 문제 등 새로운 사회문제들이 꼬리를 물고 발생하고 있으며 그 심각성도 날로 더해 가고 있다. 따라서 이에 대한 시민들의 자체적인 운동도 활발해지고 있다. 이러한 시민운동이 활발해지는 것은 매우 바람직한 현상으로 볼 수 있으며 시민운동의 거점이 되는 시민단체도 자원봉사활동의 중요한 현장이 되고 있다.

얼마 전까지만 해도 일부 관변단체를 제외하고는 이러한 영역에서의 활동은 자원봉사활동의 영역보다는 하나의 사회운동으로서 인식되어 왔으나, 시민단체의 활동은 중요한 자원봉사활동이 될 수 있다. 또한 시민단체의 활동은 시민의 기본권을 스스로 옹호하고 동시에 지역사회의 공익과 발전을 위해 시민들 간의 공통된 욕구와 의사를 집약하고 주장하기 위해 조직되는 것이므로 자발적 참여를 통해 사회병리현상의 확산을 막는다는 의미에서 시민단체의 활동은 본질적으로 자원봉사활동이 추구하는 바와 동일하다.

각종 소비자단체, 환경운동단체, 외국인노동자상담소, 지역별 주민연대모임 등 다양한 시민단체가 이미 자원봉사활동의 현장으로 널리 활용되고 있다. 이러한 시민단체는 그 수가 매우 많으며 단체마다 가지고 있는 성격도 매우 다양하다. 따라서 시민단체를 자원봉사활동의 현장기관으로 활용하고자 할 경우에는 특정한 종교에 기반하고 있는지, 정치적 성격은 어떤지 등 해당 단체의 특성에 대해 사전에 잘 알아보는 것이 필요하다. 시민단체의 경우 사회복지시설이나 공공기관 등에 비해서 특정 분야에 대해 활동하고 있는 현황을 일괄적으로 확인할 만한 정보체계가 취약한 편이다.

시민단체 이외에도 영리적 목적을 가지지 않은 지역사회의 비영리조직 역시 자원봉사활동의 현장으로 점점 더 확장되어 가는 추세이다.

(5) 기타

이상의 범주에 포함되지 않는 자원봉사활동의 현장이나 기관들도 매우 많다. 국제화·세계화되는 추세에 비추어 국제사회를 위한 자원봉사활동이 점차 활발해져 가고 있는 추세이며, 이 경우 외국 혹은 국제단체를 활동의 현장기관으로 활용한다. 이 밖에도 각종 민간단체와 종교기관 등을 통한 해외봉사활동도 이루어지고 있으며 국내의 외국인들을 대상으로 한 자원봉사활동도 있다.

특히 대규모의 행사나 사건과 관련되어 자원봉사활동이 이루어질 수도 있다. 이 경우에도 대개는 공공기관이든 시민단체든 어느 한 기관 혹은 복수의 기관이 상호 협력하는 가운데 이들과 관련을 맺으면서 활동을 하기도 하지만, 그렇지 않고 개인적으로 혹은 비공식적으로 활동하게 되는 경우도 있다. 월드컵, 올림픽, EXPO 등 대규모 공공행사나 이벤트의 개최와 관련된 자원봉사활동, 대규모 재난이나 자연재해 시의 자원봉사활동 등도 그러한 경우이다.

6. 자원봉사활동 현황의 문제점과 자원봉사관리

우리나라에서는 1990년대 이후 자원봉사활동 참여율이 크게 높아졌으며 다양한 계층의 시민들이 자원봉사활동에 나서고 있다. 또한 이를 조직화하는 여러 기관과 체계의 활동도 활성화되고 있다. 최근에 자원봉사활동의 양적 증가 추세는 주춤하지만, 전반적으로 보아 자원봉사활동이 양적·질적으로 고도화되어 가는 모습을 보이고 있다. 그러나 내용 측면에서 몇 가지 문제점도 나타나고 있다.

1) 자원봉사활동 현황의 문제점

자원봉사활동 참여가 아직 충분히 보편화되지 못했다는 것을 가장 큰 문제점으로 꼽을 수 있다. 과거보다는 자원봉사활동의 참여율이 크게 증가하였으나 아직 참여율이 서구의 그것만큼 충분하지 않다. 각급 교육기관이나 기업 등의 조직적 참여

에 의해 자원봉사 참여율이 높아졌지만, 일반 시민의 참여는 아직 충분하지 않다. 이는 다음의 문제점들과 맥락을 함께한다.

(1) 자원봉사활동 참여의 지속성과 정기성 결여

참여율의 문제보다도 실제적인 면에서 더 큰 문제는 자원봉사활동의 지속기간이 짧다는 것이다. 이는 단지 지속기간의 문제뿐만 아니라 조기탈락 혹은 중도탈락의 문제와 관련된다. 많은 경우에 자원봉사활동은 6개월 이상의 정기적 활동을 필요로 한다. 그러나 우리나라의 자원봉사활동은 단기적 활동, 비정기적 활동에 그치는 경우가 많다.

한국의 자원봉사활동은 그 존재 의의 및 필요성이 막중한데도 지속성이 부족하고 중도탈락이라는 심각한 문제로 인해 자원봉사자 개인은 물론 자원봉사자 활용기관이 추구하는 목적을 달성하지 못하고 있다는 지적도 나타나고 있다. 이러한 자원봉사활동의 단기성과 비정기성의 문제는 자원봉사활동이 자발적인 시민의 참여를 통한 공동체성과 복지욕구 충족이라는 본래의 목적을 달성하는 데 저해요인으로 작용하므로 자원봉사활동에 대한 적절한 관리가 강화되어야 할 필요성을 낳고 있다.

(2) 형식적 자원봉사활동

우리나라의 자원봉사활동 참여가 늘어난 결정적 요인은 학생 자원봉사활동의 제도화와 관련된다. 현재 학생 자원봉사활동은 대개 학교의 교육과정과 연계되면서 필수적으로 참여해야 하는 형태로 '유도된 자발성'에 기초하는 모습을 띠고 있다. 이러한 방식이 자원봉사활동 참여자에게는 강제적인 것으로 인식되어 자원봉사활동이 맡은 분량을 억지로 채우는 형식적 모습을 나타내곤 한다. 유도된 자발성이 강제성이 아니라 자발성과 교육효과를 가지기 위해서는 적절한 관리 프로그램을 필요로 한다.

(3) 자원봉사자 활용 프로그램 내용의 취약성

현재 자원봉사자는 사회복지기관과 시설 그리고 많은 공공기관과 단체에서 필수적인 인력이다. 자원봉사활동 참여율이 증가하면서 이 중요성은 더욱 부각되고 있다. 그러나 자원봉사자를 활용한 프로그램은 운영하고 있지만 자원봉사자의 활동 욕구를 반영한 프로그램의 개발은 미흡하다. 이는 또한 자원봉사자의 조기탈락과 관련된다. 부분적으로 '자원봉사활동을 할 곳을 못 찾는' 현상이 나타나기도 한다. 그러나 우리나라보다 자원봉사활동 참여율이 높은 다른 나라와 비교해 본다면, 하고 싶은 자원봉사활동 현장을 잘 찾지 못하는 것은 자원봉사자 공급의 수가 절대적으로 많아서라기보다는 자원봉사자를 활용하는 적절한 프로그램의 개발이 미흡한 것이라 볼 수 있다. 자원봉사 수요를 더 개발하고 잠재적 자원봉사자의 욕구에 맞도록 프로그램을 다양화하는 것이 자원봉사활동을 활성화하는 데 필수적이다.

(4) 보상과 유인의 실제성 결여

자원봉사활동은 무보수성의 특성을 지니지만 자원봉사자에 대한 승인과 보상은 만족도를 높이고 지속적인 활동을 할 수 있도록 하는 중요한 과정이다. 이는 활동의 지속성을 담보하기 위한 유인이 될 수 있다. 자원봉사활동이 자발성 · 무보수성을 가진다는 것과 자원봉사활동에 대해 적절한 승인과 보상을 한다는 것은 별개의 문제이다. 현재 자원봉사자에 대한 승인은 활동시간의 인증 등이 체계화되며 과거보다는 다양화되었으나 아직은 실제적이지 못하다.

(5) 관리체계의 취약성

자원봉사자에 대한 관리는 앞에서 언급된 자원봉사활동 현황의 여러 문제점을 개선하는 데 필수적이다. 과거보다는 이에 대한 관심이 높아졌으나 아직도 자원봉사관리를 위한 전문인력의 양성과 활용, 그리고 관리조정 프로그램의 개발은 취약하다. 특히 학생 자원봉사의 주체인 학교나 일부 기업에서는 사회복지사나 전문성을 지닌 자원봉사관리자 없이 자원봉사 프로그램을 실행하는 경우가 많다. 또한 자원봉사자를 활용하는 일선 현장에서는 특정 조직이나 단체에 소속된 자원봉사자

를 기피하거나 선호하는 등의 양상을 보이기도 한다. 기본적인 자원봉사관리가 필수적으로 이루어질 수 있도록 자원봉사관리체계가 일관성과 체계성을 갖추어야 한다.

(6) 추진체계 · 지원체계의 혼재

1990년대 이후 여러 가지 형태로 자원봉사활동 지원체계의 구축과 활동이 활발해졌다. 그러나 일반 시민이 이와 같은 지원체계 혹은 추진체계를 활용하여 자원봉사활동에 참여할 수 있을 만큼 접근성이 좋아진 것은 아니다. 특히 공공체계의 경우 정부의 소관부처별로 자원봉사센터나 지원체계들이 혼란스럽게 중복과 누락의 문제를 낳고 있는 모습은, 일반인들로 하여금 그 차이를 구별하여 적절히 이용할 수 있게 하기보다는 난립되어 있다는 느낌을 갖게 한다. 또 이는 자원봉사자의 욕구에 적절히 활용되기보다는 자원봉사자를 더 확보하기 위한 경쟁적 쟁탈전을 발생시킬 우려도 있다. 지역사회에서 자원봉사활동에 관심을 가진 사람이나 조직체가 개별적으로 쉽게 접근할 수 있고 통합적인 정보와 관리를 받을 수 있게끔 추진체계와 지원체계가 상호연계성과 접근성을 높여야 한다.

2) 자원봉사관리의 강화

앞서 살펴보았던 우리나라 자원봉사활동의 문제점은 대부분 자원봉사자에 대한 관리과정이 적절히 작동하지 못하고 있는 현실과 관련된다. 때문에 1990년대 중반 이후 자원봉사활동이 양적으로 크게 확충되던 시기에도 우리나라 자원봉사활동의 실태를 '양적 팽창과 관리조정의 혼돈' 상태로 묘사하곤 했다(남기철, 1998).

자원봉사자의 활동 욕구와 자원봉사자 활용기관의 욕구 및 필요성을 적절히 조절하여 자원봉사활동이 가지는 본래의 취지와 효과를 극대화하고 참여를 내실 있게 활성화하는 것이 자원봉사관리의 역할이다. 자원봉사자가 늘어나기는 했지만 형식적 활동과 단기간의 활동, 중도탈락이 두드러진 상황에서는 자원봉사관리의 중요성이 매우 크다.

자원봉사관리를 강화하기 위해서는 내적 · 외적으로 몇 가지의 과제가 제기된다. 먼저, 자원봉사관리체계의 내부적 측면에서는, 첫째, 자원봉사관리자의 전문성이 강화되어야 한다. 자원봉사관리를 담당하는 직원의 전문성을 고양하기 위해 자원봉사관리에 대한 교육이 이루어져야 하고 자원봉사 프로그램의 운영이 전문 자원봉사관리자에 의해 이루어지도록 해야 한다. 둘째, 자원봉사관리 프로그램의 체계화와 보급이 필요하다. 자원봉사 프로그램 기획과 모집부터 승인과 보상에 이르는 자원봉사관리 프로그램이 체계화되어 자원봉사자가 존재하는 기관에 보급되어야 한다. 셋째, 자원봉사자 승인과 보상 등 유인책이 체계화되어야 한다. 자원봉사자의 동기와 욕구에 기반하여 자원봉사활동 참여에 지속적으로 동기화될 수 있게끔 해야 한다.

다음으로 외부환경적 측면에서는, 첫째, 자원봉사 관련 행정체계나 추진체계의 중복과 혼란을 방지하고 상호통합성을 높여야 한다. 지원체계나 추진체계 간의 분절성을 극복할 수 있도록 자원봉사 수요처와 공급처에 대한 정보공유와 관리지원이 통합적으로 이루어지도록 지원할 수 있어야 한다. 둘째, 자원봉사추진체계의 접근성을 높여야 한다. 자원봉사활동에 관심을 가진 사람이라면 누구나 지역사회에서 쉽게 자원봉사추진체계에 접근할 수 있도록 홍보와 접근성을 높여야 한다. 셋째, 자원봉사활동에 대한 실제적 지원내용을 제도화하여야 한다. 자원봉사자에 대한 자동적인 보험가입, 기금확보, 법적 안전조치, 경력인정이나 포상제도 등 개별관리체계에서 실행할 수 없거나 모든 현장에서 필수적인 지원방법에 대해 실효적인 연계가 이루어져야 한다. 단순한 활동시간 인증만으로는 부족하다.

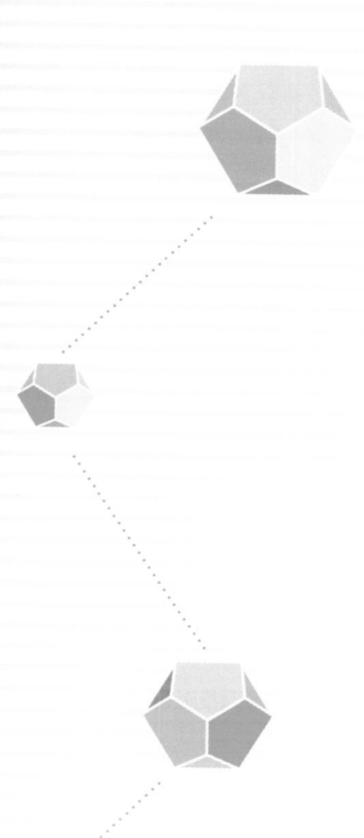
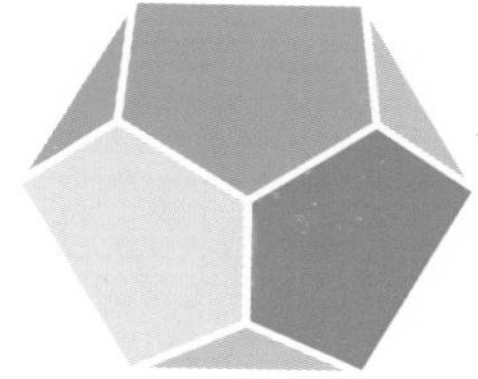

제 2 부

자원봉사활동의 관리

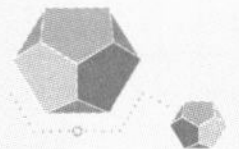

"처음에 자원봉사자들이 활동을 시작할 때는 자원봉사자의 선의가 중요할 수 있다. 그러나 그들이 자원봉사활동에 머무르도록 하는 것은 자원봉사관리자의 능력이다."(S. McCurley & R. Lynch)

2부는 자원봉사관리에 대해 다루고 있다. 좋은 자원봉사활동은 자원봉사자와 활동 현장이 만나면서 저절로 나타나는 것이 아니라 목적의식적인 자원봉사관리에 의해 이루어질 수 있다. 4장은 자원봉사관리의 기본적 개념과 특징, 자원봉사관리자에 대해 살펴보고, 자원봉사관리에서 중요하게 다루어지는 자원봉사활동의 동기와 만족도, 자원봉사 팀 조직의 유형 등에 대해 다루고 있다. 자원봉사관리에 대한 전반적인 소개라 할 수 있다. 5장부터는 논리적 · 시간적 흐름에 따른 자원봉사관리의 주요 사항을 검토하고 있다. 5장은 자원봉사 프로그램이 실제 작동하기 전에 어떠한 자원봉사활동을 수행할 것이지를 계획하고 자원봉사자의 역할과 직무를 설계하는 기획과정에 대한 것이다. 6장은 자원봉사자를 모집하는 방법과 적절한 자원봉사자를 선발하는 방법을 다룬다. 필요한 자원봉사자를 어떻게 확보할 것인지, 어떻게 자원봉사자와 기관이 서로의 욕구에 부합하는 기회를 가질 것인지의 방법을 설명하고 있다. 7장은 자원봉사자에게 활동에 필요한 교육훈련을 어떻게 수행할 것이지, 교육훈련의 방법과 유형에는 무엇이 있는지에 대한 것이다. 8장은 자원봉사자가 자원봉사활동을 수행하는 동안 동시에 이루어져야 하는 지도감독과 갈등관리, 역량을 고취하는 방법에 대해 다루었다. 마지막으로, 9장은 자원봉사활동의 종료시점에서 자원봉사자들에게 어떻게 인정과정을 수행해야 하는지, 적절한 활동평가는 어떤 원칙을 지켜야 하는지를 제시한다. 모든 사회복지사는 자원봉사관리에 대한 기초적 지식과 기술을 가지고 있어야 한다. 2부의 내용을 통해 자원봉사관리의 일반원칙에 대해 습득할 수 있을 것이다.

제4장
자원봉사관리의 개요

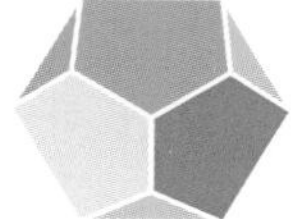

1. 자원봉사관리의 의미

1) 자원봉사 수요 · 공급과 자원봉사관리

현대사회에는 자원봉사자의 활동을 필요로 하는 사회적 욕구와 현장이 매우 많다. 무보수의 자발적 참여인 자원봉사활동을 수행하고자 하는 잠재적 자원봉사자들도 많다. 이것이 바로 자원봉사활동의 수요처와 공급처이며, 자원봉사관리란 이 수요와 공급을 원만히 연결하는 활동이라는 측면에서 고려해 볼 수 있다. 그러나 자원봉사관리는 단지 '연결'의 기능 이상을 필요로 한다. 자원봉사 수요처의 욕구와 공급처의 욕구에 맞도록 적절한 조정을 필요로 하는 것이다. 이는 자원봉사활동이 금전적 보상을 전제로 하지 않는 속성을 가지는 것이므로 더욱 중요한 의미를 가진다. 어느 한쪽의 욕구에 맞지 않는 관리가 이루어지면, 지속적이고 효과적인 자원봉사활동이 나타날 수 없다. 자원봉사활동이 효과적 결과를 낳는다는 것은 비단 수요처에 도움이 되는 활동, 즉 수요처의 욕구에 부합하는 활동만을 의미하는 것이 아니라 자원봉사활동 공급자도 자신이 원하는 바에 부합하는 활동을 통해 내면적인 성장을 기할 수 있도록 자원봉사활동 공급자의 욕구에도 적절히 반응하는 것을 의미한다.

우리나라보다 자원봉사활동의 체계적 활용 경험이 앞선 외국의 경우에도 자원봉사활동 관리의 필요성이 크게 강조되고 있다. 이러한 의미에서 자원봉사활동의 적절한 참여가 자원봉사자의 자발성에 의해 저절로 이루어진다는 '자동창출(spontaneous creation)'의 환상을 경계해야 한다고 지적하며 자원봉사자 관리(volunteer management)의 필요성을 강조한 바 있다(McCurley & Lynch, 1989). 특히 교육 프로그램의 일환으로 자원봉사활동을 운영하는 경우는 자원봉사활동이 단순히 누군가를 돕는 것에 그치는 것이 아니라 이 활동 경험이 가지는 교육적 효과를 극대화하고자 하는 것이므로, 적절한 자원봉사관리활동의 필요성은 더욱 크다고 할 수 있다.

결국 자원봉사관리는 자원봉사활동의 수요처와 공급처 간의 적절한 연계와 조정을 의미하는 것이며, 대학 등의 교육기관에서 학생들에 대한 자원봉사 교과목을 편성하여 운영하는 것도 대학생 자원봉사관리 프로그램의 일환이라고 하겠다.

(1) 자원봉사활동의 수요

자원봉사활동의 수요자는 사회복지기관과 시설, 시민운동단체, 특정 가정이나 개인, 학교·병원이나 공공기관, 지역사회 등 다양하다. 이 수요처는 결국 사회문제나 사회적 욕구(social needs)와 관련되는데, 이를 활동영역과 관련지어 세분화할 수도 있다. 그러나 엄밀히 말해 자원봉사활동의 수요처는 현재 자원봉사활동의 영역이나 현장으로 활용되고 있는 것과는 다를 수 있고, 굳이 기존의 현장에 국한될 필요는 없다. 현재의 수요처뿐만 아니라 잠재적 자원봉사활동 현장의 발굴도 중요하다. 자원봉사활동의 잠재적 수요처는 지역사회 내에 있는 다양한 사회문제의 해결 혹은 공공선을 증진하기 위해서 시민의 자발적인 참여행동을 필요로 하는 모든 개인·조직·기관·지역사회 현장이 될 수 있다.

이 자원봉사활동 수요는 결국 자원봉사활동 현장과 관련되는데, 이는 크게 두 가지로 나누어 살펴볼 수 있다. 첫째, 특별한 욕구를 가진 개인을 직접 접촉하여 대면하는 활동을 필요로 하는 것이고, 둘째, 특정 개인을 대상으로 접촉하기보다는 공공이익을 위해 수행하는 활동을 필요로 하는 것이다. 전자를 흔히 직접적(대면적) 자원봉사활동, 후자를 간접적 자원봉사활동이라고 한다.

특정 영역에서 공공선을 증진하기 위한 기존의 조직이나 노력이 있을 경우에는 이 활동에 대한 참여로 자원봉사활동이 이루어질 수 있다. 이때는 공공이든 민간이든 해당 영역의 문제를 해결하기 위해 자원봉사활동을 필요로 하는 기존의 조직이 자원봉사활동의 수요처가 된다. 그런데 기존의 공공 혹은 민간에서 문제해결에 대한 노력이 드러나 있지 않은 경우에는 인식된 문제 그 자체가 자원봉사활동의 수요처가 된다. 후자의 경우는 기존의 관련성 있는 기관이나 기구를 통해 새로운 자원봉사활동을 조직할 수도 있고 혹은 그 문제에 대한 별도의 자원봉사활동 기구나 조직이 편제될 수도 있다.

수요처의 시각에서 본다면, 자원봉사활동은 각종의 유급직원과 채용인력만으로 해결할 수 없는 지역사회의 문제나 현안에 대해 그 해결을 위한 인적 자원을 제공한다. 혹은 일부 공식체계에 의한 작업보다 광범위한 시민의 자발적 참여를 필요로 하는 일에서 사회의 공공선을 달성하는 데 결정적 역할을 한다.

(2) 자원봉사활동의 공급

자원봉사활동의 공급자, 즉 자원봉사활동 참여자는 과거에는 '특별한 신념을 가진 사람들'로 인식되었지만, 현재에는 그야말로 '성 · 연령 · 계층의 구별 없이 누구나'로 그 인식의 폭이 넓어지고 있다. 이에 따라 자원봉사활동의 잠재적 공급자는 기본적으로 전 국민이 된다.

자원봉사활동 공급자는 각 개인이 가지는 연령 · 성 · 인구학 · 교육 특성에 따라 분류가 가능하고, 활동의 욕구, 특기나 전문기술의 보유여부 등 활동할 수 있는 여건들이 각기 다르다. 중 · 고등학생, 회사원, 가정주부, 노인, 그리고 대학생 등의 다양한 자원봉사 공급자가 존재한다. 또한 참여경로의 면에서 특정 프로그램에 의한 단체 활동일 수도 있고 개인적인 참여일 수도 있다. 자원봉사활동 참여자의 욕구나 특성에 관계없이 무차별적인 교육과 업무배치, 관리가 이루어진다면 자원봉사자는 의무감만으로 활동을 하게 된다. 사회적 책임을 완수한다는 의무감도 자원봉사활동 참여에서 중요한 의미를 지니지만 이것만으로는 충분하지 않다. 이는 결국 조기탈락이나 자원봉사활동 참여에서의 장애요인으로 작용하게 되므로 활동 참여자의 특성에 맞추어 자원봉사활동이 이루어져야 한다. 특히 특정 인구층을 자원봉사활동에 참여하도록 하는 경우에는 활동 동기나 활동 시간대, 특기, 욕구 등 활동자의 특성에 대한 면밀한 고려가 필요하다.

정무성(1996)은 자원봉사에의 지속적 참여를 결정하는 요인을 크게 세 가지로 구별할 수 있다고 보고 개인적 특성요인, 동기적 특성요인, 조직기관요인을 제시하였다. 개인적 요인은 연령, 성별, 직업 등의 개인적 배경과 성격, 속성 및 사회문화적 영향으로서의 가족 및 친족 의식을 포함한다. 동기적 요인은 사회복지 등 자원봉사활동 분야에서의 활동을 자극하는 동기나 욕구인데 이는 다양하게 나타나며 성취지향적 · 권력지향적 · 친교지향적 스타일로 구분하기도 한다. 조직기관요인은 업무만족과 지도감독 등을 일컫는다. 특히 개인적 요인과 동기적 요인은 자원봉사활동 공급자의 특성과 관련되는 것으로 자원봉사자 관리를 위한 유형적 요소로 큰 의미를 준다. 이러한 측면에서 자원봉사자의 개인적 특성 유형별로 어떠한 분야에서의 활동이 더 적절한가에 대한 논의가 이루어지기도 하였다. 그러나 자원봉사관리 실제에서 자원봉사자 유형별로 특정 분야의 업무를 도식적으로 연결하는 것은 곤란하다. 활동분야만이 아니라 다양한 과정상의 관리에서도 자원봉사 공급의 요소들을 고려하여야 한다.

자원봉사활동 공급자의 시각에서 본다면, 자원봉사활동은 참여자들에게 시민의식의 함양과 사회적 책임의 완수 등 교육적 효과를 지니고, 지역사회 문제에 대한 자발적 참여를 통해 리더십과 공동체의식을 형성한다는 점에 의의가 있다. 타인을 돕는다는 만족감이나 자기존중감의 향상도 이의 한 형태로 볼 수 있다.

(3) 자원봉사활동 수요-공급의 연계

도식적으로 표현한다면 자원봉사관리 혹은 관리조정[1]은 자원봉사활동을 지원하는 사람과 자원봉사활동을 요청 혹은 필요로 하는 사람이나 기관, 현장에 적절하게 대응하고 자원봉사활동이 효과적으로 이루어지도록 이 양자를 조정하는 역할이다.

자원봉사활동은 결국 자원봉사활동의 수요와 공급이 만나서 이루어지는 활동이다. 자원봉사활동이 지역사회에 기여하고 활동자들에게 긍정적 경험을 제공하기 위해서는 앞에서 밝힌 수요와 공급에서의 욕구가 부합되어야 하고, 수요와 공급 상호 간의 욕구 연결이 실제적으로 많이 이루어지면 자연스럽게 자원봉사활동은 활성화된다. 이러한 역할을 하는 것이 바로 자원봉사활동의 관리이다.

자원봉사관리를 담당하는 기구 혹은 체계는 세 가지의 형태이다. 첫째, 지역사회를 기반으로 하는 자원봉사센터와 같은 기구의 직원에 의해서 수행될 수 있다. 둘째, 자원봉사활동의 현장(수요처)인 기관이나 시설에서 자원봉사관리 업무를 맡은 직원에 의해서 수행될 수 있다. 셋째, 학교나 기업과 같이 조직적이고 집단적인 자원봉사활동의 공급자 측에서 설립한 자원봉사 관련 부서나 기구의 직원에 의해 수행될 수도 있다. 즉, 자원봉사활동의 공급처와 수요처 중 어느 쪽에 더 가까운가 하는 점에서 차별성을 가지게 된다. 공급과 수요를 조절하는 역할을 하지만, 관리조정기구가 공급 측과 수요 측의 어느 쪽에 가까운가에 따라 각각 필요성에 부합하는 관리활동이 더 부각된다.

이는 실제 자원봉사관리자 업무의 구체적 내용에서 큰 차이를 나타내게 된다. 예를 들어, 대학에서의 사회봉사관리 업무는 공급자 조직에서의 관리의 한 형태이므로 대학생이라는 특수한 자원봉사활동 참여자의 욕구에 대한 고려와 이들에 대한 공동체의식 및 시민의식 함양이라는 교육적 측면에 초점을 둔 자원봉사 프로그

1) 자원봉사관리에 대해서는 관리(management) 혹은 조정(coordination)의 용어가 혼용되고 있다. 실제 업무현장에서 이 용어에 따른 업무의 차별성이 일반적으로 나타나고 있지는 않다. 여기서는 보다 일반적으로 사용되는 용어인 자원봉사관리를 사용한다.

램의 개발과 관리에 역점을 두게 된다. 반면, 사회복지시설이나 조직에서의 자원봉사관리는 아무래도 사회복지시설의 서비스 목적을 더 잘 달성하는 활동을 만드는 데 초점이 두어진다.

2) 자원봉사자와 자원봉사관리자

자원봉사활동을 직접 수행하는 주체는 자원봉사자이다. 그리고 자원봉사활동이 효과적으로 이루어질 수 있도록 지원하는 주체는 자원봉사관리자(volunteer manager 혹은 volunteer coordinator)이다.[2] 자원봉사관리자는 자원봉사활동이 목적을 달성하고 좋은 경험이 되도록 자원봉사자만이 아니라 활동 현장, 지역사회 등을 대상으로 활동한다.

약 반세기 전만 해도 서구국가에서도 단기 자원봉사보다 장기 자원봉사의 형태가 더 많았지만, 이제는 단기 자원봉사자가 다수를 차지하고 있다. 제반 사회적 변화에 따라 자원봉사 참여방식들도 변화하고 있고, 또한 자원봉사관리도 그 방법이나 양상이 변화하고 있다. 과거에는 자원봉사자들이 장기 자원봉사의 양상을 띠면서 유급직원과 마찬가지의 헌신이나 일을 대체하는 모습을 보였지만, 이제는 그렇지 않다. 전통적으로 활동하고 있는 조직에 대한 헌신성이 부각되는 자원봉사자나 장기 자원봉사자가 지금도 많이 있지만 장기 자원봉사자를 찾고 장기 자원봉사활동을 육성하는 것은 예전보다는 더 어려운 일이다. 자원봉사활동이 보편화되면서 자원봉사자의 활동은 다수의 사람이 부담 없이 참여할 수 있도록 대중화되는 반면, 이러한 변화에 따라 자원봉사관리자의 활동은 전문화되어 가고 있다. 과거에는 소수 자원봉사자의 헌신적 활동에 기반하여 자원봉사관리자 역할은 자원봉사자 중에서 특정한 사람(대개는 전형적 장기 자원봉사자 중에서 특정한 사람) 혹은 지역사회

2) 자원봉사관리의 개념과 마찬가지로 관리자의 개념도 혼용되고 있다. 조정자 혹은 관리조정자에 해당하는 코디네이터(coordinator)의 개념이 선호되는 경우도 있으나 우리나라에서는 조정자보다 관리자라는 용어를 현장에서 더 많이 사용하고 있다.

내에서 관련된 다른 역할을 맡은 사람이 번외로 수행하는 것이었다면, 이제는 관리자의 역할이 직업적으로 독립적 위상을 가지게 되었다. 자원봉사관리자의 전문성이 점점 더 필요해지면서 관리자는 대개 공식적인 직업 활동, 전문자격화의 양상이 나타났다. 현재 다수의 자원봉사관리자는 자원봉사관리활동만을 전담하는 직원이거나, 혹은 자원봉사관리활동과 다른 고유 업무를 가지고 있는 직원이다. 물론 일부에서는 자원봉사관리자 스스로가 자원봉사자인 조직도 아직은 일부 존재하고 있다. 자원봉사관리자는 자원봉사추진체계, 대표적으로는 자원봉사센터에 근무하는 경우가 가장 많다. 하지만 그 외에도 소속된 조직이 어디인가에 따라 사회복지기관이나 시설과 같이 자원봉사 수요처에 근무할 수도 있고 학교나 기업 등 자원봉사 공급처에 근무할 수도 있다.

자원봉사활동은 다음 네 가지의 핵심요소가 갖추어졌을 때 시작되는 것으로 이

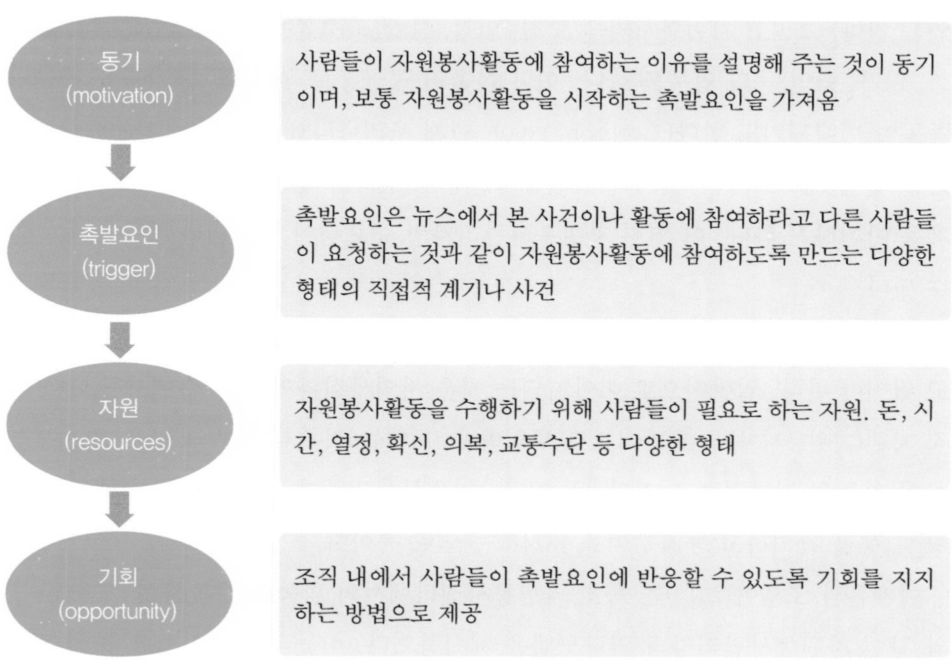

그림 4-1 자원봉사활동 참여의 핵심요소

출처: Jackson, Locke, Hogg, & Lynch (2019).

야기하고 있다(Jackson, Locke, Hogg, & Lynch, 2019). 자원봉사자들이 가지고 있는 동기, 직접적으로 활동에 참여하게 만드는 촉발요인, 자원봉사활동에 참여가 가능하도록 하는 자원, 실제로 활동에 참여할 기회 등이다. 자원봉사관리자는 지역사회의 많은 잠재적 자원봉사자에게 이 네 가지 요소가 적절하게 자원봉사활동 참여를 자극하도록 만드는 역할을 수행한다.

자원봉사관리는 행정절차로 이루어질 수 있는 것이 아니다. 따라서 자원봉사관리자는 자원봉사활동이 실제로 이루어지는 실무내용과 관련 체계 등을 이해하고 조정할 수 있는 능력이 필요하다. 이에 따라 관련된 기술을 보유하고 있는 사회복지사가 자원봉사관리자의 역할을 담당하는 경우가 많다. 자원봉사 프로그램의 책임성을 수행하고 정책을 실행하기 위해서 관련 기관이나 조직체는 전담 직원을 고용하게 되는데 이 직책을 맡은 직원이 자원봉사관리자가 된다. 일반적으로 자원봉사관리자는 조직 내의 자원봉사 프로그램에 대해 기획, 개발, 실행, 지도감독의 책임을 진다. 그리고 자원봉사자의 모집, 면접, 선발, 교육훈련, 배치, 지도감독, 동기화, 평가, 승인 등의 업무를 한다. 이와 아울러 공공홍보, 예산확보, 기록유지 등의 활동이 병행되기도 한다(Jacobson, 1990). 현재 우리나라에서 자원봉사자의 중도탈락률이 높고, 교육기관에서의 자원봉사활동 의무화가 형식적 자원봉사활동의 문제를 야기하곤 한다. 이 역시 자원봉사관리자의 중요성이 부각되는 맥락이라고 할 수 있다.

자원봉사관리자는 효과적 활동을 위해서 여러 가지의 필수적 활동역량을 가지고 있어야 한다. 일반적으로 이야기되는 것은 지역사회와의 교류 속에서 필요한 인적 자원(자원봉사자)을 효과적으로 투입받을 수 있는 기획과 홍보의 역량, 자원봉사자의 활동을 직접적으로 지원하는 역량, 자원봉사정책과 행정실무를 수행하는 역량, 갈등을 관리하고 동기부여를 유지하는 역량 등이다.

이재은과 조영아(2015)는 특히 자원봉사센터에서의 활동에 주목하여 [그림 4-2]와 같이 자원봉사관리자의 역량모델을 제시하였다. 이들은 문헌분석을 통해 역량을 추출하고, 우수성과자 대상 행동사건면접을 통해 자원봉사관리자의 잠정적 역량모델을 구성하였다. 자원봉사관리자 역량모델은 공통역량, 리더십역량, 직무역

직무역량

기획홍보	활동지원	자원관리
자원봉사센터 운영전략수집	자원봉사 사업기획	
자원봉사 예산기획관리	자원봉사자 모집/선발/배치	자원봉사 DB 및 실적관리
자원봉사 수요처 개발관리	자원봉사자 교육기획 및 운영	자원봉사 관련 민원처리
자원봉사 홍보전략 수립 및 실행	자원봉사활동 모니터링 및 사후관리	

리더십역량

관리자		실무자	
갈등관리	동기부여	자기관리	전문성 추구
전략적 사고	비전제시	문제해결	대인관계
조직관리	네트워킹	의사소통	팀워크

공통역량

신뢰형성	책임감	주도성	고객지향	윤리의식

그림 4-2 자원봉사관리자 역량모델

출처: 이재은, 조영아(2015).

량으로 구분되었으며, 공통역량은 신뢰형성, 책임감 등 5개 역량으로 구성되었다. 리더십역량은 다시 직급에 따라 관리자 역량과 실무자 역량으로 구분되며, 관리자 역량은 갈등관리 등 6개, 실무자 역량은 자기관리 등 6개로 구성되었다. 마지막으로, 직무역량은 기획홍보, 활동지원, 자원관리로 구분되며, 기획홍보 직무역량은 자원봉사센터 운영전략수립 등 4개, 활동지원 직무역량은 자원봉사 사업기획 등 4개, 자원관리 직무역량은 자원봉사 DB 및 실적관리 등 2개로 구성되었다.

자원봉사관리자 윤리강령

자원봉사는 시민의 권리와 책임에 기반한 활동으로, '건강한 시민'들이 '좋은 사회'를 만들어 가는 동력이다. 자원봉사관리는 자원봉사가 일상의 문화로 자리 잡아 긍정적인 사회변화에 기여할 수 있도록 지원하고 촉진하는 과정이다.

이에 자원봉사관리자는 자원봉사의 가치를 수호하고, 자원봉사자와 함께 일하며, 개인 · 가족 · 집단 · 지역사회 등 공동체의 공존과 변화를 촉진하는 역할을 수행함에 있어, 다음과 같은 윤리적 가치를 되새겨 우리 양식(良識)의 원천으로 삼는다.

시민성

자원봉사관리자는 더 많은 시민이 자원봉사활동의 기회를 충분히 누리도록 안내함으로써, 스스로 사회적 문제와 욕구 해결에 기여하는 시민임을 인식한다.

성장과 변화

자원봉사관리자는 지식과 기술을 갖춘 전문가로서 모든 이해관계자와 함께 상호 성장하고, 변화함으로써 시민사회 발전에 이바지한다.

자율과 공평

자원봉사관리자는 자원봉사의 정책과 실천 현장에서 자율성을 최우선 가치로 두며, 자원봉사가 지닌 공공성에 걸맞는 책임성을 가질 수 있도록 공평한 자원봉사 환경을 제공한다.

개방과 연대

자원봉사관리자는 다양한 주체 및 영역과 연결될 수 있는 열린 자세를 가지고, 정부 · 기업 · 시민사회의 다양한 주체와 영역 간의 적극적인 협력을 이끌어 낸다.

2015년 11월 5일 제정, 2018년 12월 5일 개정

한국자원봉사협의회 한국자원봉사센터협회 한국중앙자원봉사센터
경기교육자원봉사단체협의회 자원봉사애원 자원봉사이음 종교계자원봉사협의회
중앙일보시민사회환경연구소 코피온 한국사회복지협의회
한국자원봉사문화 한국자원봉사포럼 한국청소년활동진흥원

자원봉사관리자는 사회복지사와 마찬가지로 다양한 사람들을 직접 접촉하며 윤리적으로 민감한 현장에서 활동하고 있다. 역량만이 아니라 윤리성 역시 중요하게 부각된다. 한국자원봉사협의회 등에 의해 2015년에 만들어지고 2018년에 개정된 우리나라의 자원봉사관리자 윤리강령에서는 시민성, 성장과 변화, 자율과 공평, 개방과 연대라는 요소를 강조하고 있다.

2. 좋은 자원봉사활동 경험과 자원봉사 동기 및 만족도

1) 좋은 경험으로서 자원봉사활동의 지원

영국 자원봉사 조직들의 대표적 협의체인 NCVO는 좋은 자원봉사관리활동이 긍정적 자원봉사 경험을 창출하는 방식을 설명하면서, '좋은 자원봉사 경험'이 가지는 8개의 요소를 설명하였다. 첫째, 자원봉사활동이 포괄적이어서 모든 사람이 환영받으며 참여할 수 있고 누구나 접근 가능해야 한다는 것이다. 둘째, 자원봉사활동이 유연해서 사람들이 자신의 환경과 여건에 맞추어서 수행할 수 있어야 한다는 것이다. 셋째, 자원봉사활동을 통해 참여하는 사람들이 중요하게 여기는 일들에 긍정적 영향력을 미칠 수 있어야 한다는 것이다. 넷째, 자원봉사활동이 사람들에게 지역사회 내에서 다른 사람이나 조직들과 연결되어 있다는 느낌을 주어야 한다는 것이다. 다섯째, 자원봉사활동이 지나친 부담으로 여겨지지 않아야 한다는 것이다. 여섯째, 사람들이 자신의 자유로운 시간을 희생하며 참여한 만큼 자원봉사활동이 즐겁게 느껴질 수 있어야 한다는 것이다. 일곱째, 철저히 자발적이어야 한다는 것이다. 여덟째, 참여하는 사람들의 관심과 신념에 비추어 무언가를 달성하고 있다는 의미부여가 가능해야 한다는 것이다.

자원봉사관리는 자원봉사자가 좋은 경험으로서 자원봉사활동을 보유할 수 있도록 해야 한다. 때문에 자원봉사활동의 내용과 현장 분위기가 포괄성, 유연성, 영향력, 연결성, 균형, 즐거움, 자발성, 의미부여의 여덟 가지 원칙에 부합하는 것이 되

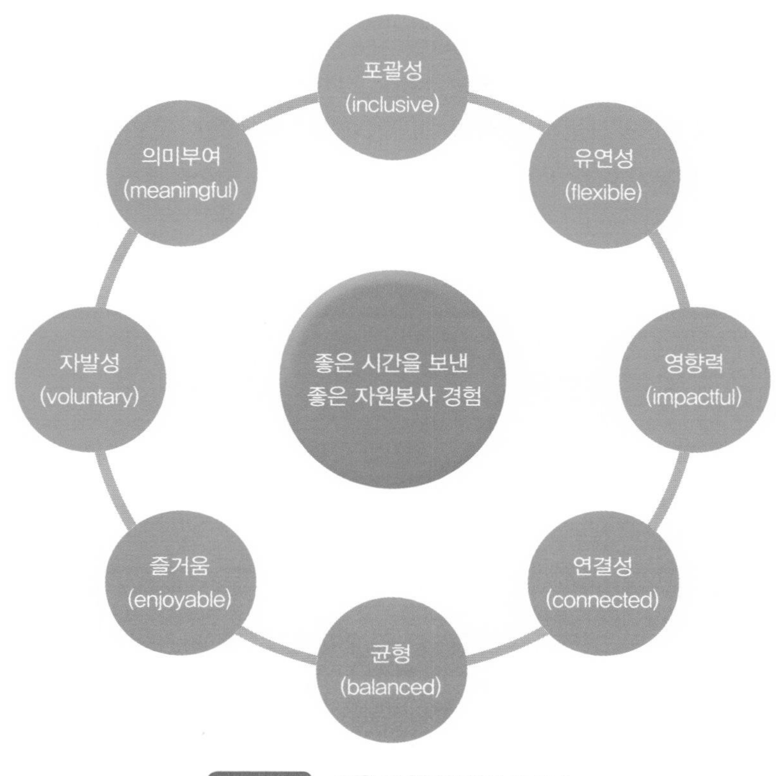

그림 4-3 좋은 자원봉사활동의 요소

출처: Jackson, Locke, Hogg, & Lynch (2019).

도록 만들어 가는 것이 자원봉사관리자의 역할이고 업무의 핵심적 지향이라 할 것이다.

2) 자원봉사자의 동기와 만족도

자원봉사활동은 경제적 이윤추구나 대가를 전제로 하지 않는 활동이다. 따라서 그만큼 자원봉사자의 활동 동기나 만족도의 중요성이 높게 부각되며, 이를 적절히 유지하는 것은 자원봉사관리에서 매우 중요하다. 특히 이는 자원봉사 수요 측면보다는 공급 측면의 관리업무에서 큰 의미를 가지는 것이다.

(1) 자원봉사활동의 동기

자원봉사활동의 동기를 파악하는 것은 자원봉사활동의 적절한 유지와 관리를 위해 다음과 같은 이론적 · 실천적 의미를 가진다(조휘일, 1995).

- 자원봉사자들이 실제적으로 자원봉사활동 내지 일에 참여하는 것은 그들이 활동 내지 일에서 충족될 수 있는 욕구를 가지고 있기 때문이다.
- 만약 활동 내지 일을 통해 자원봉사자들의 욕구를 충족시킬 수 있다면 그들은 만족감 내지 보상을 받았다는 감정을 가지게 될 것이다.
- 만약 자원봉사자가 나름대로 만족감 내지 보상의 감정을 가지게 된다면, 자신에게 배정된 업무에 계속 머무르게 될 것이다.
- 따라서 개인들의 욕구가 실제 업무 상황에 잘 부합된 자원봉사자는 잘 부합되지 못한 자원봉사자보다 빨리 자원봉사활동을 중간에 그만두지는 않을 것이다.

자원봉사 동기는 다양한 요인들에 근원을 가지고 있다. 이러한 동기는 항상 변화하는 역동적인 것이며 자원봉사활동의 진행에 따라 새로운 동기들이 첨가되곤 한다. 자원봉사 동기란 극히 개인적인 것으로, 각 개인의 흥미와 욕구를 반영하는 것이다. 이는 이타주의로부터 이기주의로 볼 수 있는 '계발된 자기이익(enlighted self-interest)'의 연속선상에서 어느 한 지점에 위치할 수 있으며, 흔히 양자의 혼합이라는 성격을 나타낸다. 여기서 계발된 자기이익이란 이웃 또는 지역사회의 문제에 중요한 영향을 주겠다는 욕구 또는 개인의 장래 경험에 관련해서 의미 있는 경험을 해 보겠다는 욕구를 의미한다. 이러한 의미에서 다양한 자원봉사활동의 동기는 흔히 크게 이타적 동기(타인지향적 동기)와 이기적 동기(자기지향적 동기)로 구분하곤 한다. 이타적 동기는 오랫동안 사람들이 자원봉사에 참여하는 주된 원인으로 간주되어 왔으나 절대적인 이타주의는 극히 드물며 대부분의 경우 이타성과 이기성의 구별은 상대적이다.

자원봉사자들의 참여동기에 대한 논의에서는 과거의 이타적 선행욕구라는 측면보다 최근에는 여가선용, 자기발전, 새로운 경험과 전문지식의 활용, 친교 및 사교 등 이기적 경험추구의 동기라고 볼 수 있는 부분들이 중요시되고 있다. 이러한 참여동기의 변화는 사회참여를 통해 자아실현의 욕구를 충족하는 현대인의 특성을 시사하고 있는 것이기도 하다. 특히 처음 자원봉사활동에 임하는 자원봉사자의 욕구는 경험추구의 욕구가 높은 경우가 많다. 그런데 이 경험추구의 욕구는 다른 욕구들보다 지속성 면에서 떨어지는 것이 보통이다. 따라서 일정 기간 이상 지속적인 자원봉사활동을 유지하도록 하려면 자원봉사 시작 전이나 혹은 시작 후에라도 단순한 경험욕구 이상으로 사회적 욕구를 개발하려는 노력이 있어야 한다.

한편, 자원봉사자가 처음에 이기적인 동기로 자원봉사에 참여했다고 해도 봉사활동 중 사회적 책임감과 이타적 동기가 발생할 수 있다. 장기간 봉사활동을 하는 사람은 가장 중요한 요인으로서 봉사자의 개인적 책임감 및 참여욕구를 지적했고, 이와 함께 자원봉사에 대한 만족감, 지역사회에 대한 참여의식, 자율적인 봉사기회가 제공되었던 것 등의 요인을 이야기하고 있다(김미숙, 1998a).

종교 내지 도덕적 이유들도 자원봉사 동기의 다른 하나의 범주가 될 수 있다. 인류의 역사적 기록을 통해서 볼 때에 보살핌, 동정 그리고 희생 등의 자발적 행동은 정의 내지 자비 등을 포함한 시간을 초월하는 윤리적 원칙 등에 기반을 두고 진행되어 왔다. 도움의 형태가 어려운 이웃을 직접 돕는 것이든 또는 기관이나 조직을 통해 돕는 것이든 간에 화폐적 보상은 염두에 두지 않고 자기로부터 타인들의 요구로 방향을 돌리는 충동은 인간성의 가장 고귀한 측면의 하나라고 할 수 있다.

또한 사람들은 자조(self-help)의 욕구인 상부상조(mutual aid)에 의해서도 동기화될 수 있다. 이는 역사를 통해 발전되어 온 어려운 시기에 서로 돕는다는 것과, 문제를 경험해 본 사람들은 같은 문제로 인해 고통받는 다른 사람들을 가장 잘 도와줄 수 있다는 생각에 기초한다.

이와 관련하여 프란시스(Francies)가 개발한 자원봉사자 욕구-동기의 프로파일을 살펴보면 다음의 일곱 가지로 구분하고 있다(김동배, 2005에서 재인용).

- 경험추구의 욕구(need to experience): 실제적인 이득 및 자아성장
- 사회적 책임감 표현 욕구(need to express social responsibility): 이타적 동기

- 타인기대 부응 욕구(need to meet other's expectation): 의미 있는 주위 사람들의 압력과 영향
- 사회적인 인정 욕구(need for social approval): 사회의 존경
- 사회적 접촉 욕구(need for social contract): 친교 및 사교 경험
- 사회적 교환 욕구(need to provide future returns): 미래의 보상에 대한 욕구
- 성취욕구(need for achievement): 개인적 성취

자원봉사활동을 지속하기 위해서는 이상에서 언급한 욕구 중에서 어떤 욕구가 특정 자원봉사자의 행동 동기와 잘 부합하는가를 분석하는 것이 필요하다. 예를 들면, 경험추구의 욕구가 지배적인 자원봉사자의 경우 다른 사회적 욕구를 지닌 자원봉사자보다 지속성의 측면에서 떨어질 수도 있다. 이럴 경우엔 경험추구의 욕구 이상으로 동기화시킴으로써 자원봉사자의 중도탈락을 방지할 수 있다.

또한 맥컬리(McCurley)와 린치(Lynch)는 자원봉사자의 동기에 부합하는 승인과 보상의 중요성을 강조하면서 자원봉사자의 기본적인 활동 동기를 다음과 같은 욕구로 구분하고 있다(McCurley & Lynch, 1989).

- 인정의 욕구(need for recognition)
- 성취의 욕구(need for achievement)
- 통제의 욕구(need for control)
- 다양성의 욕구(need for variety)
- 성장의 욕구(need for growth)
- 연계성의 욕구(need for affiliation)
- 영향력의 욕구(need for power)
- 즐거움의 욕구(need for fun)
- 독특성의 욕구(need for uniqueness)

중요한 것은 자원봉사자의 활동 동기는 어느 하나만 있는 것이 아니라 여러 가지

의 동기가 사람마다 서로 다르게 혼합적으로 나타나고 있다는 점이며, 이와 아울러 자원봉사 동기는 활동의 전 과정을 통해 고정된 것이 아니라 변화한다는 점을 인식해야 한다. 자원봉사자들이 흔히 나타낼 수 있는 구체적인 참여동기로서 〈표 4-1〉과 같은 것이 이야기되곤 한다.

표 4-1 자원봉사자의 참여동기

- 필요를 느꼈기 때문에
- 알고 있는 기술을 나누기 위해
- 지역사회를 알기 위해
- 대의/신념을 따르고 있음을 보여 주기 위해
- 리더십 기술을 배우기 위해
- 생각을 행동으로 옮기기 위해
- 시민으로서 의무를 다하기 위해
- 친구나 친척의 권유로
- 성취감을 맛보기 위해
- 바쁘게 살아가기 위해
- 인정받기 위해
- 빚(신세)을 갚기 위해
- 전문기술을 발휘하기 위해
- 그 일을 할 만한 다른 사람이 없기 때문에
- 자극을 받기 위해
- 새로운 것을 배우기 위해
- 일상생활에서 벗어나기 위해
- 친구나 친척을 돕기 위해
- 회원이 되기 위해
- 양심의 가책으로
- 감시자가 되기 위해
- 자부심을 느끼기 위해
- 새 친구를 사귀기 위해
- 경력을 쌓기 위해
- 누군가를 돕기 위해

- 현재 하는 일과 다른 것을 해 보기 위해
- 즐기기 위해
- 종교적 이유 때문에
- 교과목 이수를 위해
- 현재의 기술을 살리기 위해
- 시설이 지리적으로 가까이 있기 때문에
- 비판하기 위해
- 향상되고 있음을 확신하기 위해
- 선의를 느끼기 위해
- 팀의 일원이 되기 위해
- 지위를 얻기 위해
- 요청받았기 때문에
- 자신을 시험하기 위해
- 문제 · 질병 등에 대한 개인적 경험 때문에

출처: Why Volunteer? (http://www.impactonline.org/)

(2) 자원봉사활동의 만족도

자원봉사활동의 동기가 자원봉사활동의 투입과 관련된 초기의 심리적 요인이라면 만족도는 자원봉사활동의 과정과 결과를 통해 드러나는 심리적 요인이다. 또한 자원봉사활동의 만족도는 활동참여의 결정에 중요한 영향을 미쳤던 자원봉사 동기가 활동의 과정에서 얼마나 잘 충족되는가와 밀접하게 관련된다.

한편으로 자원봉사활동 만족도는 자원봉사활동의 효과성을 평가하는 지표로도 많이 활용되어 왔다. 이는 자원봉사활동을 통해서 자원봉사자 개인에게 주어지는 결과 또는 보상에서 물질적 측면보다는 심리적 · 정서적 측면이 강조된다는 사실에서도 유추할 수 있다. 이러한 심리적 측면의 효과를 측정하기 위해 사용되는 개념이 대표적으로 '만족'이라 할 수 있다. 만족은 개인이 사회체계 또는 조직에 대해 갖는 감정적 반응 또는 상태라고 할 수 있으며, 이는 개인의 가치나 욕구와 관련되어 있다. 만족은 욕구 충족의 정도로 측정할 수도 있으며, 자원봉사활동에 있어서도 자원봉사자가 자원봉사활동을 통해서 달성하려고 하는 욕구 충족의 정도로 만족도를 측정할 수 있다.

자원봉사활동의 만족도는 단순히 자원봉사활동의 효과 측면이 아니라 자원봉사자를 관리하기 위한 측면에서도 중요한 의미를 가진다. 자원봉사자의 이기적 동기가 부각되는 상황, 만족과 지속 간의 관계, 단기적 자원봉사자의 증가 등으로 인해 자원봉사자의 만족을 높이기 위한 노력이 더 중요해지고 있다. 자원봉사자의 만족은 해당 자원봉사자를 활용하는 기관이나 활동의 대상자에게도 중요하다. 자원봉사자는 대상자에게 서비스를 제공하는 서비스 제공자, 전문가를 보조하는 보조자, 클라이언트의 권익을 옹호하는 옹호자, 사회복지조직을 지역사회에 알리는 홍보자 등의 다양한 역할을 수행하고 있다. 따라서 자원봉사자가 활동에 만족하지 않을 경우, 기관의 업무에 차질이 생기거나 대상자에게 서비스가 제대로 전달되지 않을 수 있으며, 결과적으로 기관과 대상자와의 관계에서 갈등이 생길 수 있다. 이러한 갈등은 자원봉사활동의 당사자 모두에게 해를 주는 것이다. 따라서 자원봉사자의 불만족을 예방하고 만족도를 높일 수 있는 자원봉사관리 방법들이 필수적이며, 자원봉사자의 만족도를 증진하기 위한 노력을 기울여야 한다.

기존 연구들에서 밝혀진 자원봉사활동의 만족도에 영향을 미치는 요인들은 크게 활동내용에 관련된 요인들과 활동에 관련된 대인관계 요인, 자원봉사활동 참여형태 요인들로 구분할 수 있다(권지성, 1999; 이성록, 1993; 홍승혜, 1995; Gidron, 1985). 활동내용과 관련된 요인은 업무인식도, 기대합치도, 업무적절성 등이다. 각각이 높을수록 만족도에 긍정적 영향을 미치는 것으로 알려지고 있다(권지성, 1999). 자원봉사자의 활동에 관련된 대인관계 요인은 기관의 담당직원과 동료 자원봉사자, 활동 대상자와의 관계, 그리고 활동과 관련된 사회적 지지가 만족도에 영향을 주는 요인으로 밝혀지고 있다. 그러나 한편으로는 자원봉사활동 참여형태 요인과 관련해서는 개인, 학교의 사회봉사과정, 동아리 형태 등 특정 자원봉사 참여형태가 자원봉사자의 만족도와 직접 관련된다는 경험적 증거는 아직 일관성 있는 것으로 확인되지는 않았다.

표 4-2 자원봉사활동 결과에 대한 만족도 평가 체크리스트

내용	전혀 그렇지 않다	그렇지 않은 편이다	그저 그렇다	그런 편이다	매우 그렇다
새로운 경험 내지 새로운 것을 배우는 기회가 되었다.					
다른 사람들에게 관심과 배려를 보일 기회가 되었다.					
다른 사람과 사귈 수 있는 기회가 되었다.					
자원봉사활동으로 다른 사람들의 기대에 부응할 수 있었다.					
대상자와 기관의 직원들은 나의 활동에 대해 고마워했다.					
그동안 수행한 자원봉사활동으로 언젠가 보상을 받을 수 있을 것 같다.					
나의 노력으로 현재 상황에 변화를 가져 올 수 있었다.					
개인적으로 성장할 수 있는 기회가 되었다.					
지역사회의 문제를 해결하는 데 참여할 수 있었다.					
누군가에게 필요한 존재라는 것을 느낄 수 있었다.					
내 주위 사람들은 내가 하는 자원봉사활동을 인정해 주었다.					
내가 수행한 업무에 대해 어느 정도 인정을 받았다.					
내가 하는 선행은 언젠가 보답을 받을 수 있을 것이다.					
내가 맡은 자원봉사업무를 통해 실질적인 성과가 있었다.					
자원봉사활동을 통해 새로운 지식이나 기술을 습득했다.					
다른 사람의 삶에 변화를 가져올 수 있는 기회가 되었다.					
내가 가치 있는 사람이라는 것을 느낄 수 있었다.					
나의 노력으로 다른 사람의 기대를 충족시킬 수 있었다.					
내가 하는 활동으로 인해 다른 사람들로부터 존중을 받았다.					
자원봉사활동을 통해 성취감을 느낄 수 있었다.					

출처: 권지성(1999)에서 편집.

3. 자원봉사관리의 과정

1) 자원봉사 팀 조직의 유형

자원봉사자는 활동 현장에서 혼자서 활동하기도 하지만 대개는 특정한 형태의 팀으로 활동하게 된다. 어떤 경우에는 처음부터 팀으로 자원봉사활동 참여 신청이 이루어지기도 하고 어떤 경우에는 개별적으로 참여하게 된 자원봉사자들이 현장에서 팀으로 묶이기도 한다. 자원봉사자들을 욕구와 활동내용에 비추어 적절한 팀으로 편성하여 활동하도록 하는 것은 자원봉사관리 업무에서 중요한 의미를 가진다. 자원봉사 팀 조직 유형으로는 확산형, 기능형, 피라미드형, 순환형 등이 흔히 언급된다(이창호, 1997).

(1) 확산형

확산형은 [그림 4-4]와 같이 자원봉사자를 '문제'나 '욕구'에 따라 점점 늘어나는 유형의 팀으로 편성하는 것이다. 특정한 영역의 문제에 기반하여 가능한 활동의 내용별로 팀이 조직되어 활동하는 방식이다. 이 형태에서는 자원봉사자들이 특정한 문제영역에서 활동이 필요한 부분을 스스로 발굴하면서 주체적으로 활동하기에 용이하다. 특히 새로운 자원봉사활동의 영역이 사회적 관심사로 부각되고 많은 사람이 자원봉사자로 나서기 시작한 상황에서 유용하게 쓰일 수 있는 방법이다.

[그림 4-4]에서 보는 것처럼 노숙인 문제가 부각되기 시작한 지역사회라면 처음에 노숙인에 대한 급식활동에서 자원봉사활동을 수행하다가 필요한 서비스에 연결해 주기 위한 거리상담, 의료지원을 위한 무료진료 프로그램, 그리고 이러한 활동을 위해 필요한 모금과 지역사회 홍보활동 등을 수행하기 위해 점차로 팀을 확산해 가며 편성할 수 있다.

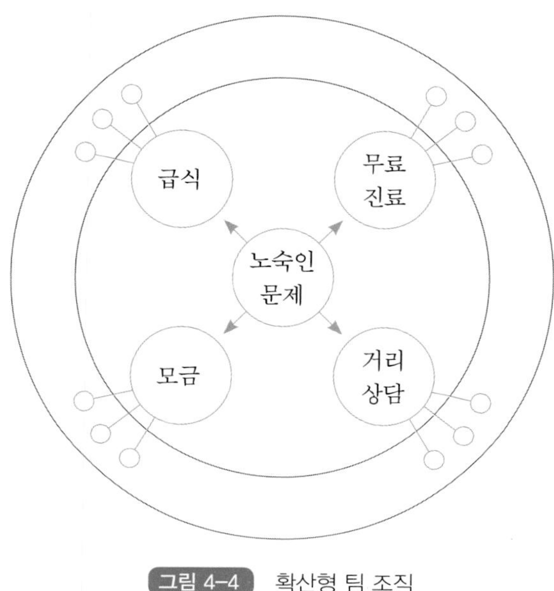

그림 4-4 확산형 팀 조직

출처: 이창호(1997)에서 편집.

(2) 기능형

기능형은 자원봉사자들을 수행하는 업무의 기능(function)별로 팀을 조직하는 것이다. 이를 써클형으로 부르기도 한다. [그림 4-5]와 같이 한 가지 과업목표를 가지고 그 과업에 필요한 하위 업무별로 팀이 조직된다. 독거노인에게 급식자원봉사활동을 할 때, 어떤 팀은 식재료를 조달하고, 또 어떤 팀은 도시락을 제작하고, 다른 팀은 도시락을 배달하는 방식이다.

기능형과 확산형은 각각의 활동단위에 해당하는 하위 팀들이 하나의 주제 아래 묶일 수 있다는 점에서는 동일하다. 그러나 기능형은 확산형보다 팀 간의 관계에서 훨씬 강한 유기적 관계를 필요로 한다. 왜냐하면 하나의 팀 업무가 이루어지지 않을 경우 전체적인 활동에 결정적 지장을 초래하기 때문이다. 확산형에서의 활동은 [그림 4-4]에서 무료진료 팀 활동이 이루어지지 않아도 급식활동은 진행될 수 있다. 하지만 [그림 4-5]에서 기능형 활동은 도시락에 제작되지 않으면 도시락 배달이 불가능하다. 또한 식자재 구입이나 조달이 이루어지지 않으면 도시락을 만드는

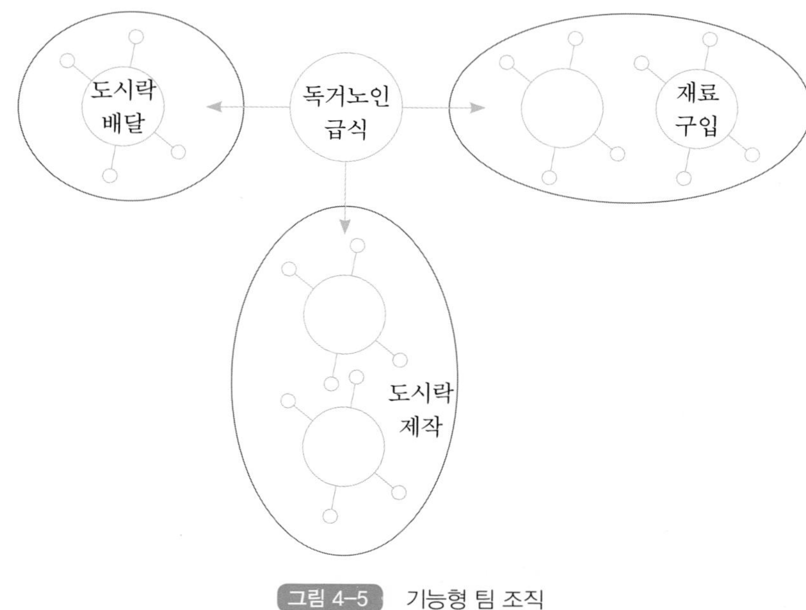

그림 4-5 기능형 팀 조직

출처: 이창호(1997)에서 편집.

것이 불가능하다.

(3) 피라미드형

피라미드형은 전체 자원봉사자들에게 하나의 문제영역이나 기능이라는 활동내용상의 공통점이 나타나는 것이 아니라 일반적인 조직 모형에 따라 팀을 구성하는 것이다. [그림 4-6]과 같이 자원봉사관리자나 활동 참여자들의 위계나 역할에 따라 팀을 편성하여 관리하는 방식이다. 자원봉사 팀이 대규모이거나 위계적 질서를 가지고 있을 때 적절한 형태이다.

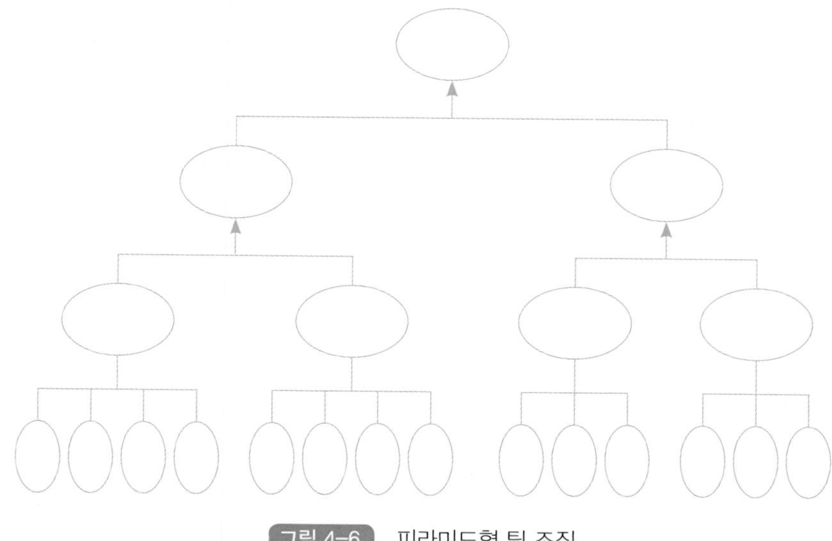

그림 4-6 피라미드형 팀 조직

출처: 이창호(1997)에서 편집.

(4) 순환형

순환형은 특정한 활동자 혹은 활동내용이 번갈아 가며 나타나는 상황에 맞추어 팀을 구성하는 것이다. 순환형은 두 가지로 나누어 살펴볼 수 있다. 그 하나는 시간적으로 지속적인 활동이 필요하고, 자원봉사자들이 매일 활동할 수는 없는 상황에서 여러 팀이 시간적으로 번갈아 가며 활동할 때 나타나는 것이다. 다른 하나는 하나의 팀이 여러 가지 일을 번갈아 가며 경험하기 위해, 일정 기간별로 맡은 업무를 바꾸어 가며 활동하도록 팀을 조직하는 것이다.

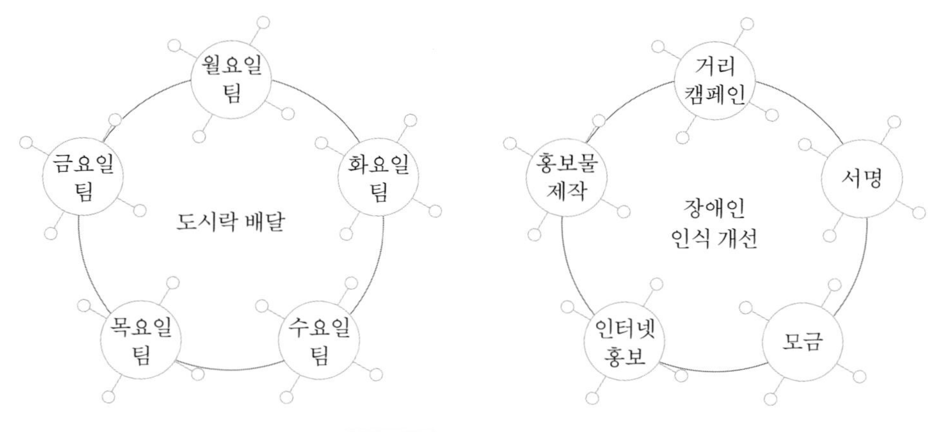

그림 4-7 순환형 팀 조직

출처: 이창호(1997)에서 편집.

2) 자원봉사관리의 기능과 과정

(1) 자원봉사관리의 기능

자원봉사관리에서 실제로 수행되는 활동, 즉 자원봉사관리의 기능은 계획수립, 직무설계, 요원구성, 교육훈련, 지도감독, 자원동원, 평가 등이 대표적이다.

① 계획수립(planning)

자원봉사활동의 기획은 자원봉사활동의 목표를 수립하고 이 목표에 맞추어 자원봉사활동의 직무분야를 설정하며, 목표와 직무를 고려하여 적정한 자원봉사자를 모집 · 선발하고 교육 · 훈련시키며, 활동의 지속성을 위해 지도감독하고, 최종적으로는 이 활동을 평가하는 다양한 내용을 포함하는 것이다. 이 다양한 활동에 대해 사전적으로 기본적인 골격을 제공하는 것이 계획수립이다.

② 직무설계(job design)

직무설계란 자원봉사 업무에 대한 개요를 마련하는 것이다. 자원봉사활동이 이루어질 구체적인 업무별 목표, 활동시간, 구체적 활동내용, 활동위치 등에 대해 명시하는 것이다. 구체적인 업무에 대한 내용이 사전에 설계되지 못하면 불필요한 자원봉사자를 선발할 수 있으며 여러 갈등을 유발하는 요인이 된다. 자원봉사활동의 구체적인 직무에 대한 설명과 지침이 준비되어야 하며 이는 문서화하여 보관하는 것이 필요하다.

③ 요원구성(staffing)

요원구성은 설계된 직무를 실행할 적절한 자원봉사자를 결정하는 것이다. 여기에는 자원봉사자 모집, 선발, 면접 등의 절차가 해당된다. 설계된 직무의 내용을 잠재적 자원봉사자 군(群)에 알려 희망자를 지원받는 과정이 모집이다. 그리고 지원자 중에서 적절한 지원자를 골라내는 과정이 선발이며, 선발을 위해 가장 일반적으로 사용되는 방법이 면접이다.

④ 교육훈련(education and training)

선발된 자원봉사자는 자신의 활동 현장이나 업무내용에 비추어 필요한 교육 및 훈련을 이수하도록 해야 한다. 이는 단순한 지식의 전달이 아니라 자원봉사자의 자원을 효과적으로 발휘할 수 있도록 촉진하는 복합적 과정이다. 여기에는 지식과 정보의 전달, 가치관의 변화, 흥미유발, 대인관계기술의 개발 등 다양한 측면이 포함된다.

⑤ 지도감독(supervision)

자원봉사자가 선발배치되어 활동업무를 진행하는 동안 자원봉사관리자는 지속적으로 지도감독을 수행하게 된다. 지도감독은 자원봉사자의 능력을 최대화하기 위한 것이다. 즉, 자원봉사자가 자신에게 내재되어 있는 자원을 동원하여 활동하는 과정에서 최대한 만족하고 욕구가 충족될 수 있도록 지원하는 것이다.

⑥ 자원동원

자원봉사 프로그램의 운영과 기관의 목적을 위해 필요한 자원을 조직의 내외에서 그리고 지역사회로부터 발굴하고 동원하는 업무를 진행하게 된다.

⑦ 평가

자원봉사자의 활동이 원래 프로그램의 목표를 얼마나 달성하였는지에 대해 전문적·객관적으로 자료를 수집하고 판단하여야 한다. 이는 단순한 만족도 조사를 넘어서는 것으로 자료의 수집과 분석을 위한 지식과 기술이 필요하다.

(2) 자원봉사관리의 절차

자원봉사관리 혹은 자원봉사관리 프로그램은 일련의 절차에 따라 이루어진다. 자원봉사관리 프로그램은 세부적으로는 다소 차이가 있겠지만 기본적으로 유사한 내용이다. 앞서 살펴본 자원봉사관리의 기능이 일정한 순서대로 나타나는 경우가 많다. 자원봉사관리의 절차로 자주 이야기되는 것들은 다음과 같다.

① PAR 절차

PAR 절차는 자원봉사활동의 준비(preparation), 활동(action), 반성(reflection)이라는 일련의 과정이 다시 새로운 자원봉사활동에 대한 환류로 작용되는 과정을 묘사하는 것이다. 이 절차는 특히 자원봉사자들에 대한 교육적 측면의 강조가 두드러지는 봉사학습(service learning) 과정에서 자주 활용되는 모형이다.

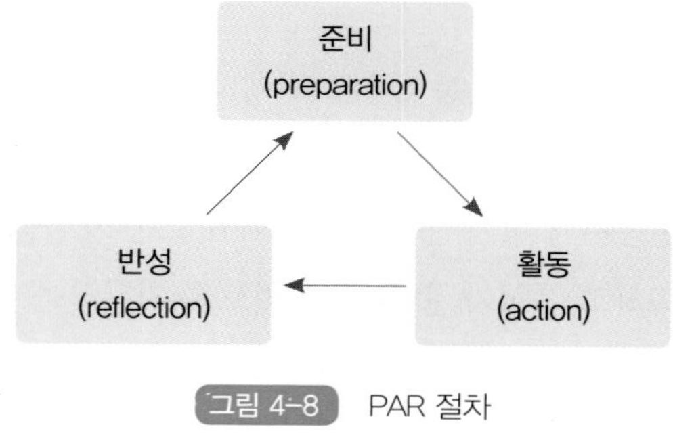

그림 4-8 PAR 절차

② 제이콥슨의 자원봉사관리 차트

이는 PAR의 단순한 절차모형보다는 자원봉사관리자가 수행하는 관리과정에서 구체적 업무 흐름을 중심으로 내용을 [그림 4-9]와 같이 도식화한 것이다. 제이콥

그림 4-9 제이콥슨의 자원봉사관리 차트

출처: Jacobson (1990)에서 편집.

슨(Jacobson, 1990)은 각 단계별로 자원봉사관리 차트(volunteer management chart)를 형성하고, 단계별 기능에 대해 목적 · 업무내용 · 기법 · 필요자원의 항목을 격자식의 도표로 구성하여 활용할 것을 제안하고 있다.

(3) 맥컬리와 린치의 자원봉사 관리과정

맥컬리와 린치(McCurley & Lynch, 1989)는 자원봉사 관리과정이 [그림 4-10]과 같

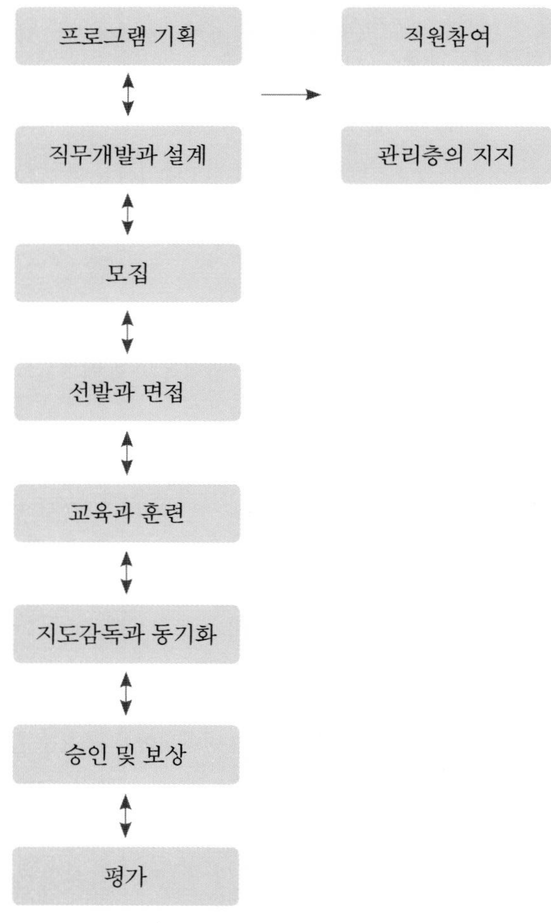

그림 4-10 맥컬리와 린치의 자원봉사 관리과정

출처: McCurley & Lynch (1989)에서 편집.

은 작동과정을 포함하는 것이라고 보았다. 통상 일련의 흐름으로 진행되지만, 특정 시점에서 하나 혹은 두 단계의 과업이 겹쳐서 공존할 수 있음을 지적하였다. 특히 자원봉사 수요처인 기관에 초점을 두어 직원 전체의 참여와 지지를 얻는 과정의 중요성을 강조했다. 그리고 각 단계에서 자원봉사 관리자의 구체적 업무원칙을 제시하고 있다.

제5장

자원봉사 프로그램 개발과 역할설계

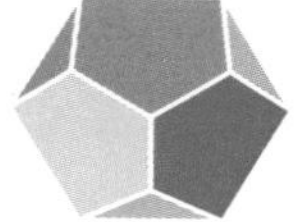

자원봉사관리와 자원봉사자 활용과정은 자원봉사자의 모집으로 시작된다고 생각하기 쉽다. 실제에서 활동에 참여할 수 있는 자원봉사자의 모집은 중요하다. 그러나 자원봉사관리가 자원봉사자 모집으로 시작한다는 것은 완전히 잘못된 명제이다. 원칙적으로 자원봉사자를 모집하기 전에 반드시 준비해야만 하는 과정들이 있다. 자원봉사활동을 통해서 어떠한 일을 하고자 하는지에 대한 내용이 먼저 결정되어야 한다. 활동 현장의 발굴과 자원봉사 프로그램의 기획이 완전히 이루어져야 하고 이에 따라 각 자원봉사자 개인이 해야 할 역할과 직무에 대한 설계가 이루어져야 한다.

일정 기간에 걸쳐 공익적 기관이 수행하고자 하는 일들 중에서 자원봉사자를 활용해서 수행하려는 프로그램, 그리고 그 프로그램들 내에서 자원봉사자를 통해서 해야 하는 역할과 직무가 먼저 확정되어야 한다. 이를 통해서 일정한 기간 동안에 어떤 특징을 가진 얼마만큼의 자원봉사자가 모집되어야 하는지의 정보가 만들어진다. 대개는 연간으로 이 계획을 만들곤 한다. 때문에 대개의 자원봉사자 활용기관은 연 단위로 자원봉사 프로그램을 설계하고, 각각의 필요한 자원봉사자들에 대해 그 수를 결정하고 역할과 직무를 설계한다.

물론 실제에서는 할 일에 비해 자원이 모자라는 것이 보통이므로, 자원봉사자도 충분치 않아 수시로 모집하는 경우도 나타난다. 하지만 많은 자원봉사자를 모집하면 기관이 일하기가 수월해진다는 생각에서, 계획의 여부와 무관하게 혹은 계획에서 수립한 숫자 이상의 자원봉사자를 모집하는 것도 이득이라는 것은 단견이다. 애초에 계획이 이루어져 있지 않은 일에 자원봉사자들이 활동하는 상황에서는, 해당 자원봉사자들이 꼭 필요한 활동에 계획적으로 참여하고 있는 것이 아니라는 경험과 인식을 가지게 된다. 결국 해당 기관은 중장기적으로 지역사회의 잠재적 자원봉사자들로부터 신뢰를 잃는다. 이후에는 '좋은 자원봉사자'의 모집이 원활하게 이루어지지 않기 시작하고, 자원봉사자들로부터 최선의 도움을 받지는 못하는 단기적 활동들만 늘 반복될 수 있다.

자원봉사자가 처음 계획했던 것만큼 모집이 되지 않아서 원래 자원봉사자를 통해 수행하고자 계획했던 프로그램을 진행하지 못하는 경우가 많다. 이는 계획이 수립되었으나 자원봉사자 모집이 잘 이루어지지 않아서[1] 실제 계획대로 실행이 잘 되지 못한 것이다. 바람직하지는 않지만 주변에서 흔히 볼 수 있는 양상(계획만큼 실행이 따라가지 못한 것)이다. 반대로 생각보다 많은 수의 자원봉사자를 모을 수 있어서, 원래 기관의 계획에서는 자원봉사자가 수행할 것으로 생각하지 않았던 일들에 대해서도 추가적으로 인력을 배치하여 도움을 받는 경우도 나타날 수 있다. 이 두 가지 경우는 물론 둘 다 좋지 않은 것이다. 그런데 계획만큼 실행하지 못한 것(계획만큼 자원봉사자를 모집하지 못한 것)보다 계획 없이 자원봉사자를 활용하는 것(계획 없는 모집), 즉 후자의 양상이 훨씬 더 좋지 못하고 경계해야 한다.

자원봉사관리자는 자원봉사자를 활용하는 과정이 자원봉사 프로그램 기획과 자원봉사자 역할 및 직무설계에서 출발한다는 것을 분명히 인식해야 한다. 자원봉사

1) 물론 자원봉사자 모집이라는 인적 자원을 포함하여, 인적·물적 자원동원의 현실성 역시 계획의 한 요소이므로, 모집이 잘 되지 않았다면 이 역시 계획이 잘 수립된 것이라 보기 어려울 수도 있다.

자를 모집하거나 접촉하는 것은 차후의 과업이다. 아주 간단하고 상식적인 이야기이지만, 실제 현장에서는 기획과 설계의 과정이 생략되어서 발생하는 오류나 부정적인 경험이 자주 반복되곤 한다.

1. 자원봉사 프로그램의 기획

자원봉사활동 프로그램의 기획과정은 전체 프로그램의 목적과 운영에 관한 제반사항을 결정하는 과정이다. 기획(planning)의 결과는 계획(plan)이라 할 수 있다. 즉, 계획을 수립하는 과정적 측면을 보통 기획이라고 한다. 물론 자원봉사활동을 통해 이루어지는 서비스는 연속적이므로, 이전에 이루어졌던 활동이 지속적으로 진행되는 경우가 많다. 이때는 이전의 계획내용이 그대로 활용되기도 한다. 그러나 반드시 이전의 계획내용이 이번에도 그대로 활용될 수 있는지, 수정되어야 하거나 최신화(update)해야 할 것은 없는지 검토되어야 한다. 만약 새로운 자원봉사 프로그램이 기획되거나 혹은 이전의 경험을 통해 상당한 수정을 하려는 경우에 이 기획과정은 더욱 중요해진다. 자원봉사자를 활용하여 우리 기관이 어떤 목적을 달성하고자 하는지, 이를 위한 예산과 사업계획은 어떻게 되는지, 어떠한 자격을 갖춘 자원봉사자를 활용할 것인지, 자원봉사자들은 어떠한 일을 하게 되는지, 지도감독(supervision)과 책임의 한계는 어떻게 되는지 등 명확한 계획이 있어야만 자원봉사자를 모집하여 활용할 수 있는 준비가 될 수 있다.

효과적인 자원봉사 프로그램은 절대 저절로 우연히 만들어지는 것이 아니다. 잘 설계된 프로그램은 매우 많은 요인을 고려하여 자원봉사자 모집 전에 이미 여러 가지가 결정되어 있다. 자원봉사 프로그램에 대한 평가와 승인방법 등 자원봉사 프로그램의 가장 후반부 활동에 대한 내용도 활동이 시작되기 전에 이미 기획이 완료되어 있어야 한다.

1) 자원봉사자를 활용하는 이유

자원봉사 프로그램의 기획과 설계에서 가장 먼저 확인해야 할 것은 기관이 자원봉사자를 활용하려는 이유가 무엇인가를 명확히 결정하는 것이다. 이러한 결정이 명확해지면 기관이 자원봉사자에게 위임하게 될 일과 책임이 분명해지고, 자원봉사자에 대한 교육과 다른 직원에 대한 설명에 도움이 되고, 자원봉사자의 활용이 효과적인지를 판단할 수 있는 기준이 만들어질 수 있다.

자원봉사자를 활용하려는 이유는 매우 다양하다. 그동안 단지 비용을 절감하기 위해서 자원봉사자를 활용한다는 인식이 팽배해 있던 것도 사실이지만 이것은 부차적일 수 있다. 자원봉사자를 활용하는 대표적 이유에는 대략 다음과 같은 것들이 포함될 수 있다(Jackson, Locke, Hogg, & Lynch, 2019).

- 자원봉사자가 지역사회나 조직들과의 연결고리로서 역할을 함
- 기관 직원의 자원과 경험을 보충
- 자원봉사자가 아니면 활용할 수 없었던 기술과 노력을 확보
- 클라이언트에 대한 서비스에서의 개인적 접촉을 보다 증진
- 자원봉사자는 우리 기관에서만 활동하는 것이 아니므로 자연스럽게 다양한 기관과 연계
- 자원봉사자를 통해 변화나 위기상황에 대해서 유연하고 신속하게 대처할 수 있음

이와 유사하게 제이콥슨(Jacobson, 1990)은 자원봉사자를 참여시킬 때 도움이 되는 점에 대해 다음과 같이 이야기하고 있다.

- 현존하는 프로그램과 서비스가 강화된다.
- 서비스가 새로운 대상 인구층에게 확장된다.
- 새로운 혹은 특별한 프로그램이 추가될 수 있다.

- 특별한 기술, 재능이나 새로운 지식이 추가된다.
- 유급직원의 일이 보완되고 보충될 수 있다.
- 기금과 자원이 도입된다.
- 서비스에 대한 공공의 관심과 인식이 증대된다.
- 유급직원이 자신의 전문적 업무에 집중할 수 있도록 지원한다.

자원봉사자를 활용하려는 이유는 이 중 어느 하나에 집중될 수도 있고 두 가지 이상의 목적이 결합되어 있을 수도 있다. 그러나 본질적으로 중요한 것은 왜 자원봉사자를 활용(혹은 자원봉사 프로그램을 운영)해야 하는가에 대해서는 응답이 분명하게 결정되어야 좋은 자원봉사 프로그램을 만드는 것이 가능하다는 점이다.

2) 자원봉사 프로그램의 내용

자원봉사자를 활용하는 이유가 분명하게 확인되면 이 자원봉사 프로그램이 가지는 내용들을 결정하고 만들어야 한다. 자원봉사 프로그램 개발의 내용은 자원봉사 프로그램의 실행 순서와도 관련된다. 자원봉사 프로그램은 기본적으로 그 기관의 가지고 있는 조직적 비전과 미션에 부합하는 여러 활동에 통합되어 있다. 기관이 운영하는 다양한 사업과 프로그램 중 자원봉사자를 활용하는 것도 있고 그렇지 않은 것도 있다. 이 중 자원봉사자를 활용해서 진행되는 사업의 계획에 자원봉사 프로그램은 통합되어 있는 것이라 할 수 있다. 자원봉사자를 활용하는 사업이나 프로그램에 대해서는 다음과 같은 내용이 포함되어 계획이 이루어져야 자원봉사자 활용을 원활하게 준비할 수 있다. 특히 자원봉사 프로그램의 측면에서는 자원봉사자 활용계획이 명확하게 구성되어야 한다.

표 5-1 자원봉사 프로그램 개발에 포함되어야 할 내용

구분	내용
문제의 진단	사회문제와 이에 대한 대응노력의 준비 혹은 변화 이유
목적과 목표의 설정	프로그램이 추구하는 목적과 목표
사업내용과 구성	전체적인 사업과 프로그램의 운영방식 개요
자원봉사자 활용계획 • 인원과 모집대상 • 모집과 선발의 방법 • 교육 • 활동방법 • 지도감독 방법 • 평가와 인정 • 일정과 계획	• 전체 사업의 내용 중에서 자원봉사자를 활용하는 부분에 대한 세부 계획 • 자원봉사자의 최초 모집부터 마지막의 평가와 인정과정에 이르는 전체에 대한 내용을 사전에 준비
사업평가와 후속 계획	사업의 전체적인 목표달성도 평가와 이에 따른 향후 사업방안
담당과 분담	사업의 주요한 부분에 대한 실무 책임자와 역할 구성

(1) 문제의 진단

자원봉사 프로그램을 포함한 공익기관의 모든 사업과 프로그램은 본질적으로 특정한 사회문제에 대응하는 것이다. 사회문제를 인식하고 변화시킬 계획을 수립하고 이를 실천하여 바람직한 상태나 환경을 만들어 내려는 노력이다. 따라서 가장 선행되어야 할 것은 문제를 발견하고 그에 대한 논의를 확인하여 원인을 규명하고 관련되는 근본적인 문제들을 진단하여야 한다. 여기서 특히 현상보다 이면에 있는 문제에 대해 접근할 수 있어야 하며 동일한 문제에 대해서도 다양하게 존재하는 여러 각도에서의 설명에 관심을 가져야 한다.

(2) 목적과 목표의 설정

목적과 목표는 문제에 적절하게 연결되는 것이어야 한다. 또한 목적과 목표, 그리고 하위목표가 서로 논리적으로 연결되고 동시에 달성 가능한 것이어야 한다.

(3) 사업내용과 구성

문제에 대응하는 현실적 프로그램의 조직단계에 들어가면 해당 사업이나 프로그램이 어떻게 운영될 것인지에 대해 내용이 결정되어야 한다. 특히 이는 자원봉사자 활용 자체에만 국한되는 것이 아니라 자원봉사자 활용을 포함한 전체적인 사업의 내용이 분명해져야 한다. 목적과 목표를 달성하여 진단된 문제를 해결하기 위한 수단이 작성되는 것이다. 의미와 가치가 있는 일인지, 팀 구성원이 수행 가능한 일인지, 상호협력체계가 갖추어질 수 있는지 등을 감안하여 해결책으로 선정된 대안 내에서 업무를 추출해야 한다.

(4) 자원봉사자 활용계획

자원봉사 프로그램인 만큼 전체 사업의 내용 중에서 자원봉사자 활용에 대한 계획부분은 보다 명확하게 확인되어야 한다.

- 인원과 모집대상: 사업의 수행을 위해 어떤 특성을 가진 자원봉사자가 몇 명 필요한지를 확인한다.
- 모집과 선발의 방법: 자원봉사자를 모집하고 홍보하기 위한 방법, 그리고 신청자 중에서 적절한 자원봉사자를 선정할 방법을 확인한다.
- 교육: 참여하는 자원봉사자들에게 기관과 활동 전반에 대한 오리엔테이션과 구체적 직무에 대한 훈련을 누가, 언제, 어디서, 어떻게 실행할 것인지에 대한 방안이 마련되어야 한다.
- 활동방법: 자원봉사자의 관점에서 어떤 방법으로 어떤 일을 수행하면 되는지에 대해 확인한다.
- 지도감독 방법: 자원봉사자가 활동을 수행하는 동안 기관에서 수행할 자원봉사자에 대한 지원과 지도감독 방법에 대해 확인한다.
- 평가와 인정: 자원봉사활동에 대해 평가할 방법과 자원봉사자에 대한 인증 및 보상방법에 대해 확인한다. 자원봉사활동의 마지막 단계라 할 수 있는 평가와 인증에 대해서도 계획단계의 계획내용에 포함되어야 함에 유의한다.

- 일정과 계획: 자원봉사 프로그램의 각 단계가 언제 수행될 것인지에 대한 시간 계획을 미리 설정한다.

(5) 사업평가와 후속 계획

자원봉사자 활용을 포함하여 이 사업 전체적으로 목표의 달성을 어떤 기준으로 평가할 것인지, 그리고 평가결과에 따라 향후 계획을 어떻게 할 것인지에 대해 사전에 결정한다. 사업과 프로그램의 시작 전부터 평가의 방법과 시기, 절차 등이 결정되어야 한다. 평가는 프로그램 수정과 환류의 기본적인 전제가 된다. 프로그램 평가는 갈수록 과학적·객관적 기법의 사용을 강조하고 있으므로 정량화된 지표의 사용이 포함되는 것이 좋다. 자원봉사 프로그램 평가는 그 평가의 시점에 따라 프로그램 초기평가, 프로그램 중간평가, 프로그램 최종평가로 구분된다.

(6) 담당과 분담

사업 전체적으로, 특히 자원봉사자의 모집과 활용을 포함하여 사업의 각 부분을 누가 책임지고 실행할 것인지에 대해 결정한다.

자원봉사 프로그램 계획 예시

○ 사업명: 취약 독거가구 노인 생활안전 및 지원 점검 서비스(신규 사업)

○ 문제 진단

- 본 지역사회복지관 관내 지역 중 산 2번지부터 5번지 일대에는 경제적으로 취약하고 고립된 독거노인 50여 명이 거주함
- 이 중 3명은 장기요양서비스, 10명은 맞춤형 돌봄서비스를 받고 있으나, 대부분은 다른 사람들과의 교류 없이 고립되어 생활하고 있으며, 일상생활에서의 통상적이고 상시적인 안부 확인이 잘 이루어지지 않고 있음
- 최근 고독사나 사회적 고립에 대한 문제의식이 심각한 상태에서 정기적으로 이들의 안부를 확인하고, 필요할 때 적시에 일상생활을 지원하기 위한 관계망을 구성하는 것이 필요함

- 대상자의 특성상 온라인이나 IT 기술을 활용한 접촉이 어렵고 대면적인 관계망을 확충하는 것이 유용하므로, 직접 대면적으로 방문하여 안부를 상시 확인하는 것이 필요하나 50명을 직접 수시 방문하는 것은 본 기관 담당부서인 지역사회보호 팀의 직원인력만으로는 불가능하고 추가적인 인력이 투입되어야 함
- 특히 고립된 노인들의 지역사회 내 추가적인 사회관계망 확충을 위해서는 자원봉사 인력의 방문을 활성화하는 것이 필요함

○ 목적과 목표

- 대상 독거노인의 일상생활 안부 확인과 모니터링
- 고립된 독거노인들의 사회적 접촉을 통한 관계망 확충
- 독거노인의 추가적 복지욕구에 대한 신속한 발견

○ 사업 내용과 구성

- 본 사업은 이미 표적대상으로 선정되어 있는 50명의 독거취약노인에 대해 자원봉사자가 직접 방문하여 필요음식 중 일부(국)를 제공하며 정상적인 일상생활이 이루어지는지 점검하고 이들과 친화관계를 맺은 뒤, 이상 상황이나 필요한 추가적 복지욕구를 발견하여 본 복지관 등 지역사회서비스와 연계함
- 음식(국)은 방문과 모니터링을 위한 매개자원으로 활용하며 복지관에서 제작된 것을 자원봉사자가 보온용기로 전달
- 자원봉사자는 2인 1조로 주 1회 10명의 독거노인을 담당하여 방문하도록 함
- 주 3회 방문이 이루어지도록 함(독거노인의 경우 3개의 방문 자원봉사자 조를 만나게 됨)
- 자원봉사자는 방문과 노인에 대한 일상생활 모니터링, 간단한 대화를 통한 안부 확인 활동을 실행하고 특이사항을 본 복지관에 보고함
- 복지관 지역사회보호 팀에서는 자원봉사자를 통해 확인된 점검내용에 기반하여 후속적인 서비스 제공과 사례관리를 담당함
- 지역사회조직 팀(자원봉사관리자)에서 활동에 참여하는 자원봉사자의 전체적 관리를 담당함
- 시범사업 실시 후 상반기 사업 평가에 기반하여 하반기 사업계획 추가 수립

○ 자원봉사자 활용계획

- 인원: 상반기 30명(2인 1조로 주 1회 10명을 담당하며 주 3회 50명을 대상으로 활동)

- 모집대상: 대학생(사회복지학과 및 관련 전공자 우선)
- 모집방법: 사업특성상 인원의 전체 충원이 중요하므로 가능한 모집방법 복합 활용
  (모집 담당 책임: 지역사회조직 팀 자원봉사관리자 ○○○)
  일반모집을 위한 온라인 및 홍보물 활용
  표적모집으로 인근 대학 사회복지학과 협조공문 발송(실습연계 가능)
  주변조직모집으로 대학생 봉사동아리 연락
  기존 복지관의 자원봉사자나 관계자를 활용한 모집
  응모자에 대해 자원봉사관리자와 지역사회보호 팀 공통의 면접으로 활동자 선발
- 교육: 모집 완료 후 전체 자원봉사자 일반 소양 교육(복지관 신규 봉사자만 참여)
  독거노인 대상 활동 교육(본 사업 및 노인 대상 자원봉사자 참여)
  직접 방문활동에 필요한 방법과 기술에 대한 코칭 교육
- 활동: 자원봉사자는 2인 1조로 방문당일 사전 복지관 방문
  보온용기의 음식물 수령 후 담당 10가구 노인에게 배달
  방문 시 노인 일상생활 점검과 대화 및 이전 용기 수거
  방문 후 복지관에 음식 용기 전달 및 방문에서 발견된 사항을 보고
- 관리: 자원봉사자는 초기 매주 슈퍼바이저에 의한 지도감독에서 시작하여, 이후 활동 경험 누적에 따라 자체 자원봉사자 모임에 의한 자율적 활동관리를 진행하는 것으로 통제권을 향상하여 부여함
- 평가: 사업 목표에 따라 활동 대상자의 고립 및 우울감, 일상적 방문점검 회수, 노인의 추가 욕구 발견 및 조치사항 실적, 노인 대상 재가방문활동에 대한 자원봉사자의 이해도에 대해 설문문항을 구성하여 사전-사후 비교 방식으로 평가
- 인증: 자원봉사활동 시간인증
- 일정: 20○○년 1월 중 세부계획 수립, 직무설계서, 활동일지와 평가 등 관련 서식 구성
  2월 3주차까지 자원봉사자 모집 완료, 2월 4주차 자원봉사자 교육 및 대상자 매칭
  3월부터 8월까지 매주 활동
  3월 1주차 평가를 위한 사전검사, 8월 4주차 평가를 위한 사후검사
  8월 31일 자원봉사자 평가인증 행사(다른 자원봉사 팀과 공통행사로 수행)

○ 사업평가와 후속 계획

• 자원봉사 프로그램 평가와 아울러 기관의 사업 목표에 대한 자체평가 결과를 토대로 하반기 이후 지속사업화 검토

○ 담당

• 프로그램 전체 관리: 지역사회보호 팀장

• 자원봉사자 모집 및 교육: 지역사회조직 팀의 자원봉사관리자

○ 분담

• 20○○년 1월 초의 월례 팀장 간부회의에 각 팀장은 전체 프로그램 계획내용 제출

• 지역사회조직 팀(자원봉사관리자)은 자원봉사 활용내용에 대한 전체 취합

자원봉사자를 활용하는 모든 프로그램은 (기관마다 정해진 문서양식에 따라) 사례에서 보는 것과 같은 내용을 포함하는 계획이 작성되어야 한다. 계획을 사전에 작성하지 않은 즉흥적 활동은 사전에 검토된 계획을 집행하는 활동에 비해 효과성이나 안정성이 떨어지기 마련이다. 물론 연초에 계획에 포함되지 않은 모든 활동은 추진될 수 없다는 식의 관료적 행태는 부적절하다. 상황변화에 따른 융통성의 발휘나 시급한 욕구의 발견에 따른 긴급한 활동은 당연히 가능한 것이지만, 이 역시 수시로의 '사전 계획'에 따라 활동이 준비되어야 한다. 기본적으로는 정해진 기간의 프로그램에 대한 사전 계획내용을 토대로 자원봉사자 활용 등의 방안이 함께 모색되는 것이 우선이어야 한다.

기관에는 프로그램이 한 개나 소수가 있는 것이 아니라 매우 많은 프로그램이 진행되기 마련이다. 그중 자원봉사자를 활용하는 각 프로그램에 대한 사례와 같은 계획을 모으면 일정 기간에 해당하는 기관의 전체 자원봉사자 활용계획이 취합될 수 있다. 그에 따라 연간이든 분기 단위이든 해당 기간에 기관에서 필요로 하는 자원봉사자의 특성과 전체적 인원 규모가 취합될 수 있고, 이것이 기관 전체의 자원봉사자 모집으로 연결되는 기초자료가 되어야 한다. 이는 해당 기관에 소속된 자원봉사관리자의 중요한 업무가 된다.

3) 자원봉사 규정과 정책

개별적인 자원봉사 프로그램을 수립하는 것만이 아니라, 기관 전체적으로는 자원봉사자를 활용하는 것에 대한 규정과 정책이 마련되어 있어야 한다. 이는 자원봉사자를 활용하는 기관의 활동을 공식화하고 이를 지원하기 위해 중요하다. 또한 기관과 자원봉사자, 그리고 자원봉사관리자 간의 관계를 보다 명확하게 만들어 현장에서 흔히 발생하는 오해의 소지를 없애고 감정적 대응을 피할 수 있다는 점에서도 중요하다. 적어도 다음과 같은 내용들이 기관의 자원봉사자 활용을 위한 정책규정으로 마련되어야 한다(McCurley & Lynch, 1989).

첫째, 출석과 결석에 대한 규정이다. 자원봉사활동을 규칙적인 것으로 만들기 위해서는 이에 대한 규정이 필요하다. 가령 일정 기간 이상의 무단결석에 대해서는 정해진 규제가 뒤따른다는 것이다. 이때 병이나 휴가 등에 의한 결석은 허용한다는 등의 구체적 방침을 아울러 정해야 할 것이다.

둘째, 자원봉사활동 수행을 점검하고 검토하는 절차가 결정되어야 한다. 즉, 자원봉사자의 활동에 대해 누가 어떤 방식과 주기로 점검한다는 내용과 관련된다. 자원봉사활동의 대부분은 기관업무에 대해 기관의 직원이 자원봉사자에게 활동을 위임하는 것에 해당하므로, 본래 업무에 대한 기술과 책임을 가지는 사람에 의한 점검이 필요하다.

셋째, 자원봉사자를 위한 혜택(benefits)에 대한 규정이 필요하다. 이와 관련된 것으로는 보험, 주차, 지속적인 교육혜택 등이 있을 수 있다. 특히 보험은 매우 중요한 사항이다. 이는 자원봉사활동 중에 불의의 사고로 사망하거나 상해를 입을 경우에 대비하는 것이다. 우리나라에서도 최근 자원봉사자에 대한 보험제도가 실시되고 있다. 기관은 보험에 가입하기 전에 다음과 같은 사항을 고려해야 한다. ① 뚜렷한 위험의 유무, ② 잠재적 손해(damage)의 중요성, ③ 위험의 발생 가능성, ④ 위험한 사태에 대한 대처능력 개발(자질 있는 자원봉사자 선택, 자원봉사자 훈련 강화),

⑤ 자원봉사자의 보험가입 유무, ⑥ 보상범위의 한계, ⑦ 자원봉사자가 보호받고 싶어 하는 장소, ⑧ 다른 기관들과의 연계성 등을 고려해 보아야 한다. 실제에서 많은 자원봉사자가 관심을 가지는 인증과 관련된 부분에서도 명확한 규정이 확인되어 있어야 한다.

넷째, 불만사항에 대한 처리방침도 정해 두어야 한다. 자원봉사자가 활동 중에 생기는 불만사항을 전달할 수 있는 통로와 이에 대한 해결 권한의 소재 등을 명료화해야 한다. 이것은 자원봉사자가 자신의 불만을 빨리 해소할 수 있는 역할을 함으로써 자원봉사자의 만족감을 증대시킬 수 있다.

다섯째, 경비의 상환이나 지급에 대한 방침도 필요하다. 활동에 소요된 경비를 상환 또는 미리 지급해 줄 것인지, 상환하거나 미리 지급해 준다면 어느 용도에 한정할 것인지, 그리고 모든 자원봉사자에게 실경비를 지급할 것인지 등을 정해야 한다. 자원봉사활동은 무급성이라는 비경제적 동기의 특징을 가지기는 하지만 활동에 소요될 수 있는 비용을 자원봉사자가 부담하도록 하는 것은 불필요한 갈등을 유발할 수 있다.

여섯째, 기관의 장비와 시설의 이용에 대한 안내와 규정이다. 자원봉사자들이 사용할 수 있는 장비와 시설에 대해서도 정해진 규칙이 있어야 한다. 그렇지 않을 경우 자원봉사자들이 충분히 효과적인 활동을 하지 못하거나 혹은 무분별한 시설 및 장비의 이용이 나타날 수 있다.

일곱째, 비밀유지와 관련된 규정이 필요하다. 자원봉사자들이 활동하는 기관의 업무에 관련된 내용은 비밀로 한다는 원칙을 정해 두어야 한다. 이것은 기관의 활동을 보호한다는 측면도 있지만 클라이언트의 사생활을 보호한다는 사회복지실천에서의 원리적 측면이 더 본질적인 것이다.

여덟째, 수습기간의 보호규정이다. 자원봉사활동 초기에는 자신의 활동에 대해 충분히 책임질 수 있는 능력을 갖추지 못할 수 있다. 따라서 보다 경험 있는 직원이나 동료로부터 도움을 받아 배워 가며 업무를 처리하는 대신 책임성이 임시적으로 면제되는 수습기간에 대한 설정이 필요하다.

아홉째, 활동의 종결에 대한 내용이다. 자원봉사활동이 어느 시점 어떠한 조건에서 종결되는지에 대한 사전의 결정이 있어야 보다 효과적이고 책임 있는 자원봉사활동과 관리가 가능해진다.

열째, 기록에 대한 규정이다. 많은 경우 자원봉사자들은 자원봉사업무일지 등 여러 가지의 기록을 유지하게 된다. 자원봉사자를 효과적으로 관리조정하기 위해서는 자원봉사활동에 대한 기록이 있어야 한다. 이 기록은 평가와 개선을 위한 기본적인 자료가 된다. 한편으로는 자원봉사자에 의해 서비스를 받는 대상자에게 책임성 있는 서비스를 제공하도록 부적절한 실천(malpractice)을 방지하는 기능도 갖는다.

기관의 자원봉사 정책과 규정이 분명하다면 자원봉사자들이 기관에 적응하기도 쉽고 기관이 자원봉사자들을 어떻게 지원할지도 명확해진다. 기관의 정책은 자원봉사자가 자원봉사관리자에게 기대할 수 있는 것과 자원봉사관리자가 자원봉사자에게 기대하는 것을 분명하게 하는 역할을 한다.

4) 직원과의 관계

자원봉사 프로그램 계획을 만드는 데서 자원봉사관리자의 역할은 핵심적이다. 하지만 자원봉사 프로그램 계획은 별도로 떨어져 존재하는 것이 아니라 기관 전체적인 사업계획 중 일부이고 다양한 사업계획 속에 포함되어 있다. 자원봉사 프로그램(혹은 자원봉사자 활용계획이 포함되어 있는 프로그램)은 그 계획이나 실제 실행과정에서 자원봉사관리자만이 아니라 각 사업의 담당 직원들에 의해 이루어진다. 따라서 이 기획과정에서 기관의 유급직원과의 관계가 특히 중요하다. 통상 자원봉사의 과정에서 직원과의 관계는 자원봉사활동 과정에서 나타나는 직원과 자원봉사자의 갈등 이슈가 많은 관심사가 된다. 하지만 기획과정에서는, 기획에서 주체적인 역할을 수행하는 자원봉사관리자와 기관 직원과의 관계가 중요하다.[2] 자원봉사관리자

2) 이러한 의미에서 맥컬리와 린치는 자원봉사 프로그램에서 중요한 관계는 관리자와 자원봉사자 간의 단선적 관계가 아니라 관리자와 직원, 자원봉사자 간의 삼각관계임을 지적하고 이를 '영원한 삼각구도(eternal triangle)'라는 표현을 사용하여 강조하고 있다.

의 입장에서도 특히 초기 기획과정에서는 자원봉사자가 아닌 기관의 직원이 함께 일하는 파트너이고 이 관계가 핵심적이다. 따라서 기관의 다른 직원과 관계를 잘 설정하는 것이 매우 중요하다.

(1) 자원봉사 프로그램에 대한 직원의 태도

자원봉사자를 활용하는 것에 대해 유급직원이 반드시 긍정적인 인식을 가지고 있는 것은 아니다. 인력의 보충, 전문적인 업무에의 집중 기회 증가 등과 같은 긍정적인 효과도 있을 수 있으나 오히려 이득보다도 관리에 소요되는 어려움이 더 클 것이라는 인식이나 제공하는 서비스의 품질통제가 잘 이루어지지 못할 것이라는 걱정이 나타나기도 한다.

자원봉사 프로그램에 대한 기관 직원의 부정적인 염려가 나타날 수도 있는데 이는 조직적인 것과 개인적인 것 두 가지로 나누어 볼 수 있다. 조직적인 것은 통제의 상실, 서비스의 품질 저하, 자원봉사자를 신뢰하기 어렵다는 인식, 법적 문제가 발생할지 모른다는 걱정 등과 같이 자원봉사자를 활용함으로써 나타날 수 있는 조직의 부담이나 위험성과 관련된다. 개인적인 것은 자원봉사자 관리 때문에 오히려 업무량이 증가하는 것, 자원봉사자 직무 대체로 인한 실직의 두려움, 자원봉사자를 활용해 본 경험의 부재 등으로 인한 개인적인 걱정이 포함된다.

자원봉사자 활용에 대한 직원의 태도를 사정하기 위해서는 면접이나 필답 등 여러 방법을 이용하여 조사를 실행하는 것이 좋다. 조사에서 이루어져야 할 영역으로 다음의 세 가지를 생각할 수 있다(Jackson, Locke, Hogg, & Lynch, 2019).

- 직원이 자원봉사자와 함께 일해 본 경험 정도: 과거에 자원봉사자를 지도감독해 본 적이 있는가? 자원봉사자를 활용하는 기관이나 프로그램에서 일해 본 적이 있는가?
- 자원봉사자 활용에 대해 편안하게 느끼는 정도: 직원들이 자원봉사자가 해야 한다고 느끼거나 아니면 자원봉사자가 하면 안 된다고 느끼는 일들이 있는가?
- 자원봉사자 활용에 대해 직원이 가지고 있는 우려: 법적 문제가 제기될 가능성

이 있거나 직원 업무의 상실 등 잠재적인 걱정거리가 될 수 있는 것이 있는가?

(2) 직원의 참여와 협력 구축

자원봉사관리자는 유급직원이 가지고 있는 자원봉사자 활용에 대한 태도를 감안하여 자원봉사 프로그램을 활성화하기 위한 노력을 경주하게 된다. 이 과정에서 주의해야 할 것은 직원과의 협력적 관계의 중요성이다. 만약 유급직원이 반대하는 상황에서 이를 무릅쓰고 자원봉사 프로그램을 실행하기 위해 상급자와의 관계를 통해 프로그램을 채택하도록 하는 '정치적 게임'을 활용하거나 강압적으로 직원을 '비난'해서는 안 된다. 자원봉사 프로그램이 제대로 기획되고 실행되기 위해서는 업무를 담당하는 유급직원의 협력이 필수적이다. 따라서 기본적으로 직원과의 상담과 자문을 통해 실질적 협력관계가 형성되도록 하는 것이 가장 중요하다. 이를 위해서는 자원봉사관리자의 다음과 같은 활동이 필요하다.

- 자원봉사자 활용의 가능성과 장점을 발견할 수 있도록 직원 대상의 '자문가(consultant)' 활동
- 기관의 연간계획 등 전반적인 계획에 자원봉사자 활용 사업을 포함하도록 직원을 격려
- 자원봉사 프로그램 전반에 직원이 참여하는 방안을 사전에 강구
- 자원봉사자 역할과 직무개발과정을 해당 업무 유관직원과 함께 수행
- 자원봉사 프로그램에 대해 기관 직원에게 오리엔테이션과 필요한 교육훈련 실시
- 최고위 관리직원의 이해와 프로그램 참여방안을 강구
- 자원봉사 프로그램에 대한 피드백과 평가를 직원과 함께 수행

기본적으로 자원봉사관리자는 자원봉사관리 업무수행에서 자원봉사자들과 일하는 시간만큼을 기관 직원들과 일해야 한다. 그리고 현실적으로 자원봉사자 관리 업무의 상당 부분은 자원봉사자들과 직접 접촉하며 일하는 해당 사업 혹은 프로그

램의 담당 직원이 수행할 수밖에 없다. 이를 감안하여 기관 직원과 자원봉사관리에 대한 협력관계를 구축하는 것이 중요하다.

5) 자원봉사 프로그램 계획의 검토

자원봉사 프로그램 계획은 기관이 자원봉사자를 왜, 어떻게 활용하려고 하는가에 대한 구체적 결정이다. 그리고 이 결정은 자원봉사관리자만이 아니라 기관의 일반 직원이 핵심 관리층과 충분히 논의하여 이루어지는 것이 중요하다.

어느 정도 프로그램의 기획과정이 완결되었다고 판단되는 경우에는 〈표 5-2〉의 체크리스트에 의해 계획내용이 충분한가에 대해 검토해 볼 필요가 있다. 이 중 아직 결정되지 못한 사항이 있다면 아직 자원봉사 프로그램의 기획과정이 충분치 못하다는 뜻이며, 다음 단계로 넘어가기 전에 계획을 조금 더 면밀히 수립해야 하는 상황을 나타내는 것이다.

표 5-2 자원봉사 프로그램 계획내용 체크리스트

- 자원봉사자와 함께 일하게 될 직원과 상의했는가?
- 자원봉사자와 함께 일할 직원은 자신의 역할을 분명히 인식하고 있는가?
- 각각의 위치에 맞추어 정확한 책임 역할의 설명이 이루어졌는가?
- 자원봉사자가 수행할 활동은 자원봉사자로서 수행하기에 적절한 것인가?
- 자원봉사자가 활동할 상황은 적절하게 준비가 되어 있는지 확인되었는가?
- 각 직무에 적절한 자질을 갖춘 지원자를 찾고 홍보하기 위한 모집 계획이 마련되었는가?
- 적절한 지원자와 그렇지 않은 지원자를 구별하기 위한 선발방법이 마련되었는가?
- 자원봉사자를 교육훈련시킬 방법과 계획이 마련되었는가?
- 자원봉사활동 기간에 기관에서는 누가 자원봉사자를 관리할 것인지 결정되었는가?
- 자원봉사 프로그램이 성공적이었는지 평가할 기준과 방법은 마련되었는가?
- 자원봉사자의 활동을 인증하고 인정하기 위한 방법은 적절하게 활용 가능한지 확인되었는가?

출처: McCurley & Lynch (1989)에서 편집.

2. 역할과 직무의 설계

1) 역할과 직무설계의 의미

과거에는 직무설계에 대해서 주로 강조하였다면 최근에는 역할설계에 대한 강조가 늘어나고 있는 추세이다. 여기서 역할과 직무의 설계란 자원봉사자가 수행할 역할과 업무에 대해 개요를 정리하는 것이다. 즉, 자원봉사가 필요한 업무를 설정하고 각 업무의 목표 및 활동시간, 활동의 구체적 내용, 활동위치 등에 대해서 명시하는 것이다. 즉, 역할설계는 전체적으로 만들어진 자원봉사 프로그램 기획내용에 대해 '각 자원봉사자 단위가 수행해야 할 활동 역할과 업무'로 개별화시켜 구성하는 것이다.

역할설계는 자원봉사자를 모집하고자 할 때 직무에 적당한 인성과 자질을 갖춘 자원봉사자를 체계적으로 선발할 수 있도록 해 주며, 자원봉사자가 자신의 활동에 대해 가질 수 있는 불필요한 오해를 방지하는 역할을 한다. 또한 설계된 직무에 따라 자원봉사자를 지도감독할 수 있도록 해 주며, 이후 자원봉사활동에 대해 평가하고자 할 때도 그 기준을 제공해 주는 것이다.

자원봉사활동의 구체적인 직무에 대한 내용이 결여되어 있을 경우 불필요한 자원봉사자를 선발할 수도 있으며, 자원봉사자와 관리자 간에, 나아가서는 기관 간에 갈등을 불러일으킬 수도 있다. 따라서 자원봉사활동의 구체적인 직무에 대한 명확한 지침이 있어야 한다. 이러한 의미에서 자원봉사자의 직무설계에 대해 다음의 전제가 이야기된다(이성록, 1995).

- 대부분의 직무는 지금보다 개선될 수 있다.
- 직무내용은 직무만족과 관련성이 있다.
- 동기부여는 직무만족과 직무를 수행하는 개인적 자유의 함수관계이다.
- 직무설계는 개인 및 조직의 성장을 위한 수단이다.

- 동기부여와 생산성은 필연적인 관련성이 있다.
- 인간은 창조적 표현을 위한 기회와 의미 있는 일을 추구한다.

직무를 개발하고 설계하는 가장 좋은 방법은 기획과정에서와 마찬가지로 자원봉사자가 활동하게 될 기관의 직원과 협의과정을 통하는 것이다. 이때 단순히 자원봉사자들을 위해 어떤 직무를 제공할 수 있느냐는 질문은 좋지 않다. 왜냐하면 자원봉사자와 함께 활동한 경험이 없는 직원은 창조적인 대답을 못할 것이기 때문이다. 따라서 다음과 같은 질문을 통해 자문과 협의과정을 시작하는 것이 좋다(Jackson, Locke, Hogg, & Lynch, 2019).

- 해야 한다고 생각되는 일 중에서 현재 우리 기관의 아무도 가지고 있지 않은 기술이 필요한 것은 어떤 것인가?
- 당신의 직무 중 좋아하는 일은 무엇인가?
- 당신의 직무 중 덜 좋아하는 일은 무엇인가?
- 당신이 항상 수행하려고 했지만 시간이 없어서 못했던 활동이나 계획은 무엇인가?
- 우리 기관이 하는 일의 가치를 제고할 수 있는데도 이를 개발할 기회가 없었던 일들은 무엇이 있는가?

이와 같은 질문은 자원봉사활동을 통해 직원이 필요하다고 생각하지만 자신이 충분히 수행하지 못하고 있는 일의 부담을 덜어 주는 방법을 찾는다는 긍정적 접근의 계기가 될 수 있다. 이러한 과정에서 직원이 구체적인 답변을 하지 못한다면 답변을 도와줄 수 있는 도구를 사용하는 것이 유용할 수 있다. 직무의 여러 유형을 나열해 놓은 '메뉴'형의 도구를 활용할 수 있다. 도구에는 자원봉사자들이 이미 해당 기관에서 수행하고 있는 직무유형의 목록, 자원봉사자들이 지역사회의 다른 기관이나 다른 지역의 유사한 프로그램에서 수행하고 있는 직무유형의 목록, 기관에서 활용할 수 있는 자원봉사자들이 가지고 있는 기술(skills)의 종류 등을 포함한다.

표 5-3 자원봉사 직무개발과 설계를 위한 기본원리

① 봉사자들에게 맡길 업무는 의미 있는 것인가? 또한 기관, 프로그램, 고객들에게 유용하고 중요한 것인가?
② 업무상 요구사항이 설명되고 있는가?
③ 그 업무가 자원봉사자들도 할 수 있는 것인가? 저녁과 주말에 나누어 일해도 되는가? 파트타임으로도 가능한가? 필요한 기술이 자원봉사자들에게서 쉽게 얻을 수 있는 것인가? 혹은 필요한 지식과 배경의 이해 면에서 쉽게 훈련받을 수 있는 것인가?
④ 자원봉사자들이 하는 일이 비용 면에서 효과적인가? 직원을 활용하는 것보다 더 많은 시간과 노력을 자원봉사자 모집과 교육에 투자하는 것은 아닌가? 자원봉사자 활용에 장 · 단기적 계획을 가지고 있는가?
⑤ 자원봉사 프로그램을 위한 지원체제가 갖추어져 있는가? 자원봉사관리자로 활동할 사람이 있는가? 자원봉사정책, 수행과정의 세부사항, 보험체계 등이 갖추어져 있는가?
⑥ 직원들은 그 일이 자원봉사자들에게 맡겨지기를 원하는가? 자원봉사자들과 함께 일해야 하는 직원들이 그들의 역할을 이해하고 있는가?
⑦ 그 일에 적합한 기술을 가진 자원봉사자들을 파악하고 있는가?
⑧ 사람들이 이 일을 자원봉사활동으로 참여하고 싶어 하는 것인가? 자원봉사자에게 보람 있고 재미있는 것인가?
⑨ 자원봉사자 모집 후에 해야 할 일을 알고 있는가? 업무공간 관리를 책임질 사람들을 확보하고 있는가?
⑩ 기관이 자원봉사 프로그램에 대한 확실한 의지를 가지고 있는가? 아니면 단지 과도한 업무문제의 한 해결로 생각하는가?

출처: 이강현 역(1997).

이러한 목록들을 만들어 직원들과 상의한다면 직원들이 자원봉사에 대해 가지고 있는 시각을 넓히고, 창조적이고 효과적인 자원봉사직무를 개발하도록 도와줄 수 있다.

직무의 개발과 설계과정에서 자문해야 할 원리로 〈표 5-3〉의 내용들이 중요하게 고려되어야 한다.

자원봉사자에 의해 수행될 수 있는 과업을 결정하기 위해 직원들에게 자원봉사자 직무설계를 함께 하도록 하는 것은 유용하다. 예를 들어, 지난주 동안 수행하고

싶었지만 할 수 없었던 일들을 목록으로 작성하게 한다. 또한 조금 더 시간 여유가 있다면 주도하고 싶은 일이나 프로젝트들을 목록화하게 한다. 이 목록 중에서 자원봉사자에 의해 수행이 가능한 일들을 확인하여 분석한다. 선택된 일들은 일반적인 자원봉사자가 매주 2~3시간 정도씩 자원봉사활동을 통해 수행할 수 있도록 직무설계가 이루어지면 이에 맞추어 일을 구분하고 기술서(description)를 작성한다. 구체적인 직무기술서 작성은 이후에 자원봉사자를 감독할 해당 업무의 담당 직원과 함께 작성하는 것이 좋다(Jacobson, 1990).

2) 효과적인 역할설계의 구성요소

자원봉사자는 경제적 보상 없이 활동에 참여하는 사람이다. 따라서 직무가 지루하거나 흥미 없어 보이는 경우에는 자원봉사자가 잘 모집되지 않는다. 혹은 일단 모집된 자원봉사자라도 자원봉사직무가 싫증나고 불만족스러우면 쉽게 소진되거나 중도에 탈락하곤 한다. 따라서 자원봉사활동의 역할설계는 단지 해야 할 일을 규정하고 나열하는 이상의 면밀한 고려 속에서 이루어져야 한다.

자원봉사직무를 설계할 경우 '일(work)'이라기보다 '게임(game)'을 설계한다는 마음으로 임하면 성공적일 것이다. 게임은 참여하는 사람들의 자발적 즐거움에 의해 이루어지기 때문이다. 게임은 실제로 사람들의 참여동기를 자극하며, 게임에 참여하는 사람들은 그들이 투여한 시간과 노력에 대해 아까워하지 않는다. 마크 트웨인의 소설 『톰 소여의 모험』에서 톰이 자신에게 부과된 페인트를 칠하는 지루한 일을 재미있는 경쟁적 놀이로 포장하여 친구들이 참여하도록 유인하는 장면은 활동에 참여하는 사람들의 동기를 잘 자극한 것으로 볼 수 있다. 이러한 노력이 자원봉사활동의 역할설계에 필요하다.

자원봉사자의 참여동기를 자극하고 효과적인 자원봉사활동이 이루어질 수 있도록 역할과 직무를 설계하기 위해 다음의 네 가지 구성요소가 유용할 수 있다(Jackson, Locke, Hogg, & Lynch, 2019).

(1) 주인의식의 부여

활동에 참여하는 자원봉사자가 활동내용을 자신의 것이라고 느낄 수 있도록 역할이 설계되어야 한다. 수행해야 할 과업을 완수해야 한다는 주인의식은 자원봉사자에게 자신의 직무에 관한 권한을 높여 주고, 그 업무에 대한 자부심을 느끼게 함으로써 강화될 수 있다. 자원봉사자는 전반적인 통제권을 행사할 수 있는 자신의 과업을 가짐으로서 주인의식을 가질 수 있다. 반면, 자신이 극히 파편적인 단순 업무를 반복하고 있다고 느끼면 업무에 대한 주인의식이 약화된다.

(2) 생각하고 기획할 수 있는 권한의 부여

자원봉사자들은 '단순히 일만 하고 있다'는 생각 대신 '일의 방법을 결정하고 자신의 역할을 한다'는 의식을 갖게 되면 자신의 직무에 대해 보다 높은 동기를 가지게 된다. 현장에서는 자원봉사자들이 직무에 대해 단순한 집행만 하도록 역할설계가 이루어지는 경우가 많다. 그 이유는, 첫째, 자원봉사자들은 단지 짧은 시간 동안만 일할 뿐이고 계속하지 않을 수도 있어 업무가 진행되는 것을 파악하는 데 어려움이 있을 것이라고 생각하기 때문이다. 둘째, 일을 계획하고 결정하는 것은 직원이나 관리자의 일이고 자원봉사자는 이들이 시키는 대로 일해야 한다는 생각을 가지고 있기 때문이다. 그러나 활동 대상자에게 위험이 발생할 수 있는 상황이 아니라면 자원봉사자가 과업을 완수하기 위해서 '어떻게' 활동하는가에 대한 스스로의 모색과 결정이 가능하도록 역할을 설계한다면 동기부여를 높일 수 있다.

(3) 결과에 대한 책임의 부여

결과에 대한 책임을 부여한다는 것은 수행활동에 대한 책임을 부여한다는 것과 대비되는 것이다. 결과에 대한 책임의 부여란 자원봉사자들이 단지 의무적인 일련의 행위나 활동을 반복한다기보다는 활동의 목적달성 그리고 자원봉사활동으로 나타나는 결과에 대해 책임을 지고 있다는 것을 분명히 하는 것이다. 이는 자원봉사자에게 결과의 책임을 묻는다는 부정적인 의미가 아니다. 이보다는 자원봉사자들이 활동과정에 대한 것만이 아니라 결과 또는 성과에 대하여 책임의식을 가진

다면, 자신들이 한 일에 대한 성과에 관심을 집중하게 되고 이를 추구하는 과정에서 보다 큰 창의성과 동기부여, 그리고 만족을 얻을 수 있다는 것이다. 그러나 실제에서는 많은 자원봉사 역할과 직무의 설계 내용은 자원봉사자들이 행해야 하는 일련의 활동을 나열하는 데 그치고 있다. 결과에 대한 책임을 부여하기 위해서는 '자원봉사자가 행하는 활동을 통해서 얻고자 하는 결과가 무엇인가?' '자원봉사활동을 통해서 어떤 변화를 얻고자 하는가?'와 같은 질문을 직무설계상에서 해 보는 것이 유용하다. 역할과 직무의 설계에서 결과에 대한 책임을 부여하는 의도는 활동을 시작하기 전에 자원봉사자들이 알 수 있도록 해야 하며, 자원봉사자에게 주체적으로 해결책을 강구하는 권한과 책임이 뒤따르도록 하는 것이 좋다.

(4) 성공을 위한 평가측정

평가를 측정할 기준과 도구를 개발하는 것이 역할설계에서 중요하다. 즉, 자원봉사활동을 통해 나타난 결과가 성공적이었는지를 어떻게 확인할 것인지 방법을 결정하는 것이다. 평가가 없다면 자원봉사자나 관리자가 자원봉사활동이 어느 정도 성공적이었는지를 알기 힘들며, 따라서 자원봉사활동에 대한 적극적인 동기유발이 어렵다. 평가에 대해 '심판적 기능'이라 하여 부정적 견해를 가질 수도 있으나, 자원봉사자들의 직무수행이 잘 이루어졌는지 그렇지 않은지를 말하지 않는다면 활동하는 데 적절한 자극을 줄 수 없을 것이다. 평가의 기준을 정할 때에는 업무의 담당 직원과 설계단계에서 논의하며 이후에는 실제로 활동하는 자원봉사자들을 참여시켜 수정하여 확정하는 것도 바람직하다. 그리고 자원봉사관리자는 담당 업무의 직원이나 자원봉사자에게 다음과 같이 질문하여 평가의 기준을 도출하는 자문을 수행할 수 있다.

- 자원봉사활동 결과가 성공적이라는 것을 무엇으로 알 수 있는가?
- 성공적인 것을 알려 주는 정보를 어떻게 얻을 수 있는가?

3) 역할기술서의 작성

자원봉사 역할설계과정은 역할기술서(role description)의 작성으로 완결된다. 자원봉사자의 역할을 정확하게 규정하는 것은 성공적으로 자원봉사자를 모집하는 것뿐만 아니라 추후에 그들의 일을 평가하는 데 필수적인 수단이 된다. 성문화된 업무설명은 초기의 오해를 피하면서 직원이 자원봉사자들을 감독하고 평가하는 데 이용되고, 자원봉사자들의 일과 활동이 성공적으로 수행되도록 도와준다.

만약에 역할기술서의 작성이 잘 되지 않을 경우 다시 한번 자원봉사자 각각이 수행할 역할과 직무의 성격과 내용에 대해서 분명해지도록 노력해야 한다. 이 과정에는 직원과 예비적 자원봉사자가 함께 참여하는 것이 좋다. 또한 역할기술서는 반복적으로 사용되는 영구적인 것이 되어서는 곤란하다. 같은 업무가 다음 시기에 반복되는 것으로 보일지라도 역할설계는 다시 한번 이루어져야 하며 이에 따라 역할기술서도 반드시 갱신되어야 한다.

여러 학자가 자원봉사 역할기술서가 포함하고 있어야 할 내용들을 서로 다르게 표현하고 있지만 내용적으로는 유사하다. 대체적으로 역할기술서가 명시적으로 밝혀 주어야 할 내용은 다음과 같다.

- 역할의 명칭
- 역할의 목적과 목표
- 수행해야 할 활동
- 성공의 기준과 평가측정
- 교육훈련
- 지도감독
- 일정
- 장소
- 혜택

이 역할기술서는 자원봉사 프로그램 계획내용을 개별 자원봉사활동 단위로 다시 묘사한 것이다. 하나의 프로그램 내에서도 서로 다른 여러 개의 역할이 있고 별도의 역할기술서가 나타날 수 있다. 특히 역할기술서는 자원봉사활동에 실제 참여할 자원봉사자들의 모집단위별로 직접적 자료가 될 수 있다. 자원봉사 프로그램 계획서는 주된 독자가 기관의 직원 등 업무 관계자이지만, 역할기술서는 자원봉사자 모집에 응했거나 활동에 참여할 수도 있는 잠재적 자원봉사자들이 독자가 되는 것을 가정하여 내용을 쉽게 파악할 수 있도록 작성하는 것이 좋다. 앞에서 살펴보았던 자원봉사 프로그램 사례의 독거노인 음식배달방문 자원봉사 역할기술서는 〈표 5-4〉와 같이 나타낼 수 있다.

표 5-4 자원봉사 역할기술서 사례

① 역할 명칭: 독거노인을 위한 국 배달 및 상담봉사원

② 목적: 취약한 고립노인의 일상생활 안전성 점검
거동이 불편한 독거노인의 식사 품질 증진
독거노인의 사회적 고립 완화와 복지욕구의 파악

③ 활동내용
- 주 1회 사전에 계약한 날짜에 계획된 노선으로 10명의 독거노인 집을 방문하여 따뜻한 국 배달
- 각 가정에 방문 시 노인의 일상생활과 안전성에 문제가 없는지 확인 점검
- 각 가정에 방문하여 국을 배달하면서 이전 배달 시에 사용한 국 배달 용기를 수거
- 배달과정에서 독거노인과 5~10분 대화를 나누며 고립감 완화
- 배달 활동을 하면서 노인에게 추가적인 복지욕구가 있는지 혹은 인근에 도움이 필요한 다른 사람이 있는지 발굴하여 보고

④ 활동의 성공 기준과 평가측정
- 노인의 생활안전과 건강유지
- 노인의 우울감 및 고립감 완화
- 정기적인 방문 및 점검 완수
- 우울감과 고립감에 대한 활동기간 전후의 설문측정, 활동내용의 실적관리 점검으로 평가

⑤ 교육훈련
- 기관과 활동지역의 특성에 대한 교육

- 독거노인의 특성 및 면접방법에 대한 직무교육

⑥ 지도감독
- 담당: ○○복지관 ○○팀 사회복지사 ○○○
- 사전의 필요한 업무 관련 교육
- 자원봉사활동의 진행상황 및 애로사항에 대한 지원

⑦ 일정
- 활동기간: 20○○년 3월부터 8월까지(6개월): 2월 중 교육 참여
- 월, 수, 금요일 중에서 택 1
- 활동시간: 오전 10:00~12:00, 15:30~17:30 중 택 1(30분 전 복지관 도착)
- 별도의 월 1회 자원봉사자 모임 참여

⑧ 장소
- ○○시 ○○구 ○○동 산2번지 및 산5번지 일대지역

⑨ 보상 및 혜택
- 자원봉사활동 중 사고를 대비하기 위한 자원봉사자 상해보험
- 봉사시간 중 식사제공
- 인증: 만근 시 교육과 이동 시간을 포함해 주 3시간씩 80시간 이상 실제 봉사시간 인증

제6장

모집과 선발

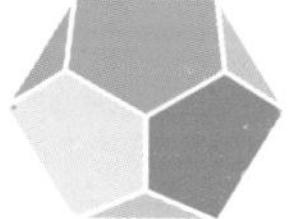

자원봉사 프로그램의 개발과 자원봉사자가 활동할 역할과 활동에 대한 설계가 이루어지고 나면 본격적인 자원봉사자 모집에 들어가게 된다. 자원봉사자는 많으면 많을수록 좋고 자원봉사자가 많으면 더 많은 일을 할 수 있으니 일단 최대한 확보한다는 생각은 근시안적이고 잘못된 것이다. 이런 관점에서 자원봉사자를 활용하다 보면 얼마 안 가서 자원봉사자들이 떠나거나 다른 유사한 기관에 비해 자원봉사자들이 잘 모집되지 않는 양상에 맞닥뜨리게 될 것이다. 자원봉사자를 활용하려는 이유와 활용하고자 하는 직무의 내용에 따라 어떤 자원봉사자를 얼마나 필요로 하는지를 결정하고 이 결정 내용에 따라 자원봉사자를 확보하려는 노력을 시작해야 한다. 경우에 따라서는 원하는 유형과 원하는 인원의 자원봉사자를 충분히 모집하는 데 '실패'할 수도 있다. 하지만 뽑으려는 자원봉사자의 특성과 인원이 불분명한 채로 자원봉사자 모집에 들어가는 것은, 몇 명을 뽑는 결과가 나타나든지 간에, 그 자체로 이미 '실패'이다.

자원봉사자 모집(recruitment)은 사전에 결정된 자원봉사 정책과 프로그램, 자원

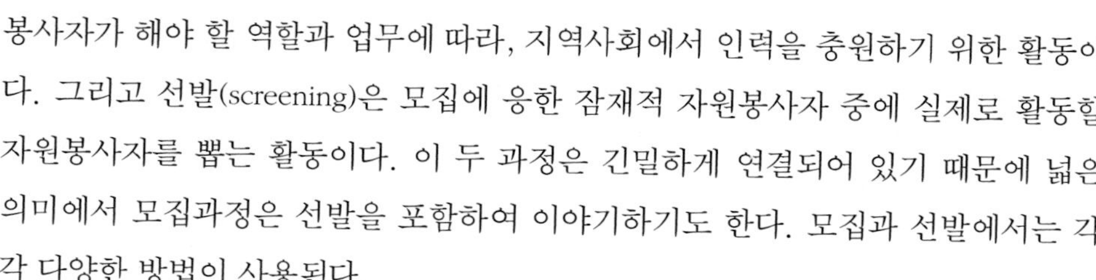
봉사자가 해야 할 역할과 업무에 따라, 지역사회에서 인력을 충원하기 위한 활동이다. 그리고 선발(screening)은 모집에 응한 잠재적 자원봉사자 중에 실제로 활동할 자원봉사자를 뽑는 활동이다. 이 두 과정은 긴밀하게 연결되어 있기 때문에 넓은 의미에서 모집과정은 선발을 포함하여 이야기하기도 한다. 모집과 선발에서는 각각 다양한 방법이 사용된다.

1. 자원봉사자 모집

1) 자원봉사자 모집의 의의와 원칙

모집은 영어로 'recruit'로서 이 단어의 어원은 라틴어의 recroitre이다. 이 어원의 뜻은 '다시 성장하는 것'이라는 의미를 지니고 있다. 이에 따르면 모집은 조직의 새로운 발전을 모색하는 것이라고 할 수 있다. 모집의 뜻에 대해 『Webster 사전』에는 "인원을 충원함으로써 힘을 강화하는 것"이라고 되어 있다. 즉, 단지 사람을 모으는 것 이상의 의미를 가지고 있다.

자원봉사자 모집은 자원봉사자와 자원봉사자를 활용하려는 조직 간의 욕구를 조화시키는 과정으로, 조직이 실행하고자 하는 일을 수행할 의사가 있는 사람을 확인하고 이를 동참시키는 것이다. 여기서 중요하게 고려되어야 하는 것은 상호 간 욕구의 부합성이다. 많은 자원봉사자를 모집하는 것을 관건으로 생각하기 쉽지만 중요한 것은 무조건적인 자원봉사자의 양적 충분성이 아니라, 기획된 사업을 수행하기에 적절한 자원봉사자를 확보하는 질적 충분성이다. 무보수인 자원봉사활동에 참여하는 것이라 해도 활동하는 사람과 필요로 하는 현장 사이에서 서로 간의 욕구가 잘 부합하는 것이 중요하다. 이러한 의미에서 맥컬리와 린치(McCurley & Lynch, 1989)는 자원봉사자 모집의 문제는 충분한 인원을 모집하기 어려운 것보다도 더 중요하게는 '적절한' 자원봉사자를 모집하지 못하는 것이라고 지적하고, 자원봉사자 모집과정을 깔때기에 비유하기도 한다.

결국 자원봉사자 모집은 '현장의 자원봉사 프로그램의 의도 및 기획내용과 부합할 수 있는 활동욕구를 가진 적절한 자원봉사자를 충분히 확보'하려는 것을 의미한다. 때문에 좋은 자원봉사자 모집이 이루어지려면 그 이전 단계라고 할 수 있는 자원봉사 정책 및 프로그램의 개발, 자원봉사자 역할과 직무의 설계가 명확히 완료되는 것, 그리고 모집 이전에 모집방법에 대한 준비가 이루어져야 한다. 모집을 실제로 실행하기 전에 점검해야 할 사항들을 〈표 6-1〉과 같이 정리하기도 한다.

표 6-1 자원봉사자 모집 전에 점검해야 할 사항

1. 현재 누가 우리를 위해서 자원봉사활동을 하고 있으며, 어떠한 업무를 하고 있는가?
2. 왜 그들이 자원봉사활동을 하고 있는가?
3. 그들은 다른 기관의 자원봉사자들과 자신들을 어떻게 비교하는가?
4. 자원봉사자들이 어디서 어떻게 활용될지를 명확히 확인했는가?
5. 자원봉사자들에게 기관의 목적과 임무를 어떻게 설명할 것인가?
6. 직원은 자원봉사자와 자원봉사자 관리자의 역할 모두를 이해하는가?
7. 각각의 업무내용을 설명할 수 있는가?
8. 자원봉사자 모집계획과 달성목표를 가지고 있는가?
9. 사용될 모집 캠페인 방법이 지역사회와 우리가 원하는 예비 자원봉사자들의 계층에 잘 통하겠는가?
10. 우리가 모집대상으로 하는 집단과 관련되는 조직들을 활용하는가?
11. 자원봉사자를 모집하고 면접할 숙련된 사람이 있는가?
12. 모집을 위한 면접 시 어떤 질문을 할 것인가?
13. 면접 시의 질문이 자원봉사자의 업무기술과 관련이 있는가?
14. 위기관리 평가를 하고 있는가?
15. 지원자들을 어떻게 평가하고 비교할 것인가?
16. 모집과 면접에서 탈락된 지원자들을 어떻게 처리할 것인가?
17. 모집과정에서 자원봉사자에게 주는 혜택을 설명해 줄 수 있는가?
18. 직원은 자원봉사자 관리에 대한 교육을 받았는가?
19. 자원봉사자에게 적합한 인사관리제도를 가지고 있는가?
20. 모집활동에 참가한 모든 사람이 자신의 역할을 이해하는가?

출처: 이강현 역(1997).

모집과정은 잠재적 자원봉사자의 욕구나 상황에 대해 민감해야 한다. 성공적인 자원봉사자 모집에 있어서는 적정한 모집 시기 역시 중요하다. 학생이라면 방학 시기가 더 적합하다. 모집 시기와 관련해서 1년에 한 번 집중적으로 모집하는 경우, 필요한 프로그램마다 수시로 모집하는 경우, 일정한 기간마다 정기적으로 모집하는 방법 등의 구별도 가능하다. 단, 모집은 수시로 이루어지더라도 그때그때 우발적으로 실행하는 것이 아니라 이미 자원봉사 프로그램 기획과정이나 직무개발과정을 통해 정해진 계획에 따라 진행되어야 한다. 모집의 방법은 다양하며 획일적이지 않다. 모집하고자 하는 잠재적 자원봉사자들의 특성과 욕구에 맞추어 여러 가지 창의적 방법을 활용해야 한다. 또한 자원봉사자 모집은 자원봉사자 확보라는 목적 이외에도 지역사회와 교류를 증진한다는 측면도 있기 때문에, 가급적 공개적이고 많은 홍보를 통해 기관의 활동을 지역사회에 알리고 개방성을 증진하는 것도 동시에 고려해야 할 필요가 있다.

자원봉사자 모집에서 중요하게 부각될 수 있는 실무적 원칙은 다음과 같다.

- 자원봉사자 모집에는 다양한 방법과 유형이 있다는 것을 기억한다.
- 잠재적인 자원봉사자들의 성향은 계속 변화하고 있다는 점을 감안한다.
- 사전에 기획된 자원봉사활동 역할에 맞는 자원봉사자 특성에 따라 모집방법을 강구한다.
- 자원봉사자 모집활동은 기관에 대한 지역사회의 평판에 영향을 미친다는 점을 기억한다.
- 모집이 잘 이루어지기 위해서는 지속적으로 지역사회와 긍정적인 관계가 유지되어야 한다.
- 자원봉사자 모집은 일회적이지 않고 향후에도 계속 이루어져야 한다는 점을 기억한다.
- 효과적이었던 모집방법과 그렇지 못했던 방법에 대해 분석하고 기록을 남긴다.

2) 자원봉사자 모집의 유형

자원봉사자 모집방법은 그 기준에 따라 여러 가지 방식으로 구별될 수 있다. 가장 일반적인 모집방법의 구분은 다수의 자원봉사자를 모집하는 공고를 제시하는 일반모집과 특정한 사람들을 표적으로 연락하여 모집하는 개별모집의 구분이다. 혹은 모집 시기를 기준으로 일 년이나 특정 기간에 활동할 자원봉사자를 정해진 시기에 한 번에 일괄적으로 모집하는 정시모집과 그때그때 자원봉사활동의 필요성에 따라 이루어지는 수시모집으로 구별하기도 한다. 모집의 공식성에 따라 공식적 모집과 비공식적 모집으로 구분하기도 한다. 모집의 공개성, 모집활동에 주로 사용되는 기술이나 매체 등을 기준으로 모집방법을 구분하기도 한다. 다른 모집과 달리 자원봉사자를 모집한다는 특성에 비추어, 스텐젤과 핀니(Stenzel & Feeney, 1976)는 스스로 강한 동기가 있어서 자원봉사활동에 참여하는 자기모집(self-recruitment), 기존의 자원봉사자나 기관의 직원들을 통한 비공식적 모집(informal recruitment), 지역사회 내에서의 공공광고를 통한 일반적 모집(general recruitment)으로 자원봉사자 모집방법을 구분하고 있다(류기형 외, 2015에서 재인용).

가장 대표적인 모집방법의 유형분류는 특별한 기술이나 자격과 관련 없는 다수의 자원봉사자를 모집하는 방법인 다수모집, 구체적인 표적 인구층을 대상으로 자원봉사자를 모집하는 표적모집, 이미 관계를 맺고 있는 인물들을 통해 모집하는 동심원 모집, 정체성과 연계성이 강한 사람이나 조직으로 이루어진 닫힌 체계로부터의 모집인 주변조직 모집, 자원봉사자의 관심을 불러일으키는 행사를 활용한 모집 등의 구분이다(Jackson, Locke, Hogg, & Lynch, 2019).

(1) 다수모집

다수모집(warm body recruitment)은 대중모집 혹은 대중적 모집방법이라고도 불린다. 이는 특별한 기술이 필요하지 않거나 필요한 기술을 제한된 시간 내에 쉽게 습득할 수 있어 대부분의 사람이 수행할 수 있는 업무를 담당할 자원봉사자를 모집할 때 사용될 수 있다. 특정한 행사나 이벤트에서의 안내와 같이 단시간 동안 간단한 임무를 위해 많은 수의 자원봉사자가 필요할 때 효과적인 방법이다. 지역사회의 불특정 다수를 대상으로 기관의 활동과 자원봉사활동 필요성을 홍보하며 자원봉사자를 모집하려는 것이다. 다수모집을 위한 방법으로는 전통적으로 활용되었던 모집전략이 모두 활용 가능하다.

- 기관의 홈페이지나 매체를 통한 모집공고
- 지역 언론이나 홈페이지 매체 등에 (저가 혹은 무료의) 광고 게재
- 기관의 팸플릿이나 소식지, 벽보나 포스터, 전단지 등 홍보문건 배포
- 각종 지역사회 행사에서 자원봉사활동에 대한 소개와 모집홍보시간 활용
- 지역사회 유력한 단체들과의 접촉

다수모집은 다양한 매체와 자료 그리고 접촉경로를 활용할 수 있으나 모집과 홍보비용이라는 현실적 문제를 감안하여 구체적 모집전략이 강구되어야 한다. 또한 다수모집방법이 전통적인 자원봉사자 모집방법에 해당한다고 해도 구체적으로 활용되는 방법에서는 잠재적 자원봉사자의 변화나 새로운 욕구를 즉각적으로 반영할 수 있는 참신한 매체와 자료를 동원해야 한다. 최근에는 자원봉사자 모집을 위해서도 인터넷상의 기관 홈페이지뿐만 아니라 SNS 등 온라인 매체들이 활용되기도 한다. 특히 리플릿이나 포스터, 광고와 홍보 자료, 지역사회 집단에 대한 연설, 기관 홈페이지 등은 자원봉사자 모집을 위한 수단으로 활용될 수 있는 준비가 언제나 갖추어져 있어야 한다.

(2) 표적모집

표적모집(target recruitment)은 특정 자원봉사업무를 수행할 인구층의 특성이 결정되어 이들을 대상으로 자원봉사자를 모집하고자 할 때 활용되는 방법이다. 특정한 자원봉사 역할이나 활동을 위해서는 특별한 인구학적 특성이나 기술, 지식, 자격 등을 가진 자원봉사자가 필요하다고 사전에 판단되었을 경우 이들을 표적으로 접근하여 홍보하고 모집하기 위한 방법이다. 표적모집도 구체적인 방법에 있어서

는 매우 다양해질 수 있다. 적절한 자원봉사자의 표적모집을 위해서는 일련의 과정을 통해 모집전략이 준비되어야 한다고 보고, 이를 확인하기 위해 다음과 같은 일곱 가지의 질문을 통해 표적모집전략이 적절히 짜였는가를 검토해야 한다(Jackson, Locke, Hogg, & Lynch, 2019).

① 해야 할 일은 무엇인가? (what needs to be done?)

자원봉사자의 욕구를 충족시킬 수 있는 기회, 즉 많은 사람을 유인할 수 있는 열쇠가 역할과 직무이다. 따라서 수행하게 될 역할과 직무는 자원봉사자의 욕구와 맞아야 한다. 그런데 일반적으로 기관에서는 자원봉사자가 필요하다는 내용의 일반적인 메시지만을 전달하는 경우가 있다. 최근에는 자원봉사활동 참여의 양과 종류가 다양해지고 있으며, 특히 단기 자원봉사자(short-term volunteer)가 늘어나고 있는 추세이다. 따라서 표적모집을 효과적으로 수행하기 위해서는 "우리 기관 재가노인봉사 팀에서 독거노인을 위한 자원봉사를 모집한다."와 같은 너무 일반적인 메시지보다는 그 안에서도 서로 다양할 수 있는 구체적인 업무(차량 운전, 도시락 배달, 말벗과 건강체크, 가사도우미, 외출보조 등)에 대한 메시지를 줄 수 있도록 준비하는 것이 좋다.

② 누가 이 일을 하기에 적절한 사람인가? (who is the right person to do it?)

모집하고자 하는 일에 적합하다고 생각되는 잠재적 자원봉사자를 명확히 해 두어야 한다. 예를 들어, 다음과 같은 질문에 대한 응답이 그 예가 될 수 있다.

- 특정한 연령대의 사람이 적절하다고 보고 원하고 있는가?
- 특정 성이나 인종의 배경을 가진 사람을 원하는가?
- 어떤 전문적인 기술을 가진 사람을 원하는가?
- 종교나 학력, 건강상태 등의 측면에서 이 일에 더 잘 맞는 사람이 누구인가?

③ 어디서 그들을 찾을 것인가? (where will you find them?)

모집하고자 하는 표적이 되는 사람들을 결정했다면 어디서 그들을 찾을 수 있는지 검토해야 한다. 그들은 지역사회 모든 곳에 존재할 수 있지만 특정 인구층마다 더 용이하게 만날 수 있는 곳이 다르다. 예를 들어, 학교 및 지역사회의 대형 할인마트, 공연장 등의 장소에서 주로 만날 수 있는 사람이 다르다. 직접 대상자를 접촉하는 물리적 공간이 아니더라도 지역사회 케이블방송 광고를 통해 접촉이 용이할 수도 있지만, 어떤 사람들은 인터넷을 통해 접촉이 더 용이할 수도 있다. 표적이 되는 인구층을 접촉할 수 있는 장소에 대한 결정이 명확해져야 한다.

④ 그들과 어떻게 대화해야 하는가?
(how should you go about communicating with them?)

모집의 표적이 되는 잠재적 자원봉사자들에게 모집 메시지를 어떻게 전달할 것인가에 대한 결정을 의미한다. 가장 효과적인 방법은 쌍방의 대화이고 이를 위해서 기존의 자원봉사자나 직원들과 잠재적 자원봉사자 표적집단과의 대화의 기회를 만드는 것이 좋으나 현실적인 어려움이 많이 작용한다. 이럴 경우 불가피하게 일방적 의사소통 수단인 홍보 인쇄물, 보도자료 포스터, 신문광고, 손으로 나눠 주는 전단, 지역사회 매체에의 출연과 같은 방식에 의지할 수밖에 없다. 하지만 이런 일방적 의사소통의 방법일 경우라도 잠재적인 자원봉사자가 문의를 요청할 수 있고, 욕구와 기술에 대해 정확히 말할 수 있도록 문의를 위한 창구를 개설해 두는 것은 중요하다.

⑤ 표적이 되는 사람들의 동기욕구는 무엇인가? (what do they need?)

효과적인 모집이 되기 위해서는 자원봉사자들의 일반적인 동기가 무엇인가, 그리고 사람들의 유형에 따라 동기가 어떻게 달라지는가 등에 대해 알고 있어야 한다. 특히 표적모집에 있어서는 표적이 되는 잠재적 자원봉사자의 활동 참여동기에 대한 고려가 필요하다. 왜냐하면 잠재적 자원봉사자들의 동기를 자극함으로써 자원봉사에 참여하도록 하여 성공적인 모집이 될 수 있기 때문이다.

자원봉사활동에 참여하는 구체적인 동기는 '친교' '지역사회 기여' '어려운 사람에 대한 도움' 등과 같이 모든 사람에게 공통적인 것들도 있으나 '집 밖에서의 활동과 생활에 대한 경험'(주부), '모험적이고 어려운 시도와 성공을 통한 주변의 인정'(청소년층), '취업이나 전문성 고양을 위한 자원봉사활동 경력'(사회복지 등 해당 활동 업무 관련 전공자), '과거의 활동을 유지하고 지역사회를 위해 능력발휘'(퇴직노인층) 등 특정 인구층에서 두드러지게 나타나는 동기욕구들도 있음을 감안하고 잠재적 자원봉사자에게서 두드러지게 부각될 수 있는 동기욕구를 확인해야 한다.

⑥ 표적모집 대상자에게 무엇을 이야기할 것인가? (what will you say to them?)

표적모집의 대상이 되는 잠재적 자원봉사자에게 모집홍보를 위해 어떠한 내용을 전달해야 하는가에 대한 결정이 필요하다. 접촉과 매체이용의 현실적 한계에 의해 모든 내용을 상세히 이야기할 수 없는 경우가 많으므로 반드시 필요한 내용을 중심으로 우선적으로 전달해야 한다. 자원봉사활동이 필요한 사회적 욕구, 자원봉사자의 역할, 역할수행에서의 두려움이나 어려움, 자원봉사자에게 주어지는 혜택 등 네 가지에 대한 전달이 필수적이다.[1]

1) 잭슨 등(Jackson et al., 2019)은 이 네 가지에 대한 내용의 전달에서 유의해야 할 점을 설명하고 있다. 첫째, 욕구에 대한 설명은 기관이 왜 자원봉사자에게 특정한 업무수행을 바라는지에 대해 언급하는 것이다. 욕구에 대해 설명할 경우에는 자원봉사자들이 자신들의 봉사활동이 사회적 욕구 충족과 문제해결에 도움이 될 수 있다는 방식으로 설명하는 것이 바람직하다. 둘째, 역할설명은 잠재적 자원봉사자로 하여금 왜 그들의 활동이 중요한지를 알게 하고 그 업무에 가치 있는 시간과 노력을 투자할 사람을 쉽게 가려낼 수 있게 한다. 잠재적 자원봉사자에게 역할에 대해 설명을 할 때 모집자는 가능한 한 생생하게 잠재적 자원봉사자들이 머리에 떠올릴 수 있도록 직무설명을 할 필요가 있다. 또한 직무설명은 과장이나 미화되는 것 없이 정직하게 해야 한다. 셋째, 두려움이나 어려움은 자원봉사활동에서 필요한 역할을 수행할 때 겪을 수 있는 어려움이나 두려움에 대해 사실대로 솔직히 이야기하는 것이다. 이를 통해서 잠재적 자원봉사자들이 오히려 잘 몰라서 비현실적인 두려움이나 주저함을 과도하게 가지는 것을 예방하려는 것이다. 넷째, 혜택과 의의에 대한 설명은 자원봉사자들이 기관과 지역사회를 돕는 활동을 함으로써 그들 자신에게 이익이 되는 것을 어떻게 찾을 것인지에 대해 도움을 준다. 여기서 혜택은 자원봉사자에게 주어지는 구체적 보상만을 의미하는 것이 아니라 잠재적 자원봉사자가 가진 욕구가 기관에서의 활동에 의해 충족될 수 있다는 것을 포함한다. 다양한 친교의 기회가 될 수 있다는 점, 해당 직무영역의 사회문제를 직접적으로 완화시키는 데 기여한다는 점 등도 모두 혜택에 대한 설명이 될 수 있다.

⑦ 모집자를 어떻게 준비시킬 것인가? (how will they know what to do?)[2]

자원봉사자를 모집할 모집 담당자에 대한 명확한 결정이 필요하다. 흔히 모집 담당자는 당연히 자원봉사관리자가 되어야 한다고 생각할 수 있다. 그러나 전반적인 담당은 관리자가 하더라도 구체적인 상황에서 표적집단을 만나고 모집홍보를 수행하는 주체는 다양하게 고려될 수 있다. 예를 들어, 이미 지원봉사자로 활동하고 있는 사람이 자원봉사자 모집을 위해 활동하는 경우 표적이 되는 잠재적 자원봉사자들과 유사성이 많아 모집 대상자들에게 신뢰를 줄 수 있는 장점도 있다. 이 밖에도 업무담당직원, 기관의 책임관리자, 지역사회의 다른 외부 관련 인사 등 다양한 모집자를 활용할 수 있고 상황에 맞추어 다양한 주체를 혼합하여 활용할 수 있다. 경우에 따라서는 자원봉사자 모집을 담당하는 자원봉사자를 선발하여 전담자로 활용하거나 모집만을 담당하는 직원을 편성하는 경우도 있다. 이는 표적이 되는 잠재적 자원봉사자를 접촉하고 홍보하는 것이 가지는 중요성을 나타내는 것이다.

표적이 되는 잠재적 자원봉사자를 접촉하고 모집할 사람들이 결정되면 이들이 모집에 나설 수 있도록 교육하고 준비시키는 과정이 필요하다. 모집자가 실제 자원봉사활동 업무영역의 전담자가 아닌 경우 특히 이 과정은 중요하다. 만약 모집자가 표적집단과의 접촉과정에서 지식과 정보가 모자라 설명을 잘못하거나 질문에 적절히 대답하지 못하는 경우 기관의 신뢰성에 손상을 초래할 수도 있다.

(3) 동심원 모집

동심원 모집(concentric circles recruitment)은 기관과 이미 관계가 확보되어 있는 사람들에서 출발하여 자원봉사자를 모집하는 것이다. 이미 우리 기관에서 자원봉사활동 등을 통해 주어지고 있는 서비스가 동심원의 중심이라면, 이는 직간접적으로 지역사회 전체로 퍼져 나가는 동심원 파동을 나타나게 된다. 자원봉사활동이 이

2) 잭슨 등은 표적모집의 단계에 대해 여기서 소개한 것과 같이 일곱 가지의 질문에 따라 모집과정을 준비 및 진행하는 것이라 설명하고 있다. 그런데 이보다 앞선 맥컬리와 린치의 연구에서는 마지막 일곱 번째 단계 질문을 '누가 모집자를 맡을 것인가?(who will do it?)'와 '모집자를 어떻게 준비시킬 것인가(how will they know what to do?)'로 구별하여 총 8단계의 질문으로 제시하고 있다. 기본적인 내용은 동일하다.

루어지면 이 활동과 서비스에 대해서 관련을 맺고 알게 되는 사람들이 점차 많아지기 때문이다. 이렇게 확산되어 가고 있는 관계망을 통한 접촉으로 새로운 자원봉사자를 모집하여 이들이 기관의 자원봉사자가 되도록 하는 것이다. 이 모집방법에서 동심원을 구성하는 주요 접촉지점을 예로 들면 다음과 같다.

- 기존의 자원봉사자
- 자원봉사자의 친구나 친인척 등 지인
- (자원봉사활동을 통한 서비스의) 기존 수혜자
- 수혜자의 친구나 친인척 등 지인
- 직원
- 이사회
- 기부자
- 가까운 지역의 이웃
- 지역사회 내에서 기관과 관련된 분야에서 일하거나 퇴직한 사람

이들을 접촉하여 모집하는 것은 자원봉사활동 수요기관의 입장에서는 비교적 용이하고 효율적인 모집방법이 될 수도 있다. 기관에서 자원봉사활동을 통해 이루어지고 있는 서비스의 필요성이나 긍정적 결과들을 이미 이해하고 있는 인물들이기 때문에 소통하고 이야기를 주고받는 것이 상대적으로 쉽다. 다만, 기존의 자원봉사활동과 서비스가 비교적 성공적이고 지역사회 내에서 좋은 평판을 받고 있어야 활용하기 쉬운 모집방법이 된다.

(4) 주변조직 모집

주변조직 모집(ambient recruitment)은 흔히 연계성 모집으로 불리기도 한다. 지역사회에 존재하는 정체성과 연계성이 강한 사람이나 조직으로 이루어진 닫힌 체계로부터의 모집방법이다. 예를 들어, 학교나 특정한 협회나 모임, 회사, 종교단체, 군대 등을 중심으로 자원봉사자를 모집하는 것이다. 이 경우에는 자원봉사자 개인

단위보다도 관련된 단체에 접촉하는 것이 주가 된다. 관련 조직에 해당 조직의 미션을 잘 수행하기 위해서는 우리 자원봉사기관에서 자원봉사활동을 수행하는 것이 매우 중요한 일이라는 것을 설득하고 이를 통해 해당 조직의 멤버십 활동내용에 자원봉사활동이 포함되도록 한다. 이를 통해 조직의 멤버들이 우리 기관에서 자원봉사활동을 할 수 있도록 유인기제를 만드는 것이다.

이 모집방법은 지역사회 내의 표적집단이나 조직에게 특정 자원봉사활동이 적절하다고 판단되고 이들에게 활동과 홍보방법을 잘 맞출 수 있을 때 특히 효과적인 모집방법이 될 수 있다. 이 모집방법에서는 활동참여를 위한 철학이나 신념을 설명하는 것, 자원봉사활동을 필요로 하는 기관의 가치를 잘 소개하는 것, 실제 자원봉사활동 참여를 위해 지속적인 지지체계를 활용하는 것이 중요하다.

(5) 행사의 활용

자원봉사자가 특정한 행사와 같은 단기간의 활동에 참여하는 경우도 많다. 특히 최근에는 단기 자원봉사자가 늘어나는 추세이고 일회성 자원봉사활동도 많다. 이러한 일회성 활동을 수행하기 위한 자원봉사자의 모집이 필요 이상으로 긴 시간이 소요되는 것은 부적절할 수도 있다. 아울러 일회성의 이벤트나 행사 자체가 (원래 행사의 목적은 다른 공익성에 있다고 해도) 자원봉사자 모집을 위한 기제로 활용될 수도 있다. 때문에 기관의 행사, 특히 자원봉사자가 참여하고 있는 행사들은 자원봉사자 모집을 위한 방안으로 활용되는 것이 중요할 수 있다. 물론 기금확보를 위한 행사와 마찬가지로 자원봉사자 모집 자체를 위한 행사를 기획할 수도 있다.

이러한 행사에서는 다양한 자원봉사 역할과 활동을 알려 줄 수 있어야 하고, 고도의 자격이 필요하지 않은 활동들이 안내되어야 하고, 다른 사람들과 즐겁게 할 수 있는 자원봉사활동이라는 것이 드러나야 하고, 매체의 관심을 끌 수 있는 포토제닉과 같은 활동들이 포함되어야 한다.

이상의 자원봉사자 모집방법은 배타적인 구별방법은 아니다. 즉, 실제의 모집활동은 표적모집이면서 동심원 모집이고 주변조직 모집의 성격을 동시에 가질 수도

있고, 또 다수모집이면서 동심원 모집과 행사의 활용방법을 동시에 활용할 수도 있다. 중요한 것은 자원봉사자 모집방법에서의 특징과 특정한 자원봉사자 역할 및 직무에 가장 잘 부합하는 모집방법을 파악하여 준비하는 것이다.

3) 자원봉사자 모집활동의 다양성

모집전략이 다수모집이건 표적모집이건 간에 적절하고 효과적인 모집매체를 활용하는 것이 중요하다. 또한 단일 매체만을 활용하는 것이 아니라 여러 매체를 통해 모집에 대해 지역사회에 알려야 하며 지역사회의 매체활용 변화 양상에 비추어 인터넷 활용과 같이 매체를 지속적으로 변화시키고 최신화하려는 노력이 필요하다. 제이콥슨(Jacobson, 1990)은 모집은 연속적인 활동이라고 말하면서 기관이 자원봉사자 모집을 위해 활용하는 대표적인 매체활동을 다음과 같이 제시하고 있다.

- 대면(혹은 일대일) 접촉
- 슬라이드쇼나 시청각 자료를 통한 연설
- 기관개방이나 방문
- 편지나 우편자료
- 각종 홍보자료(스티커, 포스터 등)
- 대중매체를 이용한 홍보
- 전시
- 뉴스레터

모집을 위해 매체를 활용하여 홍보자료를 작성할 때의 일반적인 유의점은 다음과 같다. 물론 모집대상층의 특성에 따라 융통성을 가지는 것이 중요하다.

- 간결하고 호소력 있는 표현을 사용하되, 짧은 표현 속에서도 자원봉사를 하고 싶은 동기를 유발시키도록 한다.

- 지나치게 많은 내용을 담기보다는 자원봉사활동 자체에 관심을 가질 수 있게 초점화한다.
- 자원봉사활동의 내용에 치중하기보다는 활동이 가진 의미나 가치 등을 함께 전달하여 활동의 취지나 필요성에 공감하여 참여동기를 높인다.
- 사람들의 이기적 동기에 호소하는 것이 효과적인 홍보원칙 가운데 하나이므로, 자원봉사활동 참여를 통해 사회에만 이득이 되는 것이 아니라 참여하는 당사자들에게도 여러 가지 이득이 된다는 점도 동시에 강조한다.

맥컬리(McCurley)와 빈야드(Vineyard)는 『자원봉사 프로그램의 기획과 관리를 위한 101가지 아이디어』라는 저서를 통해 자원봉사자 모집활동에서 필요한 구체적인 활동지침을 다음과 같이 35가지로 소개하고 있다(이강현 역, 1997). 시기적 변화에 따라 활용성에 차이는 있지만 실무적으로 감안할 수 있는 지침들이다.

- 아파트 주민회 또는 부녀회를 방문하여 자원봉사자와 자원봉사자에 의해 서비스를 받고 있는 클라이언트에 관한 슬라이드나 비디오를 보여 준다.
- 자원봉사활동에 관한 교육이 대기업의 정년퇴직자를 위한 세미나에 하나의 강좌로 채택되도록 섭외한다.
- 최근 자원봉사 프로그램을 지역사회의 각급 학교 및 지역 방송 · 신문사에 알리고 홍보를 의뢰한다.
- 자원봉사활동과 기관에 관하여 연설을 한 후 관심을 가진 모든 사람의 이름과 연락처를 빠짐없이 확인하고 가능한 한 일주일 안에 그들에게 연락을 취한다.
- 대규모 그룹을 상대로 설명을 할 경우는 관심 있는 지원자를 접수하고 자신의 경험을 보여 줄 수 있는 여러 명의 자원봉사자와 함께 참여하여 활용한다.
- 홍보를 통하여 자원봉사 모집을 지원해 줄 수 있는 지역사회 단체 · 조직을 찾아 섭외한다. 그리고 그들의 정기모임에 출석하여 자원봉사 프로그램을 소개하고, 회원에게 설명서를 보내 주고 그들의 게시판을 활용한다.
- 당신의 프로그램과 유사하거나 관련되는 일을 하고 있는 기관 · 단체 · 학교

등을 조사한다. 유사한 일에 관련된 사람들은 당신의 프로그램을 위한 자원봉사자로 모집될 가능성이 매우 높다.

- 모집에 있어서 중요한 것은 홍보이다. 홍보문안은 조직의 연혁 등이 아닌 지역사회의 문제점 및 욕구와 그것들을 해결하는 데 시민이 자원봉사자로서 어떻게 도울 것인지에 관한 것으로 구성한다. 그리고 홍보문안을 신문 칼럼이나 공익란에 실을 수 있도록 섭외하거나 광고주에게 부탁하여 광고에 삽입하는 방안을 모색한다.
- 다른 자원봉사 그룹들과 함께 지역사회 내의 백화점이나 기업체에서 후원하는 자원봉사대회 등을 열어 홍보효과를 높인다.
- 신문사나 지역 언론의 구인광고란 등에서 일부를 자원봉사 모집안내를 위하여 할애하여 줄 것을 요청한다. 필요하다면 광고료를 지불한다. 광고내용에 자원봉사활동을 통하여 새로운 기술을 배우게 되고 새로운 직업 분야를 탐색할 수 있음을 명기한다.
- 종교기관, 단체에 자원봉사 모집을 알리고 주보 · 회보 등을 통하여 홍보해 줄 것을 부탁한다.
- 당신의 기관에서 하고 있는 프로그램의 목적이 각급 학교의 교과과정에 부합된다면 담당교수나 교사에게 그것이 수업의 일환으로 할당될 수 있는지 알아본다.
- 회사의 인사담당자에게 자원봉사활동의 의의와 기회를 설명하고 그 회사의 정년퇴직자와 현 직원들에게 자원봉사활동에 참여할 수 있도록 권장해 줄 것을 섭외한다.
- 집단, 개인, 미디어, 클럽, 기업 등의 자원목록을 만들고 이름과 연락처, 과거 당신 기관과의 관계, 출판물 등 도움이 되는 모든 정보를 수집한다.
- 어떤 특정 프로젝트에 그룹 전체를 끌어들일 수 있는 기회를 모색하라. 예를 들어, 해변의 장애인 캠프를 위하여 스킨다이버 클럽에 안전대책을 요청할 수 있으며, 레크리에이션협회에 진행을 의뢰할 수 있고, 라이온스클럽에 스폰서 요청을 할 수도 있다.

- 지역사회 내의 창조적 리더들을 발굴하고 자원봉사활동에 참여하도록 하여, 특히 모집을 위한 자원봉사자로 활용한다. 그들은 자신의 동료들이 자원봉사자로서 활동하도록 가장 훌륭하게 설득할 수 있는 사람이다.
- 교사, 목사 또는 그룹의 리더를 끌어들이려고 시도할 때 그들 그룹의 회원 중 하나가 당신을 도와 그들을 설득하는 것이 좋다. 그리고 당신이 그들 그룹의 회원으로 가입해서 그들을 납득시키는 방법도 때로는 필요하다.
- 잠재적 자원봉사자의 입장에서 모집상담이 이루어져야 한다. 그리고 그들이 관심을 갖도록 하기 위해 무엇을 할 수 있는가? 당신 스스로에게 물어보라. 이것이 모집상담에 있어서 가장 중요한 것이다.
- 한 그룹 전체를 자원봉사자로 끌어들이려고 시도할 때, 그들의 신조나 강령을 미리 파악하고 상담 도중 인용하고 그들 식의 말투를 사용하라. 물론 과도함은 금물이다.
- 다른 사람을 자원봉사자로 참여시키려고 시도하면서 개인적으로 왜 이 직무가 자신에게 부여되었는지를 설명하는 것은 바람직하지 못하다. 그것은 공적 직무가 개인적으로 당신에게 위임되지 않았다면 다른 어떤 사람이 모집업무를 수행했을 것이기 때문이다.
- 항상 기관 · 조직의 필요에 의해서가 아니라 '클라이언트에 대한 서비스'라는 입장에서 모집 캠페인을 수행해야 한다. 사람들은 기관 · 조직을 위해서가 아니라 클라이언트를 위해서 일하기를 희망한다.
- 기업체를 끌어들이려고 시도할 때는 그들의 광고 슬로건을 파악하여 그것을 이용하여 당신의 제안 내용과 방법을 구성한다.
- 모집될 사람들에게 그들이 수행하게 될 과업의 내용과 예상되는 소요시간 및 활동기간을 알려 주고 혜택을 받게 되는 대상이 있다면 그가 누구인지를 알려준다.
- 억지로 사람들을 끌어들이려고 할 것이 아니라 사람들이 활동참여를 거절할 수밖에 없는 장애요인을 해결하기 위해 노력해야 한다.
- 참여를 거절하는 잠재적 자원봉사자가 죄의식을 갖도록 해서는 안 된다. 다음

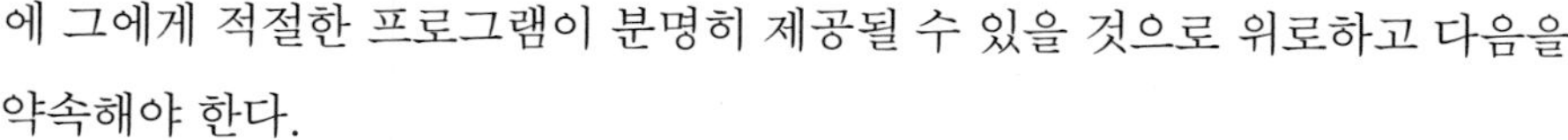

에 그에게 적절한 프로그램이 분명히 제공될 수 있을 것으로 위로하고 다음을 약속해야 한다.

- 사람들에게 모집상담을 할 때 정직하고 진솔하게 대한다. 수행하게 될 과업의 내용을 결코 고의적으로 쉽거나 짧은 시간 내에 처리할 수 있다고 장담해서는 안 된다.
- 자원봉사 모집의 철칙은 아무나 환영하는 것이 아니라 적절한 사람을 찾아내는 것이다. 바람직한 사람을 구할 수 없다고 해서 아무나 받아들여서는 안 된다.
- 백화점이나 체인점, 대형 할인마트 등에서 자원봉사 프로그램을 알리는 문안이 새겨진 포장지나 종이가방을 사용하도록 요청한다.
- 잠재적 자원봉사자들이 부담을 느끼지 않도록 가능하면 과업의 1회 단위량을 작게 나누어 구성하고 이를 잠재적 자원봉사자들에게 알려 준다. 과도 · 과소하지 않도록 적절히 편성해야 한다.
- 자원봉사자를 모집할 때 과업의 내용과 성격, 그리고 책임을 자세히 설명하지 않고 과업의 타이틀만 내세워서는 안 된다. 예를 들어, 비서직이라고 하면 사람마다 제각기 여러 가지 상상을 할 수 있기 때문에 혼란이 일어난다.
- 모집된 사람들이 수행하게 될 전반적 과업유형에 대한 일람표를 작성하여 제시해야 한다. 그것은 다른 사람들과 함께 일하는 자원봉사자들에게 각각의 개인적 역할을 명확하게 이해시킬 수 있다.
- 항상 직무설계서를 제공하라. 비록 직무설계서가 하나의 문장으로 된 간단한 내용일지라도 이 방법은 자원봉사 책임업무를 명확히 알 수 있게 하는 방법이 된다.
- 직원이나 자원봉사관리자가 할 일과 자원봉사자가 할 일이 명확히 구별되고 확인되기 전에 자원봉사자를 모집해서는 안 된다.
- 현재 활동하고 있는 기존의 자원봉사자들에게 그의 친구들을 자원봉사자로 모집할 것을 권유한다. 초청 다과회 등의 프로그램을 통한 회원배가운동도 좋은 방법이다.
- 철도역, 버스터미널, 공항이나 종합병원, 아파트 단지, 극장 등 사람이 많이 모

자원봉사자 신청등록카드

접수번호: 접수일시: 년 월 일 접수자:

<table>
<tr><td>대상 구분</td><td colspan="7">개인( ) / 단체(명 :)</td></tr>
<tr><td>성명</td><td></td><td>성별</td><td>남 여</td><td>연령</td><td></td><td>결혼</td><td>기혼 미혼</td></tr>
<tr><td>생년 월일</td><td colspan="3">년 월 일 (음, 양)</td><td>주민등록 번호</td><td colspan="3"></td></tr>
<tr><td rowspan="2">주소</td><td colspan="7">자택: 전화번호:</td></tr>
<tr><td colspan="7">직장: 전화번호:</td></tr>
<tr><td>연락처</td><td>휴대폰</td><td colspan="2"></td><td>이메일</td><td colspan="3"></td></tr>
<tr><td>직업</td><td colspan="4">학생( ) 주부 ( ) 회사원( ) 공무원( ) 무직( )
기타( )</td><td>종교</td><td colspan="2"></td></tr>
<tr><td rowspan="2">학력</td><td colspan="7">(대)학교 학년(과) 반(학년) 번호(학번)</td></tr>
<tr><td colspan="7">미취학( ) 초 · 재( ) 초 · 졸( ) 중 · 재( ) 중 · 졸( ) 고 · 재( )
고 · 졸( ) 대 · 재( ) 대 · 졸( ) 대학원 · 재( ) 대학원 · 졸( )
기타( )</td></tr>
<tr><td rowspan="2">참여동기</td><td colspan="7">이웃봉사( ) 자기발전( ) 지역발전( ) 여가선용( ) 종교신념( )
경험축적( ) 학교권유( ) 기타( )</td></tr>
<tr><td colspan="7">간단한 서술:</td></tr>
<tr><td>참여경로</td><td colspan="7">직원소개( ) 개인소개( ) 소식지( ) 홍보전단지( ) 신문방송( )
지역신문( ) 학교( ) 종교단체( ) 기타( )</td></tr>
<tr><td colspan="8">희망봉사활동 프로그램</td></tr>
<tr><td colspan="2">아동활동</td><td colspan="2">노인활동</td><td colspan="2">장애인활동</td><td colspan="2">기타</td></tr>
<tr><td colspan="2"></td><td colspan="2"></td><td colspan="2"></td><td colspan="2"></td></tr>
<tr><td>봉사 가능시간</td><td>주 ( )회</td><td colspan="2">요일</td><td colspan="4">: – :</td></tr>
<tr><td>비고</td><td colspan="7"></td></tr>
</table>

○○종합사회복지관

그림 6-1 자원봉사자 카드의 구성 모습

이는 장소의 게시판에 모집광고 포스터를 부착하거나 안내 팸플릿을 상시 비치해 둔다.

자원봉사자 모집홍보에는 가입신청 양식이 함께 제공되는 경우도 많다. 번거로움을 피하기 위해 처음 모집에 응했을 때의 가입신청은 연락처 확인 등으로 간단히 하고, 이후 선발 절차를 거쳐 자원봉사활동 참여가 확정된 다음에 자원봉사 신청서나 카드 등을 작성하기도 한다. 기본적인 신청서식은 사전에 갖추어져야 한다. [그림 6-1]과 같은 서식이 활용되곤 한다. 최근에는 개인정보보호 등을 위해 자원봉사활동과 직접적으로 관련되지 않는 개인정보(예: 생년월일, 주민등록번호, 학력 등)는 기록하지 않기도 한다. 반면, 자원봉사자의 인적사항이 자원봉사활동과 직간접적으로 관련되는 경우도 있다. 때문에 개인정보의 수집 정도는 실무적으로 판단하되, 과도한 정보수집은 피하는 것이 좋다.

2. 자원봉사자 선발과 면접

1) 선발의 의미

모집과정을 통해 잠재적 자원봉사자들이 자원봉사활동 신청을 하고 기관에 연결되었다고 해도 이들이 아직 활동에 참여하는 자원봉사자가 된 것은 아니다. 비록 급여를 받는 직업 활동이 아니라고 해도 자원봉사활동은 수요자와 공급자 상호 간의 욕구가 일치되었을 때 활동하게 되는 공적인 것이므로 모집에 응한 신청이 곧장 활동과 연결된다고 할 수는 없다.

과거 사회복지 현장 등에서는 자원의 절대적 결핍으로 인해 많은 수의 자원봉사자를 확보하는 것만이 관심사가 되기도 하였다. 이에 따라 모집에 응한 신청자의 적절성을 검토하지 않고 모든 신청자를 자원봉사자로 활용하는 경우도 있었다. 그러나 신청자가 되었다는 것은 실제 활동에 임하는 자원봉사자가 되었다는 것과는 전혀 다른 의미이다. 신청자는 잠재적 자원봉사 자원인 것이며 이들을 실제 활동하는 자원봉사자로서 적절한지를 확인하는 절차가 이루어진다. 잠재적 자원봉사자와 기관이 가지고 있는 욕구가 서로 조화될 수 있는 것인지를 알아보고 적절한 자원봉사자를 뽑는 것이 선발과정이다. 어느 정도는 모집과 신청과정에서 양측의 공유점에 대해 확인되어야 하고, 넓은 의미에서의 모집은 선발과정을 포함하기도 한다. 하지만 실무에서 많은 경우에 모집과정까지는 잠재적 자원봉사자와 개별적으로 충분한 의사소통이 이루어지지 못한다. 따라서 선발과정을 통해 자원봉사자와 기관의 욕구가 일치하는 부분을 최종적으로 확인하고 추출하게 된다.

모집과정을 통해 자원봉사활동을 신청한 사람들 모두가 기관에서 상정하고 있는 업무에 적절한 사람일 가능성은 드물다. 따라서 자원봉사 신청자 중 계획된 자원봉사활동에 가장 적절한 사람을 선발하는 것이 중요하다. 선발을 위해 사용되는 가장 보편적인 방법이 면접(interview)이다. 즉, 면접은 선발을 위해 활용되는 방법이다.[3] 면접을 통해서 적절한 사람이 선발되면 이들을 사전에 기획되었던 다양한 자원봉사 역할과 직무 중에서 가장 적절한 과업에 배치하게 된다.[4] 물론 이는 기관이 일방적으로 결정하는 것이 아니라 자원봉사 신청자와의 상호작용을 통해서 이루어진다.

기관이 자원봉사자들의 활동으로부터 최대의 공공성과 서비스 혜택을 기대하고, 자원봉사자들 역시 만족을 얻게 하려면 세심한 선발과정을 통해서 선발하고 그들에게 가장 잘 부합하는 업무를 부여해서 배치하는 작업을 완료해야 한다. 그리고 이때 면접이 가장 정확한 판단을 할 수 있도록 도와주는 일반적인 방법이다.

3) 물론 선발을 위해서 면접만이 유일한 방법은 아니며, 여러 다른 방법이 대신 활용될 수도 있고, 혹은 혼합되어 활용될 수도 있다. 한편에서는 면접의 기술이 자원봉사 관리과정에서 선발에서만 사용되는 것이 아니라 다른 단계, 예를 들어 교육훈련이나 지도감독 혹은 평가나 해고를 위해서도 사용된다. 그러나 여기서는 자원봉사 관리과정 중 하나로서의 선발, 그리고 선발에서 가장 많이 사용되는 방법으로서 면접의 용어를 사용한다.

4) 경우에 따라서는 배치가 선발과정의 다음이 아니라 교육훈련 단계의 다음에 위치하는 것으로 보기도 한다. 그러나 선발과 배치가 이루어진 후에 교육훈련이 이루어지곤 하므로 선발과정에 배치를 연결지어 살펴보는 것이 무리가 없다.

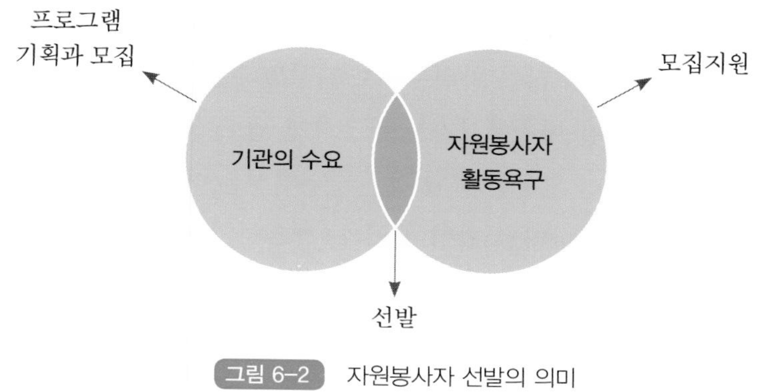

그림 6-2 자원봉사자 선발의 의미

면접의 과정을 통해서 자원봉사자 개개인은 자신의 자원봉사활동에서의 기대 또는 목표들 그리고 참여에의 진정한 동기들을 확인할 수 있어야 하고, 이에 적합한 업무가 부여되어야 한다. 적절한 사람을 적합하고 잘 계획된 업무에 배치하는 것이 자원봉사관리자에게도 가장 보람 있는 경험이 된다. 자원봉사관리자에게 가장 중요한 것은 기관을 위해서 무엇인가를 생산하는 것에만 있는 것이 아니고 이와 아울러 자원봉사자 개개인을 성장 · 발달시키는 경험을 통해 이들의 활동이 유용한 자원이 되게끔 하는 데 있다.

면접과정에서는 설계된 직무기술서를 통해 각 자원봉사 업무의 요구조건들을 상세히 설명해 주고 상호 의견 및 정보 교환을 통해 자원봉사자 개개인의 동기, 의욕 그리고 구체적 목표들이 결정되고, 이들 정보를 바탕으로 적절한 자원봉사자가 참여할 수 있도록 하는 기초가 형성되어야 한다.

선발은 하나의 협상과정(negotiation process)으로 볼 수 있다. 이 협상과정을 통해 기관과 자원봉사자 욕구 사이의 양립가능성을 결정하는 것이다. 선발은 계획된 자원봉사활동을 수행하는 데 필요한 자질과 기술을 갖춘 자원봉사자를 얻기 위한 과정이다. 모집 캠페인을 통해 자원봉사활동을 신청한 사람들을 모두 자원봉사자로 활용하면 좋겠지만, 모두가 적합한 사람일 수는 없다. 그리고 어떠한 지원자가 적합한가 하는 것은 선발의 상황마다 다양하다. 따라서 선발에서 적용되는 구체적인 기준은 모두 달라지게 된다.

모집과정을 통해 응모한 자원봉사자 중에서 적절한 자원봉사자와 부적절한, 즉 기관의 업무와 상황에 맞지 않는 자원봉사자를 구별하는 것이 선발과정의 핵심이 되는데, 이는 적절치 못한 자원봉사자를 활용하게 될 경우의 위험성과 관련된다. 적절치 못한 자원봉사자를 활용하게 될 경우의 위험성은 다음과 같다.

첫째, 부적절한 실천이 나타날 위험이 있다. 적절하지 못한 자원봉사자들은 기관의 클라이언트들에게 상처를 입힐 수가 있다. 클라이언트는 도움이 필요한 사람들이지만, 자원봉사자와 관련된 어떠한 일들로부터도 상처를 입어서는 곤란하다. 자질이 있고 적절한 자원봉사자만이 클라이언트에게 상처를 주지 않고 자원봉사활동을 할 수 있다.

둘째, 자질이 없고 적절치 못한 자원봉사자들은 기관의 평판을 나쁘게 만든다. 기관의 평판이나 이미지는 그 기관에 소속된 자원봉사자들로부터도 영향을 받는다. 자질 없는 자원봉사자는 기관의 평판을 나쁘게 만들게 되며, 나쁜 평판을 듣는 기관은 클라이언트를 위한 훌륭한 서비스를 제공하기 어렵다.

셋째, 적절하지 못한 자원봉사자는 클라이언트나 기관뿐만 아니라 그 기관의 직원이나 자원봉사관리자, 그리고 더 중요하게는 자원봉사자 자신을 힘들게 한다. 자신에게 맞지 않는 활동은 스스로를 고통스럽게 할 뿐이다.

면접을 거쳐 선발되는 지원자는 직무로 배치되는 후속조치가 이루어지지만 선발되지 못하는 지원자에 대해서는 간과하기 쉽다. 이에 대해서도 충분히 배려하고 후속조치를 해야 한다. 자원봉사자의 활용에는 지역사회와의 교류증진이라는 측면이 포함되어 있기에 이는 더욱 중요하다. 선발되지 못한 자원봉사 지원자에 대해서는 선발되지 못했다는 사실을 분명하게, 그러나 정중한 태도로 신청과 관심에 대해 감사를 표명할 필요가 있다. 선발된 지원자에 대해서만 통보하는 방식은 자원봉사자 모집과 선발에서는 적절치 못하다. 또한 선발되지 못한 지원자가 관심을 보인 활동에 대해 다른 기관이나 활동처로의 의뢰(refer)나 추가적인 정보제공 등 후속조치가 필요하다.

2) 선발면접의 과정

(1) 면접의 의미와 준비

① 면접의 의미

면접은 적절한 자원봉사자를 선발해 내기 위한 방법 중의 하나로 상호성을 가지는 방법이라는 측면에서 특징을 갖는다. 일반적으로 지원자들을 선발하기 위한 방법으로는 서류전형, 필답시험, 면접 등이 사용된다. 자원봉사자를 선발하기 위한 방법으로는 면접이 가장 오래 사용되었고, 가장 보편적으로 사용되고 있다. 면접의 방법이 보편적으로 사용되는 이유는 자원봉사활동이 대인적 서비스인 경우가 많으며, 대인적 서비스를 제공하기 위해서는 단순한 기술뿐만 아니라 인간에 대한 이해와 자질이 필요하고, 이는 표면상의 경력이나 학력 또는 지식의 정도 등으로는 정확하게 알 수 없기 때문이다.

면접(interview)은 '서로(inter)'라는 말과 '바라봄(view)'이라는 말의 합성어로서 '어떤 목적을 위한 상호작용'이라는 의미가 된다. 즉, 일방적인 서류전형이나 필답시험보다 상호작용을 통해서 서로의 필요성과 목적성을 조절해 나간다는 의미가 있는 것이다. 따라서 자원봉사자가 지니고 있는 활동의 동기나 성격이나 자질 등을 서로 간의 대화를 통해서 자세히 파악하고, 이들의 특성과 자원봉사업무를 적절히 조정해 나갈 수 있게 된다. 따라서 면접의 방법은 적절한 자원봉사자를 선발하는데 가장 중요한 방법이라고 할 수 있다.

자원봉사활동 지원자와 관리자 사이의 상호작용에 의해 이루어지는 면접은 다음과 같은 의의가 있다.

첫째, 면접은 실제로 자원봉사활동을 하게 될 자원봉사자와 관리자의 첫 만남이 이루어지는 지점이다. 첫 만남의 인상은 이후의 활동에도 장기간 영향을 미치게 된다. 따라서 면접에서 자원봉사활동 신청자들에게 기관에 대한 좋은 인상을 심어 주는 것은 중요하다. 또한 면접의 과정을 통해 자원봉사활동을 거절당한 신청자들도 면접 시에 가진 느낌이 좋고 이해의 정도가 깊다면 이후에 자신에게 적절한 자원봉사활동을 찾으려 할 것이다.

둘째, 면접은 자원봉사활동 지원자 개인의 목표와 자원봉사자를 육성하고 지원하는 관리자의 조직목표를 일치시키는 과정이다. 즉, 면접을 통하여 양자의 목표가 일치하는 합일점을 성공적으로 찾아내지 못한다면 자원봉사활동은 시작되지 못할 것이며, 무리하게 시작되더라고 곧 중단될 가능성이 매우 높은 것이다(이성록, 1995).

② 면접 준비사항

면접은 적절한 자원봉사자를 선택하는 과정에서 가장 중요한 역할을 하는 것이므로 사전에 많은 준비를 해야 한다. 서로 간에 시간을 할애해서 그냥 만나는 것 이상의 의미를 가지는 것이므로 면접을 하기 전에는 다음과 같은 사항이 준비되어야 한다(Jacobson, 1990).

- 면접의 목표를 구체화해야 한다.
- 자원봉사자에 대한 배경 정보를 검토해야 한다.
- 지원서, 자원봉사계약서, 역할설계서 등 필요한 자료들을 수집해야 한다.
- 면접을 시작할 방법과 중요하다고 생각되는 요점이나 주제를 미리 생각해 두어야 한다.
- 면접을 하는 동안 방해가 될 수 있는 요인을 미리 제거해야 한다.
- 면접이 편안하게 진행되도록 적절하고 편안한 자리와 프라이버시가 보장되어야 한다.
- 개방형 질문을 사용하는 것이 좋다.
- 기관, 프로그램, 클라이언트 등에 대한 정보를 제공할 수 있어야 한다.
- 적절한 자원봉사업무에 대해 함께 상호적으로 결정해야 한다.
- 자원봉사자에 의해 수행될 일의 책임성에 대해 설명해야 한다.
- 자원봉사자, 기관, 클라이언트 각각의 기대에 대해 논의해야 한다.
- 자원봉사활동에 할애할 수 있는 시간 정도와 활동을 시작할 날짜를 정해야 한다.
- 자원봉사계약서를 검토하고 필요사항을 기입해야 한다.

- 논의 중인 프로그램이 부적합하다면 다른 기관이나 프로그램에 의뢰되어야 한다.

이상의 내용에 대한 준비가 완료된 다음에 지원자와 만나는 접촉이 이루어져야 한다. 그렇지 않고 즉흥적으로 접촉이 이루어질 경우에는 면접과정에서 원하는 지원자 선발이 어렵게 된다.

③ 면접자

면접을 진행할 면접자로는 많은 경우 자원봉사관리자가 활동하게 되지만 기관의 상황에 따라서는 그렇지 않은 경우도 있다. 기관의 상급직원, 자원봉사자의 활동 해당 직무를 담당하는 직원, 기존의 자원봉사자가 면접자가 될 수도 있다. 또 면접자는 혼자가 되기도 하고 복수의 면접자가 면접을 실행하기도 한다. 이상적으로는 유급직원과 관리자가 함께 면접을 진행하는 것이 좋다. 따라서 자원봉사관리자는 초기 기획에서 면접을 기존 직원과 함께 진행할 수 있도록 협조관계를 구축하는 것이 중요하다.

면접은 단순한 대화와는 다른 체계적이고 목적의식적인 과정이며, 또한 지원자와의 상호작용에 의해 이루어진다. 따라서 면접에 임하는 면접자에게는 다음과 같은 자질이 요구된다(McCurley & Lynch, 1989).

첫째, 기관과 기관의 목적에 대해서 그리고 이와 관련되어 수행하게 될 자원봉사 활동 업무에 대해서 충분한 지식을 가지고 이를 설명할 수 있는 능력을 갖추고 있어야 한다. 면접은 상호작용이므로 자원봉사활동 지원자로부터 기관과 자원봉사 활동 업무에 대해 많은 질문이 나타날 수 있으며 면접자는 이에 대해 명확히 설명할 수 있어야 한다.

둘째, 융통성을 가지면서도 면접의 조직적 절차와 내용을 견지할 수 있어야 하며 자원봉사자와 협상할 수 있는 능력을 갖추어야 한다. 면접은 단순한 대화가 아니므로 자원봉사자와 융통성 있는 대화 속에서도 필요한 내용들을 명확히 주고받는 초점 있는 과정이 되도록 해야 하며 이 과정에서 기관과 자원봉사자 사이의 기대와 욕구를 협상하고 조절할 수 있는 능력이 필요하다.

셋째, 정중하게 거절할 수 있는 능력을 가져야 한다. 지원자가 기관에 맞지 않는다고 판단될 경우 거절할 수 있어야 하는데 자칫하면 이 과정에서 서로 간에 감정을 상하게 하는 일이 발생할 수 있다. 그런 상황이 발생하지 않도록 대화를 명확하면서도 우호적으로 이끌어 갈 수 있어야 한다.

④ 면접 환경

자원봉사자 선발을 위한 면접을 수행하는 장소에는 여러 가지가 있을 수 있다. 하지만 중요한 것은 면접장소는 프라이버시가 존중되고 편안한 느낌을 주는 곳이어야 한다는 점이다. 적어도 면접만큼은 공개된 장소나 다른 사람들이 있는 곳에서 이루어져서는 안 된다(McCurley & Lynch, 1989).

자원봉사자 선발을 위한 면접의 장소나 시간 등 환경요소의 적절성은 사회복지실천 일반에서 면접에 대한 환경을 구비하는 것과 비슷한 원칙에 따르는 것으로 볼 수 있다.

면접은 면접이 이루어지는 장소에 의해 전체적인 인상이 큰 영향을 받는다. 조용하면서 프라이버시가 보장되고 면접시간 동안은 다른 업무나 외부환경에 의해 방해받지 않을 수 있도록 집중할 수 있는 환경이 필요하다. 면접실은 딱딱한 느낌은 최대한 피하고, 안락하고 마음의 여유를 느낄 수 있게 구성해야 한다. 문을 열었을 때 정면에 책상이 있고 그 뒤에 면접자가 앉아 있다면 매우 권위적인 느낌이 들어 적절치 못할 것이다. 편안한 의자에서 낮은 탁자를 사이에 두고 마주 앉거나, 책상이나 테이블이라면 서로 90도 정도의 각도로 앉을 수 있는 자리 배치가 부담을 덜어 줄 것이다. 조명도 강하지 않은 간접조명이 좋다(엄명용 외, 2003).

면접이 이루어지는 방식은 반드시 대면방식이 아니라 전화를 통한 방법도 있을 수 있다. 그러나 가급적이면 직접 접촉하여 일대일 대면면접을 수행하는 것이 권장되고 있다. 이는 상호작용과정과 관찰을 통해 지원자에 대해 더 많은 것을 정확히 파악할 수 있기 때문이다.

(2) 면접과정의 기술과 내용

면접은 사회복지실천 전반에서 가장 많이 사용되고 있는 방법이다. 자원봉사관리에서 자원봉사자 선발을 위한 면접은 클라이언트와 접촉하는 면접이 아니라는 점에서 일반 사회복지실천에서의 면접과는 큰 차이가 있다. 그러나 비록 클라이언트와의 치료지향적 혹은 변화지향적 면접은 아니라고 해도 면접과 면접관계 속에서 통용되는 원칙과 기술은 기본적으로 동일한 것으로 볼 수 있다.

따라서 개별화, 의도적 감정표현, 통제된 정서적 관여, 수용, 비심판적 태도, 자기결정, 비밀보장이라는 일반 면접관계에서의 기본원리가 가지는 내용은 자원봉사자 면접에서도 역시 중요성을 가진다. 또한 언어적 · 비언어적 의사소통을 통해 면접을 원활히 하는 일반 사회복지실천에서의 기본기술도 유사하게 적용된다.

면접은 자원봉사활동을 하려는 지원자와 자원봉사관리자가 처음으로 대면하는 계기가 되곤 한다. 따라서 무엇보다도 면접자와 피면접자 사이에는 공동의 목표를 가진 인격적 만남으로서 라포(rapport)가 형성되어야 한다. 라포가 형성되지 않을 경우 면접자와 피면접자의 관계는 단순한 정보를 주고받는 관계에 지나지 않지만, 라포가 형성되었을 경우에는 인격적인 만남으로서 피면접자의 정서나 성격 등에 대해서도 충분히 알 수 있게 된다.

물론 행정적 측면에서 지원자와 충분한 개별면접을 실행할 수 있는 시간적 여유가 없을 수도 있다. 그러나 이는 자원봉사 프로그램 기획에서 선발과 면접을 위한 충분한 여유를 확보함으로써 해결해야 할 문제이고 면접을 소홀히 혹은 사무적으로 진행하고 면접시간을 절약하는 방식으로 해결을 도모해서는 곤란하다.[5]

자원봉사자 관리에서의 면접기술에 있어서 가장 중요한 요소로는 적절하게 질

5) 이와 관련하여 맥컬리와 빈야드는 잘못된 자원봉사 선발면접의 경우에 나타날 수 있는 전형적 현상으로 유도질문, 면접 초기에 곧장 이루어지는 의사결정, 피면접자보다 말을 더 많이 하는 면접자, 개인적 차이 없이 이루어지는 상투적(stereotype) 면접, 면접시간을 짧게 하려는 의무의 압박, 대화가 화제에서 벗어나는 것을 내버려 두는 것, 충분한 세부항목에 따른 조직과 직무소개의 실패, 면접이 업무배치와 연결되지 못하는 것, 질문에 대한 대답을 듣기보다는 다음 질문을 생각하는 것, 면접이 중간중간 단절되는 것 등을 예시하고 있다.

문하는 질문기술과 정확하게 들을 수 있는 경청기술을 꼽을 수 있다.

① 질문

질문은 선발을 위해 면접자가 지원자로부터 얻어야 할 정보를 얻는 수단으로 가장 중요하게 활용되는 것이다. 그러나 중요한 것은 단지 일방적으로 정보를 얻는 것으로서만 아니라 상호작용과 의사소통을 통해 서로 간의 욕구와 이해를 조절하고 관계를 증진시키는 기능도 동시에 하고 있다는 점이다. 면접은 일방적인 것이 아니라 상호 교환과정이고 협상과정이기 때문에 질문도 이에 부합하는 것이어야 한다. 즉, 면접은 자원봉사활동 지원자에 대한 등록양식을 채우기 위해서 필요한 것이 아니라, 자원봉사활동 지원자와 관리자의 목표를 맞추고 자원봉사의 동기를 높여 주기 위해 필요한 것이라는 점을 명확히 인식해야 한다. 따라서 신청양식에 의해 쉽게 얻게 될 질문을 중심으로 면접을 이끄는 것은 바람직하지 않다.[6]

맥컬리와 린치는 면접에 들어가기 전에 다음과 같은 두 가지 영역의 질문이 준비되어야 한다고 보았다(McCurley & Lynch, 1989).

첫 번째 영역의 질문은 구조상으로 개방형 질문이며, 자원봉사활동 지원자가 가지는 흥미와 동기가 무엇인가에 초점을 두는 질문에 해당한다. 이는 "당신이 과거에 해 보았던 활동들 중에서 가장 즐겁고 보람 있었던 일은 어떤 것이었습니까?" "당신은 어떤 경우에 가장 성공적으로 일을 해냈다고 생각하게 됩니까?" 등의 질문과 같은 방식이다.

두 번째 영역의 질문은 특정한 일을 수행하는 데 필요한 기술이나 자격에 관련되는 질문으로, 이는 각각의 활동영역에 따라 질문이 달라진다.

6) 맥컬리와 빈야드는 면접 중에 묻지 않아도 될 질문들로 출생지, 국적, 친척들의 이름과 주소, 나이, 결혼 여부, 자녀 수 및 임신 여부, 종교, 전과, 영어 실력, 군복무, 신용카드 소유, 주거형태, 현 지역 거주기간, 키, 몸무게 등을 들고 있다. 물론 이와 관련된 정보가 특정 활동에 중요한 의미를 가지는 경우는 예외가 되겠지만, 그렇지 않은 일반적 상황에서는 이런 유형의 정보는 면접의 질문이 아니라 신청서식이나 오리엔테이션 등에서 조사할 자료라고 충고하고 있다(이강현 역, 1997).

또한 이성록(1995)은 자원봉사관리의 면접에서 두 가지 유형의 질문이 있다고 보고 〈표 6-2〉와 같이 상이한 두 가지 질문 유형을 비교했다. 이 중 유형 I의 질문을 '지시적 접근'이라고 보아 초기면접에서 사용하는 것은 바람직하지 못하다고 하고 있다. 실제 자원봉사 등록양식은 대개 이러한 질문에 적합하도록 구성되어 있기 때문에 이러한 질문은 면접 후에 자원봉사자로 받아들인 후 등록양식을 나누어 주고 자원봉사자에게 직접 작성하게 하는 것이 좋다. 유형 II의 질문은 '비지시적 접근'으로서 기술적 촉매의 성격으로 면접자에게 기여하며, 지원자는 관리자가 이야기한 내용에 자발적으로 호응하게 된다. 이러한 질문방식은 초기면접에서 자원봉사자 자신의 생각을 말하게 하는 데 가치가 있다. 물론 필요시에는 첫 번째 유형의 일부 질문을 통해 그 항목의 정보를 보완해야 한다. 비지시적 질문을 던질 경우 질문은 가능하면 자원봉사 신청자가 자신의 생각을 충분히 말할 수 있는 질문을 선택하는 것이 좋다. 이러한 질문을 개방형(open-ended) 질문이라고도 한다. 특히 유도질문을 하거나 너무 여러 가지의 질문을 한꺼번에 중첩시켜 던지는 것, 폐쇄형 질문을 여러 번 연속해서 하는 것 등은 효과적이고 관계를 증진시키는 면접을 어렵게 만드는 질문방식이므로 바람직하지 않다.

표 6-2 면접에서의 두 가지 질문 유형

유형	질문
유형 I	• 나이는 몇 살인가? 그리고 결혼 여부는? • 직업은 무엇이며 교육 정도는 어떻게 되는가? • 특기는 무엇이며 자격증은 어떤 것을 가지고 있는가? • 종교는 무엇인가?
유형 II	• 당신 가족에 대해서 말해 줄 수 있는가? • 당신이 가장 좋아하는 것은 무엇인가? • 당신의 개인적 목적은 무엇이며 자원봉사 직무를 선택하는 데 있어서 중요하게 고려되는 활동의 목적은 무엇인가? • 당신이 가장 좋아하는 일은 어떤 것인가? 그 일을 하는 데 어려움은 없었는가?

출처: 이성록(1995).

② 경청

효과적인 면접에서 전형적으로 나타나는 양상은 면접자의 격려 속에서 피면접자가 많은 이야기를 하는 것이다. 그렇게 하기 위해서는 면접자의 경청하는 태도와 경청하고 있음을 피면접자에게 전달하는 것이 중요하다. 면접을 통해서 지원자에 대한 많은 것을 파악하고 서로의 욕구를 조절하기 위해서는 피면접자가 많은 이야기를 하도록 격려하는 것이 중요하다.

경청이란 단순한 듣기(hearing)가 아니라 상대방의 사고와 감정을 이해하기 위한 적극적인 청취활동(active listening)이다. 주의 깊고 정중한 경청은 상대를 이해하기 위한 가장 중요한 활동이다(엄명용 외, 2003). 자원봉사활동 지원자 역시 관리자나 면접자가 자신의 말을 얼마나 성의 있게 열심히 경청하는가를 평가하면서 그 정도에 따라 마음을 열고 자신에 대한 정보를 기꺼이 공유하게 된다. 제이콥슨(1990)은 면접자가 자원봉사 지원자의 말을 경청하는 것의 중요성을 강조하면서 좋은 경청자가 되기 위한 열 가지 방안을 다음과 같이 제시하고 있다.

- 면접자는 경청을 위해 말하는 것을 멈추어야 한다. 말하는 동안에는 잘 들을 수 없다.
- 말하는 사람이 편안히 이야기하도록 허용적 분위기를 만들어야 한다.
- 면접자가 듣고 싶어 한다는 것을 피면접자에게 보여 주어야 한다.
- 면접을 산만하게 하는 것들을 제거해야 한다.
- 감정이입을 통해 피면접자의 입장과 관점을 경험해야 한다.
- 인내심을 가져야 한다.
- 감정을 조절하여 흥분하지 말고 정확하게 들어야 한다.
- 가급적 논쟁과 비난을 삼가야 한다.
- 적절한 질문을 통해 잘 듣고 있음을 전달하고 앞으로 이야기 방향을 잡아 나가야 한다.
- 말하는 것을 멈추어야 한다. 이는 처음이며 마지막의 원칙이다.

경청에서 가장 중요한 것은 피면접자가 이야기를 자유롭게 할 수 있도록 끊지 않고 격려하는 것이다. 자원봉사자 선발과정에서 면접을 활용하는 한, 지원자가 허용적 분위기에서 이야기할 수 있도록 여유를 갖추어야 한다. 피면접자가 어떤 이야기라도 할 수 있는 분위기라고 느끼도록 해 주어야 하며, 아주 수용적임을 보여 주어야 한다. 재촉하거나 이야기를 많이 하는 면접자는 결코 훌륭한 면접자가 될 수 없다.

면접자는 면접자가 피면접자의 이야기를 듣고 싶어 한다는 것을 보여 주어야 한다. 그러기 위해서는 피면접자의 이야기 도중에 격려의 말을 사용하는 것이 좋다. 또한 면접 분위기를 산만하게 만들어서는 안 된다. 면접 도중 면접자가 낙서를 한다든지, 전화를 받게 된다든지, 서류를 뒤적인다든지, 문이 열려 있어 소음이 크게 난다든지 하는 등의 상황은 면접 분위기를 산만하게 만든다.

그리고 피면접자의 이야기를 가능하면 공감해 보려고 노력해야 한다. 피면접자의 감정을 충분히 이해해야 하고 피면접자의 입장을 면접자 자신의 입장에서 생각해 볼 필요가 있다.

3) 배치와 계약

모집에 응한 지원자 혹은 잠재적 자원봉사자들은 선발과정을 거쳐 활동에 배치되면서 활동에 임하는 '자원봉사자'가 된다.[7] 선발된 후부터는 기관에 소속된 자원봉사자로서의 권한, 그리고 책임과 의무를 가지게 된다.

(1) 자원봉사자 배치

자원봉사자에 대한 선발과 면접과정은 자원봉사자로서의 확정과 배치가 이루어

7) 자원봉사자의 배치는 통상 선별면접 이후에 계약을 통해 결정되고 이에 따라 교육훈련이 이루어진다. 그러나 경우에 따라서는 교육과 훈련 이후에 구체적 자원봉사활동 업무가 결정되어 배치되기도 한다. 이는 기관과 자원봉사활동의 구체적 상황에 따라 다양하게 달라질 수 있지만 여기에서는 일반적 형태인 선별면접의 결과로 계약과 배치가 일어난다는 흐름에 따라 기술한다.

짐으로써 종결된다. 이때의 배치는 직접적 · 물리적 형태는 아닐 수도 있다. 즉, 면접한 자원봉사자들이 면접한 기관에서 함께 일할 수 있는지 여부를 알려 주든지, 아니면 다음에 관련된 업무를 정리한 후 연락을 주겠다든지, 아니면 해당 기관에서 자원봉사활동을 하기가 힘들겠다든지 등 자원봉사활동 가능 여부에 대해서 알려주거나, 며칠 내로 결정해서 알려 주겠다는 식으로 연기된 대답을 하는 형태가 될 수도 있다. 그리고 통상 면접의 종결과 자원봉사자로서의 확정 사이에는 시간적으로 간격이 있기 마련이다.

이 과정에서 면접과 실제 자원봉사업무 배치 사이에 시간간격을 최대한 줄이는 것이 중요하다. 물론 필요한 교육을 거쳐야 하는 과정이 필요하지만, 실제 활동에 물리적으로 참여하는 것이 아니더라도, 자원봉사자로서 어떤 활동을 하기로 확정 및 배치가 되었다는 연락을 받기까지 시간이 길어지면 자원봉사자의 흥미나 동기는 줄어들고 중도탈락의 가능성도 높아진다. 특히 면접 종결 시에 다음에 결과에 대해서 연락해 주기로 한 경우에는 가능하면 짧은 기간 내에 연락하는 것이 좋다. 그리고 예정보다 긴 시간적 지체가 나타난다면 반드시 중간에 연락을 취해 자원봉사자가 기관에서 중요하게 취급되고 있음을 각인시켜야 한다. 연락기간이 너무 길어지면 신청자들은 신속하지 않은 기관의 태도에 대해 실망하게 되거나, 자신에 대한 관심부족으로 해석할 수 있다.

자원봉사자를 적재적소에 배치하는 것은 매우 중요하다. 일반적인 측면에서 아무리 의미 있는 직무라고 할지라도 그 직무에 부적합한 사람을 배치하는 것은 직무와 사람 모두에게 불만족스런 결과를 야기할 것이며, 아무리 능력이 뛰어난 자원봉사 지원자라고 할지라도 그 능력을 충분히 활용할 수 있는 업무가 아니라 단순한 업무에 배치하게 되면, 자원봉사활동의 지속성을 보장받을 수 없게 된다. 적재적소에 배치하기 위해서는 면접과정에서 자원봉사자에 대한 충분한 정보를 얻는 것이 필요하다. 정보 중에서도 자원봉사 신청자를 움직이게 하는 동기요인이 가장 중요한 정보이다. 사람들은 자신에게 주어진 일이 그들 자신의 개인적 동기에 부합될 때 긍정적으로 반응하게 되기 때문이다. 그런데 이러한 정보는 직접적으로 표현되지 않을 가능성이 높은 것이다. 따라서 면접 중에 이러한 정보를 얻고자 하는 의식

적 노력을 할 필요가 있다.

맥클랜드(McClelland)와 앳킨슨(Atkinson)은 동기를 중심으로 사람을 성취지향적 사람, 권력지향적 사람, 친교지향적 사람의 세 부류로 나누었다. 이들의 특징과 이들에 맞는 자원봉사의 업무는 〈표 6-3〉과 같다(이성록, 1995).

다만, 이러한 분류방식에서 다음의 사항을 유의해야 한다. 첫째, 모든 사람은 세 가지 유형의 동기요인을 모두 지니고 있으며, 단지 그중 하나의 유형이 지배적일 뿐이다. 둘째, 한 사람이 2년 전의 일에서 똑같이 만족하지 않을 정도로 사람들은 끊임없이 변한다. 셋째, 사람은 자신이 처한 환경에 따라 동기요인이 변할 수 있다. 넷째, 모든 사람은 그들의 힘이 성공으로 이끌어지길 원한다. 다섯째, 세 가지의 유

표 6-3 동기요인에 따른 사람의 성향과 선호 직무

분류	성취지향적	권력지향적	친교지향적
성향	• 목표를 향해 일함으로써 동기를 부여받는다. • 수시로 그들의 업적을 알 수 있는 평가기준이 있어야 한다. • 도전하는 것과 이전의 기록을 깨뜨리는 것을 좋아한다. • 조직적이다. • 문제해결을 좋아한다. • 혼자 잘 일할 수 있다.	• 충격과 영향을 주기를 원한다. • 오랜 기간 생각한다. • 혼자 또는 다른 사람과 위계관계를 갖추어 일할 수 있다. • 일의 정치적 측면을 이해한다. • 사람들을 잘 읽는다. • 자원으로서 이용되는 것을 좋아한다. • 정보가 성공에 중요하다는 것을 안다.	• 관계에 의해 동기부여받는다. • 모든 사람이 행복하기를 바란다. • 집단적 일을 좋아한다. • 주위 사람들이 어떻게 느끼는가에 주의한다. • 정답고 개인적 관계를 좋아하는 사람들 밑에서 일을 잘한다. • 클라이언트와의 직접적 업무를 좋아한다.
적합한 자원봉사 활동	• 기금증진 • 모집 캠페인 • 이벤트 기획 · 추진 • 조사 및 분석 • 보고서 작성 • 책임 있는 관리업무 • 어렵고 도전적인 일	• 공공연설 • 일대일 기금모금 • 신문에 논단기고 • 활동그룹 회장 · 리더 • 행사 사회자 • 다수의 사람관리 • 대중적 문제의 사회화	• 행사 안내담당 • 연회준비위원 • 친교행사준비 • 데이케어센터 보조활동 • 대인서비스 활동 • 우애방문 • 회원유대

출처: 이성록(1995).

형은 모두 긍정적 또는 부정적 측면을 가질 수 있다. 따라서 이 분류는 절대적인 것이 아니다. 하나의 경향으로서 자원봉사자를 배치하기 위해 활용되어야 하는 지식의 배경이 될 수 있다.

(2) 자원봉사활동 계약

자원봉사 프로그램의 기획과 직무설계 과정은 자원봉사 직무기술서가 만들어짐으로써 완결되는 것과 마찬가지로 자원봉사 선발과 면접, 배치의 과정은 자원봉사활동 계약이 만들어지는 것으로 완결된다.

자원봉사활동 계약은 과거에는 서면으로보다는 구두로 이루어지는 경우가 많았다. 최근에는 서면으로 계약이 이루어지는 경우가 더 많다. 자원봉사자와 기관 사이에 상호 간의 책임과 의무를 명확히 규정하고 전달하는 것은 중요하다. 자원봉사활동 계약에는 수행하기로 한 업무, 시간일정, 기관으로부터 받는 혜택 등의 내용을 모두 포함하는 것이 좋다.

계약은 기관과 자원봉사자가 자원봉사활동이라는 관계 속에서 책임성을 가지고 활동한다는 진지하고 성실한 원칙을 전달하는 것이지 법적 책임을 전달하는 것이 목적은 아니다. 자원봉사활동 계약은 가급적 서면으로 작성되는 계약서의 형태를 띠는 것이 좋으며, 이는 자원봉사자와 기관 스스로에게 상호 간의 책임과 수행에 대한 명확한 지침을 주는 것으로서 다음의 내용을 포함하여 작성되어야 한다(Jacobson, 1990).

- 자원봉사자의 이름 등 (최소한의) 인적사항
- 자원봉사자의 과업과 책임
- 활동의 기간과 스케줄
- 기관이 자원봉사자에게 제공해야 할 책임
- 조건사항
- 슈퍼바이저의 이름
- 계약의 종결과 갱신조건

• 상호 서명란

이러한 내용을 포함하는 자원봉사계약서는 이후 평가의 기준을 제공한다는 측면에서도 유용하다. 실무적으로 중요한 점은 쌍방의 상호 간 존중이다. 자원봉사자 일방에게만 지켜야 할 사항을 의무화하는 방식으로 이루어지는 것은 부적절하다.

제7장 교육훈련

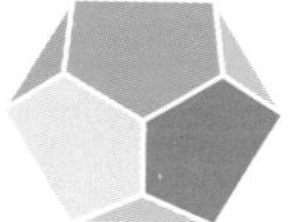

1. 자원봉사자 교육훈련의 의미와 다양성

1) 자원봉사자 교육훈련의 의미

자원봉사자가 적절한 활동을 전개할 수 있도록 하기 위해서는 그에 부합하는 교육과 훈련이 필수적이다. 필요한 교육과 훈련은 자원봉사활동 일반에 대한 기본적 소양, 자원봉사활동 기관과 현장에 대한 오리엔테이션, 활동의 구체적 내용 등에 대한 교육과 훈련으로 다양하다. 이에 따라 교육훈련의 내용이나 방법도 다양하게 나타난다.

자원봉사자들은 교육훈련의 과정을 통해서 다음의 사항들을 명확히 인식하고 있어야 효과적이고 만족스러운 자원봉사활동을 수행할 수 있다.

- 나는 무엇 때문에 이 자원봉사활동에 참여하고 있는가?

- 내가 자원봉사활동을 수행하는 이 기관은 어떤 일을 하는 곳인가?
- 내가 하는 자원봉사활동은 어떤 공익적 목적과 사회적 책임에 기여하는 것인가?
- 전체적으로 어떤 사업 내에 내가 수행하는 활동이 위치하고 있는가?
- 어떤 사람들이 내가 수행하는 활동에 함께 참여하고 있고 각각 어떤 역할을 맡고 있는가?
- 내가 맡은 구체적인 역할과 해야 하는 일은 무엇인가?
- 내가 자원봉사활동을 수행하고 사람을 만나면서 알아두어야 할 원칙은 무엇이 있는가?
- 내가 자원봉사활동을 잘 수행하려면 어떤 기술이 필요한가?
- 자원봉사활동을 수행하면서 지켜야 할 규칙은 무엇인가?
- 자원봉사활동을 하면서 내가 스스로 판단할 수 있는 범위는 어디까지이고 판단이 어려울 때 누구에게 연락해야 하는가?
- 내 활동이 성공적이라는 것은 어떻게 알 수 있고 어떻게 평가될 것인가?

자원봉사자 교육훈련은 단지 자원봉사자가 자신이 해야 할 일과 방법만을 이해시키는 것을 넘어선다. 자원봉사자 스스로가 자신이 무엇 때문에 무슨 일을 하고 있고, 개인이 수행하는 일이 전체적으로 어떤 공익적 사업의 어느 부분을 차지하고 있는지를 전체적으로 이해하도록 하는 것이 필요하다. 기관 직원이나 자원봉사관리자 입장에서는 자원봉사자를 단지 일손이 아니라 동료이고 동반자로 인식해야 한다. 때문에 함께 일하기 위해 서로의 전체적 이해와 관점을 맞춘다는 측면에서 접근해야 한다. 현대적인 모든 자원봉사 프로그램에는 필요한 교육훈련의 내용이 반드시 포함되어 있다. 과거에는 자원봉사활동을 선행(善行)으로만 여겨 이에 대한 교육훈련의 중요성을 간과하기도 하였지만 현재는 자원봉사활동 시간에 교육훈련의 시간이 포함되어 있다.

자원봉사활동은 자원봉사자의 활동으로 인해 자원봉사 대상자나 현장의 기관이 얻게 되는 이득만이 아니라 자원봉사자가 얻게 되는 자아실현과 성장과 같은 심리사회적 효과를 동시에 도모하는 것이므로 자원봉사자에 대한 교육훈련은 활동을

위한 수단적 준비로서만이 아니라 그 자체로서 자원봉사활동의 목적적 측면에도 해당한다. 때문에 자원봉사자 교육훈련은 자원봉사자가 자신이 수행하는 활동을 둘러싼 전반적인 공익적 노력에서 자신이 수행하는 활동의 위치와 의미를 이해하

세계 곳곳을 달려가는 연예인 봉사단!
〈주요 내용〉
–자원봉사의 영역
–자원봉사의 유형

쭉쭉 늘어나는 쭉쭉 우리사랑, 체험장 속으로!
〈주요 내용〉
–아동과 청소년에 대한 이해
–아동과 청소년을 위한 자원봉사 프로그램
–아동과 청소년을 위한 자원봉사 시 주의점

세상의 변화는 나의 변화로부터!
〈주요 내용〉
–노인과 장애인에 대한 이해
–노인과 장애인을 위한 자원봉사 프로그램
–노인과 장애인을 위한 자원봉사 시 유의점

어울림 프로젝트!
〈주요 내용〉
–다문화 사회에 대한 이해
–다문화 사회의 문제점
–다문화 사회를 위한 자원봉사 프로그램

녹색지대 프로젝트!
〈주요 내용〉
–환경 및 지역사회에 대한 이해
–환경 및 지역사회를 위한 자원봉사 프로그램

재난재해 자원봉사 준비이야기
〈주요 내용〉
–재난재해와 자원봉사의 이해
–재난재해 자원봉사활동 시의 준비사항
–재난재해 자원봉사활동 시의 주의점

그림 7-1 1365 자원봉사포털의 자원봉사 교육자료 모음의 사례

출처: 1365 자원봉사포털(www.1365.go.kr).

는 것, 그리고 활동을 잘 수행하기 위해서 알아두어야 하는 지식이나 기술의 습득, 양자의 측면에서 접근이 필요하다.

우리나라에서도 자원봉사활동이 활성화되면서 자원봉사자에 대한 교육훈련 자료들이 주요 추진체계나 관리체계를 통해 공유되고 있다. 개별 자원봉사관리자들은 이 내용들을 활용할 수도 있다.

2) 자원봉사자 교육훈련의 다양성

(1) 교육훈련의 다양성

자원봉사자 교육훈련은 그 주된 내용, 교육훈련의 방법, 자원봉사자가 기존에 해당 활동을 수행해 본 경험이 있거나 지속 자원봉사자이냐 등의 여부에 따라 다양하게 분류될 수 있다. 또한 원래 자원봉사 교육훈련은 자원봉사자 교육훈련 외에도 직원교육 훈련, 자원봉사관리자 교육훈련 등도 관련되어 있다. 기관의 직원들에게

그림 7-2 VMS 사회복지자원봉사관리체계에서의 자원봉사 교육자료 연결화면 사례

출처: VMS 사회복지자원봉사관리체계(www.vms.or.kr).

제공되는 훈련의 내용이 자원봉사자들의 업무와 관련이 있다면 자원봉사자들과 함께 교육하는 방법도 고려될 수 있다. 최근에는 일부 자원봉사 추진체계나 관리체계에 해당하는 관련 조직에서 자원봉사자 혹은 자원봉사자관리자에 대한 교육과 훈련을 별도로 프로그램화하거나 위탁교육 등을 통해 실행하는 경우도 많이 나타나고 있다.

사회복지 관련 조직체나 시설 등에서는 대개 자체적으로 자원봉사자에 대한 교육 프로그램을 가지고 있어 이를 중심으로 운영하는 경우도 많다. 기관 내에서의 세미나, 워크숍, 교육과정 또는 현직훈련 등에 참석함으로써 이루어지는 공식적인 학습과정을 마련하고 있다. 교육훈련에 참여해야 하는 요구 또는 기대가 자원봉사자에게 전달되고 있다.

내용적 측면에서 자원봉사자에 대한 교육훈련은 다음 세 가지로 나누어 볼 수 있다.

- 자원봉사에 대한 일반소양교육
- 오리엔테이션
- 구체적 자원봉사직무에 관한 교육훈련

이를 기초교육과 구체적 직무훈련으로 구분하여 일반소양교육과 오리엔테이션은 기초교육으로, 구체적 직무훈련을 다른 하나로 크게 구별하기도 한다.

교육훈련의 과정과 자원봉사자 배치의 순서에 대해서 전자를 먼저 시행하는 것으로 보는 경우도 있지만 대개는 선발과 면접을 통해 배치가 이루어지고 그 이후에 교육훈련이 이루어진다. 또 한편으로 일반소양교육이나 오리엔테이션은 구체적인 배치 이전에 이루어지고 구체적인 업무의 교육훈련은 활동 배치 이후에 이루어지는 경우도 있다. 그러나 이 경우에도 사실상 이미 업무배치는 이루어진 상태에서 자원봉사자들이 실제적인 업무로 서로 나누어지기 이전에 함께 교육을 받고 있는 것이라 볼 수 있다. 따라서 교육훈련은 배치 이후에 이루어지는 것으로 보는 것이 일반적이다.

자원봉사자 교육훈련은 단지 정보와 지식의 제공에 머무르는 것이 아니라 실천적 기술 및 능력이 습득되는 것이 필요하다. 자원봉사자에 대한 교육훈련이 가지는 일반적 교육과의 차이점에 주목하여 이를 현상학적 방법으로 개념화하기도 한다. 이에서는 소집단의 활성화 등 의사소통(communication)에 초점을 두며 궁극적으로 복지교육적 측면의 내면화를 강조한다(김영호, 1997). 자원봉사자에 대한 교육은 이론적인 지식 습득에 머무르는 것이 아니라 실제 행동을 위한 경험교육이기도 하다.

교육대상의 인구학적 특성에 따라서도 자원봉사자에 대한 교육의 초점이나 유의사항은 다음과 같이 다소 달라지게 된다(김현옥 외, 2008).

- 청소년: 봉사학습을 중심으로 시청각자료와 게임 등의 놀이 활동 활용
- 주부: 여성의 사회참여 중요성, 자녀교육 등 여성들의 관심사를 반영
- 노인: 고령화 사회에서 노인의 사회참여의 의미, 건강과 자원봉사, 행복한 노후생활 등을 주요 내용으로 구성
- 가족: 부모, 자녀 등의 다양한 연령층을 고려하여 참여와 협동을 유도할 수 있는 형태로 구성하고, 가족 구성원이 교육 및 활동에 참여할 수 있는 시간 등을 고려하여 기획
- 직장인: 직장생활에 활력을 주는 자원봉사, 자원봉사활동의 가치와 자기개발 등을 주요 내용으로 구성하고, 교육 및 활동에 참여할 수 있는 시간 등을 고려하여 기획

또한 자원봉사활동을 시작하기 전, 기본적인 자원봉사자의 마음가짐이나 자세, 활동 시 지켜야 할 규칙, 업무에 필요한 기술 등에 대해 이미 교육을 받았더라도, 자원봉사를 수행하는 과정에서 지속적인 교육이 필요하다. 교육은 기관이나 자원봉사 슈퍼바이저, 팀의 리더, 동료 팀원들 등 여러 경로를 통해 이루어질 수 있다. 중요한 것은 교육이 활동 전에만 이루어지는 것이 아니라 활동 중에도 지속적으로 필요하다는 것이다.

(2) 계속교육과 신입 자원봉사자 교육

자원봉사자에 대한 교육에 시간이 지나치게 많이 소요되면 오히려 자원봉사자의 동기가 감소되거나 저하될 수도 있으므로, 반복되거나 이미 자원봉사자가 알고 있는 내용에 대해서는 너무 많은 시간이 소요되지 않도록 해야 할 필요도 있다. 때문에 예전부터 활동을 해 오고 있는 자원봉사자에 대한 계속교육과 새로 추가된 신입 자원봉사자에 대한 직무교육을 구별하곤 한다. 오리엔테이션이나 소양교육에서의 중복을 피하는 등 차등을 두는 것은 당연하고 직무교육에서도 차이를 가져오게 된다. 특히 자원봉사자가 개인단위로 현장에서 활동하는 것이 아니라 팀으로 활동하는 경우에는 팀 내에서 성원마다 기존의 자원봉사활동 참여에 대한 경험이나 지식 등에서 차이가 날 수 있으므로, 모든 자원봉사자에 대해 집체식으로 교육을 하는 것 이외에 가능한 선에서 개별화된 교육훈련을 보강하는 것이 필요할 수도 있다.

① 계속교육

기존의 자원봉사자에 대한 계속교육과 훈련은 크게 초기 훈련(start-up training)과 활동 중 훈련(in-service training)이 있다.

• 초기 훈련

자원봉사자가 이전의 활동을 통해 교육을 받았다고 하더라도 직접 활동에 참여하는 데 있어서는 아직 미숙한 상태이므로 지원이 필요하다. 초기 훈련은 여러 형태를 통해 이루어질 수 있다. 이는 활동 후 자원봉사자가 슈퍼바이저와 직접 만나거나 전화 통화를 하는 형태일 수도 있고, 활동에 참여한 자원봉사자들이 그룹별로 모여 토의하는 형태일 수도 있다.

자원봉사관리자가 팀을 지속적으로 관리해 주기 어려운 상황인 경우, 팀의 구성원들이 자원봉사 후 함께 자원봉사 경험을 나누는 시간을 갖는 것이 매우 중요하다. 특히 초기에 이러한 모임을 통해 자원봉사에 대해 갖고 있던 기대와 실제 경험 간의 간격을 메워 나가는 것이 자원봉사의 지속에 큰 도움이 될 것이다.

• 활동 중 훈련

활동 중 훈련은 자원봉사자의 활동이 진행되는 중에 지속적으로 이루어진다. 자원봉사자의 지식, 기술, 태도를 강화하고, 새로운 기술, 지식, 태도를 소개하는 것에 초점을 둔다. 즉, 자원봉사자의 기술을 향상시키고, 매너리즘에 빠지지 않도록 함으로써 자원봉사자 활동의 계속성과 서비스 질의 고양에 이바지하는 것이다.

활동 중 훈련은 자원봉사자에게 자기성장의 기회를 제공하고, 팀에 대한 연대감과 팀워크를 증가시키는 기능을 한다. 활동 중 훈련은 꾸준히 정기적으로 이루어져야 하나, 실제 봉사활동이 진행되는 중에는 활동시간 외에 교육 및 훈련을 위한 시간을 따로 마련하기 어려운 경우가 많다. 이런 경우에는 자원봉사활동 계획 시 봉사활동 시간 중 일부를 미리 교육시간으로 지정하고, 이 시간을 교육시간으로 활용할 수 있다. 이때 필요한 교육을 봉사활동 현장직원에게 의뢰하거나 현장의 시설, 자원 등을 사용할 수 있도록 활동내용의 담당직원에게 요청할 수 있다.

② 신입 자원봉사자 교육

봉사활동을 진행하는 중에 새로 합류하는 신입 자원봉사자들에 대해서는 이들이 기존의 자원봉사자들과 다른 수준에 있다는 점을 고려하여 별도의 교육이 이루어져야 한다. 다음 부분부터 다루는 모든 교육내용이 신입 자원봉사자에게 적용되어야 한다.

이들에 대한 교육은 주로 초기 훈련의 형태로 이루어져야 할 것이며, 특히 기존의 봉사자들이 신입 자원봉사자들에게 봉사활동 경험과 관련된 노하우를 전수해 주는 시간을 가질 수 있도록 별도의 모임을 주선하는 것도 유용하다. 신입 자원봉사자를 일정 기간 동안 기존 자원봉사자와 매칭하여, 일대일 교육이 이루어지도록 멘토링 체계를 활용할 수도 있다.

2. 자원봉사활동 일반에 대한 기본교육

자원봉사관리는 단지 자원봉사 공급에서의 효과만을 증진하기 위한 것이 아니라 동시에 자원봉사 수요처인 클라이언트나 활동의 대상이 되는 기관 측면에서의 효과나 욕구 충족과도 관련된다. 자원봉사활동 업무의 구체적 내용에 구애받지 않는 보편적인 교육으로 일반소양교육과 오리엔테이션을 들 수 있다. 전자가 자원봉사활동 전반에서 통용될 수 있는 보편적인 내용에 대한 교육이고 후자는 활동하게 될 현장 혹은 기관에 대한 소개와 안내를 말한다. 이는 구체적인 직무와 관련된 교육 훈련이라기보다는 기본교육의 범주에 해당하는 것이다.

1) 일반소양교육

일반소양교육의 범주에 포함되는 것은 자원봉사활동의 기본적인 수칙이나 유의점에 대한 것들이다. 이는 자칫 식상한 것으로 여겨질 우려가 있으나 자원봉사활동 중에 발생할 수 있는 주요한 '부적절한 실천'의 위험성이 기본적으로 이 기본소양교육에서 차단되어야 하기 때문에 중요한 의미를 갖는다. 특히 처음 자원봉사활동 현장에 참여하는 초보자나 클라이언트를 직접 대면하는 자원봉사활동의 경우에 이 소양교육은 필수적이다.

자원봉사 관리과정에서는 자원봉사자들이 기본적으로 지녀야 할 자세나 활동수칙의 준수를 강조하는 것이 중요한 의미를 가진다. 활동내용의 다양성에 따라 활동수칙과 강조되어야 할 기본자세도 달라지겠지만 통상 다음과 같은 내용들이 강조된다(신혜섭, 남기철, 2001). 이는 단지 자원봉사관리자가 자원봉사자에 대한 교육내용의 의미로서만이 아니라 자원봉사 관리과정 전반에서 관철되어야 할 원칙이기도 하다.

(1) 인권존중을 위한 자원봉사자의 윤리적 지침

자원봉사활동의 대상자들은 사회적 소수자이거나 취약계층인 경우가 많다. 이에 따라 자원봉사활동에서는 기본적으로 인권을 옹호해야 한다는 원칙이 가지는 중요성이 크게 부각된다. 인권은 특권의 대응개념으로 인간이라면 누구나 가지는 고유한 권리로 차별 없이 존중되어야 할 핵심적인 것이다. 자칫 자원봉사자가 활동대상자에 대한 자선적 관점으로 '내려다보는' 자세를 취하게 될 경우 나타날 수 있는 부작용에 대해 유의하도록 해야 한다.

사회적 소수자이고 취약계층인 대상자도 삶의 방식에 대한 선택권, 비난받지 않을 권리, 사적인 내용에 대한 비밀을 간직할 권리와 책임을 가지고 있으며 이는 활동하는 자원봉사자 자신의 경우와 마찬가지로 존중받아야 함을 인식하는 것이 활동의 기본전제가 되어야 한다. 자원봉사자가 선의에 기반하여 활동하였다고 해도 인권옹호의 기본전제를 지키지 못한다면 활동의 의미가 없다. 따라서 인권에 대한 옹호는 자원봉사자의 가장 기본적인 소양이다.

자원봉사활동은 대상자를 직접 접촉하는 대면적 · 직접적 활동이든 그렇지 않은 간접적 활동이든 간에 '인간이라면 모두가 가져야 할 권리'를 전제로 타인에 대한 존중과 사랑에 기초하기 때문에 다음의 윤리적 지침이 교육훈련 과정을 통해 강조되어야 한다.

- 인간은 누구나 존엄함에 기초하여 개인에게 관심을 가지고 선의의 관계를 맺는다.
- 개인과 사회는 상호 간의 책임을 지고 보살펴야 할 사회적 · 연대적 책임이 있다.
- 인간은 자아실현능력을 가지고 있으며, 개인의 자주성 · 독립성을 옹호해야 한다.
- 모든 사람은 평등하고, 존중받아야 한다.
- 인간은 자신의 문제를 해결할 잠재능력을 가지고 있으며, 이러한 잠재력을 개발하여 자신이 문제를 해결하도록 돕는다.

• 비밀을 보장하는 것은 기본적인 인간행동의 원리에 기초를 두고 있다. 비밀을 누설하지 않는 것은 의무이며 타인의 사생활을 존중한다는 의미이다.

이와 같은 윤리적 지침은 자원봉사활동이 대상자에 대한 '시혜'로서 불평등한 관계가 아니라 사회적 책임에 기반하여 서로 대등한 인격체로서 존중한다는 전제에 기초한다는 의미이다.

(2) 활동에 대한 책임감

자원봉사활동은 활동 현장이나 활동 대상자와의 관계 속에서 이루어진다. 그러므로 활동이 일단 시작되면 타인과의 약속에 대한 책임감을 가지고 임해야 한다. 자신의 시간과 노력을 무보수로 투자한다는 생각에서 활동에 대한 책임감 없이 임의적으로 활동하는 경우가 종종 있다. 예를 들어, 시간을 지키지 않거나, 활동을 임의로 종료하거나, 활동 현장의 수칙을 준수하지 않는 것이 그것이다. 이러한 경우 결국 서로에게 좋지 않은 경험과 인상으로 활동이 끝나고 만다.

자원봉사활동 현장에서 그리고 자원봉사 수요자들은 늘 자원봉사자의 행동을 관심을 가지고 보고 있다. 자원봉사자에 대한 대표적인 부정적 견해가 '자원봉사자는 책임감이 없어 일을 맡길 수가 없다.'는 것이다. 일단 활동이 시작되면 처음에 약속된 사항에 대해서는 철저히 준수하는 자세를 가져야 한다. 자원봉사활동의 본래의 취지를 충분히 살리기 위해서는 자원봉사자가 타인과의 약속, 그리고 자신과의 약속에 충실한다는 생각을 가지고 활동에서의 책임감을 가지는 것이 매우 중요하다.

(3) 자신의 편견 인정

흔히 편견이나 선입관은 좋지 않은 것이며, 벗어나야 한다고 말한다. 그러나 때로는 자신은 편견을 갖지 않는다는 생각이 자신이 가진 선입관을 지속적으로 강화하는 요인이 된다. 자신이 가진 편견에 대해 깊이 숙고하고 이를 인정하는 것이 중요하다.

특히 힘든 여건에 있는 이웃을 접할 기회가 많은 자원봉사활동의 현장에서는 자신의 편견을 인정하는 것이 매우 중요하다. 우리 사회는 아직도 '보통사람과 다르게 생긴 사람' 혹은 '치열한 경쟁에 끼어들지 않는 사람'에 대한 편견이 존재하는, 사회적 배제가 심한 문화가 팽배해 있다. 예를 들어, 정신장애인에게 이질감을 느끼는 것은 당연할 수 있다. 왜냐하면 우리 사회의 대부분의 사람이 정신장애인을 친구로 가지거나 가까이에서 함께 생활해 본 경험이 없기 때문이다. 이럴 경우, 자신이 정신장애인에 대한 내면적 두려움이나 거리감 등 편견을 가지고 있다는 사실을 우선 인정하고 자신의 심리적 반응을 솔직하게 파악한 후, 이러한 편견을 어떻게 극복하는가의 과제를 해결해 나가는 지혜를 가져야 한다. 자원봉사자가 자신의 편견을 거부하거나 혹은 얄팍한 지식으로 자신이 가진 편견을 합리화한다면 편견은 극복될 수 없을 것이다.

(4) 지식의 개발

인간의 태도와 행동에 관한 지식은 봉사활동에 힘이 되고 계속적인 자원봉사활동을 위해서는 이러한 지식이 필수적이므로 지식의 폭을 넓히는 것은 효과적인 자원봉사활동을 위해 중요하다. 또한 역으로 자원봉사활동은 자신이 가지고 있는 인간과 사회에 관한 지식을 넓히고 이를 실천적으로 검증할 수 있는 좋은 기회가 되기도 한다.

공동체에 대해 선의를 가지고 있다는 것은 실제로 이웃들에게 도움을 줄 수 있는 봉사활동의 중요한 필요조건이지만 충분조건은 아니다. 자원봉사활동은 다양한 인간행동에 관한 지식의 뒷받침이 필요하다. 일반적으로 인간행동과 사회환경의 영향, 개인의 발달과정, 아동기 · 청소년기 · 노년기의 특성에 대한 지식, 그리고 인간의 심리와 대화법에 관한 기초지식을 필요로 한다. 예를 들어, 청소년들을 대상으로 하는 상담이나 교육 등의 분야에서 자원봉사활동을 한다면 청소년들의 신체적 · 정서적 특성에 관한 지식을 통해서 청소년들이 현재 느끼는 문제와 상태에 대해 이해할 수 있으며, 이러한 이해를 기반으로 청소년과 공감대를 형성하며 그들을 도울 수 있을 것이다. 특히 자원봉사활동 중 많은 경우는 사람을 대상으로 직접 접

촉하면서 활동이 이루어진다. 따라서 자원봉사활동을 위해서는 대면 접촉을 위해 필요한 적절한 상호작용의 방식에 대한 교육이 필요하다.

사회복지사에게는 익숙한 비에스텍(Biestek)의 관계론 원칙이나, 언어적 · 비언어적 의사소통에 대한 기본적 방법과 관련되는 것이다. 자원봉사활동 전반에서, 특히 대면적 자원봉사활동의 경우에는 수용이나 비심판적 태도, 개방적 의사소통, 비언어적 의사소통의 의미에 대한 탐색 등 의사소통을 효과적으로 하는 방식에 대한 개괄적 수준에서의 소개와 습득이 필요하다.

자원봉사자는 자신이 활동하고 있는 분야와 관련된 지식을 쌓고 발전시키려는 자세가 필요하며, 자원봉사관리자는 자원봉사자에게 이러한 지식 습득의 기회를 충분히 제공하는 교사로서의 역할을 수행할 수 있어야 한다. 지식은 자원봉사활동에서 하나의 중요한 도구이며 많은 도구를 가질수록 기여할 수 있는 부분이 넓어질 것이다.

2) 오리엔테이션

자원봉사활동은 조직적 활동이기 때문에 특정 기관과의 관계를 통해서 활동이 이루어지게 된다. 자원봉사자가 활동기관과 적절한 관계를 유지하는 것은 활동에서 나타나는 부적절한 실천을 예방하고 활동의 효과성을 높이기 위해 중요하다. 따라서 일반적으로 자원봉사자에 대한 기본교육의 일환으로 자원봉사자가 활동하게 될 기관에 대한 오리엔테이션이 이루어진다.[8)]

8) 오리엔테이션을 기관과 활동 현장에 대한 소개에 초점에 국한시키지 않고 구체적 직무훈련을 제외한 자원봉사자에 대한 일반적 기본교육을 모두 포괄하여 오리엔테이션 용어를 사용하기도 한다. 잭슨 등(2019)은 이와 관련하여 오리엔테이션에는 활동이유에 대한 오리엔테이션(cause orientation), 활동체계에 대한 오리엔테이션(system orientation), 사회적 오리엔테이션(social orientation)의 세 가지 요소가 포함되어야 한다고 설명하고 있다. 활동이유에 대한 오리엔테이션은 이 책에서의 일반소양교육과 유사한 내용이고, 활동체계에 대한 오리엔테이션은 자원봉사자가 참여하게 될 기관의 자원봉사활동 체계에 대한 내용, 사회적 오리엔테이션은 기관과 지역사회의 구조와 특성에 대한 내용에 해당한다.

기관 오리엔테이션이란 기관의 목적, 연혁, 활동분야, 재정상태, 주요 서비스 대상자, 직원들의 고유 업무 등과 같이 기관에 관한 기초적인 정보를 기관 담당자로부터 제공받는 것을 말한다. 이는 자원봉사자들이 일할 기관에 대해 이해하고 편안하게 느낄 수 있도록 준비하는 과정이 된다. 대부분의 기관에서 활동의 초기에 자원봉사자들에게 이를 설명해 주기 마련이다. 그런데 많은 자원봉사자가 이러한 소개와 교육을 별 의미가 없는 첫 인사 정도로 여기고 잘 숙지하지 않곤 한다. 그러나 이런 기초적인 기관의 내용에 대해 잘 알아야 자신의 활동이 그 기관의 전체 활동과 어떤 연관이 있으며 자신이 활동을 어떤 방향으로 추진해야 할지를 결정할 수 있다. 또한 기관에 근무하는 여러 직원은 각각의 고유 업무가 있으므로 가능하면 누가 어떤 일을 담당하고 있는지를 알아두는 것이 좋다. 자원봉사활동 실제에서는 지침을 명확하게 받지 않은 상황이 발생할 수 있고, 이러한 상황에서 기관에 대한 전반적 이해는 자원봉사자가 무난하고 올바른 방향으로 일을 처리할 수 있는 원동력이 된다. 또한 기관과 조직에 대해 잘 이해하는 자원봉사자는 지역사회와 기관의 보다 나은 의사소통에 이바지하는 커뮤니케이터가 될 수도 있다.

오리엔테이션의 내용은 기관마다 상이하게 나타나기 마련이다. 그러나 일반적으로 오리엔테이션의 주요 내용으로 포함되어야 하는 것은 다음과 같다.

- 기관 역사와 현황에 대한 개괄
- 주된 클라이언트층과 주요 프로그램에 대한 개괄
- 주요 직원과 담당 업무에 대한 소개
- 주요한 기관의 행사와 활동에 대한 설명과 시간계획
- 기관의 주요한 규정
- 기관의 시설과 장비 사용에 대한 오리엔테이션
- 응급 시 취해져야 할 절차와 연락처
- 관련 자원봉사 프로그램에 대한 개괄
- 기록, 혜택, 훈련, 지도감독 등 자원봉사 절차에 대한 설명

현재 오리엔테이션이 관행적으로 이루어지고 있어 그 중요성이 간과되는 경우도 있으나 이에 대해 흥미를 유발하면서도 적절한 정보를 제공하는 것은 중요하다. 오리엔테이션은 간단한 집체 교육, 안내서의 배포, 시청각자료 시청 등의 방법이 결합되어 활용되는 것이 좋다. 또한 자원봉사자의 활동시간과 기간이 비교적 적게 계약되어 있는 경우에는 전체적인 효율성을 생각하여 오리엔테이션과 일반교육을 묶어 실행하기도 한다. 자원봉사자 오리엔테이션에는 전체적인 교육훈련 내용의 일관성을 해치지 않는 범위 내에서 기관의 장이나 상급직원들이 참여하도록 하는 것이 좋다. 모든 내용에 대해 자원봉사관리자가 혼자서 교육 프로그램을 운영하는 것보다는 여러 직원과 이전 자원봉사자 등이 함께 실행하는 것이 효과적이다.

오리엔테이션의 일환으로 일반적인 내용을 담은 기관의 지원봉사활동 안내서를 제작하여 배포하고 자료로 삼곤 한다. 이 안내서의 내용도 대개는 오리엔테이션에 포함되어야 할 것들과 유사하지만 문건화된 자료이기 때문에 조금 더 완결적이고 다양한 내용을 담고 있다는 점에서 약간의 차이도 있다. 맥컬리(McCurley)와 빈야드(Vinyard)는 자원봉사 안내서의 일반적인 내용으로 다음의 것들을 제시하고 있다(이강현 역, 1997).

- 기관 설명: 목적, 연혁, 프로그램
- 기관 출판물
- 조직표
- 주요 직원 인명록
- 이사 및 위원 명부
- 자원봉사 업무내용 설명
- 기록 설명(출퇴근 설명표 등)
- 자원봉사에 대한 배상방침과 그 형태
- 종료 절차
- 복장

- 활동시간 변경과 결석 시 대처방법
- 보험 계약서
- 비상사태 대응절차
- 수행의 재검토 과정
- 고충에 대한 처리절차
- 자원봉사자의 혜택 목록
- 기관에서 일반적으로 사용하는 모호한 기술상의 용어를 약자와 함께 목록화
- 기관 관리자의 편지인사
- 수혜 대상자의 권리, 비밀보장과 법적인 제한에 대한 정보
- 자원봉사활동을 장려하는 기회
- 기관의 시설, 장비, 서비스 이용에 대한 방침
- 기관시설 안내도와 지역에 관한 약도

하지만 자료의 배표만으로 기관 오리엔테이션을 갈음하는 것은 적절치 않다. 오리엔테이션이 가지는 기관 정보의 제공과 아울러 자원봉사과정에서 자원봉사자와 활동기관과의 관계에 대해서는 직접적인 소통의 기회를 가지는 것이 적절하다. 특히 자원봉사활동 관련 규칙이나 이미 체결된 활동계약의 내용에 대해 일방적 통보나 확인보다는 소통을 통한 점검이 바람직하다.

모든 기관에는 공식적 · 비공식적 수칙이 있다. 그리고 자원봉사자에게 해당하는 수칙이 별도로 있는 경우도 많다. 이에는 활동일지의 작성과 제출, 활동시간과 책임성, 복장규정 등이 포함된다. 이 수칙은 일방적으로 전달되는 것이 아니라 교육훈련의 과정에서 가급적 이해와 동의의 과정을 거쳐야 할 부분이다. 또한 자원봉사자는 자신의 자원봉사활동에 대해 기관과 명확하게 계약(약속)할 필요가 있고 대개는 선발면접 이후 계약을 맺은 상태이다. 그러나 많은 자원봉사자가 활동기간, 업무시간, 업무내용 등을 포함한 계약내용에 대해 관성적으로 동의하는 경우가 많으므로 이 내용을 구체적으로 확인해 주는 것이 필요하다. 자원봉사활동을 단순히 남을 돕는 일이라고 생각하고 이런 내용을 막연하게 처리한다면 자기 업무의 한계

를 모르게 되고 더 많은 어려움에 봉착하게 될 것이다. 상호기대와 명확한 계약내용을 검토하는 것은 기관과 자원봉사자뿐만 아니라 활동의 대상이 되는 사람들을 위해서도 중요하다.

3. 자원봉사 직무의 교육훈련

1) 직무교육훈련의 준비와 원칙

자원봉사자가 자원봉사활동에서 수행하는 역할이나 직무는 평소에 일상적으로 해 오던 내용이 아닌 경우가 많다. 때문에 이들이 수행해야 할 업무에 대해서는 구체적인 수준에서 준비가 이루어져야 한다. 자원봉사활동의 내용이 다양한 만큼 구체적인 자원봉사활동의 직무훈련은 다양하게 나타날 수밖에 없다.

실제에서는 자원봉사활동의 직무를 교육훈련하는 데 필요한 시간이 충분하지 않으므로 사전에 효율적으로 교육시간을 활용하기 위한 준비가 중요하다. 제이콥슨은 자원봉사자의 직무에 대한 훈련을 준비하면서 다음의 과정에 대해 반드시 고려해야 함을 지적하고 있다(Jacobson, 1990).

첫째, 자원봉사자에게 할당될 구체적 직무과제를 명확히 확인해야 한다. 이를 위해서는 세부적으로 몇 가지를 확인해야 한다.

- 직무를 수행하는 데 필요한 기술의 목록
- 직무를 적절히 수행하는 데 필요한 특정한 행동과 태도의 목록
- 자원봉사자의 경험과 배경을 검토한 결과, 확인되는 기술과 행동 및 태도

둘째, 교육훈련이 완료되었을 때, 자원봉사자가 필요한 기술과 태도를 가질 수 있게끔 하는 프로그램을 설계하여야 한다. 이를 위해서는 다음과 같은 것이 중요하다.

- 교육훈련이 필요한 내용을 완수하였는지 확인할 방법
- 해당되는 기술과 태도를 가르치기 위해 필요한 콘텐츠 결정
- 훈련 목표를 달성하기 위해 사용될 수 있는 방법 결정(강의, 역할극, 영상물, 집단토의 등)

셋째, 훈련 프로그램을 실행하는 데 필요한 시간의 양을 추산하여야 한다. 자원봉사 직무교육훈련은 생략될 수 없는 중요한 것이지만 그 소요시간을 현실적으로 감안해야 한다.

넷째, 훈련이 있어야 하는 부분(초기 교육, 활동 중 교육, OJT, 혼합 등)이 어떤 것인지를 결정하여야 한다.

다섯째, 훈련 프로그램을 실행한다.

여섯째, 교육훈련을 평가하여 피드백 자료로 삼는다.

자원봉사 직무훈련은 학령기 아동이나 청소년에 대한 일반적인 교육과는 다르다. 특히 주입식 교육과는 성격이 전혀 다르다. 따라서 그 교육과 훈련에서는 성인교육 혹은 경험교육의 특징에 기반한 것들을 고려해야 한다. 이와 관련하여 자원봉사자 훈련에 중요한 의미를 가지는 가정과 자원봉사관리자가 교육훈련에서 가져야 할 지침을 다음과 같이 제시하고 있다(이성록, 1995).

자원봉사자 교육훈련의 지침

- 가정: 자원봉사자는 광범위한 경험과 지식 및 기술을 가지고 있다.
  - ▷ 지침: 성인학습은 과거의 경험을 발견하고 미래의 경험을 개발하는 것이다. 자원봉사자가 가지고 있는 경험과 기술을 이해하는 것이 중요하다. 관리자는 자원봉사자의 경험과 지식, 기술을 토대로 훈련방법을 계획하여야 한다.
- 가정: 자원봉사자는 대부분 자발적이며 분명한 동기와 흥미를 가지고 있다.
  - ▷ 지침: 자원봉사자들이 소극적으로 훈련 프로그램에 따라오도록 할 것이 아니라 적극적인 동반자와 참여자로서 학습경험을 스스로 설계하고 실천하도록 협력해야 한다.

- 가정: 자원봉사자가 훈련에 참여하는 것은 자원봉사활동에 필요한 실질적 방법을 배우고 싶어서이다.
  - ▷ 지침: 학습을 통해 과업수행에 필요한 바람직한 기술과 방법을 분명히 제시할 수 있어야 한다.
- 가정: 많은 자원봉사자에게 주입식 교육과 같은 딱딱한 학습상황은 도움이 되지 않으며 흥미를 잃을 것이다.
  - ▷ 지침: 주입식이 아닌 실제로 시험해 볼 수 있는 분위기 속에서 훈련이 이루어져야 한다. 현재의 실용적 문제해결을 위한 상황과 관련되는 내용 중심으로 구성되어야 한다.
- 가정: 자원봉사자는 여러 가지 기존의 역할을 가지고 있어 시간적 제약을 받는다.
  - ▷ 지침: 훈련 프로그램에 요구되는 시간이나 과제는 현실적이어야 하고 자원봉사자가 다른 많은 일에 관련되어 있다는 사실을 고려하여야 한다.
- 가정: 자원봉사활동과 관련하여 훈련 프로그램에 참여하는 것을 지원하고 보상하기 위한 절차가 마련되어 있지 않다.
  - ▷ 지침: 자원봉사자의 훈련은 책임 있는 활동을 위한 준비이지만 동시에 교육훈련에의 참여 자체가 인정 · 보상으로서 가치 있는 기회가 될 수 있도록 흥미 있게 구성되어야 한다.
- 가정: 대개의 경우 기존의 훈련방식은 수년간 반복되어 왔지만 개선되어 있지 않은 것이 보통이다.
  - ▷ 지침: 자원봉사자 훈련을 계획할 때마다 현재의 자원봉사자 욕구에 적합한 훈련방안의 시안을 모색해야 한다.
- 가정: 훈련은 자원봉사자에게 지속적인 지원기회를 주지 못하고 일회로 끝나 버리는 경우가 있다.
  - ▷ 지침: 자원봉사자에게는 현직훈련이나 후속교육(follow-up)이 중요하게 다루어져야 한다.
- 가정: 자원봉사자 훈련은 흔히 특정 조직이 주관하는 일로 치부되고 있다.
  - ▷ 지침: 자원봉사자 훈련 프로그램은 가능한 모든 인적 · 물적 자원을 활용하기 위해 여러 조직이나 기관이 상호협력을 도모하여야 한다. 집단 상호작용 및 팀의 상호관계와 관련지어 생각할 수 있다.

2) 자원봉사 직무교육훈련의 유형

자원봉사 직무교육훈련의 양상은 여러 가지로 구분이 가능하다. 맥컬리와 린치는 특히 교육훈련이 주어지는 방법의 측면에 주목하여 자원봉사자에게 제공되는 훈련방식을 다음과 같이 공식적 훈련(formal training), 코칭(coaching), 상담(counselling)의 세 가지 형태로 구분하였다(McCurley & Lynch, 1989).

(1) 공식적 훈련

공식적 훈련은 특정한 업무에 자원봉사자들을 준비시키기 위한 것이다. 이는 기본적으로 특정한 업무를 하게 될 자원봉사자들을 정해진 시간 정해진 장소에 모아 한꺼번에 집체식 교육훈련 세션을 운영하는 방식이다. 이 훈련도 여러 가지 형태로 이루어질 수 있는데 강의, 토론, 세미나, 역할극, 사례회의, 시청각자료, 관찰 등이다. 가장 흔히 사용되는 방식은 시청각 매체나 질의응답 혹은 토론을 부수적으로 활용하면서 이루어지는 강의기반의 방법이다.

공식적 훈련에는 두 가지의 주요한 영역이 있다.

첫째, 자원봉사자 업무기능에 대한 묘사이다. 이는 그 일에서 달성해야 할 것, 하지 말아야 할 것, 특정한 상황이나 조건이 발생할 경우 해야 할 것 등의 내용을 포함하게 된다. 이러한 의미에서 이를 do, don't, if 등 세 가지에 대한 묘사와 전달이라고 표현하곤 한다. 기본적으로 이전의 자원봉사자나 직원의 경험을 통해 성공적이었던 경험의 자료와 실패의 자료들을 제공해 주는 것이 유용할 수 있다.

둘째, 해당 업무에서 각 자원봉사자의 역할과 책임에 대한 설명이다. 이는 누구와 함께 일할 것이고 구체적으로 해당 자원봉사자가 맡아야 할 책임이 무엇인지에 대한 것이다. 단, 이는 추상적인 일반론을 의미하는 것이 아니라 구체적인 업무에서 해야 하는 역할과 직무에 대한 경험적 설명이다.

공식적 훈련으로 표현되는 이 직무별 집체교육 혹은 강의 세션의 방식은 코칭이나 상담에 비해서는 효율적인 방법이다. 그러나 상대적으로 구체적 학습의 효과는 적은 편이라고 할 수 있다.

(2) 코칭

코칭은 자원봉사자가 구체적인 업무기술을 습득하도록 도와주는 훈련방법이다. 이는 행동주의적 학습원리에 기초하고 있는 것이다. 스포츠나 예능 등 활동에서 흔히 코칭이라는 용어를 사용하는 것처럼 이는 특정 직무기술에 대해 구체적으로 습득하도록 실제 행동적 연습과 체득에 초점을 두는 방식이다. 코칭 방식의 교육훈련에서는 세 가지 구성요소가 필요하다.

- 배워야 할 기술이나 행동의 시연
- 자원봉사자가 그 기술을 실행하게 하고 이를 관찰
- 피드백과 분석

즉, 배워야 할 기술이나 행동에 대해 시범적으로 보여 주고 이를 피교육자인 자원봉사자가 직접 실행해 보도록 한 후, 이것이 적절한 것이 되도록 하는 피드백을 통해 교정과 진전을 이루어 가는 것이다.

코칭은 자원봉사자의 자율성과 능력을 보다 향상시키기 위해 효과적인 방법이다. 단, 행동적 측면에 초점을 두므로 이것이 적절히 활용될 수 있는 직무내용인지 혹은 교육상황인지에 대해 검토하고 활용해야 한다.

코칭의 과정과 원칙에 대해서는 흔히 EIAG라는 약자를 활용하여 효과적인 방법의 과정을 표현하곤 한다.

① 경험(E: experience)

코칭은 사람이 경험에서 배운다는 원리에 기초한 것이므로 가장 우선적인 과정은 경험의 국면이다. 배워야 할 기술이나 훈련 내용에 대해 직접 보거나 접촉하도록 하는 경험을 의도적으로 훈련실행자가 구성하여 제시하는 것이다.

② 확인(I: identify)

훈련받는 자원봉사자들이 경험과정을 통해 보거나 들은 것에 대해 그것이 무엇을 의미하는지를 명확히 확인하는 국면을 말한다. 사람의 감각기관을 통한 경험은 무한한 것이므로 해당 상황에서 경험한 것 중 의미 있는 부분을 확인하고 공유하는 것이 중요하다. 이 확인과정을 촉진하기 위해 훈련을 실행하는 사람은 수단적인 질문 등을 활용할 수 있다.

③ 분석(A: analysis)

명확히 확인된 경험으로부터 배우려면 이를 통해 얻은 것이 무엇인지에 대해 분석해야 한다. 이는 확인된 경험내용의 인과적 맥락일 수도 있고, 상황적 요소와의 부합성에 대한 탐색일 수도 있다. 한편으로는 시범적 시연과 자원봉사자의 행동기술과의 차이점에 대한 분석일 수도 있다. 역시 질문이나 피드백을 통해 경험내용을 만들어 낸 상황의 요소들을 탐색하고 그 의미를 적절히 파악해야 한다.

④ 일반화(G: generalize)

경험으로부터 배웠다면 그 특정한 상황적 요소를 넘어 어느 정도까지는 일반화된 확장을 할 수 있어야 한다. 모든 면에서 시연상황과 동일한 상황이 자원봉사활동 현장에서 반복되는 것은 아니다. 따라서 의미 있는 훈련을 통해 활동의 수준을 높인다는 것은 교육훈련 과정에서 반드시 다른 유사한 상황에서도 적용할 수 있는 일반화된 원리와 규칙이 형성되어야 한다는 것이다. 이는 코칭에서도 마찬가지이다. 예를 들어, 자원봉사활동에서 독거노인에게 전화를 걸어 안부를 확인해야 하는 업무가 주어진 자원봉사자에게 코칭의 방법을 사용한다면 다음과 같다.

노인과의 전화통화 요령에 대한 코칭의 논리 순서

- 경험(E): 노인과 전화통화를 하는 상황을 시연하고 관찰하게 함
- 확인(I): 시연된 전화통화 장면에서 훈련을 받는 자원봉사자들에게 어떤 점이 눈에 띄었는지, 어떤 부분에 신경 써야 하는 것이라고 보였는지를 확인하고 자원봉사자들의 확인내용이 훈련하려는 목표나 내용 초점에 부합하는 것인지에 대해서 논의

- 분석(A): 확인한 전화통화 방법의 내용이 어떤 맥락에서 왜 그렇게 해야 하는지 혹은 훈련받는 자원봉사자들의 통화방법과 어떤 차이가 있고 장단점이나 어떤 변화가 필요한지에 대한 분석과 논의
- 일반화(G): 실제 자원봉사활동에서의 다양한 통화상황에 따라 어떻게 실제로 통화를 할지에 대한 논의

코칭은 상당히 구체적이고 행동적인 활동기술을 익히기 위해 유용한 방법이다. 흔히 동기화된 훈련자에게서도 코칭의 효과가 잘 나타나지 않는 경우는 EIAG의 과정이 제대로 견지되지 않고 '시연 후 따라 하기를 주문'하는 행태에서 비롯된다. 중간의 확인(I)과 분석(A)이 생략된 채 경험(E)에서 일반화(G)로 곧장 건너뛰면서 발생하는 오류가 흔하다. 따라서 코칭은 면밀히 계획되고 과정에서의 질문과 피드백을 통해 경험, 확인, 분석, 일반화가 적절히 나타날 수 있도록 과정을 지원해야 할 것이다.

(3) 상담

자원봉사자 교육훈련 방법으로서의 상담은 일반적으로 이야기되는 상담의 치료적 의미와는 다른 것이다. 자원봉사자가 문제를 해결하고 자신의 기술이나 방법을 증진하는 데 있어 그 개선의 책임성을 자원봉사자 스스로가 주체적으로 담당하도록 하려는 것이다. 코칭의 방법이 어떻게 개선될 수 있는지를 보여 주고 익히도록 돕는 것이었다면, 상담은 어떻게 개선될 수 있는지를 스스로 발견하도록 돕는 것이다. 따라서 다른 방법에 비해 시간과 노력 등 자원이 많이 투자되어야 하므로 효율성은 상대적으로 낮지만 그 효과의 심도나 지속성의 측면에서는 높은 효과성을 나타내는 방법이라고 할 수 있다.

① 상담의 과정

자원봉사자 교육을 위한 상담의 과정은 일반 상담과는 달라 구체적인 양상에 초

점화된 것이므로 다음과 같이 표현되곤 한다. 이는 코칭의 방법과 과정의 측면에서는 유사하지만 구체적인 시연이나 행동적 습득에만 초점을 두지 않고 질문과 응답의 논의와 피드백 과정을 통한 보다 일반적인 성과에 초점을 둔다는 면에서 상이하다.

• 문제의 규명 (무엇이 잘못되어 있는가?)

이는 현재 개선되어야 할 자원봉사활동의 기술이나 행동적 측면의 양상을 알고자 하는 것이다.

• 문제의 원인이나 맥락 규명 (그 문제가 발생하도록 만드는 것은 무엇인가?)

개선되어야 할 문제는 어떠한 맥락에서 파생된 것인지 확인하는 것으로 이는 근본적인 원인을 탐색한다기보다는 가까운 근인을 규명하는 의미이다.

• 대안의 규명 (이 상황에서 다르게 할 수 있는 것은 무엇인가?)

문제의 맥락과 관련하여 지금까지와는 다르게 할 수 있는 대안을 모색하고 나열한다.

• 더 나은 활동방법의 규명 (우리가 선택할 수 있는 최선의 방법은 이 중 어떤 것인가?)

각 대안의 장단점을 비교하고 그중 최적의 행동 대안을 선택하여 결정하도록 한다.

• 경험으로부터의 학습 (이러한 문제의 재발을 피하기 위해 어떻게 다르게 할 수 있는가?)

논의과정을 통해 이후의 활동을 보다 효과적으로 진행할 수 있는 일반적 방법을 찾아낸다.

② 질문의 활용

자원봉사자 교육방법으로서 상담에서 효과적인 방법으로 주로 사용되는 수단은 질문(question)이다. 해답을 주는 것이 아니라 적절한 질문을 통해 자원봉사자 스스로 개선책을 모색하게끔 격려하는 것이다. 질문을 이용해서 상담을 진행한다는 것은 훈련과정에 대해 훈련자가 진행의 통제력을 유지하면서 동시에 자원봉사자의 능력을 고취할 수 있는 방안이 된다. 따라서 다양한 관리질문(Management Question)이 활용될 수 있다. 관리질문은 기획질문, 동기화질문, 평가질문으로 구별해 볼 수 있다.

- 기획질문(Planning Question)

자원봉사 프로그램의 맥락과 사항에 대한 질문을 통해 함께 계획하는 과정을 촉진하는 것이다. '현 상황에서 우리가 달성해야 할 목표가 무엇인가?' '이 일의 시간계획은 어떻게 잡아야 하겠는가?' '우리의 활동이 성공했는지 여부를 어떻게 판단하면 적절하겠는가?'와 같은 질문이 이에 해당한다.

- 동기화질문(Motivational Question)

자원봉사자의 직무수행이나 동기화 이슈와 관련된 질문을 하는 것이다. 특히 자원봉사자가 잘 수행한 일이 그들의 경력과 연관될 수 있도록 하는 질문이 중요하다. '하게 될 일에 대해서 어떻게 느끼는가?' '좀 더 책임성이 높아지는 것에 대해서 만족하는가?' '우리 팀이 달성하고자 하는 일이 가지는 의미가 어떤 것이라고 생각하는가?' 등과 같은 질문이 동기와 관련된다.

- 평가질문(Evaluation Question)

자원봉사자들이 자신의 표적이나 목표에 도달하고 있는지를 분석하도록 돕는 질문을 하는 것이다. '우리가 잘하고 있는지를 어떻게 확인하면 좋겠는가?' '예전의 경험들로부터 어떤 것들을 배울 수 있겠는가?' 등의 질문이 이에 해당한다.

제8장

지도감독과 활동관리

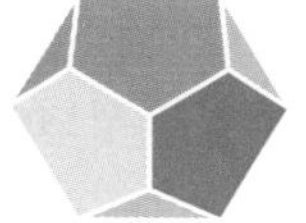

1. 자원봉사활동의 유지와 지도감독

자원봉사자가 교육훈련과 배치과정을 마치고 나면 실제 활동을 진행하게 된다. 사실상 전체 자원봉사 프로그램의 진행과정에서 이 국면이 가장 긴 시간을 차지하고 있으며 본질적인 과정이다. 그러나 관리자의 활동에서 이 시기의 핵심적인 중요성이 간과되기도 한다. 자원봉사자를 모집하여 교육시켜 활동에 배치하였으니 활동을 진행하는 시기에는 자원봉사관리자의 역할은 없다는 식의 양태가 나타날 수 있는데 이는 적절치 않다. 자원봉사자가 계약된 활동기간 동안 적절한 동기화의 수준을 유지하며 효과적인 활동을 전개하도록 하는 것은 본질적으로 관리자의 책임이다. 물론 이 과정에서 자원봉사자와 주로 접촉하는 것은 자원봉사관리자가 아니라 해당 업무를 담당하는 다른 유급직원일 수도 있다. 그러나 이 경우에도 담당직원이 자원봉사자를 적절히 관리할 수 있도록 지원하는 것은 역시 자원봉사관리자의 책임이 된다.

1) 업무의 위임과 지도감독

(1) 업무의 위임

자원봉사자가 활동하도록 한다는 것은 궁극적으로는 업무의 위임(delegation)이라고 할 수 있다. 자원봉사자에게 업무를 위임할 때 관리자는 다음의 요소들을 지침으로 삼아야 한다(McCurley & Lynch, 1989). 경우에 따라서는 이러한 관리요소를 직원에게 교육하는 것도 필요하다.

첫째, 결과의 개념으로 일을 부과하여야 한다. 단순히 어떤 일을 하라는 식으로 활동을 부과할 것이 아니라 '어떤 것이 달성되어야 한다.'는 목적적인 결과의 개념으로 일을 부과하는 것이 좋다. 이는 자원봉사자의 창의성과 자주성을 고취하는 방안이 되며 한편으로는 만족도 제고의 요인이 된다.

둘째, 자원봉사자에게 일하는 과정에서의 통제력의 수준을 규정해 주어야 한다. 이에 대한 명확한 합의가 있어야 적절한 자주성과 아울러 활동의 적절성을 유지할 수 있다.

셋째, 지침에 대해 의사소통해야 한다. 자원봉사자의 활동에 대해 관리자가 판단하고 결정하는 지침이나 척도를 자원봉사자에게 알려 주어야 한다.

넷째, 자원이 활용 가능하도록 지원해야 한다. 자원봉사자들이 과업을 달성하기 위해 필요한 자원이나 도움들이 이용할 수 있는 것이 되도록 준비해야 한다.

다섯째, 성공의 기준을 설정해야 한다. 자원봉사자의 활동이 적절한 결과를 낳았는지를 판단할 수 있는 기준에 대해 관리자와 자원봉사자가 합의해야 한다.

여섯째, 점검하고 확인하는 체크포인트를 설정해야 한다. 보고하고 점검할 수 있는 시점을 정기적으로 설정하고 자원봉사자가 알게끔 해야 한다.

(2) 지도감독과 슈퍼바이저

지도감독(supervision)은 상급자 혹은 보다 더 많은 경험과 지식을 가지고 있는 사람이 업무의 향상을 위해 실행하는 다양한 관리활동을 말한다. 지도감독은 사회복지실천 일반에서 흔히 이야기되는 것처럼 지지적 측면, 행정적 측면, 교육적 측면의 목적과 효과를 가진다. 이는 자원봉사자에 대한 지도감독의 경우에도 마찬가지이다.

자원봉사자들도 직원들과 마찬가지로 기관 내의 상황을 잘 알고 있으며 필요한 활동을 판단할 수 있는 상급지위에 있는 직원으로부터 지지받기를 원한다. 따라서 자원봉사관리에서 자원봉사자들이 활동하고 있는 동안 책임과 정보를 함께 나눌 수 있는 사람에게 접근할 수 있는 통로를 만들어 주어야 한다. 지도감독은 누가 누구에게 지시를 내리고, 감시하는 일이 아니라, 자원봉사자들이 각 봉사처에서 담당하고 있는 역할을 잘 수행할 수 있도록 정보와 피드백 및 필요한 도움을 제공하는 것을 말한다. 자원봉사자에 대한 지도감독은 자원봉사자들이 봉사처에서 담당하고 있는 역할을 잘 수행할 수 있도록 돕는다는 의미에서 자원봉사활동의 지속과 유지에 매우 중요한 요소이다.

지도감독을 수행하는 슈퍼바이저(supervisor)의 역할은 자원봉사관리자에 의해 이루어지는 경우가 많다. 하지만 이 외에도 봉사처의 실무담당 직원, 경험이 많은 동료 자원봉사자, 보다 상급자인 직원 등에 의해서 이루어질 수 있다. 중요한 것은 실질적으로 이루어지는 자원봉사활동에 대한 지도감독과 관리에 책임이 있는 사람이 누구인지를 명확히 하는 것이다.

사회복지기관이나 시설에서는 전반적인 자원봉사관리자보다는 자원봉사자와 직접 일하는 봉사처의 직원이 지도감독을 담당하도록 하는 경우가 권장되기도 한다. 이는 자원봉사관리자가 전체적인 자원봉사 프로그램을 총괄하지만 실제 자원봉사자의 활동 업무에 대해서는 관리자가 아닌 담당직원이 구체적으로 전문성을 가지고 있기 때문이다. 그러나 자원봉사활동 현장의 활동방식을 감안한다면, 자원봉사 현장의 실무담당자가 자원봉사자와 별로 접촉하지 않는 경우도 있고, 실무담당자가 자원봉사관리에 대한 인식이나 준비가 취약할 수도 있다. 이런 경우에는 실무담당자로부터 효과적인 지도감독을 기대하기에는 어려움이 있다는 것도 현실이다. 자원봉사활동의 상황에 맞는 슈퍼바이저를 정확히 설정하고 이것이 자원봉사자에게도 알려지도록 하는 것이 중요하다.

어떤 경우에는 지역사회의 전문가를 자원봉사활동의 슈퍼바이저로 위촉한 후,

정기적으로 활동을 보고하고 피드백을 제공받는 형태의 지도감독 체계를 활용하기도 하고, 학생의 자원봉사활동에서는 지도교수나 교사를 슈퍼바이저로 활용하기도 한다. 중요한 것은 문제가 생길 때 자원봉사자(혹은 팀)가 슈퍼바이저를 만나 적극적으로 문제를 해결할 수 있도록 반드시 접촉이 용이한 전문가를 슈퍼바이저로 삼아야 하고 이는 자원봉사관리자의 책임이라는 것이다.

지도감독의 역할을 맡은 기관의 실무직원 혹은 다른 형태의 슈퍼바이저라고 해도, 이들은 자원봉사자의 업무수행 활성화를 위해서는 지도감독 업무에 시간과 노력이 필요하다는 점을 이해하고 이를 실천에 옮겨야 한다. 현재 우리나라의 자원봉사활동 현장에서는 자원봉사자에 대한 훈련과 배치 이후에 자원봉사자를 방치하거나 잘못된 부분에 대해서만 수정을 위해 지적하거나, 획일적인 방법으로 형식적으로만 관리하는 사례들이 많이 나타나고 있는데, 이는 여러 가지 문제를 야기할 수 있다. 자원봉사관리자가 기관의 목적과 욕구는 잘 관리하지만 자원봉사자 개개인의 목적과 욕구는 잘 모르거나 무관심하기 쉽다. 만약 구체적인 자원봉사자의 활동을 감독하고 자원봉사자 유지를 담당하는 슈퍼바이저의 책임과 활동이 불명확하다면 클라이언트는 물론 직원들과의 갈등이나 문제를 일으키는 원인이 될 수 있다. 자원봉사자는 자신의 일은 주의를 기울일 가치도 없는 일이라는 인상을 받게 되어 중도탈락으로 귀결될 수도 있다.

위임한 업무가 자원봉사활동으로 잘 실천될 수 있도록 하기 위해서 다음과 같은 지도감독 활동이 중요하다.

첫째, 슈퍼바이저는 자원봉사자에게 언제나 활용 가능해야 한다. 자원봉사자가 원할 경우 슈퍼바이저를 만날 수 있고, 사안을 보고할 수 있고, 이야기 나눌 수 있어야 한다. 이는 정기적인 스케줄을 통해서 혹은 자원봉사자가 택한 시간에 임의로 이루어질 수도 있다. 원하는 자원봉사자가 약속을 신청할 수 있도록 자원봉사자 누구나 활용할 수 있는 개방적인 시간(open time)을 설정해 두는 것이 방법이 될 수 있다. 또한 자원봉사자와 식사를 하는 시간을 정기적으로 편성해 둔다거나 가벼운 활동(산책, 현장방문 등)을 자원봉사자와 함께 하도록 준비하는 것도 방안이 될 수 있다.

둘째, 자원봉사자의 참여와 동등한 지위를 최대한 보장한다. 자원봉사자들이 기관 현장에서 자신의 자원봉사활동과 관련된 여러 가지 사안에 대해 동등한 지위와 참여를 보장받고 있다고 느끼면 활동에서 보다 큰 책임성과 효과성을 나타내게 된다. 물론 모든 면에서 직원과 자원봉사자를 동일하게 취급할 수는 없다. 하지만 자원봉사활동과 관련된 부분에서 의사결정 과정에 가급적 참석하게 하고, 관련된 일상행동에서 참여가 보장되도록 지원할 수 있는 방안을 활용할 수 있다. 특히 자원봉사자를 최대한 참여시키고 있다는 실무원칙을 자원봉사자가 느낄 수 있도록 해야 한다. 예를 들면, 자원봉사활동 관련 내용의 이메일이라면 이를 받아 보는 수신인에 자원봉사자가 가급적 함께 포함되도록 할 수 있다.

셋째, 자원봉사자의 책임성을 보장하고 지지한다. 자원봉사자에게 업무를 위임했다는 것은 단지 작업을 위임한 것이 아니라 일의 책임성과 결과에 대해서도 부분적으로 위임한 것이다. 따라서 관리자 혹은 슈퍼바이저는 상황에 맞는 통제력과 책임성을 부여하고 이에 대해 지지하고 원조해야 한다.

2) 동기화의 증진과 자원봉사관리

맥컬리(McCurley)와 린치(Lynch)는 자원봉사자의 다양한 동기에 대해 설명하면서 그 욕구와 관련하여 인정, 성취, 통제, 다양성, 성장, 연계성, 영향력, 즐거움, 독특성의 욕구가 기본적인 것이라고 하였다. 하지만 모든 자원봉사자가 이 모든 기본적 욕구에 의해 동기화되는 것은 아니고 사람마다 고유한 욕구의 조합이 나타난다고 보았다. 그중에서도 자원봉사자가 계속적으로 높은 동기화의 수준을 유지하면서 일하도록 하기 위해서는 특히 중요한 두 가지의 동기적 욕구를 지적하고 있는데 소속감(belonging)과 자율성(autonomy)의 욕구이다. 자원봉사활동에 참여하는 사람들은 많은 경우에 타인들과 함께 활동하고 있다는 연계의 의식을 가지기를 원하며 또한 자기 자신만의 고유한 가치를 실현한다는 개별성을 고양하고 싶어 한다. 이를 위해서 자원봉사관리에서 다음에 유의해야 한다고 보았다(McCurley & Lynch, 1989).

(1) 소속감의 욕구 충족

소속감 혹은 연계성의 욕구가 충족되어 있는 활동 분위기를 만들기 위해서는 다음과 같은 일들을 할 수 있다.

- 공동의 목표에 대한 강조
- 유사한 이해관계를 가진 자원봉사자 모집
- 유사한 가치를 가진 자원봉사자 모집
- 능력고취를 통해 신뢰의 분위기 창출
- 집단으로서 자원봉사자 팀에 대한 인정

(2) 자율성의 욕구 충족

자율성 혹은 독특성의 욕구를 충족시키기 위해서는 다음과 같은 일들을 할 수 있다.

- 자원봉사자에게 더 높은 수준의 권위와 통제력 부여
- 자원봉사자의 의견을 묻는 것
- 결과의 개념으로 직무 규정
- 조직에 대한 주요한 기여자로서 자원봉사자를 처우하는 것
- 개인적 성취에 대한 피드백의 제공
- 결과 달성에서 개인적인 수행 정도를 측정해 주는 것

일견 이 소속감의 욕구와 자율성의 욕구는 자원봉사활동에서 추구되는 가장 핵심적인 동기적 욕구이면서 한편으로는 서로 반대의 방향으로 작용하는 역(−)의 관계로 인식되기 쉽다. 소속감의 욕구는 다른 사람들과 상호 연계되어 있다는 연계성과 관련되고 자율성의 욕구는 나는 다른 사람들과 다른 독특성을 가지고 있다는 점과 관련되기 때문이다. 그러나 타인과 함께 연계되어 있다는 소속감이 타인과 내가 무조건 동일하다는 식의 개별성의 무시가 아니기 때문에 동시에 소속감과 자율

성의 욕구를 증진할 수 있다. 그리고 그러한 방법의 대표적인 것으로 자원봉사자의 제안을 구하고 이를 실행하는 것을 들 수 있다. 상황에 따라 융통성 있는 초점 부여가 중요하다.

3) 기록의 유지와 관리

자원봉사활동에 대한 기록의 유지는 기관에서 업무 위임에 의해 반드시 필요로 하는 부분이다. 자원봉사자의 업무는 현재와 미래 활동기관에서의 업무증진과 유지를 위해 기록되어야 한다. 자원봉사자들은 한편으로 기록을 자신의 경력에 이용하거나 참고자료로서 활용하려 한다. 이는 자원봉사활동에서 학습한 지식이나 기술들의 지표가 될 수 있다. 기록이 관리의 도구로서 활용되려면 다양한 정보들, 즉 개인들의 평가내용, 프로그램의 사전평가, 기관발달을 위한 계획 또는 지역사회에 대한 서비스의 가치에 대해 자료를 제공할 수 있는 정보들을 포함해야 한다.

기록은 자원봉사자에게는 활동과 별도의 추가적 부담으로 다가오는 경우가 많다. 적지 않은 시간과 노력이 필요한 것이므로 기록의 필요성과 목적 및 그 방법에 대해 충분한 합의가 필요하다.

가장 많이 언급되고 있는 기록 필요성의 핵심은 클라이언트, 전문가, 기관 · 사회에 대한 책임성을 위해서이다. 기록을 하는 과정에서 자원봉사자는 활동 대상자의 상황과 문제에 대한 정확한 이해를 하게 되고 효과적인 서비스에 대해 직원이나 자원봉사관리자, 동료로부터 도움을 받을 수 있다. 또한 기록은 자원봉사자의 활동에 대한 객관적인 자료를 제공함으로써 자원봉사자 활동의 타당성(때로는 적법성)의 근거가 되기도 한다.

기록은 여러 용도로 사용될 수가 있는데, 우선 개별 기록은 개별 클라이언트를 위한 서비스를 계획하고 실행하고 평가하는 데 사용되고 집합적으로는 클라이언트 집단에 대한 서비스를 계획하고 모니터하고 평가하는 데 사용된다. 또한 기록은 임상적 기능뿐만 아니라 클라이언트를 지속적으로 추적하고 클라이언트의 욕구, 서비스의 유형, 직무관리, 자원봉사자와 직원의 직무수행, 자원의 분배에 관한 행정적

자원봉사자 활동일지

<table>
<tr><td>봉사자명</td><td colspan="4">(   ) 봉사단   자원봉사자 이름:</td></tr>
<tr><td>활동내용</td><td colspan="4">□ 소모임 □ 활동계획 · 준비 □ 봉사활동 □ 활동평가 □ 기타</td></tr>
<tr><td>일시</td><td>20   년   월   일</td><td>장소</td><td colspan="2"></td></tr>
<tr><td>시간</td><td>~</td><td>합계</td><td colspan="2">(   ) 시간</td></tr>
<tr><td>함께 참석한 활동자</td><td colspan="2"></td><td>총</td><td>명</td></tr>
<tr><td>구분</td><td colspan="3">내용</td><td>특이사항(비고)</td></tr>
<tr><td>활동내용</td><td colspan="3"></td><td></td></tr>
<tr><td>건의사항</td><td colspan="4"></td></tr>
<tr><td>자체평가</td><td colspan="4"></td></tr>
<tr><td rowspan="2">관리자 의견</td><td colspan="3" rowspan="2"></td><td>확인자</td></tr>
<tr><td>(인)</td></tr>
</table>

○○○○○ 자원봉사센터

그림 8-1 자원봉사 활동일지 예시

결정을 위한 정보를 제공하는 행정적 기능도 갖는다(홍순혜, 한인영 공역, 1997).

자원봉사자들의 활동을 기록하는 데에는 다음의 네 가지 주요 단계를 거쳐야 한다. 첫째, 기록되어야 할 것들을 규정한다. 둘째, 어떻게 기록되어야 할지를 계획한다. 셋째, 자료를 수집한다. 넷째, 무엇이 보고될 것인가를 결정하고 그 방법을 결정한다(조휘일, 1996).

자원봉사자의 활동에 대해 무엇을 어떻게 기록하는가 하는 점은 기관마다 그리고 자원봉사 프로그램마다 다르게 나타난다. 하지만 어떤 형태로든 대부분 기록을 유지하고 있다. 일반적으로 사회복지실천에서의 기록은 이야기체 기록, 문제중심기록(Problem-Oriented Recording: POR) 등 여러 가지 전문적 방식에 의하지만 자원봉사자의 활동기록은 현장이나 활동조직마다 활동일지 등과 같은 정해진 서식이 있어 이에 따라 이루어지는 것이 일반적이다.

4) 위험과 책임 대책

자원봉사활동 도중에 발생하는 여러 가지 사고와 이에 따른 후유증이 문제가 될 수 있다. 따라서 발생할 수 있는 위험에 대한 대책을 가지는 것이 필요하다. 자원봉사자들은 자신이 안전하다고 느끼는 상황에 배치되어야 하며 이는 자원봉사자에 대한 혜택(benefits)이나 인정(recognition)의 한 방법이 되기도 하지만 활동 진행과정에서의 기본적인 관리요소이기도 하다.

우선적으로 위험과 책임대책에 관한 교육이 중요하다. 교육내용에는 대상자와 사적인 공간에 출입하는 것의 유의, 약물이나 알코올과 관련된 유의, 활동내용이 가질 수 있는 잠재적 위험성에 대한 환기, 금품을 제공하지 말 것, 비정규적인 활동은 반드시 관리자나 직원에게 보고할 것 등의 내용을 포함하여야 한다.

한편, 최근에는 자원봉사자 보험이 도입되는 등 제도적으로 위험과 책임대책을 모색하고 있다. 이는 한편으로는 자원봉사자에 대한 혜택이나 승인 및 보상체계로 활용되기도 한다. 우리나라에서는 2003년부터 인증센터에 등록된 자원봉사자 중 위험 정도가 높은 분야에서 활동하거나 지속적 · 정기적으로 활동하는 자원봉사자를 상해보험에 가입시킴으로써 봉사활동 도중에 발생하는 위험에 대비하고 이를 통한 활발한 자원봉사활동 참여를 도모하고 있다. 2004년에는 3만 명, 2005년도에는 4만 명, 2006년도에는 5만 명으로 매년 더 많은 인원의 자원봉사자를 상해보험에 가입시켜 왔다. 현재는 (재)한국중앙자원봉사센터(1365), 한국사회복지협의회(VMS), 한국청소년활동진흥원(DOVOL)에서 자원봉사활동 중 발생할 수 있는 사고위험으로부터 자원봉사자를 보호하기 위해 전국 통합의 자원봉사보험인 '자원봉사종합보험' 서비스를 2020년부터 운영하고 있다. 세 기관의 사이트를 통해 봉사활동에 참여하고 있으며 봉사활동 현장기관에 등록되어 활동하고 있는 경우 2020년 기준으로 최고 상해사망의 경우 2억 원, 타인의 손해배상 최고 3천만 원 등에 해당하는 보장을 제공한다.

보험을 비롯하여 활동을 위임하면서 나타날 수 있는 위험상황에 대해 현장기관에서 준비를 갖추어야 한다. 그러나 위험을 감안한다는 것이 기관이 자원봉사자 활용을 소극적으로 제약하는 이유가 되어서는 안 된다. 위험에 대한 대비는 기관이 지역사회 내에서 다양한 자원과 함께 활동하기 위해서는 필수적인 준비이다. 자원봉사자에게 업무와 활동을 위임하는 것을 전제로 하여 발생하는 위험에 대한 대비책을 수립하는 것으로 방향을 잡아야 한다.

2. 자원봉사자의 통제력과 능력고취

1) 자원봉사자의 통제력 수준

자원봉사자가 자신이 맡은 일을 하고 싶어 하도록 고무하고 격려할 필요가 있다. 이는 자원봉사자를 적절한 업무에 배치하는 것을 통해 달성될 수도 있으나 자원봉사자가 일 자체가 아니라 일의 결과에 대한 책임성을 가지도록, 즉 만족할 만한 통제력과 책임성을 가지도록 함으로써 달성될 수도 있다. 자원봉사자는 자신이 하는 일에 대해 원하는 만큼의 통제력을 가지고 있을 때 더 만족스러워하고 보다

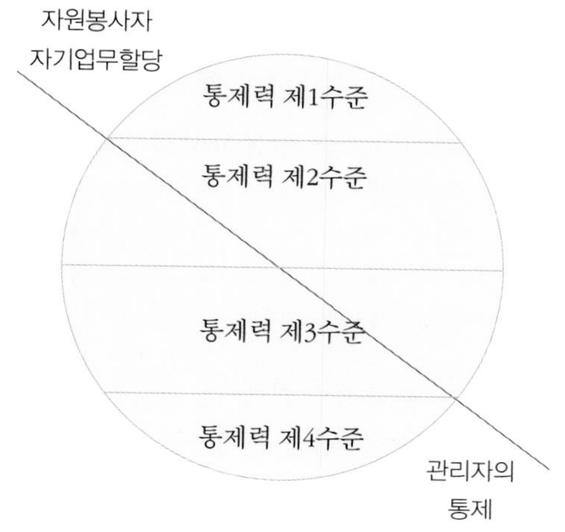

통제의 수준	통제의 내용
1수준	자원봉사자가 자신의 업무에 대해 완전한 통제권을 가짐
2수준	자신의 업무를 스스로 부과하고 슈퍼바이저에게 조언을 받는 것으로, 자원봉사자는 슈퍼바이저에게 정기적으로 보고를 할 의무가 있음
3수준	슈퍼바이저에게 보고한 후에 자신의 업무를 부과하는 것으로 자원봉사자가 업무에 관한 행동을 하기 전에 자신의 행동에 대해 슈퍼바이저의 승인을 얻어야 함
4수준	자원봉사자가 전혀 권한을 갖지 못함

그림 8-2 자원봉사자 통제력의 네 가지 수준

출처: Jackson, Locke, Hogg, & Lynch (2019)에서 편집.

좋은 성과를 나타낼 수 있다. 높은 통제력을 가지도록 능력이 고양된 자원봉사자는 의존적인 자원봉사자보다 더 좋은 업무성과를 보이는 법이다. 이를 위해서는 필요한 한계 내에서 권한을 위임해 주는 것이 필요하다.

자원봉사자가 자신의 활동에서 가질 수 있는 통제력의 수준(levels of control)을 네 가지 수준으로 구분할 수 있다(Jackson, Locke, Hogg, & Lynch, 2019). [그림 8-2]에서 보는 것처럼 '자원봉사자의 주체적인 자기업무할당이 우세한, 통제력이 높은 수준에서 자원봉사관리자의 통제가 우세한, 통제력이 낮은 수준'까지 도식화할 수 있다.

- 통제력의 4수준: 자기업무할당의 권한 없음

자원봉사자에게는 활동에 관한 결정이나 통제력이 없는 단계로 자원봉사관리자나 슈퍼바이저가 지시한 일만 수행하게 되는 단계이다. 자원봉사자는 생각하고 판단할 필요 없이 단순히 일만 처리하게 된다. 대개 기본적이고 일상적인 단순 반복적 역할, 단기 자원봉사자이면서 신참인 경우, 응급상황 등의 경우에 많이 나타나곤 한다. 관리자나 슈퍼바이저의 입장에서는 위임에 따른 불안감이 없다. 하지만 자원봉사자의 활동과 관련된 판단과 과업부과를 일일이 수행해야 하는 과중한 부담을 지게 된다. 가장 유의할 점은 이 네 번째 단계에서는 자원봉사자의 창의성이나 만족감을 기대하기 어렵다는 것이다.[1]

• 통제력의 3수준: 자기업무할당을 추천할 수 있는 권한

4수준에 비해서는 자원봉사자의 통제력이 좀 더 높아진 수준이다. 이 수준에서 자원봉사자는 자신이 해야 할 일을 판단하고 실행하는 권한을 가질 수 있지만, 결정사항을 실행하기 전에 반드시 자원봉사관리자나 슈퍼바이저에게 행동방향에 대해 승인을 받는 것을 의미한다. 즉, 활동방법에 대해 자원봉사자가 사전에 추천하고 관리자나 슈퍼바이저가 승인하는 것이다. 일단, 승인되고 나면 활동 진행에 대해서 정기적인 보고를 하게 된다. 자원봉사관리자의 입장에서는 활동계획이 잘못될 경우 이를 집행하기 전에 사전확인하고 수정할 기회가 있는 셈이다.

• 통제력의 2수준: 정기적 보고를 수반한 자기업무할당 권한

3수준보다 통제력이 보다 더 높아져서 자원봉사자가 필요한 일을 판단하고 실행하는 충분한 권한을 인정받는 단계이다. 하지만 특정한 시점에서 자원봉사관리자나 슈퍼바이저에게 이를 보고하는 것이다. 이것이 반드시 자원봉사자의 판단이나 결정사항을 수행하기 전이어야 하는 것은 아니다. 관리자나 슈퍼바이저의 입장에서는 정기적인 확인을 통해 일이 많이 빗나가지 않도록 통제할 수 있다. 만약 자원봉사자의 통제력이 불안하다면 보고를 받는 정기적인 시점을 더 자주 설정하면 된다. 반면, 자원봉사자에게 조금씩 더 많은 통제권을 주어도 된다는 판단이면 이 정

1) 이러한 점 때문에 4수준에서 자원봉사자를 활용하는 것은 권장되지 못한다. 맥컬리와 린치는 자원봉사자로부터 최대한의 효과성을 얻기 위해서는 필요한 결과를 달성하는 방법을 결정할 권한을 자원봉사자에게 가급적 건네주는 것이 좋다고 지적한다. 그러면서 동시에 두 가지의 예외 상황을 들고 있는데, 첫째, 교육받고 있는 훈련 상황의 자원봉사자는 적절한 방법을 알기 어렵다는 점, 둘째, 긴급 상황의 경우로 이러한 경우에는 통제력 부여의 예외사항이라고 하고 있다.

기적 보고시점을 더 드물게 설정할 수 있다.

• 통제력의 1수준: 자기업무할당의 권한

가장 높은 1수준의 통제력은 자원봉사자가 자신이 할 일과 방법을 스스로 결정할 수 있는 수준을 의미한다. 여기서 '자기업무할당'이란 필요한 업무와 방법을 할당할 수 있는 권한의 원천이 타인으로부터가 아니라 자기 스스로에게서 온다는 의미이다. 이 수준의 통제력을 가지고 활동하는 자원봉사자는 해야 할 일을 판단하고 이를 실행하고 확인한다. 이 과정에서 자원봉사관리자나 슈퍼바이저에게 보고할 의무가 없다. 반면, 관리자의 입장에서 본다면 자원봉사자의 판단에 일임하고 있어 부적절한 실천이 나타날 우려나 일이 잘못되었을 경우에 관리자에게 금방 발견되지 않아 혼란이 가중될 수 있다는 불안감도 있다.

2) 통제력과 능력고취

자원봉사자 통제력의 네 가지 수준은 고정된 것이 아니다. 이는 상황에 따라 변화될 수 있고 또 변화를 염두에 두고 있어야 적절한 자원봉사자 관리활동이라 할 수 있다. 예를 들어, 한 자원봉사자가 맡은 과업에서 어느 정도의 전문성과 이론적인 능력을 가지고 있다고 판단되지만, 아직 자원봉사활동 경험이 없어 적절한 판단을 할 수 있을지 불안하다고 하면 관리자나 슈퍼바이저는 이들의 활동을 초기에는 3수준에서 시작하도록 할 수 있다. 그리고 3수준에서의 활동과정을 통해 적절한 '추천'이 반복된다면 이를 승인하는 과정에서 일정 시점에 2수준의 통제력을 부여할 수 있다. 이는 한편으로는 '자원봉사활동에 대한 인정'의 의미를 가질 수도 있다. 그리고 마지막에는 1수준의 통제력까지도 부여할 수 있다. 물론 부적절한 활동이 반복되거나, 자원봉사자 활동의 적절성에 대한 관리자의 불안감이 크다면 반대로 통제력 수준을 낮은 수준의 방향으로 낮출 수도 있다.

이처럼 통제력의 수준을 이동하며 적절한 것이 되도록 관리하는 것이 중요하며 이러한 의미에서 맥컬리와 린치는 '통제의 사다리 오르기(climbing the control ladder)'라고 표현하고 있다(McCurley & Lynch, 1989).

이와 같은 통제력의 네 가지 수준은 자원봉사활동의 관리에서 반드시 염두에 두어야 한다. 아직도 많은 경우 자원봉사자 관리에서 통제력의 부여와 관리가 체계적이지 않고 무의식적 혹은 즉흥적으로 이루어지곤 한다. 자원봉사자를 4단계의 통제력 수준에만 무의식적으로 배치하고 나서 일일이 결정하고 시키려니 관리 일이 많다고 힘들어하는 관리자는 부적절한 관리활동을 수행하는 것이다. 자원봉사자의 통제수준 관리는 자원봉사관리에서 체계적으로 고려되어야 할 항목이다.

과거의 자원봉사관리에서는 자원봉사자의 통제력에 대해 두 단계의 관점, 즉 통제력을 줄 것인가 주지 않을 것인가의 관점으로만 파악하곤 했다. 그러나 실제에서 통제력을 완전히 빼앗거나 무제한으로 주는 것은 오히려 적절치 않은 경우가 많다. 네 단계로 된 통제수준의 관점을 통해서 활동내용에 대한 관리자와 슈퍼바이저의 통제를 유지하면서도 동시에 자원봉사자에 대해 능력고취(empowerment) 활동을 병행할 수 있다. 즉, 두 수준을 가운데에 끼워 넣고, 또 2수준과 3수준 내에서도 다양하게 세분화된 통제수준을 해당 자원봉사활동 현장과 업무에 맞추어 활용할 수 있다. 특히 통제력의 2수준에서는 점검시점(checkpoint)을 적절한 간격으로 배치하고 그 간격과 정도를 조율하는 방법이 많이 쓰인다. 자원봉사활동이 부적절하게 흐르지 않도록 하는 관리자 통제와 자원봉사자가 자신의 통제력을 가지고 있다는 동기증진의 이점을 동시에 활용할 수 있다.

3) 정기적인 점검과 과정평가

자원봉사자 관리에서 점검시점을 설정하는 것은 중요하다. 통제력의 수준이 어느 단계에 있든지 간에 자원봉사자 활동의 진전에 대해 주기적으로 점검하는 것이 필요하다. 주기적으로 점검하는 것은 자원봉사자에게 점검의 대상인 활동이 중요하게 여겨지고 있다는 인식을 전달할 수 있다. 또한 부적절한 실천이 나타나더라도 활동의 마지막에 알게 되는 것이 아니라 점검주기에 확인할 수 있으므로 많이 빗나가기 전에 교정할 수 있는 상황에서 발견할 수 있다.

정기적인 점검을 위해서는 달력을 활용하는 것이 좋은 방법이 된다. 즉, 점검과 자원봉사활동의 진전을 일자에 따라 기록하고 관리하는 것이다. 흔히 평가는 봉사활동이 모두 종결된 후 이루어지는 것만으로 한정하여 생각하기 쉬우나, 봉사활동이 지속되는 과정에서도 점검의 일환으로서 평가는 필요하다. 자원봉사자들은 수행평가를 통해 자신의 활동을 점검할 수 있으며, 이를 통해 자신의 활동을 한층 고양시키고 통제력을 증진할 수 있는 계기를 마련하기도 한다.

점검과정에서 자원봉사활동에 대한 평가내용은 크게 프로그램 자체에 대한 평가와 자원봉사자의 개별적 업무수행에 대한 평가로 나눌 수 있다. 이는 자원봉사활동 진행과정에서의 점검에서도 마찬가지이다. 프로그램에 대한 과정평가는 계획수립 단계에서 설정한 목표달성 기준 및 척도에 따라서 목적을 달성하기 위한 목표가 얼마나 성취되고 있는지, 목표를 달성해 가는 데 필요한 과정 및 수단이 얼마나 합리적인지를 평가하는 것을 말한다. 또한 자원봉사자에 대한 평가는 자원봉사자가 활동한 총 시간과 지속성 등에 대한 사항과 아울러 적절하고 효과적인 활동이 이루어지는지, 주요 수칙의 준수와 적절한 통제력 수준에서 활동하고 있는지 등을

표 8-1 자원봉사자 점검평가 시의 체크리스트 질문 예시

내용	전혀 그렇지 않다	그렇지 않은 편이다	그저 그렇다	그런 편이다	매우 그렇다
자원봉사활동은 역할 및 직무설계서에 나와 있는 대로 이루어지고 있는가?					
업무를 효과적으로 수행하는가?					
자원봉사활동 시간을 잘 지키는가?					
다른 직원이나 봉사대상자와의 관계는 원만한가?					
자원봉사활동에 정기적으로 참여하는가?					
활동 관련 수칙은 잘 지키고 있는가?					
자원봉사자 통제력 수준에 적절한 권한 활용을 나타내고 있는가?					
비밀보장을 준수하는가?					

점검하는 것을 말한다.

점검에 따른 평가는 계획에 따라 정기적으로 이루어져야 한다. 정기적인 평가일정을 가짐으로써, 자원봉사자는 자신이 활동과정에서 문제로 느끼는 점을 자연스럽게 토론하고, 자신이 한 일에 대해 긍정적인 피드백을 받을 수 있다. 정기적으로 이러한 기회를 갖지 않으면, 작은 문제가 그대로 방치되어 심각한 문제로 비화되거나 자원봉사자의 소진이 발생할 수 있다.

3. 갈등의 관리

모든 조직에서의 활동은 갈등을 나타낸다. 대개 갈등에 대해 부정적으로 생각하는 것이 일반적이지만 사실상 조직 내에서 갈등은 불가피하며 일정 정도 조직에 도움이 되기도 한다. 그러나 갈등의 수준이 지나치게 높거나 갈등의 상황이나 내용에 따라서는 파괴적인 결과를 가져올 수도 있다. 특히 자원봉사활동이 이루어지는 현장에서는 동기와 만족이 중요시되는 특성상 갈등이 매우 중요한 이슈가 되며 잘 다루어져야만 한다. 그렇지 않을 경우 자원봉사자의 중도탈락으로 연결되거나 활동 대상자에게 피해가 돌아갈 가능성이 크다.

1) 자원봉사활동에서의 갈등

자원봉사 현장에서의 갈등은 다음과 같이 자원봉사자와 기관 직원 사이의 갈등, 자원봉사자 간의 갈등, 자원봉사자와 활동 대상자 사이의 갈등이 가장 일반적이다(이성록, 1995). 이 외에도 자원봉사자의 역할 내 갈등이나 기타 다른 관련자와의 갈등도 나타날 수 있다.

(1) 자원봉사자와 기관 직원 사이의 갈등

자원봉사자와 이들에게 업무를 위임하며 관리하는 직원과의 관계는 매우 중요하지만 갈등이 가장 흔하게 발생하는 관계이기도 하다. 이에는 직원 측면에서의 몇 가지 요인이 관련되어 있다.

① 위치에 대한 불안감

자원봉사자 중 일부는 전문적 지식을 가지고 있으며 유급직원보다도 변화에 유연하며 창조적이고 지역사회에 관한 많은 정보를 가지고 있다. 우수한 자원봉사자의 활동에서 기관의 직원들은 자신의 지위에 불안감을 가질 수 있으며, 도전받는다는 의식이나 혹은 피해의식을 가질 수도 있다. 이는 사려 깊은 업무분장과 역할 분담을 통하여 극복될 수 있으며 상호 경쟁관계가 아님을 인식하고 수용하도록 해야 한다.

② 서비스의 질에 대한 우려

자원봉사자는 직무에 대한 전문성이 부족하여 활동 대상자인 클라이언트에게 제공되는 서비스의 질이 저하할 것이라는 우려이다. 유급직원들에게는 이러한 우려는 어느 정도 공통적이다. 자칫 자원봉사자에 대한 불신이나 직무에 대한 불만족으로 이어져 필요한 권한의 위임을 막고 결과적으로 자원봉사자의 불만족으로 이어져 갈등의 소지가 될 수 있다.

③ 역할에 대한 인식 부족

아직도 많은 직원은 자원봉사자 활용을 일시적인 편의와 단순 노동력의 지원책 혹은 예산 절감책으로 여기고 있다. 혹은 자원봉사자 활용이 대단히 번거로운 일이지만 상급자의 지시나 기관 정책에 의해 마지못해 한다는 태도도 나타난다. 이러한 태도는 자원봉사자의 불쾌감과 갈등을 유발한다.

④ 이전의 나쁜 경험

이전에 자원봉사자와 일하던 과정에서의 나쁜 경험이 자원봉사자에 대한 거부감으로 나타날 수도 있다. 소위 '볼런티어 신드롬'이라고도 불리는 이 현상에 대처하기 위해서 다수 자원봉사자의 장점을 강조하고 부정적 경험은 '자원봉사자이기 때문에' 발생한 것이 아닐 수 있음을 검토하게 한다.

⑤ 성취감의 상실

자원봉사자의 활용으로 인해 활동 대상자와의 직접적 접촉 기회가 줄어들어서 직원들은 대면 활동에서 나타나는 성취감이 감소될 수 있다. 이는 유급직원이 자원봉사자에 대해 부정적인 느낌을 가지는 원인이 되기도 한다.

이와 같은 직원의 부정적인 감정이나 태도는 자원봉사자에게 암묵적으로 전해지거나, 자원봉사 관리활동에서 자원봉사자에게 지나치게 엄격하거나 활동의 의미를 가치절하하는 것으로 나타나기도 한다. 직원과 상호작용하는 자원봉사자 입장에서도 직원의 태도에 의한 부정적 반응이 나타나기 쉽다. 또한 자원봉사자는 경우에 따라서는 기관의 직원이 자신의 업무에서 열정을 보이지 않는다고 느낄 수도 있으며, 대상자(클라이언트)에게 최선을 다하지 않는다고 인식할 수도 있다. 특히 자원봉사자에게 적절한 관리활동의 노력을 보여 주지 않는 직원에 대해서는 자원봉사자의 활동이 해당 직원의 일손 덜어 주기와 같아서 초기의 활동목적이나 동기와 다르다고 생각하기도 한다.

(2) 자원봉사자 간의 갈등

자원봉사자 동료 간의 관계는 자원봉사자의 헌신과 기여를 고취시키는 요인이 된다. 그리고 이는 경우에 따라서 자원봉사자의 중요한 활동 동기가 되기도 한다. 그러나 반면, 동료와 갈등이 발생하거나 관계가 어긋나게 되면 활동을 중단하거나 활동 대상자에게 나쁜 영향을 미치게 되기도 한다. 따라서 자원봉사관리자는 활동하고 있는 자원봉사자 간의 동료관계에 대해 면밀히 관찰하여야 한다.

업무에서의 상호의존성, 목표와 역할기대에서의 차이, 보상 및 인정과 관련된 경쟁심 등이 동료 자원봉사자와의 갈등을 유발하는 요인이 되기 쉽다.

(3) 자원봉사자와 활동 대상자 사이의 갈등

활동 대상자들은 특정 기관의 서비스 체계나 내용에 대해 잘 알고 있는 경우가 많다. 그리고 이들은 서비스 품질에 대해서도 민감한 편이다. 여러 가지 요인에 의해 자원봉사자의 활동에 대한 저항세력으로 존재하기도 한다. 한편으로 자원봉사자는 무의식적으로 활동 대상자로부터의 감사와 인정을 원하고 있어 이것이 어긋나게 되면 갈등을 일으키는 요인이 되기도 한다. 대상자와 갈등을 유발하는 자원봉사자의 특징적 측면으로 다음과 같은 것들이 대표적이다(최유미, 2011).

① 무지성

활동 대상자의 특성이나 자원봉사활동에서의 원칙 등에 대한 무지로 인해 자원봉사자가 활동 대상자의 주체성을 침해하거나 생활방식에 잘못 관여하여 기분을 상하게 하는 경우가 있다.

② 시혜성

동정심이나 위선적인 태도가 대상자에게 전달되면 활동 대상자는 자원봉사자에 대해 거부감을 가지게 된다. 베푸는 우월자와 일방적으로 자선을 받는 열등자로서의 차별적인 인식이 있어서는 곤란하다.

③ 자기도취성

자원봉사자가 자신의 선의나 활동의욕에 도취되어, 자신의 책임영역이 아닌 부분에까지 관여함으로써 활동 대상자의 부정적 감정을 유발할 수 있다.

④ 충동성

자원봉사활동은 계획적이고 체계적인 활동이 되어야 함에도 불구하고 즉흥적이고 충동적으로 활동이 나타나기도 한다. 이 경우에는 위험한 결과를 낳은 잘못된 실천이 발생할 가능성이 높다. 또한 자원봉사자의 일관성이나 신뢰성에 대해 활동 대상자가 믿을 수 없게 되고 갈등의 소지가 많다.

⑤ 일과성/단기성

자원봉사자의 활동이 형식적이고 일회적으로만 이루어지는 경우도 있다. 이런 상황이 반복되면, 활동 대상자는 자원봉사자에 대해 개방적인 태도를 취하지 않게 되고 라포가 형성되지 않아 갈등의 요인이 된다.

2) 갈등의 예방과 관리

무급을 원칙으로 이루어지는 자원봉사활동의 특성상 과정에서 나타나는 갈등은 보다 면밀한 배려하에 다루어져야 한다. 자원봉사활동에서의 갈등을 다루는 방법은 상호 간의 욕구 충족 조절 혹은 타협을 근간으로 한다. 즉, 갈등은 누군가의 승리와 누군가의 패배, 어느 한쪽만의 일방적인 이해 관철로 다루어져서는 안 된다. 자기 자신의 관심사를 충족시키는 방법(주장)과 상대방의 관심사를 충족시켜 주는 방법(양보)이 병행되어야 한다. 이와 관련하여 자원봉사활동에서의 갈등을 다루는 대표적인 전략을 지배(dominating), 회피(avoiding), 타협(compromising)의 세 가지로 구분하기도 한다(류기형 외, 1999).

맥컬리(McCurley)와 빈야드(Vinyard)는 자원봉사자와 직원 간의 관계에서 나타날 수 있는 갈등이나 분쟁을 예방하기 위한 실무적 내용으로 다음을 제시하고 있다(이강현 역, 1997).

자원봉사자와 직원 간의 갈등 예방

1. 자원봉사자 활용에 관한 결정에 직원을 참여시킨다. 모든 사람은 갑작스러운 결정을 좋아하지 않는다.
2. 자원봉사자들을 위한 업무와 지원계획 그리고 감독체계에 대해 미리 계획을 세워야 한다. 이러한 일들이 저절로 이루어질 것으로 기대해서는 안 된다.

3. 많은 사람이 자원봉사에 참여하는 것이 무조건 중요한 것은 아니다. 자질을 고려하여 선발하여야 한다.
4. 자원봉사에 필요한 기술이나 지식을 활동하면서 누구나 배울 수 있을 것이라고 간주해서는 곤란하다. 자원봉사자들에게 훈련이 필요하면 그들과 함께 일할 직원을 포함시켜야 한다.
5. 직원이 자원봉사자의 적절한 활용을 위해 필요한 것을 이미 알고 있다고 간주하지 말아야 한다. 교육이 필요한 경우가 많다.
6. 자원봉사자들이 기관에 기여하는 것에 대해서 감사를 표하여야 한다.
7. 자원봉사자들과 함께 일을 무난히 잘 수행한 직원들에게 포상과 격려가 이루어져야 한다.
8. 자원봉사자들에 대한 감독활동은 함께 일하는 직원이 할 수도 있다. 자원봉사관리자가 모든 권한을 가지는 것은 좋지 않다.
9. 주의를 끄는 문제가 발견되면 덮어 두지 말아야 한다. 이에 대해 이야기하고 이를 경청하는 것이 문제를 더 제고시키지 않는다.
10. 분쟁이 발생했을 경우 한쪽이 옳고 그르다는 흑백논리를 적용하지 말아야 한다. 타협이 최선의 방책이다.

불가피하게 자원봉사활동에서 갈등이 발생하여 이를 다루어야만 하는 경우에는 다음과 같은 단계를 거쳐야 한다고 지적하고 있다(김현옥 외, 2008).

- 갈등의 종류를 진단
- 발생한 갈등 및 문제를 해결할 기술과 능력이 자신 또는 조직에게 있는지에 대한 판단과 점검
- 위임 또는 직접 해결에 대한 판단과 결정
- 개방적이고 공정한 의사소통을 통해 갈등과 문제해결에 직면
- 합의와 공감대를 통한 문제해결

표 8-2 갈등단계에 따른 개입방법

단계	설명	개입방법
1. 불편한 느낌	정확히는 모르겠지만 뭔가 잘못되었다는 느낌	• 상황에 대한 충분한 정보 입수 • 자신의 걱정을 긍정적으로 표현
2. 오해	원인 모를 문제에 대한 가정과 일에 대한 회피	• 면담 시간 마련 • 방어적인 태도가 되지 않도록 이해와 관심 표명
3. 사건	상황의 악화에 따라 말이나 행동으로 상호 간에 상처를 주고 부정적인 이미지를 갖게 됨	• 일대일로 문제를 해결하는 과정 필요 • 시간을 정해 일대일 만남
4. 긴장의 고조	상호 간의 적대적인 감정을 가지고 각자 동조자를 규합하여 편 가름	• 갈등 중재자에게 원활한 문제해결을 위해 도움 요청
5. 위기	갈등이 심각해지는 단계 맞서 싸우거나 멀리하며 감정 격앙	• 숙련된 중재자의 도움을 통한 시도 • 많은 시간과 노력이 필요

출처: 김현옥 외(2008).

또한 다루어져야 할 갈등이 어떤 단계에 있는 것인지에 대해 자원봉사관리자가 검토한 후, 그 갈등의 수준 혹은 단계에 따라 개입하는 방법이 달라질 수 있다. 이에 대해서는 〈표 8-2〉와 같이 제시되곤 한다.

4. 다양한 상황에 따른 자원봉사관리 요소

1) 자원봉사활동의 시기에 따른 관리

자원봉사자를 적절히 유지하고 강화하기 위해서는 자원봉사자와 기관과의 관계에서 다음과 같은 세 가지의 중요한 시기에 대해 적절한 관리활동이 중요하다(김범수, 2004).

(1) 첫 6개월[2)]

자원봉사자 유지에 관한 연구들에서 자원봉사자의 처음 6개월의 경험이 그 장기적 유지에 있어 중요하다고 지적하고 있다. 자원봉사에 대한 기대와 실제 상황 사이에 현격한 거리가 있다면 자원봉사자들은 그만두게 된다. 이는 첫 계약기간 이후의 종결일 수도 있고 더 나쁘게는 중도탈락일 수도 있다. 관리자 혹은 슈퍼바이저는 이런 초기 기간 동안 자원봉사자들이 정상적인 적응기간을 잘 보낼 수 있도록 그들에게 주의를 집중하여야만 한다. 또한 자원봉사자들이 적합하지 않은 업무를 수행함으로써 발생하는 문제들이 없도록 해야 한다.

(2) 기념일

자원봉사자들은 큰 프로젝트의 종결 또는 자원봉사 계약기간의 완료와 같은 기념일에 더 많은 관심을 가져 주기를 바란다. 이런 중요한 시점에서 그들은 자신들이 하고 있는 일에 대한 관심과 수행에 대하여 재평가를 하게 될 것이다. 이때 그들에게 새로운 흥미와 목적을 찾도록 유도하면서 다시 자원봉사활동을 하도록 돕는 것이 좋다.

(3) 업무배정기간

자원봉사자들에게 가능한 속히 그리고 지속적으로 업무를 주는 것은 매우 중요하다. 그렇지 않으면 심각한 유지문제를 발생시킨다. 오랜 기간 동안 업무가 없다면 조직에 대한 소속감을 잃어버리게 될 것이다. 자원봉사자가 기관에 소속감을 느끼기 위해서는 개인에 따라 다르긴 하지만 최소 활동시간이 필요하다. 월 1~2시간 미만의 활동을 하게 된다면, 혹은 자원봉사관리자와 접촉의 지속성이 없다면 소속감을 잃기 쉽다.

2) 단기 자원봉사 프로그램이 압도적 위치를 차지하고 있는 우리나라의 최근 자원봉사활동 현장에서는 6개월이 아닌 더 짧은 초기의 자원봉사활동 기간으로 간주하는 것이 현실적이다.

2) 외부 프로그램에 의해 비자발적으로 배치된 자원봉사자

자원봉사활동이 가지는 교육적 효과나 사회적 필요성이 널리 받아들여지면서 자원봉사활동을 활용하는 다른 프로그램들도 많아지고 있다. 넓게 보면 학교에서의 봉사학습을 통한 자원봉사활동이나 교정정책의 일환으로 수행되는 사회봉사명령제도 같은 것들이 이에 해당할 수 있다. 물론 이러한 프로그램이 가지는 사회적 장점이 있고 자원봉사의 활성화를 위해 가지는 의미도 크다. 그러나 경우에 따라서는 외부 프로그램에 의해 자발성이 현저히 떨어지는 사람들이 자원봉사활동에 참여하게 되기도 한다. 그리고 이들은 자발성에 기초한 활동이 아니기 때문에 자원봉사관리자의 관리활동에 많은 어려움을 가져오곤 한다.

특히 자원봉사관리자가 속한 기관의 정책에 의해 자원봉사자로 받아들여지는 과정에서 자원봉사관리자의 전반적 자원봉사 프로그램 기획이나 운영의 초기부터 감안되지 못하고 갑작스럽게 참여하는 것으로 결정되기도 한다. 자원봉사관리자가 주도하는 프로그램 기획과 그에 따른 적절한 모집 및 선발면접의 결과에 따라 참여자가 선정되지는 않는 것이다. 이때 자원봉사관리자는 외부 프로그램에 의해 받아들여지게 된 참여자 때문에 기존 자원봉사활동 관리과정과 관련하여 나타날 수 있는 다음과 같은 실무적 고려사항을 기관의 실무자 혹은 책임자와 함께 논의하여 분명하게 확인하여야 한다(Jackson, Locke, Hogg, & Lynch, 2019).

- 이들을 위한 역할과 직무설계서를 작성하고 검토하는 것은 누가 할 일인가?
- 이 역할을 수행하기 위한 의뢰된 (비자발적) 참여자를 누가 면접하여 선정할 것인가?
- 이들은 기관 내에 누가 담당하는 실무 프로그램에서 활동하게 될 것인가?
- 이들을 교육훈련하는 것은 누구의 책임인가?
- 이들이 활동을 수행하면서 문제가 발생하는 부분이 있다면 누가 조정할 것인가?
- 이들의 활동에 대해 지도감독하고 승인 및 인정을 하는 것은 누구의 책임인가?

기본적으로 비자발적 자원봉사자를 의뢰할 외부 프로그램은 무엇이고, 이들이 어떤 시점에 의뢰되어 어떤 활동을 할 것인지에 대해 기관의 자원봉사 프로그램을 기획할 때 미리 준비가 이루어지는 것이 좋다. 하지만 이는 지나치게 이상적인데, 대개는 외부 프로그램에 의해 비자발적 자원봉사자를 받아들이는 것은 (자원봉사관리자의 의사와 무관하게) 기관 정책에 의해 갑자기 결정되기도 한다. 또한 해당자의 자원봉사활동 참여가 곧장 이루어져야 하는 경우도 많다. 그리고 앞에서 살펴보았던 비자발적 참여자에 대한 자원봉사관리의 책임도 자원봉사관리자에게 일괄적으로 부여될 가능성도 높다. 이 경우 자원봉사관리자는 기존에 운영되고 있던 자원봉사 프로그램의 한 부분에 이들을 참여시키기도 하고, 경우에 따라서는 이들 외부에서 의뢰된 비자발적 참여자들만이 참여하는 새로운 자원봉사 프로그램을 만들 수도 있다. 중요한 점은, 첫째, 기존에 활동하고 있는 자원봉사자의 봉사활동이나 자원봉사관리자의 기존 자원봉사자 관리활동에 부정적 변화를 야기하지 않아야 한다는 점이다. 둘째, 외부 프로그램에 의해 의뢰된 참여자에 대해 비자발적이기 때문에 부정적 양상을 나타낼 것이라는 선입견에 의해 기본적 자원봉사관리의 원칙을 벗어나서 지나치게 통제적으로 접근해서는 곤란하다. 잭슨 등(Jackson et al., 2019)은 외부 프로그램에 의해 의뢰된 자원봉사자와 활동할 때 자원봉사관리자가 지켜야 할 지침을 일반적 자원봉사관리의 내용에 다음과 같이 추가하여 설명하고 있다.

- 만약 자원봉사관리자가 부적절하다고 생각하는 경우라면, 외부에 의해 의뢰된 자원봉사자를 받아들여 활동하게 하는 프로그램을 운영하지 않는 것이 좋다.
- 자원봉사관리자와 기관 전체적으로 외부 프로그램의 자원봉사자 의뢰를 받아들이기로 했다면, 기관의 직원과 기존의 자원봉사자들도 의뢰된 자원봉사자들을 수용하기로 했다는 점을 알 수 있게 한다.
- 의뢰하는 외부기관이 요구하는 활동기록관리 등의 책임 내용이나 외부기관에 의한 별도의 규칙 등이 있는지와 그 내용을 확인한다.
- 이들의 건강과 안전문제, 위험도에 대한 사정 및 다른 자원봉사자나 관련자에

게 미칠 영향을 별도로 사정한다.

- 이들이 계약한 자원봉사활동을 수행하지 않으려고 할 때, 활동수행을 강요하거나 대결하지 않는다. 다만, 활동에 참여하지 않았을 때 자원봉사관리자가 이들을 의뢰한 외부기관에게 조치하게 될 사항들을 다시 알려 주지시킨다.
- 외부에서 의뢰된 비자발적 참여자들은 자원봉사활동에 시간과 노력을 써야만 (외부 프로그램에 의한) 혜택을 받을 수 있다는 것에 대해 기분 나빠하거나 냉소적일 수 있다. 자원봉사자는 이들에게 같은 자원봉사활동에 대해 많은 사람이 자발적으로 시간을 투자할 가치가 있는 것으로 확신해서 기꺼이 활동을 하고 있다는 점을 주지시킨다. 이들에 대해서 자원봉사활동의 의미와 기관이 수행하고 있는 활동의 미션, 현재 수행하는 자원봉사활동의 의미에 대해 교육하는 것에 다른 일반 자원봉사자의 경우보다 더 많은 노력을 기울인다.

3) 자원봉사자의 활동중단

매딩과 킹(Madding & King, 2018)은 영국에서의 조사결과를 인용하여 자원봉사자가 활동을 중단하고 그만두게 되는 열 가지의 주요한 이유를 다음과 같이 순위로 나타냈다.

자원봉사자가 활동을 중단하는 이유

- 1위: 활동에 많이 기여하지 못한다.
- 2위: 아무도 자신들에게 웃거나 친근하게 대하지 않는다.
- 3위: 물리적 환경이 자원봉사활동 노력을 지원해 주지 못한다.
- 4위: 분위기가 냉랭하고 좋지 않다.
- 5위: 자원봉사자의 제안이나 의견에 대해 무시하거나 반응이 없다.
- 6위: 활동을 그만두겠다고 자원봉사자가 사전에 이야기할 방법을 알 수 없다.

- 7위: 매번의 자원봉사활동이 다른 활동과 어떻게 연결되는지 알 수 없다.
- 8위: 오래된 장기 자원봉사자가 내부 집단에 자신들을 포함시켜 주지 않는다.
- 9위: 직원들이 도움을 환영하기보다는 귀찮은 방해자로 여긴다.
- 10위: 처음에 계약했을 때 기대했던 것과 실제 자원봉사활동 경험이 너무 다르다.

자원봉사자가 활동을 중단하게 되는 것은 당연히 부정적인 양상이다. 그리고 자원봉사자들은 개인적인 사유도 있지만, 많은 경우가 활동 현장에서 원래 생각하고 기대했던 경험을 하지 못하기 때문에 활동을 조기에 종결하게 된다. 이에 대해 자원봉사관리자는 반드시 면접을 통해 그만두는 것과 관련된 이슈를 다루어야 한다. 원래는 자원봉사관리의 과정을 통해서 조기종결이 나타나지 않도록 하는 것이 이상적이다. 앞에서 살펴본 활동중단의 흔한 사유들은 대개 자원봉사관리가 잘 이루어진다면 예방할 수 있는 것이다. 적절한 참여 기회의 제공, 긍정적 활동분위기의 창출, 자원봉사자에 대한 존중, 그리고 이와 관련된 문제에서 자원봉사관리자와의 개방적인 의사소통은 자원봉사자의 활동중단과 조기종결을 예방하는 가장 좋은 방법이다. 따라서 활동중단의 의사가 자원봉사활동 관리의 변화를 통해서 번복될 수 있는 것인지도 확인할 필요가 있다. 하지만 조기종결이 불가피하다면, 그냥 활동이 중단되는 것보다는 종결면접을 통해서 종결과 관련된 이슈를 검토해야 한다.

원래 종결면접은 자원봉사자가 기관의 자원봉사 프로그램의 참여를 마칠 때 실시하는 것으로 이는 프로그램의 향상과 조절에 이용될 만한 정보와 제안을 얻을 수 있고, 자원봉사자들의 불만, 실망, 문제점 등을 의논하는 계기가 된다. 프로그램의 완결에 의한 종결이 아닌 활동중단의 경우에도 마찬가지의 필요성이 있다. 특히 자원봉사자가 프로그램으로부터 떠나게 된 이유가 무엇인지, 그리고 추가적인 탈락이 발생하지 않기 위해 필요한 것은 무엇인지에 대한 정보를 얻어야 한다. 면접이 불가능할 경우 설문 등을 이용할 수도 있지만 이 경우에는 얻을 수 있는 유용한 정보가 훨씬 더 줄어든다는 점을 인식해야 한다. 주로 다음과 같은 질문과 정보수집이 이루어져야 한다(Jacobson, 1990; McCurley & Lynch, 1989).

- 당신이 자원봉사를 그만두기로 결정한 이유는?
- 자원봉사자의 경험이 좀 더 만족스러우려면 기관이 어떻게 해야 했는가?
- 전반적으로 자원봉사자 프로그램 향상을 위해 어떻게 해야 하는가?
- 업무의 긍정적 측면은 무엇인가?
- 업무의 부정적 측면은 무엇인가?

5. 부적절한 활동에 대한 자원봉사관리

선의와 자발성에 기초한 자원봉사활동이지만 늘 효과적이고 적절한 활동만이 나타나는 것은 아니다. 때로는 매우 헌신적이고 동기화가 잘 되어 있는 숙련된 자원봉사자도 잘못된 활동을 범하기도 한다. 이러한 부적절한 실천은 비밀보장의 미준수, 활동수칙 위반 등과 같은 것일 수도 있고 활동의 성과가 불만족스러운 점과 연관될 수도 있다. 간단하고 기술적인 것에서부터 더 이상 자원봉사활동을 유지할 수 없는 치명적인 것까지 여러 가지 유형이 있을 수 있다. 잭슨(Jackson) 등은 좋지 않은 자원봉사활동의 수행이 나타나는 맥락을 기술과 동기화를 기준으로 하여 네 가지 유형으로 구분하였다(Jackson, Locke, Hogg, & Lynch, 2019).

부적절한 활동을 나타내는 자원봉사자의 유형

- **동기화가 되어 있고 기술도 있는 자원봉사자**

  업무기대가 불명확하거나 활동 현장에서 직원이나 동료 자원봉사자, 혹은 활동 대상자와의 대인관계에서의 어려움에 의해, 혹은 활동 현장의 분위기가 만족스럽지 않아 동기화나 기술이 모두 잘 갖추어진 자원봉사자도 부적절한 활동이 나타날 수 있다.

- **동기화는 되어 있지만 기술이 부족한 자원봉사자**
  자원봉사자에 대한 초기의 교육훈련이 불충분하거나 혹은 활동 중에 점차 업그레이드되어야 하는 계속 훈련이나 상담이 불충분하여 동기화가 잘된 자원봉사자도 기술의 부족 때문에 부적절한 실천을 범하곤 한다.
- **기술은 있지만 동기화가 부족한 자원봉사자**
  기술을 가지고 있음에도 자원봉사자가 원하는 내용의 활동이 아닌 부분에 배치되어 있거나, 기관이나 활동의 의미에 충분히 공감하지 못하는 경우에 부적절한 활동이 나타날 수 있다.
- **기술도 부족하고 동기화도 부족한 자원봉사자**
  현재 자원봉사활동을 수행하기에 적합한 기술을 가지고 있지 못하고 동기도 부족한 상황에서는 좋은 자원봉사활동이 나타나기 어렵다. 이런 경우에는 해당 기관의 활동에서 좋은 수행을 나타내기도 힘들다. 자원봉사자를 새로운 업무에 배치하거나 다른 기관의 활동에 의뢰해야 할 필요도 있다.

부적절한 활동이 나타나고 있는 자원봉사자의 상황이 어느 유형에 해당하는 것인지에 대해 탐색해 보아야 한다. 그리고 자원봉사관리자의 일방적 판단이 아닌 자원봉사자와의 상호작용을 통해 검토가 이루어져야 한다. 이 과정에서 몇 가지 실무적으로 지켜야 할 원칙이 있다.

첫째, 자원봉사자 스스로가 그 부적절한 활동과 관련하여 어떻게 설명하는지를 들어 보아야 한다. 비심판적으로 자원봉사자 스스로 자신이 한 것과 자신이 하지 않은 것, 표적행동이 나타난 상황을 어떻게 묘사하는지 확인해야 한다. 둘째, 부적절한 활동과 인간으로서 자원봉사자의 가치는 명확히 구별되어야 한다. 셋째, 자원봉사자가 기여하고 있었던 성과와 긍정적 측면에 대해서 자원봉사관리자가 언급해 주어야 한다. 넷째, 자원봉사자에게 개선을 위한 스스로의 계획을 요청해 보아야 한다.

결국 자원봉사자의 부적절한 실천에 대해서는 기술적 조언에서부터 심각하고 윤리적인 문제일 경우에는 '해고'에 이르는 다양한 관리활동이 필요한데 추가적인 문제가 발생하지 않도록 하는 것과 자원봉사자 본인이나 함께 일하는 동료 자원봉사자의 사기가 손상되지 않도록 하는 것 모두에 신경 써야 한다. 특히 자원봉사활동을 중단하도록 통보하는 해고는 자원봉사자에게 가장 극단적인 방법이 된다. 따라서 해고 이전에 다음과 같은 교정의 대안을 모색해 보아야 한다(Jackson, Locke, Hogg, & Lynch, 2019).

- 자원봉사자에 대한 지도감독의 재강화(resupervise): 자원봉사자의 잘못된 실천이 작은 규정이나 절차의 위반 등일 경우 이를 준수하도록 다시 한 번 재강조하는 것이 필요할 수 있다. 특히 10대 자원봉사자의 경우 절차나 규정 위반이 자주 발생하는 문제일 수 있다.
- 자원봉사자에 대한 역할 재할당(reassign): 특정 활동 대상자와 자원봉사자가 잘 맞지 않거나 업무에 잘 적응하지 못하는 경우 활동 대상자를 바꾸어 할당하거나 직무배치를 새로 할 수 있다.
- 자원봉사자에 대한 재교육(retrain): 무지나 정보 부족으로 인해 부적절한 실천이 나타났을 경우 다시 한번 교육과 훈련을 실행할 필요가 있다.
- 자원봉사자에 대한 재동기화(revitalize): 의욕의 상실이나 반복활동에서의 지루함 등으로 소진(burn out)되거나 활동에 지장을 가져오는 경우 휴식기간을 설정하거나 여타의 방법으로 동기화를 다시 이루어야 한다.
- 자원봉사자를 다른 기관으로 의뢰(refer): 이 기관에서의 활동이 적절치 않다고 판단될 경우 해당 자원봉사자의 능력과 욕구가 더 잘 반영될 수 있는 다른 기관으로 의뢰를 고려한다.
- 자원봉사자를 명예로운 방식으로 은퇴시킴(retire): 다른 대안을 도저히 실행할 수 없는 상황이라면 가급적 자원봉사자를 죄의식 없이 명예롭고 공식적인 방법으로 은퇴시킬 수 있도록 한다.

그러나 이러한 방식으로 관리되기 어려운 심각한 문제가 발생할 수도 있고, 이 경우에는 자원봉사자에 대한 해고조치가 불가피할 수도 있다. 자원봉사자를 해고하기 위해서는 공식적인 체계가 필요하다. 관리자나 슈퍼바이저가 개인적으로 자원봉사자와의 관계를 단절하는 것은 쉽지 않은 것이므로 자원봉사자 해고는 기관의 정책적 체계가 마련되어야 한다(McCurley & Lynch, 1989). 해고는 긍정적인 상황은 아니다. 그러나 잘 활동하고 있는 다른 자원봉사자를 위해서도 문제가 되는 자원봉사활동에 대한 개입이나 경우에 따른 해고조치는 필요하다. 해고를 위한 정책체계는 다음의 내용을 포함하고 있어야 한다.

- 자원봉사자가 처벌 혹은 해고되는 조건을 명시한 공식적 정책체계의 확립
- 문제가 되는 상황과 자원봉사자 측의 진술내용을 확인할 수 있는 공식적 조사 제공
- 주의, 경고, 해고에 이르는 점진적 처벌체계 구성
- 자원봉사자 측의 이의 내용을 검토하기 위한 절차 구성
- 직원, 클라이언트, 관련된 다른 사람들에게 자원봉사자에 대한 해고나 처벌에 대해 후속적인 통보 제공

동시에 해고는 자원봉사관리자와 자원봉사자 사이에 개인적인 접촉을 수반하는 일이 된다. 따라서 해고면접(firing interview)이 이루어지게 되며 이는 자원봉사관리에서 계속 견지해 왔던 일반적인 면접규칙과 달리 탐색이나 긴 상호작용이 아니다. 해고면접에서 지켜야 할 지침은 다음과 같다(McCurley & Lynch, 1989).

- 신속하고 단호하게 할 것: 이미 해고면접에 이르렀다면 신속하고 단호하게 조치하여야 한다.
- 논쟁하지 말고 분명히 통보할 것: 해고면접에서는 정확하게 통보하는 것이지 세부적인 잘잘못에 대해 논쟁할 필요는 없다. 이는 불필요한 갈등과 부정적 감정을 다시 격화시키게 할 수 있다.
- 상담을 시도하지 말 것: 상담은 이미 그 이전 단계에서 이루어졌어야 할 일이다. 해고면접에서 상담을 시도해서는 안 된다.

- 자원봉사자에 대한 후속조치: 해고되는 자원봉사자에 대해서도 이후의 과정이나 정보제공, 의뢰 등에 대한 후속조치나 욕구가 어떻게 되는지에 대해 확인하여야 한다.

제9장

종결과 인정 · 평가

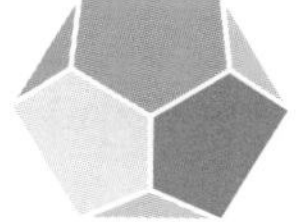

1. 자원봉사활동의 종결

자원봉사활동은 무한정 진행되는 것이 아니다. 따라서 종결은 언제나 나타나는 것이며 이 종결과정이 긍정적인 것이 되도록 하는 것은 중요하다. 자원봉사활동 종결의 원인은 여러 가지가 있을 수 있지만, 그 이유에 관계없이 자원봉사활동 종료가 당사자 모두에게 충분히 예상되도록 하고 잘 마무리하는 것은 자원봉사활동을 시작하거나 유지하는 것 못지않게 중요하다.

가장 좋지 않은 자원봉사활동 종결은 계획 없이 우발적으로 나타나는 활동중단이다. 자원봉사 프로그램의 기획단계에서부터 자원봉사활동의 종결은 미리 계획되어야 한다. 그리고 이는 자원봉사자와 자원봉사활동 현장 혹은 기관과의 계약에 반영되어야 한다. 만약 당분간 종결의 예정 없이 장기적으로 활동하려는 자원봉사자라 할지라도 일단 일정한 활동기간을 정해서 활동을 종료한 후에 다시 (재)계약을 통해 활동을 연장하는 것이 좋다. 대개 자원봉사 프로그램은 1년 이상 지속되지 않으며 이 기간을 넘어설 때에는 재계약의 형태를 취하는 것이 바람직하다.

자원봉사활동의 기간이 지나치게 짧아지는 것도 좋지 않기 때문에, 어느 정도의 지속성이 필요하다. 자원봉사활동 계약부터 종료까지의 기간을 일괄적으로 이야기하기는 곤란하지만, 활동 현장에서 대면적인 자원봉사활동의 경우에는 보통 6개월을 최소단위로 활동이 이루어지곤 한다.

1) 종결의 의미와 유형

자원봉사활동의 종결은 특정 자원봉사자나 단체가 진행해 오던 활동 기관이나 대상자에 대한 활동을 중지하는 것을 의미한다. 실제 자원봉사자 활용과 관리에서는 모집의 과정에 비해 종결에 대해 그 중요성을 간과하곤 한다. 그러나 적절한 형태의 종결은 다시 좋은 모집이 이루어지는 데 중요한 기반이 될 수 있다. 종결이 이루어진 자원봉사자 상당수는 다시 자원봉사활동에 참여하고 이 중에는 해당 기관에서 자원봉사활동에 재참여하기도 한다. 종결과정은 모집만큼이나 긍정적 경험이 되도록 해야 한다. 종결은 여러 가지 형태와 방식이 있을 수 있으나 모든 자원봉사 프로그램과 자원봉사자에 대한 관리에서 반드시 중요하게 다루어져야만 하는 영역이다.

(1) 활동 계약기간 만료에 의한 종결

자원봉사 프로그램 계획에 의해 사전의 활동 계약에서부터 종료시점에 대한 논의가 있어 이에 따라 종결이 이루어지는 것이다. 대개 대면적인 자원봉사활동의 경우에는 6개월이나 1년 단위로 종결에 이르는 프로그램이 많다. 학생 자원봉사 프로그램은 학기나 방학기간을 기준으로 종결시점이 설정되는 경우도 있다. 특정 이벤트나 행사 중심의 자원봉사활동은 단기간의 활동과 빠른 종결시점을 갖기도 한다. 기간은 다양하지만 초기에 계약을 하면서 예정했던 시점까지 자원봉사활동을 수행하고 종결이 이루어지는 경우는 가장 전형적인 자원봉사활동의 종결 유형이라 할 수 있다.

(2) 활동 목적의 달성에 의한 종결

자원봉사활동의 목적이 달성되어 활동이 종결되는 경우이다. 가장 이상적이라 할 수 있지만 흔하지는 않다. 예를 들어, 간병자원봉사활동의 경우 활동 대상자가 모두 완전히 건강을 되찾아 더 이상 간병의 필요가 없어지는 경우와 같다. 활동의 목적은 자원봉사 프로그램에 설정되어 있다. 만약 그 목적이 달성되었다면 굳이 자원봉사활동을 연장할 필요가 없다. 건강을 되찾았는데도 이왕 활동을 하기로 할당한 시간들이니 말벗으로라도 계속 나간다는 방식은 부적절한 것이다. 때문에 목적을 설정할 때, 현실적이면서도 적절한 방향으로 잘 설정해야 한다. 목적이나 목표의 수준이 너무 낮으면 그 달성에 의한 종결이 너무 쉽게 나타나고, 너무 높으면 늘 불만족스러운 활동이 반복되는 경험일 수 있다.

(3) 현장과 대상의 여건에 의한 종결

자원봉사활동의 종료시점도 아직 남아 있고 활동의 목표도 아직 달성되지 않아 활동이 계속되어야 하지만 활동 현장이나 대상자의 여건 변화로 인해 더 이상 자원봉사활동이 이루어질 수 없는 상황을 말한다. 활동 현장이나 기관이 폐쇄되거나 정책이 변화하거나, 혹은 활동 대상자의 거주 이전, 건강 악화나 사망 등의 경우에 자원봉사활동은 지속될 수 없다. 이런 경우에는 처음에 계획했던 것은 아니지만 부득이 자원봉사활동의 종결과정이 이루어져야 한다.

(4) 자원봉사자와 팀의 여건에 의한 종결

반대로 자원봉사자 측의 여건에 따라 활동이 종결되기도 한다. 자원봉사자의 건강 문제, 거주 이전이나 직업상의 문제에 따라 자원봉사활동이 지속될 수 없는 상황이 발생한다. 자원봉사자가 팀인 경우 활동기간 중에 팀이 해체되는 등의 사유가 발생하기도 한다.

(5) 중도탈락에 의한 종결

사전의 논의나 종결에 대한 충분한 논의와 준비 없이 자원봉사자가 활동에 참여

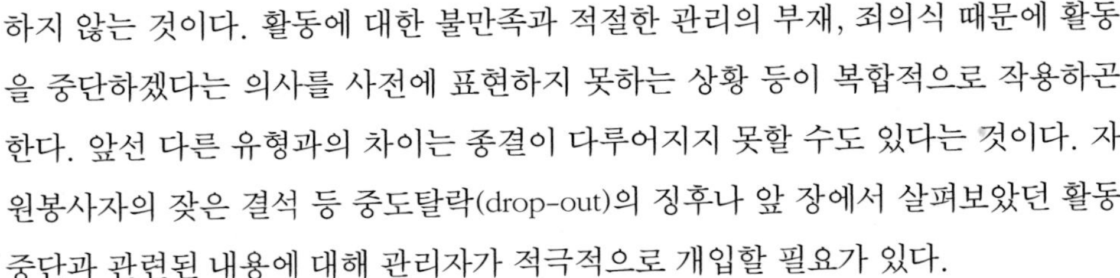

하지 않는 것이다. 활동에 대한 불만족과 적절한 관리의 부재, 죄의식 때문에 활동을 중단하겠다는 의사를 사전에 표현하지 못하는 상황 등이 복합적으로 작용하곤 한다. 앞선 다른 유형과의 차이는 종결이 다루어지지 못할 수도 있다는 것이다. 자원봉사자의 잦은 결석 등 중도탈락(drop-out)의 징후나 앞 장에서 살펴보았던 활동 중단과 관련된 내용에 대해 관리자가 적극적으로 개입할 필요가 있다.

(6) 자원봉사관리가 이루어지지 않는 개방형 종결

자원봉사 프로그램이 잘 기획되어 있지 않거나 관리자의 개입이 취약한 경우, 자원봉사활동의 종결이 예정되어 있지 않은 경우가 있다. 이러한 경우 일정 기간 후에 그 지속과 종결을 구분할 수 없을 정도로 느슨한 활동의 모습을 나타내다가 중도탈락으로 이어지곤 한다. 이는 과거에 종결을 전혀 대비하지 않고 다루지 않던 관행의 활동에서 많이 찾아볼 수 있다. 자원봉사관리가 정규적으로 이루어지지 않던 과거에는 이와 같은 유형의 자원봉사 종결이 많았다. 현재 자원봉사관리자에게는 가장 좋지 않은 것, 가장 용납될 수 없는 양상으로 받아들여지고 있다.

2) 종결의 원칙

자원봉사활동이 적절하게 종결되도록 하기 위해서는 종결시점에서 자원봉사관리자가 다음의 원칙에 유의해서 접근해야 한다.

(1) 모든 종결은 준비되어야 한다

가장 우선적인 원칙이다. 종결상황을 미리 예상하지 못했다고 하더라도 필요한 조치들은 수행해야 한다. 자원봉사활동의 종결은 활동 당사자와 대상자 등 많은 사람에게 큰 영향을 미치는 것이므로 초기에 계획된 것이든 그렇지 않은 것이든 활동을 종결하는 것에서는 준비가 필요하다. 관련된 당사자가 인식하지 못하는 방식의 갑작스러운 종결은 곤란하다. 종결을 준비하는 과정이 가능하도록 상호 간의 고지가 필요하다.

① 봉사자의 준비

봉사활동의 종결 전에 자원봉사자는 미리 종결의 시점에 대해 알고 있어야 한다. 자원봉사관리자는 구체적인 자원봉사활동 종결의 시점을 공지하고 종결과 관련된 평가와 승인 등을 실행하며 자원봉사자들이 종결에 대해 충분히 준비하고 활동을 정리하여 종결과업을 실행하도록 지원해야 한다.

② 활동 현장의 준비

활동 현장도 종결에 대해 준비할 수 있어야 한다. 활동 계약기간의 만료시점 혹은 자원봉사자의 불가피한 사유에 의해 그전의 시점에라도 종결이 예상될 경우, 봉사현장의 관련자는 사전에 이 사실을 알아야 한다. 만약 자원봉사관리자가 활동 현장 소속이 아니라면, 자원봉사자가 활동 현장에 사전에 통보하도록 하거나 혹은 관리자가 별도로 현장의 직원에게 연락하여 종결논의가 이루어져야 한다. 특히 자원봉사활동 내용이 특정한 대상자와의 직접 대면 접촉을 하는 경우에는, 대상자가 반드시 충분히 시간 여유를 두고 종결을 사전에 인지할 수 있도록 해야 한다.

(2) 봉사 대상자와 자원봉사자 간의 정서적 측면이 다루어져야 한다

자원봉사활동의 종결은 활동 당사자와 대상자 등 많은 사람에게 큰 영향을 미치는 것이므로 자원봉사활동 종결에 대한 준비에서는 인간적 관계 혹은 정서적 측면에 대해 유의해야 한다. 봉사자와 봉사 대상자 간의 관계에서 상실감이나 노여움, 거부당했다는 느낌이 들지 않도록 해야 한다. 자원봉사자가 관계 종결에 따라 죄책감을 갖지 않도록 준비할 필요가 있다. 자원봉사자는 봉사 대상자에게 활동 종료의 사정을 설명하고 언제 그만둘 것인지를 정확히 이야기하도록 해야 한다. 이러한 상황에서 비록 선의로라도 언제라도 다시 온다거나 조만간 연락하겠다는 등의 지키지 못할 불분명한 약속이 있어서는 곤란하다.

(3) 인정과정을 거쳐야 한다

자원봉사활동의 종결시점에서는 공식적으로 자원봉사활동이 종결되었고, 그간의 노력에 대해 감사함을 표시하는 인정 과정이 있어야 한다. 방식은 다양하다. 공식적인 행사일 수도 있고 비공식적인 것일 수도 있다. 인정은 평가에서 좋은 결과를 얻었다는 것과는 무관하다. 종결은 인정과정을 통해 긍정적인 경험으로 확인될 수 있다.

(4) 자원봉사활동이 성공적이었는지에 대한 평가가 이루어져야 한다

자원봉사활동이 처음에 기대했던 목적과 목표를 달성했는지, 성공적인 활동이 되었는지를 평가해야 한다. 성공적인 활동이었는지의 여부, 목표를 달성했는지의 여부를 결정하는 기준은 기획단계에서부터 이미 결정되어 있고, 교육훈련 기간이나 지도감독 과정을 거치면서 자원봉사자와 관리자 사이에 공유되어 있다. 이에 따른 평가가 이루어져야 한다. 하지만 평가는 기준에 비교하여 결과를 기계적으로 비교하는 것만은 아니다. 활동과정에서 있었던 일들이나 상황에 대해 반추하고, 경험에서 얻어진 내용들을 공유하는 교육적 반성(reflection)의 기회가 있어야 한다. 종결과정은 반드시 평가를 포함해야 한다.

(5) 피해야 할 종결

자원봉사자가 적절한 종결의 과정 없이 활동을 중단하는 것은 자원봉사관리에서 가장 피해야 할 상황이다. 자원봉사자가 활동에서 만족을 느끼지 못하는 상황에서, 자원봉사관리활동도 적절하게 전개되지 못하면 적절하지 않은 종결이 발생할 가능성이 커진다. 자원봉사관리자는 자원봉사자와 활동 현장 사이에서 다음과 같은 종결상황이 나타나지 않도록 유의해야 한다.

① 갑작스런 활동의 중단

이는 가장 바람직하지 못한 종결의 유형으로 아무런 준비나 사전 예고 없이 혹은 갑작스러운 통보만으로 활동을 중단하는 것이다. 자원봉사자 입장에서는 활동을 그만두겠다는 이야기를 하기가 부담스러워 예고 없이 활동을 중단하는 경우가 많다. 이는 그전까지 이루어졌던 좋았던 부분까지도 포함해서 활동 전체에 대한 의미가 (자원봉사자나 기관 양자의 입장 모두에서) 모두 부정적인 것으로 바뀌게 되는 것이다. 자원봉사관리자나 현장의 슈퍼바이저가 이러한 가능성에 대해서는 민감하게 유의하고 있어야 한다.

② 불분명한 활동중단

이 역시 실제에서 가장 많이 나타나는 것으로 활동의 빈도나 강도가 점차 줄어들다가 어느 순간부터 사실상 활동이 중단되어 버리는 것이다.

③ 사전 의사소통 없는 중단

종결의 시점과 방식에 대해서 자원봉사자–활동 현장 간에 명확하게 협의 없이 활동이 중단되는 것이다. 어느 한쪽의 일방적인 통보에 의한 중단도 이에 해당한다.

자원봉사활동의 종결은 일반 사회복지실천의 종결처럼 큰 의미를 가지고 있으면서 동시에 자원봉사자, 자원봉사관리자, 자원봉사활동 대상자(클라이언트), 자원봉사활동 현장 실무자라는 복잡한 실천체계가 얽혀 있다. 따라서 더욱 신중하게 고려되어야 하며 기술적인 업무처리가 중요하다.

종결 국면에서는 종결 자체의 처리와 종결에 따라 그 이후의 후속관리 필요성에 대한 업무가 이루어져야 하며 특히 승인 및 인정 그리고 평가를 적절히 수행하는 것이 필수적이다.

2. 인정과 보상

자원봉사활동에 대한 인정은 훌륭한 일을 해 준 데 대한 감사의 의미로 자원봉사자 개개인이 기여한 바에 대해 이를 알아주고 그 가치를 인정하는 것을 말한다. '인정(recognition)'의 사전적 의미는 '어떤 것을 가치 있다고 받아들임' '승인하고 알아준다'는 뜻을 가진다. 관련된 개념으로 '보상(reward)'은 '어떤 것에 대한 인정에 대

표 9-1 자원봉사관리에서 인정과 관련 개념

개념	사전적 의미	자원봉사관리에서의 의미
인정 (recognition)	• 어떤 것을 가치 있다고 받아들임 • 승인하고 알아줌	• 자원봉사활동의 가치 수용 • 자원봉사자에 대한 감사
보상 (reward)	• 어떤 것에 대한 인정에 대해 선물이나 무엇인가를 주는 것	• 인정에 대한 표시의 방법 (외부에서 제공)
실비 (actual cost)	• 실제로 드는 비용	• 봉사활동에 소요되는 비용(재료 및 원료 비용, 교통비, 식비)
인센티브 (incentive)	• 동기부여를 목적으로 행하는 자극	• 봉사자 모집과 활동 시작에서 동기유발을 지원 • 지속적 활동을 위한 동기 강화

자료: 정진경 외(2008).

해 무엇인가를 주는 것'의 의미를 가지고 있다. 본질적으로 자원봉사활동에 대한 인정은 자원봉사자의 활동에 대한 보상을 포함한다. 인정은 보상의 의미 이외에도 자원봉사활동 관련 정보의 체계적 관리라는 의미도 강조되고 있다. 인정이 보다 목적적 개념이라면 보상은 그 수단적 의미가 강조된 표현이라고 할 수 있다. 정진경 등(2008)은 친만(Chinman)과 원더스만(Wandersman)의 견해를 인용하며 〈표 9-1〉과 같이 자원봉사관리에서 인정과 유사한 개념들의 의미를 비교하고 있다.

특히 보상의 측면이 과도하게 되면 자원봉사활동의 기본적 특성인 자발성과 무보수성을 해치게 된다는 논의도 있다. 따라서 실비(actual cost)에 대한 보상 지급이나 인센티브(incentive)는 과도하지 않도록 해야 할 필요도 있다. 인정의 방식에서 자원봉사자의 욕구를 중요한 요소로 감안해야 한다.

정진경 등(2008)은 자원봉사활동 관련 기관 600여 개소와 자원봉사자 1,250명에 대한 조사를 통해 자원봉사활동 인정방법에 대한 인식조사를 실시하였다. 그 결과는 〈표 9-2〉에서 보는 바와 같다. 해당 진술에 대해 동의하는지를 1점부터 7점으로 응답하게 하였고 점수가 높을수록 동의하는 정도가 강하고 낮을수록 동의하지 않는다는 것을 의미한다.

표 9-2 자원봉사 인정의 실행방법에 대한 동의 정도

구분	자원봉사자 (1~7점)	기관현장 (1~7점)
물질적 보상방법보다는 비물질적 보상방법이 더 좋다.	5.74	5.37
자원봉사 인정을 위한 기준은 명확하게 정해져 있어야 한다.	5.63	5.20
자원봉사 활성화를 위해서 인정방법의 개선이 중요하다.	5.51	6.18
자원봉사 활성화를 위해서 보상을 강화해야 한다.	4.45	6.04
자원봉사 인정의 방법은 자원봉사의 무보수성 원칙을 훼손하지 않아야 한다.	5.30	4.99
현재의 자원봉사 인정과 보상은 자원봉사정신을 훼손하고 있다.	3.49	5.79
자원봉사 인정과 보상에 시간이나 회수 등의 규격화된 기준은 좋지 않다.	3.79	4.19

자료: 정진경 외(2008).

조사결과를 보면 대체로 인정과 보상의 중요성이 인식되고 있고, 명확한 기준에 따라 보상하되, 비물질적 보상방법이 적절하다는 인식이 자원봉사자와 일선 현장에서 공유되고 있다. 그러나 양자의 인식 차이가 조금 나타나는 부분도 있는데 자원봉사자에 비해 현장기관에서는 자원봉사 활성화를 위해 보상을 강화해야 하지만, 현재의 인정과 보상이 자원봉사정신을 훼손하고 있다는 인식이 더 강하게 나타나고 있다. 즉, 자원봉사자는 일선 기관에서 인식하는 것보다 더 많은 보상을 원하는 것은 아니라는 것으로 조사결과에서는 나타나고 있다. 인식의 차이도 있는 만큼 자원봉사관리자는 실제 자원봉사자들의 인식과 욕구에 민감성을 가지고 인정과 보상의 방법을 계획하는 것이 필요하다.

자원봉사활동에 대한 인정은 활동 종결과정에서의 문제만은 아니고, 활동의 진행과정에서 능력고취와 지도감독의 한 방법과 전략으로서도 큰 의미를 가지고 있다. 또한 초기의 자원봉사 프로그램 기획과 계약 등의 과정에서도 면밀히 계획되어야 한다. 하지만 역시 인정활동은 특히 종결 국면에서 반드시 이루어져야 하는 본질적인 의미를 가지는 것이다.

1) 인정과 보상의 유형과 방법

자원봉사활동은 급여를 받기 위해서 일하는 직업적 활동이 아니기 때문에 다른 방식으로의 격려를 필요로 한다. 인정은 자원봉사자가 동기화와 업무 진행에 필요한 사기를 유지하도록 한다. 자원봉사 프로그램은 자신의 프로그램 성격에 맞는 인정행사(recognition ceremony)를 개발하고 있어야 한다(Jacobson, 1990).

인정활동은 자원봉사자들의 서비스 활동에 대한 감사를 표시하는 데 사용하는 '화폐'와 같은 역할을 하며 이는 자원봉사 프로그램 성공에 중요한 요인으로 작용하는 것으로 나타났다. 이러한 인정과 감사는 자원봉사활동의 초기 국면에서부터 지속적으로 전달되어야 한다. 자원봉사자들에게 주어지는 관심과 배려는 아주 작은 방법으로 큰 노력 없이 주어지지만 자원봉사자 개개인에게는 커다란 의미로 느껴진다. 어떤 경우에는 이름표 또는 근무 중에 입는 유니폼이 자원봉사자들로 하여금 기관의 구성원이라는 느낌을 갖게 할 수도 있다(조휘일, 1996).

특히 활동의 종결 시기에 이루어지는 인정과 보상은 자원봉사활동 프로그램 참여에 대한 전체적인 인상과 다음 회기의 자원봉사자 활용에 큰 영향을 미칠 수 있다. 인정과 보상은 여러 가지의 방법으로 행해질 수 있다. 자원봉사 인정방법은 감사의 표현, 편지, 기념품, 새로운 활동이나 교육의 참여 기회, 시간인증이나 표창, 혹은 지역사회에 홍보하는 것과 같은 다양한 유형이 있다. 논리적으로는 공식성에

표 9-3 자원봉사 인정방법의 종류

구분	내용
정서적 인정	• 언어적 · 비언어적 감사 표시, 감사편지, 카드, 문자 등
기회	• 교육이나 행사의 참여 기회, 새로운 업무의 우선적 기회
현물	• 배지, 접시, 컵 등의 기념품
경제적 인정	• 상품권, 할인권, 주차권, 이용권 등 • 현금
사회적 인정	• 인증서 발급, 표창, 가산점, 홍보

자료: 정진경 외(2008)에서 편집.

따라서 혹은 물질적인 수단을 활용하느냐의 여부를 기준으로 인정의 방법을 유형화할 수 있다.

(1) 공식적 인정과 비공식적 인정

인정방법에 대해 공식적인 것과 비공식적인 것으로 살펴보는 것이 대표적인 구분방법이다(McCurley & Lynch, 1989).

먼저, 공식적 인정은 활동증서(certification)가 가장 대표적인 것이다. 그리고 최근에는 활동기록의 공식적인 보관, 마일리지와 같은 누적제 활용과 병행되고 있다. 그밖에도 시상, 공식적인 행사의 개최, 만찬이나 모임에 초대하는 것, 배지나 상징물들의 제공, 심지어는 경제적 의미를 가지는 보상의 활용 등 다양한 방법이 사용된다.

공식적 방법 중에 대표적인 것은 감사의 행사를 개최하는 것이다. 자원봉사 종결행사 혹은 '감사의 밤'과 같은 기념행사이다. 행사를 활용하는 방법은 경우에 따라서는 의도하지 않았던 부작용을 가져올 수도 있다. 따라서 행사방법을 활용할 때, 자원봉사관리자는 다음과 같은 내용을 검토해 보아야 한다.

- 자원봉사자나 직원이 그 행사에 참여하는 것을 즐겁고 영광스럽게 생각할 것인가?
- 지나치게 형식적인 것은 아닌가?
- 행사를 하는 것이 적절한가? 혹시 자원봉사자들이 이 행사에 드는 비용을 클라이언트를 위한 용도로 써야 한다고 생각하지는 않을 것인가?
- 이 행사를 통해 축하와 감사, 연대의식을 고취할 수 있을 것인가?

검토를 통해서 특별한 부작용이 없고 행사와 같은 공식적 인정방법이 적절하다고 판단될 경우라면 행사를 적극적으로 활용할 필요가 있다.

반면, 비공식적 형태의 인정과 보상방법도 있다. 대개의 경우 비공식적 인정방법은 자원봉사자와 활동 현장 혹은 수요처 사이에서 나타나는 매일의 좋은 업무관계 혹은 수시의 감사 표현과 관련되는 것이다. 이러한 형태의 보상은 소위 '고맙습니다.' 하고 진실성 있게 말하는 것과 유사하다. 이는 공식적 행사만큼이나 중요한 의미를 가지는 것이다.

- '감사합니다'라는 표현의 전달
- 자원봉사자를 의사결정과정에 참여하게끔 하는 것
- 자원봉사자에 대한 개인적인 관심과 지도
- 자원봉사자가 직원과 같은 처우를 받는다고 느끼게 하는 것
- 자원봉사자의 가족이나 상관에게 감사하다는 표시 전달
- 자원봉사자의 생일이나 개인적 행사를 기관에서 함께 축하
- 교육훈련 과정에 자원봉사자가 참여할 수 있게 하는 것

통상 공식적 인정과 보상이 종결 국면에 집중되어 나타나는 반면, 비공식적 인정과 보상은 그 이전의 활동 시기부터 가급적 지속해서 이루어지도록 하는 것이 좋다.

(2) 물질적 인정과 비물질적 인정

인정방법에는 물질적인 수단이 활용될 수도 있고 그렇지 않을 수도 있다. 또한 물질적인 수단을 활용하는 경우에도 그 물질적 내용이 경제적 의미를 지니는 것과 그렇지 않은 상징적 의미를 가지는 것으로 구분할 수 있다.

물질적인 방법 중 경제적인 것은 활동에 대한 보상의 의미로 주어지는 금전, 현물(식사, 교통편의 등 포함), 각종 비용에 대한 감면증서, 경제적 의미를 가지는 토큰이나 쿠폰 등이 있다. 비경제적인 것으로는 배지, 핀 등의 상징물과 감사편지, 개인적인 사항에 대한 축하카드 등이 활용된다.

비물질적인 방법으로는 구두나 행동으로 나타나는 감사의 표현, 각종 행사, 교육훈련 참여 기회 부여, 초대나 강연 요청 등이 있다.

자원봉사자는 경제적 동기에 의해 활동하지 않는 경우가 많고, 자원봉사활동이 가지는 무보수성의 원칙이 있기 때문에 통상 경제적 방법보다는 상징적 방법이나 비물질적인 보상방법에 더 긍정적으로 반응하기 마련이다. 중요한 것은 프로그램

의 성격이나 상황, 자원봉사자의 특성에 맞는 인정과 보상방법이 모색되어야 한다는 것이다. 예를 들어, 활동에 대한 감사의 편지를 전달하는 상황에서도, 어떤 경우에는 감사의 편지가 자원봉사자의 가족이나 상사에게 전달되는 것이 효과적인 인정이 될 수도 있는가 하면 어떤 경우에는 자신의 활동이 철저히 비밀에 부쳐지기를 원하는 자원봉사자도 있다.

(3) 인정의 원칙

종결 국면의 인정과 보상에서 유의해야 할 다른 하나의 원칙은 자원봉사자의 적절하지 않았던 활동에 대한 제재조치와 자원봉사활동에 대한 인정은 반드시 분리되어야 한다는 것이다. 처벌의 한 방법으로 인정과 보상을 박탈하는 방법이 사용되어서는 안 된다.

맥컬리(McCurley)와 빈야드(Vineyard)는 자원봉사자들을 인정해 주는 방법으로 다음의 20가지를 들고 있다(이강현 역, 1997).

자원봉사자를 인정하는 방법

1. 지역신문, 그들의 학교 동창회보, 사무실 기관지, 기관회보 등에 기사를 실음
2. 봉사활동처에 간단한 다과를 마련
3. 걱정이 있는 봉사자를 위로해 줌
4. 손으로 직접 쓴 명절 축하카드를 보냄
5. 목회자가 교회에서 자원봉사자를 알아주도록 요청
6. '이달의 자원봉사자'와 같은 상을 마련
7. 발렌타인 데이 등과 같은 때에 선물을 보냄
8. 생일을 기억하여 개인적인 카드를 보냄
9. 기관의 여러 훈련에 참가할 수 있는 기회를 제공
10. 자원봉사자가 가까운 친구 또는 사랑하는 사람을 초청하여 프로젝트 수행에 도움을 받도록 '자원봉사자의 친구' 모임을 가짐

11. 자원봉사자에게 무료식사 제공
12. 커피 주전자 등 애착이 있는 물건에 대해 자원봉사자 이름을 따서 부름
13. 자원봉사자에게 찻잔을 주고 그들 이름의 첫 글자를 새겨 넣음
14. 모든 자원봉사자에게 가장 최신의 업무지침을 명확히 적어 줌
15. 자원봉사자의 활동결과와 사진을 붙이는 게시판 준비
16. 자원봉사자의 가족(부모, 조부모, 아이들, 배우자 등)에게 '당신의 사랑하는 ○○○와 함께 일하는 기쁨'에 대해 친필 편지를 보냄
17. 숙련된 고참 자원봉사자를 신입 자원봉사자 교육에 활용
18. 극장이나 식당 등에서 자원봉사자를 위한 할인쿠폰을 얻음
19. 기관의 장기계획에 자원봉사자를 참여시킴
20. 항상 친절과 호의를 보여 줄 것

자원봉사활동에 대한 승인과 인정은 활동 종료시점과 밀접하게 연관되기도 하지만 활동의 지속과 유지를 위한 과정에서도 중요한 관리방법이 된다. 자원봉사관리자가 인정활동에서 지켜야 할 원칙으로 강조되는 것은 다음과 같다(Jackson, Locke, Hogg, & Lynch, 2019).

첫째, 반드시 인정해 주어야 한다. 자원봉사자는 관리자로부터 적절한 인정을 받지 못할 경우 다른 곳에서 부적절하게 인정받고자 할 수 있다. 예를 들어, 자원봉사 대상자에게서 감사나 인정을 받고자 할 경우에는 부적절한 상황이 발생할 수도 있다. 따라서 격려해 주어야 할 활동에 대해서는 반드시 자원봉사관리자가 인정해 주어야 한다.

둘째, 인정은 자주 하는 것이 좋다. 자원봉사자는 인정받기를 원하고 있으며 자주 인정해 주고 칭찬해 주는 것은 활동에서 '승리자'가 되었다는 자기존중감 증진의 방안이 된다.

셋째, 인정은 다양한 방법을 활용해야 한다. 자원봉사자가 수행한 구체적 일이나 사안에 대해서 관리자 개인으로서 혹은 기관을 대표해서 감사를 표현할 수도 있

고, 관리자가 속한 기관에서 자원봉사자의 활동에 대해 자원봉사자 본인이나 자원봉사자가 속한 학교나 조직에게 공식적으로 감사를 표현할 수도 있다.

넷째, 인정은 솔직하게 해야 한다. 형식적이고 늘 같은 감사와 형식적인 인정표현보다는 자원봉사자가 받은 긍정적 인식을 솔직하게 표현하는 내용으로 인정활동을 해야 한다.

다섯째, 일보다도 그 일을 수행한 사람에 대해 인정하는 것에 초점을 두어야 한다. 인정은 자원봉사자의 구체적인 활동과 관련되지만, 잘 수행된 그 일만을 언급하는 것이 아니라 일을 수행한 자원봉사자 개인의 이름을 언급하는 '칭찬'과 결합될 때 더욱 효과적이다.

여섯째, 활동 중에 잘된 부분을 찾아서 적절히 인정해야 한다. 전체적으로 성과가 크지 않은 활동이어도 그 자원봉사활동 중에 잘 수행된 부분은 있다. 긍정적인 부분을 잘 찾아서 적극적으로 감사를 표현해 주어야 한다. 물론 적절하지 않은 활동에 대해서 인정하는 것은 아니다.

일곱째, 일관성 있게 인정이 이루어져야 한다. 잘못된 활동이 인정받는 일이 발생해서는 안 된다. 개별화의 원칙이 적용되겠지만 같은 수준의 활동이라면 일관성을 해치지 않도록 공정하게 인정이 이루어져야 한다.

여덟째, 시기적절하게 가급적이면 즉시 인정하여야 한다. 인정받을 만한 활동이 나타나면 가능한 빠른 시간 내에 인정해 주는 것이 좋다. 너무 시간이 지난 뒤의 인정은 큰 효과를 볼 수 없다.

아홉째, 인정방법을 표적대상인 자원봉사자 개인의 특성에 맞추어야 한다. 인정받을 자원봉사자에게 적절히 부합하는 인정방법을 활용해야 한다. 예를 들어, 개인적인 경력이 중요한 기업의 자원봉사자에게는 활동의 성취에 대한 칭찬과 감사의 편지를 본인만이 아니라 직장 상사에게 보내는 것이 효과적일 수 있다. 혹은 청소년 자원봉사자라면 또래집단 앞에서 이루어질 때 더 효과적이다. 또래집단이나 동료 자원봉사자, 직원들 앞에서와 같은 상황에서 인정하는 것이 좋다.

열째, 무난하게 잘 수행되고 있는 활동에 주의를 기울여 인정하라. 자원봉사관리자는 본질적으로 뭔가 어려움을 겪고 있거나 관리과정에서 문제가 발생한 자원봉사자에게 초점을 기울이는 경향이 있다. 이들에 대해 주의를 기울이는 것도 중요하지만 무난하게 활동을 수행하고 있는 자원봉사자의 좋은 수행이 충분히 주목받아야 한다.

2) 자원봉사활동의 인증

자원봉사활동에 대한 기록화와 이를 공식적으로 확인하는 인증은 자원봉사활동의 인정과 보상으로서 가장 기본적인 것이다. 이는 자원봉사활동을 정책적으로 활성화하려고 시도하는 모든 사회에서 나타나고 있는 현대적 자원봉사활동의 주요한 특징이 되기도 한다. 우리나라에서도 마찬가지이다. 갈수록 그 중요성도 높아지고 있다. 교육기관에서의 자원봉사 프로그램도 기본적으로 활동기록과 승인을 전제로 활용이 가능하다. 기업에서의 자원봉사활동 등도 인사기록 등과의 연계를 통해 보다 적극적으로 활용될 수 있다. 자원봉사자의 개인적인 경력관리 측면에서도 마찬가지이다. 외국의 경우에는 이 누적된 기록이 이후 특정한 사회서비스를 우선적으로 받을 수 있는 권리와 연결되는 프로그램도 있다.

인증을 위해서는 자원봉사 프로그램을 활용하는 측에서 목적에 맞는 적절한 승인 관련 기록체계를 필요로 한다. 이와 같은 자원봉사 승인을 위해 우리나라에서도 인증관리사업이 이루어지고 있다. 1365 자원봉사포털이나 VMS 체계들이 서로 연계되어 전산으로 자원봉사 인증이 이루어지고 있는 것이 대표적이다. 특히 대표적인 자원봉사활동의 영역이 되는 사회복지 영역에서는 과거 사회복지협의회 부설 사회복지정보센터에서 관련 사업을 실행하기 시작한 이후 현재의 VMS 체계로 발전하였다. 자원봉사 인증센터 지정 및 인증요원 양성과 자원봉사 인증 DB프로그램 보급 및 교육훈련을 실시하고 자원봉사단체에서 교육이나 홍보자료로서 활용할 수 있는 교육교재나 각종 홍보물을 다양하게 제작 · 배포하고 있다. 1995년 11월에 개통된 자원봉사전산망(VT-NET)을 1999년에 사회복지자원관리시스템으로 확충하여 자원봉사의 체계적 관리가 이루어질 수 있도록 하였고, 2001년부터 자원봉사 인증관리 DB를 구축하여 전국 사회복지분야 자원봉사활동 실적을 관리하고 있다.

사회봉사활동 평가기록표

<table>
<tr><td>인적사항</td><td colspan="3">전공/학과: 학년: 학번: 성명:</td></tr>
<tr><td>봉사 기간</td><td colspan="3">학년도 제 학기【 월 일 ~ 월 일】</td></tr>
<tr><td rowspan="2">봉사 현황</td><td>총 시간</td><td colspan="2">기관봉사시간 ______ 시간 + 학교예비교육시간 6시간
총 봉사시간 ( )</td></tr>
<tr><td>출결</td><td colspan="2">출석 ( )회 / 결석 ( )회 / 기타 ( )회
【총 ( )회 봉사】</td></tr>
<tr><td rowspan="2">봉사활동 내용 (봉사 프로그램)</td><td colspan="3">1.</td></tr>
<tr><td colspan="3">2.</td></tr>
<tr><td>담당자 평가</td><td colspan="3"></td></tr>
<tr><td>비고</td><td colspan="3"></td></tr>
<tr><td>성적 평가</td><td colspan="3">우수Ⓐ( ) / 성실Ⓑ( ) / 양호Ⓒ( ) / 보류( ) / 과락( )
⬅ 성적평가 상위</td></tr>
<tr><td rowspan="2">봉사기관 (확인)</td><td colspan="3">봉사기관명: 담당자: ㊞</td></tr>
<tr><td colspan="3">봉사기관장: ㊞</td></tr>
<tr><td rowspan="2">결정 성적 (학과장)</td><td>평가의견</td><td>평가 (상, 중, 하)</td><td>결정 성적</td></tr>
<tr><td></td><td></td><td></td></tr>
</table>

그림 9-1 대학의 자원봉사 프로그램 인증서식 사례

인증과 관련해서는 2018년 12월 말 기준으로 14,051개소의 인증센터에 23,535명의 인증요원이 활동 중이다. 처음 인증이 체계화된 이래 인증센터와 인증요원의 규모는 10배 이상의 양적 성장을 나타내고 있다.

자원봉사활동의 인증은 활동시간의 인증과 그 누적관리체계가 핵심이다. 이제는 VMS나 1365, DOVOL 등의 체계가 전산으로 작동하면서 자원봉사활동의 시간 인증도 표준화가 되어 있다. 자원봉사관리자는 표준화되어 가고 있는 활동(시간)의 인증에 대한 지침이나 공식성에 익숙해야 한다.

자원봉사활동 시간인증을 위한 업무에서의 기본원칙은 다음과 같다(정진경 외, 2008).

자원봉사활동 시간인증의 기본원칙

1. 자원봉사활동 시간인증에서 자원봉사자와 관련 체계 간 상호신뢰가 바탕이 되어야 한다.
2. 인증 대상이 되는 활동은 자원봉사의 공익성(공공성, 비영리성), 공식성, 무보수성의 기준을 충족하여야 한다.
3. 매 활동별 혹은 누적시간에 따라 시간을 인증관리할 수 있다.
4. 자원봉사자가 요구할 때, 활동시간에 대한 소정의 인증서를 발급한다.
5. 시간인증은 자원봉사자 개인단위로 한다.
6. 인증시간을 실제 자원봉사 활동시간보다 부풀리거나 활동시간을 타인에게 양도하는 것은 엄격히 금지된다.
7. 자원봉사활동의 시간인증은 가급적 초등학교 저학년(만 8세) 이상 연령의 활동부터 적용한다.
8. 인증주체에 의해 관리되지 않았던 과거의 자원봉사활동에 대해서 이를 소급하여 인증할 수 없다.
9. 자원봉사활동 시간인증 및 관리와 절차는 가능한 간편하며 효율적이어야 한다.
10. 자원봉사자별 봉사활동 시간인증이 중복되어서는 안 된다.

3. 평가

평가는 자원봉사 프로그램의 관리에 있어서 중요한 도구이다. 자원봉사자 개개인의 업무수행 및 성과 그리고 자원봉사 프로그램의 전반적인 평가는 개별 자원봉사자는 물론 자원봉사 프로그램의 강점과 약점을 나타낸다. 평가 자체로서 충분한 것이 아니며 평가결과에 따라서 환류행동을 취해야 하고 업무수행과 서비스를 증진시키기 위해 필요한 변화를 시도해야 한다.

자원봉사 프로그램에 있어서 평가유형은, 첫째, 각 개별 자원봉사자에 대한 기간별 기관의 평가, 둘째, 자원봉사서비스에 대한 클라이언트에 의한 평가, 셋째, 직원에 의한 자원봉사 프로그램의 평가, 넷째, 자원봉사 프로그램이 기관의 서비스에 미치는 화폐적인 기여도의 평가 등이 있다(조휘일, 1996).

자원봉사자들도 정규직원들과 마찬가지로 그들의 업무에 대한 평가를 받아야 하는 바, 이러한 평가는 기관은 물론 자원봉사자 자신에게도 매우 가치 있는 일이다. 자원봉사자들의 업무수행과 실적은 자원봉사 프로그램 책임자, 업무지도감독자 그리고 자원봉사자들 자신들에 의해 정기적으로 검토되고 평가되어야 한다. 평가는 자원봉사서비스에 대한 감사 표시의 기회도 될 수 있다. 평가에 대해 부정적으로만 생각하거나 심판적 기능으로 여겨져서는 안 된다. 평가자들은 자원봉사자 개개인의 업무분장과 출석기록 등에 근거하여 성취한 업무실적을 측정평가하고 구체적으로 어떤 문제들이 해결되어야 하는지 또는 훈련과 같은 추가적인 조치의 필요성이 있는지의 여부를 결정할 수 있어야 한다.

또한 평가를 마치기 전에 자원봉사자들은 프로그램상에 변화 또는 조정이 필요한지에 대한 의견을 개진할 수 있는 기회가 주어져야 한다. 평가는 상호적인 것이다. 자원봉사활동 평가는 평가자(기관, 관리자)와 피평가자(자원봉사자)가 분리되어 일방적으로 이루어지는 것이 아니다. 상호 간의 협조에 의해 자원봉사 프로그램 발전이라는 공동의 목표를 위해 필요한 환류정보를 수집하고 판단하는 상호적 과정이다. 평가활동을 위해서 관리자는 직원 및 자원봉사자 개개인에 대한 충분한 지식과 협조가 필요하다. 자원봉사자 자신들이 업무수행의 능력을 향상시킨다는 긍정적 태도를 가지고 평가활동에 참여할 수 있게 해야 한다. 그리고 지속적인 의사소통을 위해서 평가의 필요성이 인식되고 형식이 갖추어져야 한다.

이러한 평가는 최초의 자원봉사 프로그램 기획단계에서부터 준비되어 선발면접과정을 거쳐 상호 계약되고 통보되어야 한다. 자원봉사자 자신들이 업무수행의 능력을 향상시킨다는 긍정적 태도를 가지고 평가활동에 참여할 수 있게 해야 한다.

평가를 위한 정보의 주된 수집원은 다음과 같다.

- 자원봉사자
- 자원봉사활동 대상자
- 자원봉사활동 현장의 직원
- 자원봉사활동 관리자
- 동료 자원봉사자

평가는 이 중에서도 특히 자원봉사자 스스로 자신의 자원봉사활동에 대해 돌아보는 기회를 우선적으로 제공해야 한다. 여기에는 자신의 활동과 아울러 활동의 여건, 자원봉사 프로그램, 활동기관 현장 및 슈퍼바이저나 자원봉사관리자 역할의 적절성 등에 대한 정보를 포함하므로 자원봉사활동의 전반적인 적절성에 대한 환류(feedback)를 제공해 줄 수 있다. 자원봉사자 자신에 의한 평가방식의 한 예시가 되는 평가질문지는 [그림 9-2]와 같다.

자원봉사 평가는 다음 방식 중 어느 하나 혹은 그 이상의 방식들을 조합하여 이루어지는 것이 일반적이다.

- 표준화된 질문양식을 이용한 필답 평가
- 면접
- 집단토의
- 개방형 평가지 작성

자원봉사자의 이름:	평가 일시:
나의 업무:	자원봉사활동 기간:

평가항목	낮음--------높음
1) 봉사활동에 대한 전반적인 만족도는?	1 – 2 – 3 – 4 – 5
2) 봉사활동 내용이 내가 수행하기에 적절했는가?	1 – 2 – 3 – 4 – 5
3) 봉사활동을 통해 개인적인 흥미와 보람을 느꼈는가?	1 – 2 – 3 – 4 – 5
4) 봉사활동에 성실히 참여했는가?	1 – 2 – 3 – 4 – 5
5) 봉사활동 중에 의사결정에 참여한 정도는?	1 – 2 – 3 – 4 – 5
6) 실제 봉사활동 내용이 직무계획서의 내용과 동일했는가?	1 – 2 – 3 – 4 – 5
7) 봉사활동을 나가기 전 사전모임은 잘 이루어졌는가?	1 – 2 – 3 – 4 – 5
8) 봉사활동을 나간 후 사후모임은 잘 이루어졌는가?	1 – 2 – 3 – 4 – 5
9) 팀 내 역할 분담은 잘 이루어졌는가?	1 – 2 – 3 – 4 – 5
10) 대상자는 나의 봉사활동에 대해 어느 정도 만족했다고 느껴지는가?	1 – 2 – 3 – 4 – 5
11) 대상자는 얼마나 긍정적으로 변화했다고 생각되는가?	1 – 2 – 3 – 4 – 5
12) 대상자와 관계가 좋다고 생각하는가?	1 – 2 – 3 – 4 – 5
13) 프로그램이 대상자에게 도움이 된다고 생각하는가?	1 – 2 – 3 – 4 – 5
14) 프로그램의 내용은 잘 구성되어 있는가?	1 – 2 – 3 – 4 – 5
15) 앞으로도 이 프로그램을 계속 하고 싶은가?	1 – 2 – 3 – 4 – 5
16) 봉사처 담당자는 봉사활동에 대한 구체적인 지침을 제공하였는가?	1 – 2 – 3 – 4 – 5
17) 봉사처 담당자는 활동에 관심을 갖고 지지적이었는가?	1 – 2 – 3 – 4 – 5
18) 봉사활동 업무에 대한 오리엔테이션 및 교육은 충분히 제공되었는가?	1 – 2 – 3 – 4 – 5
19) 본인의 활동내용에 대해 봉사처로부터 충고나 조언을 들었는가?	1 – 2 – 3 – 4 – 5
20) 봉사처로부터 충분한 인정과 보상을 받았는가?	1 – 2 – 3 – 4 – 5
총점	(　　)점
주관식 1) 봉사활동을 하면서 가장 좋았던 경험은?	
주관식 2) 봉사활동을 하면서 가장 나빴던 경험은?	
주관식 3) 프로그램에서 개선되어야 할 점	
주관식 4) 기타 제안이나 코멘트	

그림 9-2 자원봉사자 자기평가서의 예시

출처: 교보다솜이사회봉사단(2006).

자원봉사 프로그램의 평가내용에는 다양한 것이 포함될 수 있다. 그리고 프로그램의 목적이나 평가의 목적에 따라 달라진다. 그간 흔히 사용되어 온 대표적인 평가요소는 〈표 9-4〉와 같다.

그러나 평가의 내용이 몇 가지로 국한되는 것은 아니다. 프로그램의 내용에 따라 서로 다른 다양한 평가내용이 도출될 수 있다. 평가는 자원봉사 프로그램 전반에 대한 내용으로 이루어지는 것이 보통이다. 그러나 그렇다고 해도 평가는 초점을

표 9-4 흔히 사용되는 자원봉사 프로그램 평가요소 예시

구분	내용
이직률(Turnover ratio)	• 기존의 자원봉사자들 가운데 자원봉사관리(또는 선발, 교육, 배치, 평가와 같은 특정한 활동에 있어서) 기간과 그 기간 동안 봉사활동을 그만두었다가 이직한 자원봉사자들을 제외하고 현재 남아 있는 자원봉사자들의 수를 비교
자원봉사서비스의 시간당 비용 (Cost per Hour of Volunteer Service)	• 이는 자원봉사 프로그램에 소요된 비용을 자원봉사자들이 봉사활동으로 소비한 서비스 시간으로 나눈 비율
자원봉사서비스의 단위당 비용 (Cost per Unit of Volunteer Service)	• 효율성과 관련되는 것으로 서비스 제공을 위해 투입되는 비용의 서비스당 비율
클라이언트 만족도/서비스를 제공받은 클라이언트 수 (Client Satisfied/ Clients Served)	• 프로그램의 효과성을 측정하기 위해 서비스를 제공받은 클라이언트 수와 제공받은 서비스에 대하여 만족하고 있는 클라이언트를 비교
자원봉사 프로그램에 소요된 비용에 대한 가치 (Cost/Value of Volunteer Program)	• 프로그램의 효율성을 측정하기 위하여 자주 사용되는 방법으로 자원봉사서비스로 인하여 발생한 금전적 가치를 자원봉사서비스를 제공하는 데 소요한 비용으로 나누어 계산 • 이 수치(비율)의 변화는 자원봉사서비스로 인하여 발생한 금전적 가치로부터 자원봉사 프로그램의 수행에 소요된 비용을 공제함으로써 발생한 순수한 혜택(이익)을 평가

자료: 유성호 역(1997); 류기형 외(1999)에서 편집.

두었던 것에 집중해서 이루어져야 한다. 평가하고자 하는 목적과 내용에 부합하는 평가가 진행되어야 한다. 이 평가의 목적과 내용은 자원봉사 프로그램의 목적과 관련된다. 많은 경우 자원봉사활동에 참여하면서 활동의 구체적인 목표가 설정되어야 하고 이 목표가 얼마나 달성되었는가 하는 것이 평가의 핵심에 있어야 한다. [그림 9-3]은 구체적 목표에 대한 평가설문지의 한 예이다.

구분	목표 내용	목표달성 정도
목표 1	• 매월 '○○의 집'의 생일을 맞은 아동을 위해 생일잔치를 연다.	0 50 100 (%)
comment		
목표 2	• 1년간 '○○의 집' 아동 전원이 생일잔치의 주인공이 된다.	0 50 100 (%)
comment		
목표 3	• 봉사 팀은 1년간 3회 이상 특별 프로그램을 기획하고 활용한다.	0 50 100 (%)
comment		
목표 4	• 봉사 팀원들은 1년에 6회 이상 봉사활동에 참여한다.	0 50 100 (%)
comment		

그림 9-3 자원봉사활동의 구체적 목표에 대한 평가서의 사례

출처: 교보다솜이사회봉사단(2006).

평가는 자원봉사자 개인을 단위로 이루어질 수도 있지만 자원봉사 팀을 대상으로 이루어질 수도 있다. [그림 9-4]는 자원봉사 팀에 대한 평가서식의 사례이다.

자원봉사 팀의 이름:
자원봉사 팀의 업무:
봉사활동 기간:
평가자:
평가 일시:

평가항목	낮음--------높음
1) 자원봉사 팀은 매회 빠짐없이 참여하였는가?	1 – 2 – 3 – 4 – 5
2) 자원봉사 팀은 정확한 시간에 도착하였는가?	1 – 2 – 3 – 4 – 5
3) 자원봉사 팀은 불참 시 담당자에게 사전연락을 했는가?	1 – 2 – 3 – 4 – 5
4) 자원봉사 팀은 주어진 업무를 성실히 수행하였는가?	1 – 2 – 3 – 4 – 5
5) 자원봉사 팀은 업무를 수행하는 데 있어 자발적이고 주도적인 태도를 취하였는가?	1 – 2 – 3 – 4 – 5
6) 자원봉사 팀은 긍정적인 태도로 기관의 교육 및 피드백을 수용하였는가?	1 – 2 – 3 – 4 – 5
7) 자원봉사 팀은 기관 담당자와 좋은 관계를 유지하였는가?	1 – 2 – 3 – 4 – 5
8) 자원봉사 팀은 봉사 대상자와 좋은 관계를 유지하였는가?	1 – 2 – 3 – 4 – 5
9) 자원봉사 팀은 기관의 다른 자원봉사 팀과 좋은 관계를 유지하였는가?	1 – 2 – 3 – 4 – 5
10) 자원봉사 팀의 특성(봉사시간, 전문기술 등)과 프로그램 내용이 적합하였나?	1 – 2 – 3 – 4 – 5
총점	(　　)점
주관식 1) 자원봉사 팀의 활동이 봉사 대상자에게 어떤 측면에서 도움이 되었는가?	
주관식 2) 자원봉사 팀의 활동이 기관에게 어떤 측면에서 도움이 되었는가?	
주관식 3) 프로그램에서 개선되어야 할 점	
주관식 4) 기타 제안이나 코멘트	

그림 9-4 자원봉사 팀에 대한 평가서의 예

출처: 교보다솜이사회봉사단(2006).

자원봉사자에 대한 평가 시에 주의해야 할 지침으로 맥컬리와 빈야드는 다음과 같은 지침을 제시하고 있다(이강현 역, 1997).

자원봉사자 평가에서의 지침

① 사람 자체 혹은 성격이 아니라 행위로 평가하라.

② 일을 시작할 때부터 평가설문지를 사전에 제공해 주고 평가 시기를 설정한다. 3~6개월 후 평가시점에 도달할 때 업무결과에 대한 평가를 자신의 관점에서 작성하도록 하며, 당신도 같은 평가양식을 작성하여 그들과 결과를 비교하라.

③ 정직하고 명확하게 평가하라.

④ 가능한 즉시 평가하라.

⑤ 긍정적인 말로 표현하라.

⑥ 다양한 관점으로 평가에 대한 논평을 발전시키라.

⑦ 모든 평가를 기록하라.

⑧ 성취해야 할 구체적인 지침서

⑨ 업무점검사항

-목표 자체와 그것을 향하여 진전되어 나가는지를 점검하라.

-장점을 파악하고 그것을 장차 다시 써먹을 수 있게 하는 방법을 찾으라.

-문제점과 피하는 방법을 확인하라.

-다음 평가에 대한 대강의 구도를 잡아 두라.

-성공적인 수행과 배움의 발전을 칭찬하라.

-도중에 도움이 되었던 원조 사실들을 기록하라.

⑩ 등급의 명칭에서 긍정적인 표현을 사용하여 모두가 승리자가 되도록 하라.

⑪ 현실적이 되라.

⑫ 위원회 또는 그룹이 끝마친 일에 대해 평가회를 할 때, 긍정적인 대화를 하라. 참가자에게 잘 된 것과 개선될 것을 물어보며, 잘했고 못했고에 치중하지 마라.

평가의 결과는 등급화(rating)나 심판의 목적으로 사용되는 것이 아니라 더 나은 자원봉사 프로그램과 활동을 만들기 위한 자료가 되어야 한다. 환류가 이루어지지 않는 평가는 무의미하다. 따라서 평가결과는 자원봉사자와 기관 양측에 모두 적절한 방법으로 알려야 한다.

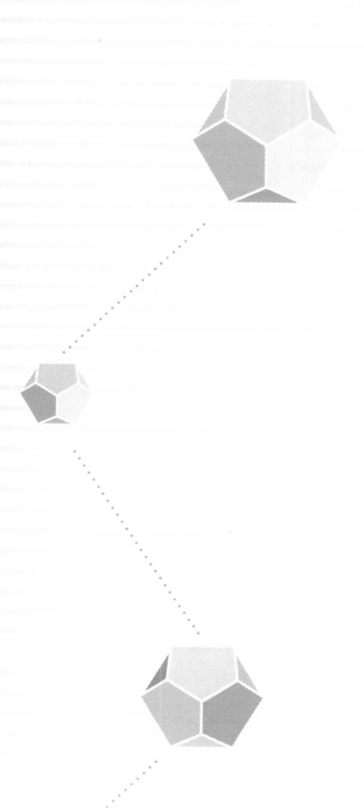
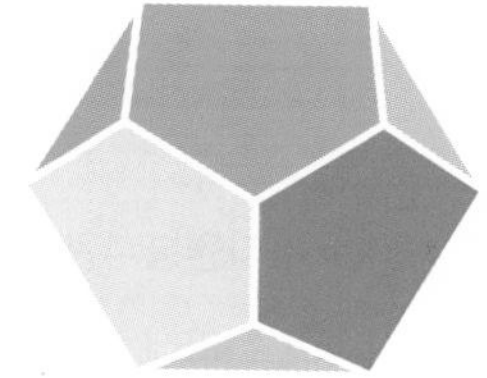

제 3 부

자원봉사의 다양성과 자원봉사관리의 실제

"자원봉사자는 돈을 받지 않는다. 이것은 가치가 없는(worthless) 일이기 때문이 아니라 가격을 따질 수 없는(priceless) 중요한 일이기 때문이다."(S. Anderson)

3부는 다양한 자원봉사활동의 실제 현장에서 자원봉사관리의 이슈에 대해 다루고 있다. 10장은 학생들의 학교 사회봉사에 대한 것이다. 봉사학습의 원리에 따라 양적으로 팽창된 학교에서의 학생 자원봉사활동을 적절히 관리하기 위한 원칙과 쟁점사항들이 제시되어 있다. 11장은 기업에서 이루어지는 직원들의 자원봉사활동, 그리고 전문직의 자원봉사활동이 가지는 특징과 그 적절한 관리 방법 · 원칙을 다루고 있다. 12장은 노인의 자원봉사활동, 가족단위 자원봉사활동에서의 자원봉사관리에 대한 것이다. 10장부터 12장까지 3개의 장은 자원봉사자의 특성에 따라 구별되어 나타나는 다양한 자원봉사에서의 자원봉사관리에 대한 부분이다. 13장은 자원봉사활동의 대표적인 현장으로서 사회복지시설에서 자원봉사활동이 나타내는 특징적인 측면과 자원봉사관리에서의 유의사항을 다루고 있다. 14장은 자원봉사활동의 대상자가 아동, 청소년, 장애인, 노인 등 누가 되느냐에 따라 서로 다른 여러 집단마다 부각되는 자원봉사활동과 자원봉사관리의 특징적 사항들을 살펴보았다. 실제 자원봉사활동이 이루어지는 모습은 자원봉사의 주체인 자원봉사자 특성, 자원봉사의 현장과 분야, 자원봉사의 대상자 특성에 따라 서로 다르게 다양한 양상을 나타내고 있다. 자원봉사관리는 어떠한 상황에서건 공통적으로 적용되는 부분도 있지만, 실제 현장의 다양성에 따라 부각되는 서로 다른 강조점과 독특성에 대해서도 주목해야 한다.

제10장

학생의 자원봉사

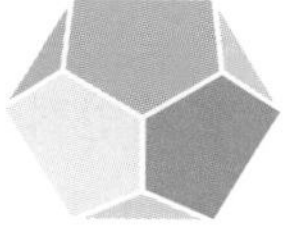

1. 학생 · 청소년의 자원봉사와 봉사학습

1) 학생 · 청소년의 자원봉사

우리나라에서 학생과 청소년의 자원봉사활동 참가율은 매우 높다. 학생 자원봉사활동에 대한 관심도 높다. 가장 우선적인 촉발제가 된 사건은 아무래도 지난 1995년 5월의 교육개혁으로 학생 자원봉사활동이 제도화된 것이라 할 수 있다. 1990년대 이후 비약적으로 성장한 우리나라의 자원봉사활동 참가율은 2019년 통계청 자료 기준으로 16% 정도를 보이고 있는데, 이 중 13~19세 사이의 청소년이 76%가 넘는 가장 높은 참여율을 보이고 있다. 이 연령대의 청소년들이 대부분 학생이라는 것을 감안해야 한다. 바로 그 위의 연령대인 20대가 10% 정도의 자원봉사 참가율을 나타내고 있는 것을 감안하면, 청소년, 특히 학생 자원봉사의 활성화가 우리나라의 전반적인 자원봉사활동에 미친 영향은 매우 크다. 이는 자원봉사활동에 대한 관심이 자연스럽게 고조되었다기보다는 1995년 5월 31일 교육개혁위원회가 제시한 '신교육체제 수립을 위한 교육개혁 방안'을 통해 학생의 자원봉사활동을 '학교생활기록부'에 기록하고 이를 상급학교 진학에 반영하도록 한 학생 자원봉사활동의 제도화 조치와 관련된다.

학생의 자원봉사활동은 다른 일반적 자원봉사활동과 비교하여 독특한 특징을 가진다. 우선, 학습과 교육의 측면이 두드러진다. 이에 따라 교육기관의 의도적 계획하에 학생의 자발성 혹은 교육과정의 제도와 관련된 '유도된 자발성'을 통하여 봉사활동을 체험하는 일련의 교육과정으로 운영되는 경우가 많다. 학생과 청소년들은 자원봉사활동의 체험학습을 통해 개인적 만족감을 증진시킬 뿐만 아니라 사회참여의 기회와 사회적 책임을 실천할 기회를 가지게 된다. 학생 자원봉사활동의 이른바 '수요적 효과'에 머무르지 않고 '공급적 효과'에 보다 초점을 두게끔 한다. 학교의 사회봉사 프로그램은 자원봉사관리자의 주요한 역할영역의 하나가 될 수 있지만, 현재는 학교의 사회봉사 프로그램이 본래의 취지를 달성하기 어려운 형식적 활동에 머무르고 있다는 지적도 많다.

청소년은 전체 생애발달과정에서 원가족으로부터의 독립성을 추구하며 동시에 성숙한 사회인으로서의 미래를 준비하는 예비적 단계에 있다. 대개는 이 시기에 교육을 통한 적절한 사회화를 이루어 자아정체성을 확립하는 것을 발달단계의 과업으로 본다. 이러한 청소년기의 사회적 · 발달적 특성이 자원봉사활동의 교육적 활용에 대한 강조의 근거가 된다.

이처럼 학생 · 청소년 자원봉사활동의 목적과 효과는 기본적으로 교육적 측면에 초점을 두고 있는데, 이는 다시 학생 개인적 측면, 학교의 측면, 지역사회의 측면으로 나누어 살펴볼 수 있다.

(1) 학생의 기대효과

자원봉사활동을 통해 얻고자 하는 목적과 기대효과는 단지 자원봉사활동을 통해 학생들의 덕성을 함양한다는 제한적 의미를 넘어서는 것이다.

첫째, 학생들에게 경험적 학습의 기회가 된다. 학생들이 평소에 교육기관에서 배우고 접하는 지식은 대부분 전해 듣거나 조사 · 분석된 것이다. 그러나 자원봉사활동은 학생들 자신이 직접적인 경험을 통해 배우게 한다.

둘째, 학생의 소질 및 능력의 개발 측면이다. 자원봉사활동을 통해 자신이 가지고 있는 잠재능력과 소질을 실제로 활용할 수 있는 기회를 가질 수 있다. 이러한 기회는 실제의 상황에서 정보나 자료를 수집하고 분석하는 것, 판단하는 것, 타인을 위한 배려심을 개발하는 것, 도구의 사용법 익히기, 대화기술의 습득 등을 포함한다.

셋째, 지역사회 참여의 계기를 통해 사회적 통합을 도모한다. 학생들은 자원봉사활동을 통해 지역사회 현실과 문제에 대해서 광범위한 이해를 가질 수 있다. 여러 연령층, 다른 가치관 및 배경을 가진 사람들과 관계를 맺고 협동하는 가운데 평소와는 다른 사람들과 상호작용하고 일상생활과는 다른 이웃의 삶과 환경을 경험할 수 있다.

넷째, 직업세계의 경험이다. 학생들은 봉사활동을 통해 직업의 선택에 영향을 줄 수 있는 통찰력을 얻게 되고, 미래 직업을 탐색하는 데 있어서 도움이 될 경험을 얻을 수 있다.

다섯째, 사회적 책임감의 함양이다. 자원봉사활동을 통해 학생들은 주도권을 가지고 일을 추진하며 책임을 지는 경험을 하게 된다. 문제를 파악하고 결정을 내리고 책임을 지도록 도전받을 수 있다. 이를 통해 학생들은 사회적 책임감을 함양하며 다른 사람들을 통해 자신의 행동 결과를 관찰하게 된다.

(2) 학교의 기대효과

첫째, 교육과 현실의 통합을 통한 부가적 학습기회의 제공이다. 지역사회 자원을 활용한 여러 활동을 통해 교육과정을 풍부하게 할 수 있다. 각기 다른 연령과 배경을 가진 사람들과 학생을 결합시킴으로써 이들이 지역사회에서 분리되는 것을 막을 수 있다. 학생들의 지식과 기술을 보다 광범위한 지역사회에 혜택이 되도록 활용할 수 있는 기회를 제공한다.

둘째, 부가적 학습자원의 활용을 도모할 수 있다. 봉사활동 프로그램은 교실에서의 교사의 전문성을 보완하고 지원하면서 지역사회의 지원을 끌어낸다. 지역사회가 가진 다양한 자원이 교육의 자원 역할을 할 수 있다.

셋째, 학교와 지역사회의 관계증진이다. 통상 학교와 지역사회는 서로 개방적인 관계라기보다는 단절되어 있는 경우가 많다. 학교가 지역사회의 일부라고 생각될 때, 또한 학생들이 적극적이고 가치 있는 자원으로 인식될 때 학교에 대한 지역사회의 비판은 줄어들게 된다. 학교를 위해 더 건강한 주변 환경을 만들거나 지역사회의 지원을 증가시키는 등 지역사회와의 관계를 증진할 수 있다.

넷째, 학생과 교사의 관계가 증진될 수 있는 기회이다. 권위적이지 않은 분위기에서 사회문제의 해결책을 구하기 위해 학생과 함께 일하는 과정은 교사들에게 개인으로서 학생에 대한 새로운 이해를 가능하게 한다. 또한 교사들의 리더십을 증진하는 방안이 될 수도 있다. 교사들은 봉사활동 프로그램을 통해 창의적 혁신에 대한 도전을 받아들이고 새로운 성취를 받아들이는 성장을 경험할 수 있다.

(3) 지역사회의 기대효과

첫째, 인적 자원으로서 청소년의 발굴이다. 학생들은 가치 있고 중요한 인적 자원이다. 학생은 지역사회의 욕구를 충족시키고 다양한 문제의 해결에 도움을 줄 수 있다. 특히 학생과 청소년은 창의적이고 신선한 접근의 활동을 전개할 수 있는 능력이 있다는 점이 중요하다. 자원봉사 프로그램에 순수하게 흥미를 가지고 참여하는 학생들은 활동의 전 과정에 상상력 · 융통성 · 자발성 · 기술 등을 발휘할 수 있다. 또한 성인과 함께 하는 지역사회의 활동에 최초로 관련을 맺는 일에 진지하고 흥미 있게 접근할 수 있다.

둘째, 공공자원의 확보이다. 봉사활동에 관련된 학생들, 교사들, 그리고 학부모까지도 지역사회의 문제에 민감해지고 문제의 해결을 위해 참여할 수 있는 사람이 된다. 학생과 청소년을 매개로 해서 기존의 지역사회기관 자체로서는 쉽게 획득할 수 없었던 새로운 지역사회 자원을 확보하게 될 수 있다.

셋째, 지역사회의 성인들이 청소년과 상호작용할 수 있는 기회를 제공한다. 학생들이 성인들이나 기성 지역사회와 접촉이 부족한 것과 마찬가지로 지역사회의 기성 성인들도 청소년들과의 상호작용이 부족하다. 공통된 목표를 향하여 청소년들과 협력하여 일함으로써 현재의 학생과 청소년들에 대한 이해를 높이고 그들을 수용할 수 있게 된다.

넷째, 학교와의 상호작용이다. 봉사학습을 통해 교육과정과 연계되면서 학교 및 교사가 지역사회에서 수행하는 역할에 대해 그리고 현재의 학교가 당면하고 있는 현실에 대해 알 수 있는 기회를 가지게 된다.

2) 봉사학습

학생의 자원봉사활동에 대해 논의할 때 자주 거론되는 개념이 봉사학습(service-learning)이다. 학교에서 이루어지는 학생의 자원봉사활동은 그 주체가 학생이다. 따라서 학생봉사활동은 단순히 볼런티어리즘(volunteerism), 즉 자원봉사정신의 발현으로서만이 아니라 학습과 교육의 과정이 중시된다는 점에서 일반 성인들의 자원봉사활동과 구별된다. 학교의 자원봉사 프로그램은 학교의 의도적 계획하에 학생들이 자발적으로(혹은 비자발적으로) 다른 사람과 지역사회를 위해 활동하는 봉사를 체험하도록 한다. 이 활동은 일련의 교육과정과의 결합 또는 교육적 목적에서의 경험학습의 일환으로 이루어진다.

이러한 맥락에서 학생 · 청소년의 자원봉사활동과 관련하여 봉사학습이라는 용어가 흔히 사용된다. 봉사학습이라는 용어는 사람에 따라 조금씩 다른 의미로 사용되기도 한다. 교육계에서는 자원봉사활동 프로그램과의 관계에서 보통 '학교'에서의 통제 혹은 '교육과정의 일환'으로서 활용이라는 측면에 대해 더 강조하는 경향이 있다. 하지만 자원봉사관리의 측면에서는 비체계적이고 우연적으로 발생하는 기존의 학생 자원봉사활동을 변화시키는 측면을 강조하곤 한다. 즉, 교육적 목적과 전문적 자원봉사관리를 통합적으로 제공하여 교육과 체험을 심화시키는 과정으로서 '학생 자원봉사의 관리와 프로그램'을 강조하는 것이다.

봉사학습은 사회봉사와 학습의 동시적 효과를 거두는 것을 목표로 하고, 행동에 의한 학습(learning by doing) 혹은 경험에 의한 학습(learning through experience)이라는 경험교육의 철학을 갖고 있다.

이러한 의미에서 봉사학습은 경험적 학습으로 규정되고, 그 개념적 틀은 [그림 10-1]과 같이 묘사할 수 있다(김통원, 김혜란, 2001). 경험적 교육의 한 형태인 봉사학습은 학습환경 안에서 창조되고 개발되는데, 이 학습환경은 학생 경험, 프로그램 특징, 환경 특징의 세 부분으로 구성된다. 그중에서도 학생 경험을 구성하는 것은 능력, 지역사회 소속감, 변화의 주체 등 세 가지이다. 다시 말해서, 봉사학습의 기회를 부여하는 목적은 학생들이 더 많은 지역사회 소속감을 가지게 하고, 학생 스스로 더 효과적인 변화의 주체가 되게 하며, 학생의 능력을 개발하려는 것이다. 이러한 학생의 세 가지 경험 구성요소는 제공되는 프로그램과 환경의 성격에 의해서 영향 받게 된다. 프로그램 특징은 다양한 형태의 활동적 학습내용, 프로그램과 관련한 학생의 반응, 현재의 경험과 미래와의 연계성 정도, 그리고 경험에서 비롯되는 다양한 결과이다. 환경 특징은 심리적 · 물질적 자원들, 자원들을 선택하고 사용하는 행동, 그리고 그러한 행동을 통제하는 지배적 가치들을 의미한다.

자원봉사 프로그램 기획에서 중요하게 이야기되는 PAR의 원리 역시 주로 봉사학습과 관련되어 언급되곤 한다. 자원봉사활동의 전체 과정에서 준비, 활동, 반성의 순환을 나타내는 P(preparation)-A(action)-R(reflection) 과정이 체계적이고 조직적으로 잘 이루어졌을 때 학생의 자원봉사활동은 봉사학습으로서의 효과를 가진다. 이 과정은 다음과 같이 묘사될 수 있다(이창호, 1996).

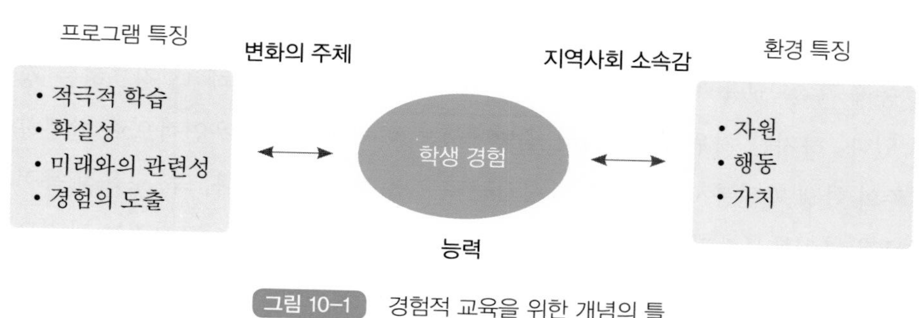

그림 10-1 경험적 교육을 위한 개념의 틀

출처: 김통원, 김혜란(2001).

첫 번째, 준비 단계에서 학생들은 자신들이 좋아하는 분야와 문제들을 선정하고 실천전략을 짠다. 학생들은 사회복지, 문화, 환경, 예술, 교통, 스포츠 등 자원봉사활동의 각 분야 중에서 자신들이 어떤 분야를 원하고 어떤 봉사를 하고 싶은지를 결정한다. 이 과정에서 아이디어를 얻기 위해 각종 자료를 참고할 수 있다. 학생들은 이어 봉사의 대상(문제)을 더욱 구체화하고 목표, 실행방법 등을 검토하여 철저한 준비를 한다. 이 문제분석과 준비작업을 위해 학생들은 다양한 정보를 수집할 뿐만 아니라 해당 분야의 기관을 방문할 수도 있고 전문가를 찾아 이야기를 들을 수도 있다. 이 모든 과정에서 준비의 주도성은 학생들에게 있어야 한다.

두 번째, 활동 단계이다. 준비 단계에서 조직된 전략대로 실천에 나서는 것이다. 이때 무엇보다 중요한 것은 시작과 끝이다. 언제 시작하는지, 언제까지 할 것인지가 불분명한 봉사활동은 중도탈락이 나타나거나 결국 부정적인 경험으로 귀결되기 쉽다. 일상적 경험과 달리 교육적 목적하에 조직되는 경험이므로 자원봉사활동의 범위와 경계가 명확해야 한다. 활동은 항상 계획된 대로만 진행되지 않는다. 수시로 점검하면서 수정이 가능한 융통성이 있어야 하고, 학생들은 자신들의 활동이 잘 진행되고 있는지 관찰하고 필요한 경우 수정할 수 있는 판단력과 필요한 개방성을 견지해야 한다.

세 번째, 반성 단계이다. 자원봉사 프로그램이 교육적 측면으로 진행되는 데 있어 이 반성 단계는 아주 중요하다. 과연 당초 계획한 대로 지역사회 문제가 해결되었는가, 목표가 달성되었는가, 진행과정은 어땠는가 등을 평가, 검토하는 것이다. 봉사활동이 수익자(활동 대상자) 중심, 지역사회 문제해결 중심의 평가 없이 진행되었다가는 단순히 자기만족을 위한 행동에 지나지 않을 위험이 있다. 이 반성의 결과는 다시 준비 단계에 이어져 이후의 프로그램을 수정하고 재실행에 옮겨지는 순환과정을 이룬다. 또한 반성은 건조한 성공 여부의 판단만이 아니라 학생들에게 주어진 의미와 성장을 검토하는 것과 함께 정서적 측면까지도 다루어야 한다.

학생들은 봉사학습의 과정을 통하여 많은 이점을 얻게 되는데, 그중에서 몇 가지를 나열하면 다음과 같다(류기형 외, 1999).

- 특정 상황에 대한 문제의식과 합리적 문제해결 능력 등 학생들의 지적 발달을 돕는다.
- 자신과 다른 사람들 사이의 의사소통기술과 같은 필수적 기본기술의 습득을 도와준다.
- 직접적 체험을 통한 도덕과 윤리적 가치판단을 자연스럽게 갖추도록 만들어 준다.
- 예비 시민으로서 사회적 연대감과 책임감을 배울 수 있다.
- 사회에 대한 이해와 자신의 미래에 대한 설계를 가능하게 한다.
- 자신의 사회적 배경이나 출신배경과 다른 사람들과의 접촉으로 다양한 문화를 이해하고 자신과 이질적인 집단도 인정할 수 있는 수용성을 통해 공존의 미덕을 배운다.

학생과 청소년이 자원봉사활동에 참여함으로써 봉사학습에 의한 긍정적 효과를 나타낸다는 점은 다양한 연구에서 실증적으로 제시되고 있다. 이성은(2009)은 자원봉사활동이 청소년의 자아존중감을 증진시켰음을 종단적 연구를 통해 보고하였다. 또한 청소년 자원봉사활동이 자아존중감과 또래애착의 매개역할을 통해 공동체의식 함양에 긍정적 효과를 나타내고 있음을 밝힌 연구도 있다(김선숙, 안재진, 2012). 문성호와 문호영(2009)의 연구에서는 자원봉사에 참여한 청소년과 그렇지 않은 청소년을 비교한 결과, 자원봉사활동에 참여한 청소년이 공동체의식과 이타성이 높았으며 자원봉사활동이 사회적 책임감 향상에 기여하는 것으로 나타났다. 학생들의 봉사학습이 교육적으로 가지는 긍정적 효과는 국내외의 여러 연구에서 공통적으로 입증된다고 할 수 있다.

2. 학생 자원봉사의 현황

학생들은 학생 자원봉사 혹은 학교 사회봉사의 조직화 이전부터 개인이나 동아리의 형태로 중요한 자원봉사인력의 공급 자원이었으나 역시 최근에는 제도화된 학교의 자원봉사체계가 큰 의미를 가진다.

1) 미국의 학교 사회봉사

학교의 자원봉사체계가 잘 갖추어져 봉사학습을 중요하게 취급하고 있는 대표적인 나라는 미국이다. 봉사학습이 최초로 본격화된 곳은 미국의 메릴랜드 주로 알려져 있다. 여기서 시작된 봉사학습은 급속히 전 미국으로 퍼져 나가 체계화되었고 전 세계적인 영향을 미쳤다. 특히 미국은 대학 중심의 자원봉사체계가 활성화되어 있다. 미국 대학의 자원봉사체계는 이 책의 3장 자원봉사의 현황에서 살펴보았던 미국전국봉사단(Corporation for National and Community Service: CNCS)에서 관리하고 있는 청년들의 자원봉사 프로그램, 대학의 총장들이 창설하여 활성화하고 있는 캠퍼스 콤팩트(Campus Compact), 학생자치 사회봉사 연합체인 COOL(Campus Outreach Opportunity League), 그리고 대학 자체별로 실시하는 사회봉사 프로그램과 그 관리체계 등이 대표적인 것이라 할 수 있다(이재웅, 1999).

(1) 캠퍼스 콤팩트

캠퍼스 콤팩트(Campus Compact)는 '지역사회 공공 서비스 프로젝트(Project for Public Community Service)'의 대학 총장 및 학장들의 전국적인 모임으로 학생들이 사회봉사를 통하여 대인 봉사의 중요성 및 자질을 향상시킬 수 있도록 지원하는 데 그 목적이 있다. 캠퍼스 콤팩트는 1985년 브라운 대학교, 조지타운 대학교, 스탠퍼드 대학교의 총장들에 의해 처음 창설된 이후 급속히 확장되었다. 현재 지역 콤팩트도 30개 이상이고 여기에 가맹한 대학은 1,000개가 훨씬 넘는다. 건강한 시민의식과 민주주의를 위한 대학과 대학생의 지역사회 참여, 그리고 이를 고등교육 체계를 통해 구현하겠다는 목표를 가지고 대학이 우선적으로 활동하고자 하는 연합체이다. 캠퍼스 콤팩트는 보스턴에 전국 본부를 두고, 30여 개 지역 캠퍼스 콤팩트 사무실을 통해 미국 전역에서 활동하고 있다. 캠퍼스 컴팩트의 회원교는 많은 학생의 지역사회 참여와 자원봉사활동을 제도화하고 있으며, 이를 지원하기 위해 교수진들의 교육과 연구체계를 활용하고 있다. 또한 상당수의 교직원들도 지역사회봉사에 참여하도록 하고 있다.

(2) 대학생 자원봉사 연합체 'COOL'

전국적인 비영리단체인 'COOL'은 대학생들이 지역사회봉사에 참여하는 것을 도모하고 지원하는 것을 목표로 하여, 대학생들로 하여금 지역사회봉사를 통해 국가를 강력하게 하도록 교육하고 힘을 강화시키는 것을 사명으로 하고 있다. 이는 기본적으로 학생자치 사회봉사단체로 볼 수 있다. COOL은 1984년에 창설되었고 1,200여 대학에 네트워크를 가진 단체로 성장했으나 2004년 '국경 없는 행동(idealist.org)'으로 통합되며 활동이 축소되었다. 그러나 1980년대 후반부터 2000년대 초반까지 대학생의 지역사회봉사에 대한 연례적 전국 콘퍼런스를 개최하였고 대학생의 다양한 지역사회 참여와 자원봉사활동을 조직하였다. 대체휴가(alternative break)와 같은 프로그램은 대학생들의 방학 때 일반적인 여행 대신에 사회문제에 대한 탐색과 이를 토대로 한 비영리단체와의 자원봉사 프로젝트를 수행하는 것으로 유명한데, COOL의 전국 콘퍼런스는 대체휴가에 관심을 가진 대학생들이나 관련 조직에게 유용한 플랫폼을 제공하였다.

(3) 대학별 사회봉사

미국 대학의 자원봉사는 여러 학교를 망라하는 체계뿐만 아니라 학교 내의 자원봉사센터 혹은 자원봉사 관련 자체조직을 통해 이루어지기도 한다. 미국 대학에서 봉사센터 활동은 우리나라에 비해 매우 활발하게 진행되고 있다. 미국 대학의 주요한 사회봉사센터나 이와 관련된 활동을 소개하면 다음과 같다(장연진, 2005).

① 하버드 대학교의 PBHA

미국 대학의 사회봉사조직 혹은 봉사센터로 특히 유명한 것이 하버드 대학교의 필립스브룩스하우스협회(Phillips Brooks House Association: PBHA)이다.

PBHA는 미국에서 학생들이 운영하는 가장 전통이 길고 규모가 큰 사회봉사기관으로 하버드 대학교와 제휴하여 학생들이 운영하는 지역사회 기반의 비영리조직이다. 이사회는 11명의 학생과 10명의 비학생으로 학생이 과반 이상을 차지하고 있다. 학생이 직접 책임지고 실행하는 비영리조직으로서의 특성을 지향하고 있다. 1894년 설립되어 100년이 훨씬 넘게 대학생들과 지역사회 간의 파트너십을 강화하면서 자원봉사활동의 구조를 만들어 왔다. 10명의 전문직원이 근무하며 1,500명의 자원봉사자가 10,000여 명의 저소득층을 위한 80여 개의 자원봉사 프로그램을 운영하고 있다. 필요한 재원은 기금의 이자, 졸업생들의 기부금, 학생들의 모금활동, 그리고 정부 · 비정부 · 개인 등의 기부금을 받고 현물지원도 활용한다. 자원봉사자의 모집은 1년에 두 번 실시한다. 80개의 프로그램 위원회가 각기 1, 2학년을 대상으로 마치 우리나라의 대학에서 동아리회원을 모집하듯이 활동하는데, 하버드 학생들 중에서 1/4 이상이 PBHA를 통해 자원봉사에 참여하고 있다. 학생들은 보스턴 지역이나 그 외 도심지의 빈곤지역 등에서 아카데믹한 일이나 지역 학생들에 대한 교육이나 레크리에이션 활동, 학생운동이나 노동운동 관련 활동, 노숙인 쉼터에서의 봉사활동, 소수집단에 대한 캠프 운영, 레크리에이션 서비스 등 다양한 자원봉사활동을 조직화하고 있다. PBHA는 봉사활동의 매우 세세한 부분에 대해서도 성문화된 규정과 자세한 기록을 보유하고 있다는 특징이 있다.

② 스탠퍼드 대학교의 하스 공공서비스센터

스탠퍼드 대학교의 하스(Haas) 공공서비스센터는 1984년 하스 가족의 기금을 받아 1985년부터 활동을 시작하였다. 학생들의 지역사회봉사, 국가봉사, 국제봉사활동을 위해서 설립되었으며 설립 초기 가드너(W. Gardner) 박사를 석좌교수로 초빙하여 64개 사회봉사 학습과목을 개설하였다. 1985년부터 하스 공공서비스센터는 스탠퍼드 대학생들에게 인근 지역사회만이 아니라 전 미국 그리고 전 세계 지역사회에서 자원봉사활동을 할 수 있는 기회를 제공해 왔다. 하스 센터를 통해 매년 4,000명 이상의 학생들이 전국적, 지역적 혹은 국제적 봉사활동에 참여하고 있으며 약 70%의 학생들이 대학 졸업 시까지 봉사학습의 경험을 갖는다. 이 센터는 학생들의 다양한 봉사활동을 통해 교육의 질을 높이고 그들의 삶이 사회발전에 이바지하도록 고취하는 역할을 하고 있으며 지방자치단체, 비영리단체, 각종 학교들과 제휴하여 학생들의 봉사활동을 지원하고 있다. 카디널 서비스(Cardinal Service)는 하스 공공서비스센터의 대표적인 프로그램이다. 이 프로그램에서는 특히 스탠퍼드 대학교의 저명한 교수진으로부터 학생들이 사회문제를 해결하기 위한 수업이나 전문적 세미나를 이수하고 전 세계를 대상으로 실제 적용하는 과정을 실시하고 있으며, 카디널 분기(Cardinal quarter), 카디널 과정(Cardinal courses), 카디널 참여(Cardinal commitment), 카디널 경력(Cardinal careers) 등 4개 프로그램으로 구성되어 있다. 지역사회 기반의 조사, 전문교육과 현장인턴십, 리더십 프로그램 등의 요소가 잘 짜여 있어서 참여하는 학생들의 학습효과 진작을 위한 봉사학습의 내용을 나타내어 주고 있다.

③ 미시간 주립대학교의 지역사회참여학습센터

미시간 주립대학교는 지역사회 발전을 위한 자원봉사활동을 향상시키고자 1967년 자원봉사 프로그램 사무소(Office of Volunteer Programs)를 설립하였다. 이 사무소는 1979년 봉사학습센터(Service Learning Center: SLC)로 개명되었다가 이후 봉사학습과 지역사회참여센터(CSLCE), 지역사회참여학습센터(Center for Community Engaged Learning: CCEL)로 다시 명칭이 바뀌었다. 학문 중심 프로그램 및 전문지식 발전을 현장학습과 실습을 통한 자원봉사 프로그램과 통합하여 운영하고 있다. 센터는 학생경력센터(Career Services and Placement)의 한 부서였다가 독립된 사업단위가 되었다. 최근에는 매해 3만여 명의 학생이 지역사회참여학습이나 자원봉사 등록 실적을 나타내고 있다. 미시간 주립대학교에서는 지역사회참여학습을 “학생의 학습경험을 다양하고 풍요롭게 구성하면서 시민으로서 사회적 책임을 가르치고 지역사회의 역량을 강화하기 위해 지역사회 파트너십을 교육 및 비판적 분석과 통합하는 교육전략”으로 규정하고 있다. 봉사학습의 원리를 강조하는 것이라 할 수 있다. 센터에서 근무하는 실무진은 학생들을 위해 좋은 봉사활동 유형을 개발하는 업무를 맡고 있으며 지역사회를 위한 봉사안내서 제작, 캠퍼스 내 프로그램 홍보 및 전산화 작업을 수행하였다. 또한 지역사회참여학습 지수를 매해 발간하고 있다. 평균적으로 실무자는 한 학생과 5회에서 10회의 면담을 수행할 정도로 밀도 있는 자원봉사관리를 시도하고 있다.

④ 브라운 대학교의 스웨어 센터

브라운 대학교는 1987년 사회봉사활동과 대학교육을 연계시키기 위해 당시 학교 총장이던 하워드 스웨어(Howard R. Swearer)의 이름을 따서 스웨어 센터(Swearer Center)를 설립하였다. 스웨어 센터는 브라운 대학교의 모든 봉사활동을 조정하고 제도적으로 지원하며, 직접적인 봉사를 통해서 지역사회의 요구에 부응하고, 지역사회의 참여와 공공봉사활동을 고취시키고 보상하는 대학정책을 추진하는 것을 목적으로 운영되고 있다. 스웨어 센터의 사회봉사활동 내용으로는 성인교육(이민자, 10대 임신부, 신체 및 정신장애인, 정년퇴직한 노인, 홈리스 등), 지역사회개발(HIV/AIDS 교육, 마약 및 약물남용퇴치, 동성애자 교육 등) 및 청소년 교육 프로그램이 운영되고 있으며, 사회봉사활동을 위한 지역사회단체와의 협력사업, 사회봉사활동 관련 사업에 대한 재정지원, 장학금 지급, 포상 등의 사업을 수행하고 있다. 스웨어 센터는 1,200명 이상의 학생들과 협력하여 80명 이상의 지역사회 파트너가 함께 활동하고 있다. 특히 스웨어 센터에서는 지역사회 참여, 참여 장학금, 사회적 혁신

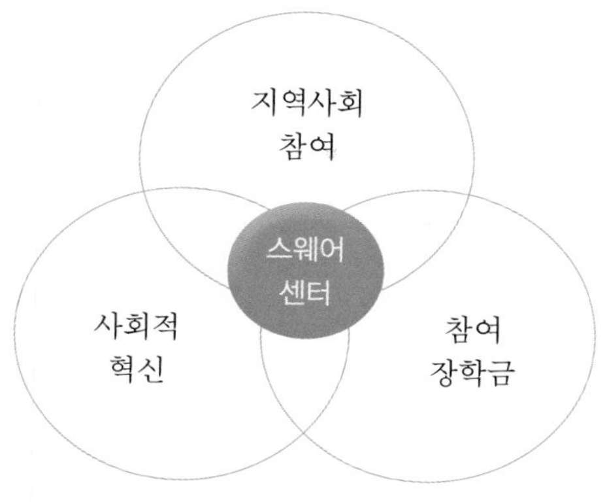

그림 10-2 스웨어 센터의 핵심 관점

출처: 브라운대학교 홈페이지(https://www.brown.edu)에서 편집.

이라는 세 가지 방식의 연계를 통해 학생, 교수, 지역사회의 연결을 고도화하기 위해 노력하고 있다.

2) 우리나라의 학교 사회봉사

우리나라에서 학교 사회봉사는 1990년대 이후 본격적으로 제도화되었다. 이는 학생의 사회봉사가 양적으로 팽창되는 데 큰 기여를 했으나, 한편으로 그 질적인 운영에서 봉사학습의 취지를 살리지 못한 점에 대한 비판이 많이 이루어짐에 따라 대안책이 다양하게 모색되고 있는 상태이다.

(1) 대학의 사회봉사 제도화

우리나라의 학교 사회봉사는 중·고등학교보다 대학에서의 사회봉사가 약간 먼저 제도화되기 시작했다. 물론 그 이전에도 대학 내의 사회복지학 관련 학과 등에서 자원봉사와 관련된 과정을 일부 운영하기도 했다. 또한 대학생은 전통적으로 동아리 활동 등을 통해 자원봉사활동을 수행해 온 역사가 오래되었다. 하지만 대학에서 소속된 전체 학생을 대상으로 봉사학습 시스템이 시작된 것은 1990년대 초·중반부터이다. 한양대학교가 1994년 사회봉사 교양필수과목을 채택했으며, 이후 동덕여자대학교의 자원봉사 교양필수 채택, 건국대학교의 교내 자원봉사은행 신설이 이어졌다. 이러한 대학교의 자원봉사활동을 지원하고 상호연합 및 교류증진을 위해서 1996년 전국 대학 총장들을 중심으로 한국대학사회봉사협의회를 조직하게 되었다.

현재 거의 대부분의 대학에서 교양필수나 선택 등의 형태로 사회봉사 과목을 운영하고 있다. 그러나 한편으로는 많은 대학이 봉사학습의 취지를 살릴 수 있는 관리체계의 세밀한 관리 없이 수강신청 후 일괄적으로 대규모의 소양강의 후 자원봉사활동 현장으로 나가는 방식을 취하고 있는 실정이다. 이에 따라 대학생으로서 전공과의 유기적 연계나 지역사회 문제의 구체적 부분에 대한 통찰 및 학습 등이 이루어지지 못하고, 단지 남을 도와주는 덕성함양 활동 강조에 그치는 경우가 많다. 활동에 참여하는 대학생들도 졸업과 학점취득을 위해서 어쩔 수 없이 노력 봉사하는 것으로 인식하는 경우도 발생하고 있다. 이에 대한 보완책이 필요한 상황이다.

(2) 중 · 고등학교의 사회봉사

대학의 사회봉사 제도화가 시작된 것과 유사한 시점인 1990년대 중반에 이르러 고입 내신에 자원봉사 반영발표, 1995년 5 · 31 교육개혁조치로 학교생활기록부에 자원봉사기록 등의 조치가 이루어지면서 중 · 고등학교에서의 자원봉사활동 제도화도 이루어졌다.

1994년 대통령의 교육 전반에 관한 자문에 응하기 위한 교육개혁위원회가 발족했고, 교육의 현안문제를 진단하고 교육개혁 방안을 수립하게 되었다. 위원회에서는 1995년 5월 31일 '세계화 · 정보화 시대를 주도하는 신교육체제 수립을 위한 교육개혁방안'을 발표했다. 교육개혁방안에는 9개의 정책과제가 제시되었는데, 그중 봉사활동과 관련된 정책과제가 인성 및 창의성을 함양하는 교육과정이다. 정책과제의 세부내용 중에는 실천 위주의 인성교육 강화를 들면서 주요 추진사항의 하나로 청소년의 봉사활동을 '학교생활기록부'에 반영하는 것이 명시되었다.

이에 따라 1995년 이후 중앙정부 차원에서는 1996학년도부터 「학생 봉사활동 운영지침」을 제정하여 발표하고 있다. 또한 지방자치단체 혹은 각 시 · 도교육청 차원에서 각 지역 실정에 맞는 추진계획을 수립 · 시행하고 있다. 이에 따라 각급 학교에서는 이러한 지침 및 계획을 준거로 하여 학생 봉사활동의 유형 · 방법 · 운영방안 등을 학교별로 특성에 맞게 정하여 실시하고 그 결과를 학교생활기록부에 기록하고 있으며, 이는 상급학교 진학 시에 반영하고 있다.

그러나 초기 중 · 고등학교의 학생봉사는 대학의 봉사보다도 형식적 활동의 문제를 더 크게 낳았다. 진학열이 높은 문화와 맞물려 '진학을 위해 기록되는 봉사실적'을 만드는 데 급급하여 봉사학습으로서의 효과를 도모하거나 혹은 자원봉사 관리활동과의 적절한 결합은 거의 이루어지지 못했다. 심지어는 조악한 대체적 활동, 대리봉사활동 등의 문제를 낳기도 했다. 이는 자원봉사활동과 그 관리에 대한 지식, 자원봉사활동의 주요 현장이 되는 사회복지 영역과의 효과적 연계가 미흡한 교육계의 현실을 반영하는 것으로 볼 수 있다.

(3) 학생 봉사활동 개선지침과 7차 교육과정 이후의 학생봉사

제도화된 학생 봉사활동의 운영과정에서 형식적 봉사활동 등의 문제점이 발생하고 이에 대한 지적이 각계에서 나타나자 이를 보완하기 위해 2000년 국무총리로부터 학생 봉사활동 개선 지시가 내려졌다. 2001년부터 적용되기 시작한 이 개선

표 10-1 학생 봉사활동 제도운영 개선지침

▣ 학생활동에 대한 인식 제고
- 학생, 학부모, 교사, 봉사 대상기관 담당자 등을 대상으로 봉사활동의 취지, 실시요령 등에 대한 사전교육 실시
- 학교장과 봉사활동 담당교사에 대한 전문교육 실시 및 지원
- 학생 봉사활동 장학자료 활용 안내

▣ 학생 봉사활동 제도운영의 내실화
- 학교급별, 학년별 봉사활동 내용 · 시간 등의 다양화
- 학생 개인계획에 의한 봉사활동보다는 지도자가 함께 참여하는 봉사활동 우선 인정
- 봉사활동 프로그램 DB활용 및 시 · 도 간 정보교류 활성화

▣ 학교봉사활동 교육과정 편성 · 운영 충실
- 제7차 교육과정의 특별활동 중 봉사활동시간을 우선 확보
- 봉사활동 관련 학교 교육과정 단계적 지도 권장

▣ '학생 봉사활동정보안내센터'의 설치 · 운영
- 전국 각 지역교육청(180개) 인터넷 홈페이지에 설치
- 지역 자원봉사활동단체와 유기적인 협력체계 구축

▣ 학생 봉사활동의 질적 평가 및 활용도 제고
- 학생 봉사활동의 질적 평가제 도입
- 학생 봉사활동 결과의 학교생활기록부 입력요령
- 대학입학전형 시 대학의 모집단위별 특성에 적합한 봉사활동 반영 권장 계획 안내
- 대학입학전형 시 봉사활동 반영사항 대학평가에 반영 대비 안내
- 국민봉사활동인증제 도입 대비
- 시 · 도교육청 주관 교원연수 실시
- 학생 봉사활동제도 운영 개선지침 관련 학부모 연수 실시
- 대지역주민 홍보강화

출처: 김영윤(2005).

지침은 학생 봉사활동의 형식적 운영을 막고 내실화하기 위해 학생 봉사활동정보 안내센터를 설치 · 운영하고 교사 등 운영인력에 대한 교육을 강화하는 등의 내용으로 이루어져 있다. 제도운영 개선지침의 주요 골자는 〈표 10-1〉과 같다.

7차 교육과정의 편성에 있어서 학생 봉사활동의 내실화가 강조되었다. 7차 교육과정은 교육편제에 있어 크게 '국민공통기본교육과정'과 '고등학교 선택중심교육과정'으로 구성되었다.[1] '국민공통기본교육과정'은 다시 교과, 재량활동, 특별활동으로 나누어져 있는데 여기서 재량활동은 교과 재량활동과 창의적 재량활동으로, 특별활동은 자치활동, 적응활동, 계발활동, 봉사활동, 행사활동 등 5개 활동영역으로 각각 나누어진다. '고등학교 선택중심교육과정'은 교과와 특별활동으로 구분되는데, 여기서의 특별활동 역시 국민공통기본교육과정과 동일하게 5개 영역으로 나뉜다. 즉, 7차 교육과정에서의 학생 자원봉사활동은 교육과정의 특별활동 중에 봉사활동이라는 이름으로 위치하고 있다. 봉사활동의 기준 시수가 제시되어 있고, 이 가운데 봉사활동의 기본적인 운영은 학교의 특별활동 계획수립과 운영 속에서 이루어진다.

7차 교육과정의 편성에 따른 학생 봉사활동의 내용을 6차 교육과정과 비교해 보면 대략 〈표 10-2〉와 같다.

우리나라의 교육과정은 7차 교육과정 이후에는 몇차 교육과정이라는 명칭은 사용하지 않고 부분적인 보완만을 시행하고 있다. 따라서 7차 교육과정도 2022년 고교학점제를 중심으로 하는 개정에 이르기까지 매우 많은 부분수정이 이루어지고 있다. 하지만 학생 자원봉사와 관련해서는 7차 교육과정에서의 기본골간이 유지되고 있다. 7차 교육과정과 이후의 과정에서 학생, 특히 중 · 고등학생의 자원봉사활동에 영향을 미친 주요한 사안들도 있다. 먼저, 2007년부터 시작된 대학의 입학사정관제는 대학 입시에 영향을 줄 수 있는 평가근거자료로 자원봉사활동 경력이 포함되어 진학을 위한 봉사활동 참여를 자극하였다. 2009년에는 개정교육과정에 따

1) 국민공통기본교육과정은 고등학교 1학년까지의 10년에 해당하는 것이고 고등학교 선택중심교육과정은 고등학교 2학년과 3학년의 11, 12학년에 해당한다.

표 10-2 6차와 7차 교육과정에서의 학생 봉사활동지침 주요 내용 비교

제6차 교육과정

(1) 초 · 중 · 고등학교 전 학년 학생에게 적용 · 시행
(2) '학교계획에 의한 활동'과 '개인계획에 의한 활동'으로 구분
(3) 학교의 정상적인 교육과정과 별도의 교육활동으로 계획하여 운영
(4) 봉사활동 영역을 여덟 가지로 분류: 일손돕기활동, 위문활동, 지도활동, 캠페인활동, 자선 · 구호활동, 환경 · 시설보전활동, 지역사회개발활동, 기타 활동
(5) 상급학교 진학 시 봉사활동 반영 시간
- 중학교: 연간 기준시간 15시간 이상(고입 내신성적에 8% 반영, 서울특별시)
- 고등학교: 기준시간 없이 실시. 대학에 따라 대입 내신성적에 반영

제7차 교육과정

제7차 교육과정에 따른 봉사활동은 초등학교는 2000학년도 1, 2학년부터, 중학교는 2001학년도 1학년부터, 고등학교는 2002학년도 1학년부터 연차적으로 적용
(1) '학교교육과정에 의한 봉사활동'과 '학교교육과정 이외의 봉사활동'으로 구분 실시
(2) 각 학교에 '학생 봉사활동추진위원회'를 구성 · 운영
(3) 전국의 지역교육청에 '학생 봉사활동정보안내센터'를 설치 · 운영
(4) 영역은 6차 교육과정과 같이 여덟 가지로 분류
(5) 제7차 교육과정의 적용과 함께 초 · 중 · 고등학교 학교급별, 학년별 봉사활동 권장시간 다양화

출처: 김영윤(2005).

라 초 · 중등교육에서 창의적 체험활동이 포함되었고 교과 외 활동의 한 영역으로 인성 및 창의교육 강화가 강조되었다. 이 구성영역의 하나로 봉사활동이 포함되었다. 2013년부터 시범사업을 통해 시행된 중학교의 자유학기제 역시 프로그램의 하나로 학생의 자원봉사활동이 선택 프로그램으로 활용될 여지를 높였다. 2015년에 제정된 「인성교육진흥법」은 교원연수 및 학교교육에서의 인성교육 지원을 강화하며, 교육현장에서는 봉사활동의 강화 역시 한 요소로 인식되고 있다. 그러나 최근에 이르는 각종 개편이나 보완내용에도 불구하고 학생 자원봉사활동의 내실화는 충분치 않다는 비판도 높다.

교육계의 학생 봉사활동 지침에서는 그간의 우리나라 학생 봉사활동의 문제점을 인식하고 있는 것으로 보인다. 그러나 아직까지 그 개선의 실효는 별로 나타나지 못하고 있으며, 이는 기본적으로 자원봉사관리의 역할이 적절히 자리 잡히지 못한 점에서 문제의 본질을 찾을 수 있다.

(4) 학생 · 청소년자원봉사 관련 체계

교육과정에 따른 각급 학교에서의 자원봉사 활성화 노력은 양적으로 우리나라 학생들의 자원봉사활동 참여를 크게 높였다. 10대의 자원봉사활동 참여율이 다른 어느 연령대의 참여율보다 5배 높다는 점은 학생들의 자원봉사활동이 제도화된 때문이라 할 수 있다. 현재 우리나라의 학생 자원봉사활동 혹은 학교 사회봉사 프로그램의 운영을 지원하기 위해 몇 가지 지원 및 운영체계가 활동하고 있다.

① 교육부 및 청소년 관련 부처[2)]

먼저, 교육부와 청소년 관련 부처를 학생 자원봉사활동의 대표적 지원체계로 볼 수 있다. 교육부가 학생 자원봉사활동을 담당하고 있으며, 각 시 · 도 교육청이 참고할 수 있도록 '학생 봉사활동 운영지침' 등과 같은 자료들을 마련하고 있다. 또한 나이스(NEIS)라는 교육행정정보시스템을 통해 학생들의 자원봉사활동 실적관리와 인증을 지원하고 있다. 청소년정책 담당부처에서는 청소년활동과 연계하여 봉사활동에 대한 지원 지침을 마련하고 있다.

교육부와 여성가족부 등 중앙정부부처와 관련된 산하기관, 혹은 지방교육청이나 학교, 지방자치단체 등에서도 학생과 청소년에 대한 자원봉사활동 시상이나 대회 등을 자주 추진하고 있다. 이는 교육기관의 특성에 비추어 볼 때, 실적이나 경력을 관리하려는 욕구가 높은 학생들에게는 상당히 큰 동기부여가 되고 있다. 전국청소년자원봉사대회 등이 대표적이다. 이 대회는 자원봉사활동으로 모범을 보

2) 우리나라의 청소년 관련 주무 부처는 최근 수년 사이에 문화관광부, 청소년(보호)위원회, 여성가족부 등으로 업무의 이관과 통폐합 등이 계속 발생하고 있어 청소년 봉사활동과 관련해서도 초기 정책의 기획과 집행의 담당부처명 등에 혼란이 발생하고 있는 상황이다.

인 전국의 중 · 고등학생들을 발굴하여 시상하는 대회로, 중 · 고등학생들의 자원봉사활동 영역을 확대 및 개발하며 청소년 자원봉사활동의 활성화를 위해 이루어지고 있다.[3)]

② 청소년활동정보서비스(e-청소년)와 DOVOL

청소년활동정보서비스(e-청소년)는 「청소년활동진흥법」에 따라 2005년 시작되어 청소년들의 활동에 대한 정보를 지원하는 청소년활동정보 종합안내포털로 온라인 시스템이다. 여기서는 특히 DOVOL이라는 청소년 연령대에 해당하는 중 · 고등학생의 자원봉사활동 검색과 신청, 그리고 이 실적의 인정과 관리에 해당하는 활동을 진행하고 있다. 청소년에 대한 주관부서인 여성가족부에서 주관하고, 산하단체인 한국청소년활동진흥원에서 운영하고 있다. 1990년대 후반 청소년자원봉사센터 등이 만들어지기도 했으나 최근에 대부분은 청소년활동진흥센터 등 DOVOL 중심으로 활동을 하고 있다.

청소년을 대상으로 하는 DOVOL은 일반 인구를 대상으로 하는 1365 자원봉사포털, 사회복지자원봉사관리체계(VMS)와 아울러 자원봉사 정보의 제공과 실적 관리 등을 위한 우리나라의 가장 대표적 체계 중 하나이다.

③ 한국대학사회봉사협의회

전국 대학교 및 전문대학이 회원이 되어 대학의 사회봉사 교육과 자원봉사활동에 관한 상호협조를 도모하는 조직이다. 이는 미국의 캠퍼스 콤팩트와 비슷한 성격으로 출발했다. 1996년에 설립된 교육부 산하의 비영리 사단법인이다. 한국대학사회봉사협의회는 전국의 260여 개 대학으로 구성되어 있다. 대학생 사회봉사활동의 육성발전, 대학의 교육과정과 사회봉사 연계에 대한 연구개발, 대학의 사회봉사활

3) 이러한 청소년 자원봉사활동 증진을 위한 대회는 정부부처만이 아니라 최근 일부 기업재단 등에서도 개최하는 경우가 늘고 있어 청소년 자원봉사활동에 대한 지원체계로서 기업과 재단 등 민간조직의 역할도 확대되는 모습을 나타내고 있다.

동 관련 연수지원, 국내외 사회봉사 관련 기관과의 교류 및 제휴, 사회봉사 프로그램 개발 및 보급, 기타 회원대학 간의 협의조정 등의 기능을 수행하고 있다.

기본적으로 학생들의 자원봉사관리가 내실화되기 위해서는 학교에 자원봉사센터 혹은 사회봉사센터와 같은 조직이 내실화되어 학생의 봉사활동을 관리하는 추진체계로서의 역할을 수행하여야 한다. 그러나 일부 대학을 제외하면 사실상 추진체계로서 역할을 수행하고 있는 학교에서의 학생 자원봉사 관리조직은 극히 미미한 상황이다.

3. 학교 사회봉사의 관리와 활성화 과제

1) 현행 학교 사회봉사 관리과정

현재 이루어지고 있는 우리나라 학교 사회봉사의 과정은 대학의 경우 대학마다 큰 차이를 나타내고 있으며, 중 · 고등학교의 경우에는 교육부와 교육청의 학생 봉사활동지침에 의거하여 이루어지고 있다. 그리고 이 지침에 의한 최소한의 관리만이 이루어지고 있는 실정이다. 중 · 고등학교의 봉사활동은 특별활동 교육과정의 한 영역으로 실시되는 봉사활동으로서 학교의 연간계획에 의해 추진되며, 학년단위 · 학급단위 · 그룹단위로 이루어질 수 있다. '학교계획에 의한 활동'(혹은 '학교 교

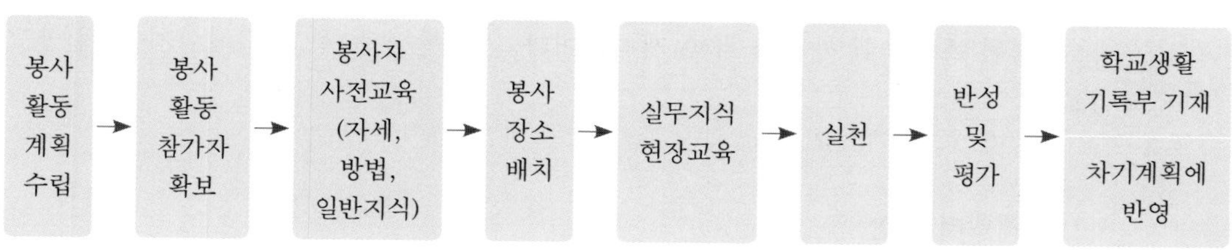

그림 10-3 학교계획에 의한 봉사활동 절차

출처: 대구광역시교육청(2021).

육과정에 의한 봉사활동')과 '개인계획에 의한 활동'(혹은 '학교 교육과정 이외의 봉사활동')으로 구분하고 있는데 대다수를 차지하는 것은 학교계획에 의한 활동이다. [그림 10-3]이 학교계획에 의한 봉사활동의 절차를 나타내고 있다.

활동이 성공적으로 실시되기 위해서는 준비(Preparation) 단계, 활동(Action) 단계, 반성(Reflection) 단계로 나누어 실시해야 한다고 명시하여 PAR 과정을 기본으로 제시하고 있다.

(1) 준비 단계

학교에서 주관하여 실시하는 봉사활동의 준비 단계는 봉사활동목록의 작성, 홍보, 계획서 작성 제출의 과정을 거친다.

① 봉사활동목록 작성

학교 여건과 학생의 수준에 따라 실천 가능한 목록을 다음과 같은 사항들을 고려하여 해당 지역 교육청과 연계하여 작성한다.

- 사전 조사
- 실행 가능한 봉사활동 선정
- 대상기관 담당자와 협의
- 활동목록 작성

② 홍보활동

작성된 프로그램 목록을 각종 게시판이나, 가정통신문, 학교 홈페이지 등에 공고한다.

③ 계획서 작성

계획서는 학교단위, 학년단위, 학급 및 그룹 단위 또는 개인단위 봉사활동 계획서를 작성한다. 이때 담임교사는 계획서를 검토하여 학생 능력에 알맞게 조정해야 하

며 학급 전체 학생의 봉사활동 상황을 파악할 수 있도록 상황표를 작성해야 한다.

(2) 활동 단계

준비 단계에서 수립된 계획에 따라 봉사활동을 실행한다. 이 단계에서는 자원봉사자에 대한 교육, 배치, 활동의 실천 등이 이루어진다. 활동과정에서 다음 사항을 고려해야 한다.

- 유의사항 숙지
- 안전사고 예방
- 계획된 대로의 실행 여부
- 활동과정에서 상황변화에 따른 대처
- 활동과정에서 인간관계 유지
- 지도자의 지시에 잘 따르는지 여부
- 봉사자 상호 간의 협조

(3) 반성 단계

봉사활동이 끝난 후에는 반드시 반성과정을 실시하여 차후에 실시하는 봉사활동에 참고해야 하며, 평가방법은 여건이나 상황을 고려하여 선택적으로 실시한다.

- 소감문 작성
- 면접
- 설문조사
- 우수사례 발표회 등

(4) 개인계획에 의한 봉사활동

학교의 계획에 의한 것뿐만 아니라 학생 개인의 계획에 의한 봉사활동도 명시하고 있으며, 이는 [그림 10-4]와 같은 과정을 거치는 것으로 이야기하고 있다. 1365

▣ 1365, VMS, DOVOL을 이용하지 않는 경우

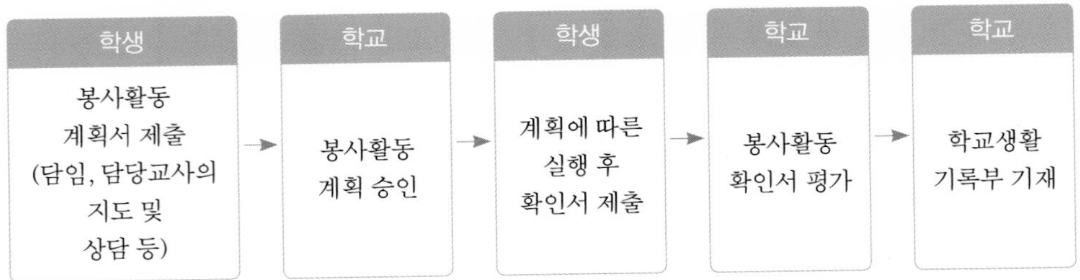

▣ 1365, VMS, DOVOL을 이용하는 경우

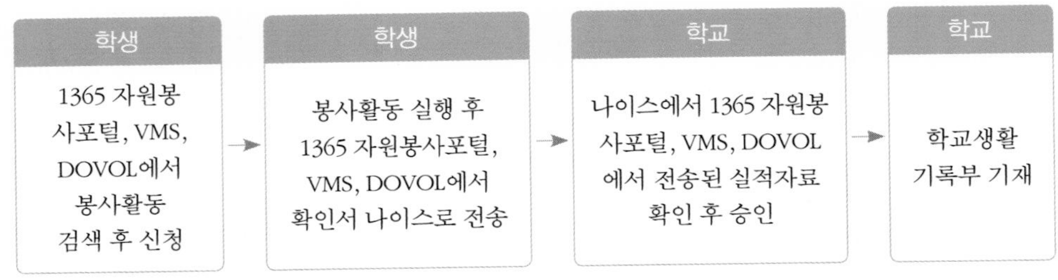

그림 10-4 개인계획에 의한 봉사활동 절차

출처: 대구광역시교육청(2021).

자원봉사포털이나, VMS, DOVOL을 이용하지 않고 계획을 만드는 경우와 이 시스템들을 이용하는 경우로 구분되고 있다. 외부 체계를 이용하지 않는 경우에는 계획서를 교사와 학교를 통해 승인받아 활동을 진행하는 것으로 되어 있고, 외부 체계를 이용하는 경우에는 외부 체계에 탑재된 봉사활동을 검색하여 신청하고 활동 후에 외부 체계에서의 확인서를 나이스(NEIS)로 전송하여 승인받는 것으로 되어 있다.

개인계획에 의한 봉사활동이 이루어질 때는 학교의 지도과정에서 특히 다음의 사항이 반영되어야 한다고 밝히고 있다.

- 가정과 연계하여 가족 동반으로 봉사활동이 이루어질 수 있도록 지도한다.
- 개인계획에 의한 봉사활동 계획서, 확인서, 평가서 등 필요한 서식은 학교 차원에서 준비한다.
- 개인 차원에서 이루어지는 봉사활동에 대한 절차, 유의사항 등에 대한 사전교

육을 실시한다.

- 개인계획에 의한 봉사활동은 가급적 봉사 관련 단체에서 실시하는 활동에 참여하도록 한다.
- 개인계획에 의한 봉사활동은 가급적 심화과정으로 활동하도록 지도한다.

(5) 학생 봉사활동 영역 및 활동내용

현재 학교의 사회봉사 과정에서 가장 여러 가지로 논란이 되고 있는 것 중의 하나가 '어디에서' '어떤' 봉사활동을 해야 하는가와 관련된다. 각급 학교에서 활용하고 있는 봉사처나 봉사활동의 내용은 과거의 교육부 지침에서 일손돕기, 위문활동, 캠페인활동, 자선구호활동, 환경시설보전활동, 지도활동, 지역사회 개발활동, 기타 활동의 여덟 가지로 나누어 지침을 제시했던 바가 있다. 이와 같은 구분이 실제 봉사학습이나 자원봉사활동의 품질을 고도화하기 위해서는 지나치게 고루하고 낡은 것이라는 비판이 많았다. 이에 따라 2015년의 개정 교육과정에서부터는 지역사회

표 10-3 2015년 개정 교육과정의 봉사활동 목표와 내용 구분

활동	목표	활동내용(예시)
지역사회봉사 (이웃돕기활동)	타인을 이해하고 배려할 수 있는 공동체 역량을 함양한다.	• 친구돕기활동: 학습이 느린 친구 돕기, 장애친구 돕기 등 • 지역사회활동: 불우이웃돕기, 난민구호, 복지시설 위문, 재능기부 등
환경보호활동	환경을 보호하는 마음과 공공시설을 아끼는 마음을 기른다.	• 환경정화활동: 깨끗한 환경 만들기, 공공시설물 보호, 문화재 보호, 지역사회 가꾸기 등 • 자연보호활동: 식목활동, 자원 재활용, 저탄소생활 습관화 등
캠페인활동	사회현상에 관심을 가지고 참여함으로써 사회적 역할과 책임을 분담하고 사회발전에 이바지하는 태도를 기른다.	• 공공질서, 환경보전, 헌혈, 각종 편견 극복 캠페인활동 등 • 학교폭력 예방, 안전사고 예방, 성폭력 예방 캠페인활동 등

출처: 교육인적자원부(2015).

봉사활동(이웃돕기활동), 환경보호활동, 캠페인활동으로 영역을 구분하고 있다.

2) 현행 학교 사회봉사의 문제점

1995년 학생 봉사활동의 제도화 이후 우리나라의 학교를 통한 학생 자원봉사활동은 양적이고 구조적인 활동의 체계를 갖추었다. 이후 지속적인 학생 봉사활동 개선지침 마련으로 취약점을 보완하며 제도의 개선을 위한 다양한 방책을 강구하였으나 아직 여러 문제점을 가지고 있다.

(1) 형식적 봉사활동의 문제점

학생 봉사활동이 제도화된 취지는 입시위주로 운영되는 교육에 익숙해져 있는 학생들의 관심을 지역사회로 환기시키며, 개인이 아닌 사회구성원으로서의 역할 경험 및 사회로의 환원과정을 통한 자아실현의 기회를 제공하기 위함이다. 하지만 본 취지와는 다르게 당사자인 학생 및 학부모, 학교, 관련 기관 등의 봉사활동에 대한 교육적 의의 및 가치에 대한 인식은 여전히 부족한 상황이다. 현장에서는 경험학습으로서 유용한 교육적 효과를 도모하기보다는 상급학교 진학을 위한 실적으로 간주하여 형식적으로 봉사활동에 임하는 문제가 지속되고 있다. 자원봉사활동이 가지는 자발성과 창의성마저도 왜곡하여 다분히 획일적인 활동만이 이루어지는 경우가 많다. 한편으로는 학교 사회봉사만이 아니라 입시와 진학 중심의 우리나라 교육체계 전반의 문제와 관련되는 것이라 하겠다.

(2) 전문적 자원봉사관리의 부재

현재 중·고등학교의 사회봉사과정은 기본적으로 자원봉사관리자 역할을 교사가 담당하고 있다. 그러나 일선 교사는 자원봉사관리 이전에 과도한 업무부담을 가지고 있어 자원봉사관리를 위한 시간과 노력을 적절히 투입하지 못하고 있다. 대학에서도 전문적 교육이나 능력을 갖춘 자원봉사관리자가 있는 것이 아니라 교직원이 자신의 업무 중 하나로 겸직하는 활동으로 진행되곤 한다. 이는 교육기관에서 자원봉사활동은 수요처와 공급자만 있다면 자동적으로 이루어지는 것이라는 '자동창출(spontaneous creation)'의 환상을 가지고 있는 현실과 관련된다. 적절한 자원봉사관리자와 자원봉사관리활동을 확보하기 위한 노력이 이루어지지 않는다면, 학교 사회봉사는 지속적으로 형식적이고 분절적인 실적 쌓기로 귀결될 수 있다는 비판이 많다.

(3) 학생 봉사활동 관련 기관 간의 연계 및 협력체계 부족

학생 봉사활동을 주관하는 학교와 관련 지역사회조직들과의 체계적인 인프라가 구축되어 있지 않아 학생이 원하는 봉사활동기관에 대한 정보를 수집하거나 연계시키는 데에 제약이 따른다. 연계단계에서 봉사활동 현장에 대한 충분한 이해가 이루어지지 않아 적절한 현장배치가 이루어지지 못하고 있으며, 기관 또한 현장에서 봉사활동을 수행하는 학생들에게 교육적인 분위기를 제공하지 못하고 있다. 학교와 자원봉사센터와의 연계가 취약하다는 점은 학생 봉사활동의 효과성 제고에 큰 취약요인이 되고 있다. 특히 자원봉사센터의 입장에서는 자원봉사활동 교육여건 마련의 어려움과 대규모 봉사의뢰를 가장 큰 문제로 지적하고 있는 상황이다(송승현, 김보린, 2005). 이는 학교와 자원봉사센터가 서로의 상황과 기대에 대해 충분히 조율하지 못해 생기는 부작용이라 할 수 있다.

(4) 봉사활동 영역과 내용의 빈곤

기본적으로 우리나라의 학생 봉사활동에서 이루어지는 활동내용은 다양성이 제약되어 있다. 최근 들어 비교적 새로운 내용의 봉사활동 기획들도 나타나고 있지만, 대부분의 학생 자원봉사활동은 단순 노력봉사활동에 집중되고 있다. 이는 대학에서의 사회봉사 프로그램에서도 마찬가지로 학교가 주관하고 있는 사회봉사 프로그램에서는 모두 유사하게 나타나고 있는 현상이다. 학교 사회봉사 프로그램 참여자를 극히 일회적인 단기 자원봉사자로 간주하기 때문에 이러한 현상은 더욱 두드러지고 있다.

(5) 봉사활동 평가의 미흡

학생이 교육 프로그램의 일환으로 수행하는 프로그램이기 때문에 평가과정이 매우 중요하다. 현재는 단순히 주어진 봉사시간 이수 여부만을 확인하며, 봉사 횟수 및 시간 등 수치만을 평가하고 있다. 대학에서의 평가도 기본적으로는 이와 유사하며 일부에서 '만족도' 평가 정도가 병행될 뿐이다. 평가는 교육 프로그램이 그 목적을 얼마나 달성했는가를 측정하는 것이어야 한다. 성적이나 상급학교 진학자료 반영 여부와는 무관하게라도 사회봉사 프로그램이 개별 학생들에 대해 소기의 목적에 접근하고 있는가에 대한 평가가 필요하다.

3) 학생 · 청소년 자원봉사 활성화의 과제

학생 · 청소년은 예비 사회인으로서의 성장과 자아정체성 확립의 시기에 있기 때문에, 이 시기에 이루어지는 자원봉사 프로그램은 다른 인구층의 자원봉사활동보다 자원봉사활동의 공급자 효과, 즉 교육적 측면에 대한 고려가 중요하다. 이에 따라 봉사학습이라는 개념이 청소년의 자원봉사활동에서는 중요한 것으로 부각된다.

현재 우리나라에서도 학교에서의 사회봉사 프로그램이 제도화되어 기본적인 틀은 갖추었으나 그 운영상에서 전문적 · 체계적 관리가 미흡함으로 인해 소기의 목적을 달성하지 못하고 있다. 송승현과 김보린(2005)은 청소년 자원봉사활동의 활성화를 위해서 자원봉사센터체계의 적극적 활용, 교장 · 교감 등 학교 내 의사결정권자의 학생 봉사활동 이해 고취, 학생봉사 담당교사의 전문성 강화, 학생 자원봉사 보험제도 도입 등의 대안을 제시하고 있다. 문영희 등(2018)은 청소년 자원봉사자와 사회복지사에 대한 질적 분석을 토대로 청소년 자원봉사활동이 소기의 효과를 거두기 위해서는 자원봉사관리체계의 내실화가 중요함을 지적하기도 하였다. 일반적으로 학생 · 청소년의 자원봉사활동이 봉사학습의 원래 취지를 살리기 위해서는 다음과 같은 개선과제가 제기될 수 있다.

(1) 자원봉사관리자의 활용

학교 사회봉사의 제도화 이후 학생들의 자원봉사활동 참여자 수와 그 욕구는 급증했으나 이 욕구와 능력에 맞는 다양한 활동을 발굴하고 관리해 줄 전문적인 담당자는 절대적으로 부족하다. 이에 따른 자원봉사관리의 부재는 형식적 봉사활동의 폐해와 봉사학습 취지를 무색하게 하는 폐단을 낳는 근본 원인이 되고 있다. 소정의 자원봉사관리교육을 이수한 관리자가 부족하며 또한 학생이나 청소년의 자원봉사활동을 관리하는 데 있어 여러 가지 역할이나 자격도 정립되지 못한 실정이다. 따라서 이에 대한 집중적 연수나 교육 프로그램을 개발해야 한다. 현재와 같이 교사들의 개인적 소양에 의존하는 방식은 적절치 않다.

한편으로는 사회복지사 혹은 학교에 배치되고 있는 학교사회복지사를 활용하는 방안도 모색해 볼 수 있다. 각급 학교 내에서 자원봉사관리를 적절히 수행할 수 없는 여건이라고 판단될 때에는 지역사회 내에서 사회복지나 자원봉사관리에 대한 기본적 지식을 갖춘 인력을 보유한 사회복지조직과의 통합적 활동을 모색할 수도 있다. 자원봉사관리자가 학교 내에서 역할을 적절히 수행할 수 없는 여건일 경우에는 지역사회에 존재하는 여러 자원봉사센터의 관리지원을 의뢰하는 것도 필요하다.

(2) 학생 자원봉사활동에 대한 인식의 제고

현재 학생 봉사활동에 대해 본래의 취지인 봉사학습에 대한 인식이 취약한 상태이다. 이는 진학을 위한 실적 중심 활동양상의 원인이 되고 있다. 따라서 학생 및 학부모, 학교, 관련 기관 등이 봉사활동에 대한 바른 인식을 형성할 수 있도록 하는 교육과 홍보 프로그램이 필요하다. 교원 및 학부모 등 관련자를 위한 연수 및 사전교육 등을 지속적으로 실시하여 단위학교의 관리자에서부터 일선 교사와 지역사회의 실무자까지도 학생 봉사활동의 취지와 현실을 인식할 수 있도록 해야 한다. 학생들을 급하게 활동 현장으로 내보내는 데 주력할 것이 아니라 사전교육의 단계에서 자원봉사활동에 대한 바른 인식을 가지며, 활동과 관련된 계획을 스스로 수립할 수 있도록 지도해야 할 것이다.

(3) 봉사활동 영역 및 내용의 다양화

제한적이고 정형화된 활동영역 및 내용에서 벗어나 봉사활동 영역을 보다 넓은 범위로 확장시켜 학생들에게 다양한 활동 경험을 제공할 수 있어야 한다. 또한 활동영역 및 내용을 선정함에 있어서는 학생들의 발달단계 및 교육수준 등이 적절히 고려되어야 하며, 선정단계에 학생들이 직접 참여하여 활동영역과 내용에 본인들의 관심 및 의견을 적극 반영할 수 있어야 할 것이다. 학교계획에 의한 봉사활동 이외에 학생 개인계획에 의한 봉사활동을 인정하며 적절한 자체계획수립을 할 수 있도록 다양한 정보를 제공하며 지역사회의 봉사단체와의 연계를 지원한다. 이를 위해서는 특히 전문적인 자원봉사관리자의 활동이 전제될 필요가 있다.

(4) 지역사회 협력체계 구축

학교의 사회봉사는 기본적으로는 학교라는 장을 벗어난 지역사회에서의 활동이 된다. 따라서 사회봉사 프로그램의 운영은 지역사회와의 협조체계 속에서만 이루어질 수 있다. 특히 학교의 입장에서 '지역사회기관이 학생이라는 유용한 무급의 인력을 활용할 기회를 얻었기 때문에 학교의 프로그램에 대해 감사하고 그 절차에 잘 협조하는 것이 당연하다'고 생각하는 것은 극히 위험하다. 오히려 학교에서는 학생교육을 위해 교내에서 보유하지 못한 프로그램의 자원을 지역사회를 통해 보충하고 있는 것이라고 보아야 한다.

실제로 현재까지 많은 지역사회의 현장에서는 학교 사회봉사 프로그램에 의한 학생 자원봉사자가 그다지 반가운 존재가 아닌 경우가 많았다. 형식적 활동, 단기간의 일회성 활동, 무책임성과 잘못된 실천, 클라이언트에 대한 나쁜 영향 등의 문제가 제기되곤 하여, 이로 인해 활동내용이 봉사학습 취지와 무관한 단순 노력봉사에 치우치게 만들기도 하였다.

따라서 학교 사회봉사 프로그램이 봉사학습의 취지에 따라 학생과 학교에 도움이 되고, 지역사회기관에게는 기관의 개방성과 인력의 활용 및 교육기회가 되기 위해서는 서로 다른 전문성을 보유한 조직들로서 학교와 관련 기관들이 지역사회 수준에서 협력체계를 구축하는 것이 중요하다.

(5) 적절한 학생 자원봉사 평가와 승인

학생 봉사활동의 평가는 단순히 주어진 시간이수 여부 및 봉사활동 횟수만을 평가할 것이 아니라, 학생, 학교, 봉사활동기관과 지역사회 등 활동과 관련된 다양한 측면을 고려한 질적 평가가 이루어져야 한다. 우선, 학생은 봉사활동의 준비과정과 활동과정이 스스로가 계획했던 대로 진행되었는지의 여부를 따져 보며, 봉사활동을 통해 얻고자 했던 기대를 달성했는지도 평가해 보아야 할 것이다. 또한 봉사활동 전과 후를 비교해 보았을 때, 변화되었거나 발전된 점이 있는지의 여부 등을 본인 스스로가 체크해 본 후, 추후 봉사활동 기회가 주어졌을 때 현재의 평가들을 참고 삼아 보다 발전적 방향으로 활동할 수 있는 자료가 되어야 한다.

학교는 지역사회 안에서의 집단활동, 봉사활동 등이 참여한 학생에게 미친 영향 등을 살펴보며, 봉사활동과 관련된 준비단계에서 사전교육, 정보제공 및 기관분석 등은 적절했는지도 평가해 보아야 한다. 또한 학생과 기관과의 연계는 적합했는지, 지역사회 내 다양한 유기체를 연계하여 활용했는지, 봉사활동이 진행되는 과정상의 중간점검이나 봉사 대상기관과의 유기적인 협조가 있었는지 등도 평가해 보아야 할 것이다. 학교는 봉사횟수 및 시간, 간단한 소감만을 기입하거나, 봉사활동 과정에 초점이 맞춰진 표면적 언급만을 할 것이 아니라 관리과정상의 문제점이나 주어진 역할을 적절하게 소화했는지 등을 평가할 수 있어야 한다.

지역사회 내의 현장기관은 학생 봉사활동의 취지 및 필요성 등에 대해 제대로 이해하고 있었는지, 학생의 요구나 특성에 적합한 활동들을 제시했는지 등을 자체적으로 점검해 보아야 하며 봉사활동이 진행되는 동안 활동과 관련된 학생의 성장과 만족 정도를 확인했는지, 적절한 현장지도 및 교육을 실시했는지도 자체적으로 평가해 보아야 한다.

(6) 청소년 자원봉사활동의 지원

모든 청소년과 학생의 자원봉사활동이 학교 사회봉사 프로그램으로 이루어지는 것은 아니다. 물론 대다수의 청소년이 학교생활을 통해 교육과정을 밟고 있다고 하더라도, 학교 사회봉사 프로그램 이외에 개인이나 가족단위로 혹은 동아리 형태 등을 통해 자원봉사활동에 참여하기도 한다. 또한 정규학교를 다니지 않는 청소년들도 자원봉사활동에 참여하곤 한다. 이들에 대해서도 적절한 관리와 지원체계가 구축되어야 한다.

현재 학교의 사회봉사관리가 다른 영역의 자원봉사관리와 여러 가지 측면에서 분리되어 있는 성격이 강하다. 기본적으로 학생 자원봉사, 여성 자원봉사, 노인 자원봉사 등이 모두 별도의 관리나 운영체계를 독립적으로 갖추는 것은 적절하지 않다. 적어도 유기적 관련을 가져야 한다. 학교 사회봉사의 관리체계가 일반 자원봉사 관리체계나 지원체계와 유기적으로 협조관계를 맺어야 할 필요가 있다.

제11장

기업과 전문직의 자원봉사

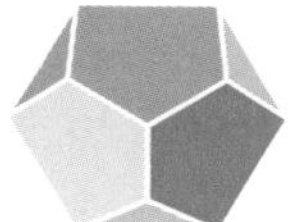

자원봉사자가 경우에 따라서는 자신의 직업적 활동과 관련되어 자원봉사활동을 수행하는 경우도 있다. 자신이 속한 기업을 통해 자원봉사활동이 이루어지거나 자신의 직업적 전문성이나 전문자격과 관련된 내용의 자원봉사활동을 수행하는 경우이다. 과거보다는 자원봉사활동에서 직업적 활동과의 연계성이 높아지고 있는 추세이다.

1. 기업 사회공헌과 자원봉사의 의미

최근 기업의 사회봉사에 대한 사회적 관심이 높아지고 있다. 기업은 1990년대 이후 자원봉사활동의 활성화에 가장 중요한 역할을 한 주체이다. 기업의 직원 자원봉사활동 조직화는 기본적으로 기업 사회공헌 활동의 중요한 요소가 되고 있다.

1) 기업의 사회공헌과 자원봉사

(1) 기업의 사회공헌

현대사회에서는 기업의 역할과 영향력이 점차로 증대하고 있다. 동시에 기업은 영리를 추구하는 것으로는 불충분하고 지속 가능한 사회의 발전을 위해 사회구성원의 하나인 기업시민으로서의 역할을 해야 한다고 이야기되고 있다. 기업의 사회적 책임성 문제는 기업의 입장에서 영리추구와 사회 전체의 공익증진이라는 상충되는 두 가지 명제를 어떻게 적절히 조화시킬 수 있는가에 대한 고민으로부터 출발한다. CSR, 지속 가능한 성장, 혹은 착한 소비 등의 사회적 경향은 기업이 자체적인 이윤추구에 머물러서는 오히려 생존하기 어려운 환경임을 보여 주고 있다.

기업은 이익을 사회로 환원하는 소극적인 측면만이 아니라 사회공동체를 구현하는 한 주체로서 다양한 사회공헌활동을 전개하고 있다. 기업에게 있어 사회로부터의 신뢰는 물질적으로 환산되기는 어렵고 가시적으로 보이지는 않지만 그 값어치를 따지기 힘든 중요한 사회적 자본이다. 기업의 사회공헌활동은 사회로부터의 신뢰를 획득하는 하나의 수단이라고도 볼 수 있다.

표 11-1 기업의 사회공헌 유형

유형	특징
A. 낭만적 이타주의적 접근	기업의 최고 의사결정권자인 경영자의 이타주의적 동정심이나 선행에 대한 욕구가 기업 사회공헌의 주요한 동기가 된다. 따라서 개인의 성향이나 욕구에 따라 기업의 사회공헌활동이 좌우될 수 있다.
B. 경영전략적 접근	사회공헌활동이 기업의 마케팅이나 직원의 사기증진 등의 경영전략상의 이유로 사회공헌활동을 한다는 것이다. 눈에 보이는 매출신장이나 소득공제뿐만 아니라 마케팅상의 효과에 초점을 맞출 수 있다.
C. 지역공동체 참여적 접근	기업 본연의 사업성격과 함께 직원과 지역사회 주민이 새로운 공동체를 만들어 가는 과정에 참여하는 것을 주요한 매개로 삼는다.

출처: 한화(2003).

메논(Menon)은 아시아 기업들의 기업 사회공헌 유형을 〈표 11-1〉과 같이 세 가지로 구분하고 있다(한화, 2003). 통상적으로 A → B → C의 순서로 발전해 간다고 보기도 하지만 세 가지 수준은 혼재되기도 하고 상황에 따라서는 일시적으로 역방향으로 진행되기도 한다.

현시점에서 기업에게 요구되는 사회적 책임은 경제적 공급자로서의 역할 이외에 수요자들의 요구에 적극적으로 부응하는 기업시민(corporate citizenship)의 모습이다(이상민, 2002). 영리조직인 기업이 즉각적인 이윤으로 치환될 가능성이 거의 없는 사

기업 사회공헌의 모델

① 이타주의 모델(The Altruistic Model)

이 모델에서는 기업의 기부를 비전략적 차원에서 설명한다. 기업은 다른 사람을 돕고자 하는 목표를 위해 이타적인 사회공헌활동을 한다. 이러한 이타주의적이고 자선적인 동기에 의한 사회참여활동은 초기에 기업 차원에서 행해지기보다 기업가 개인 차원에서 이루어졌다. 그러나 이타주의 모델만으로 기업의 사회공헌활동을 설명하기에는 부족하다는 것이 최근의 평가이다.

② 전략적 모델: 이윤극대화 모델

기업의 사회공헌활동은 기업의 다른 기능이나 활동들과 마찬가지로 직접적인 금전적 이득을 얻기 위해 이루어진다. 기업이 사회공헌활동을 통해 아무런 이득도 얻을 수 없다면 사회공헌활동에 적극적이지 않을 것이다. 그러나 사회공헌활동이 단기적 혹은 장기적으로 기업의 이윤창출에 도움이 된다고 판단하기 때문에 기업들은 좋은 기업시민의 역할 등을 참여 이유로 들면서 사회공헌활동에 참여하게 된다.

③ 전략적 모델: 정치적 · 제도적 권력 모델

이 모델은 기업의 사회공헌활동이 전략적인 차원에서 동기화된다는 점에서는 이윤극대화 모델과 유사하다. 기업은 혜택을 극대화하기 위해 사회공헌활동에 참여하지만, 이는 투자에 대한 반대급부를 형성하기 위해서가 아니라 정치와 제도적인 관점에서 영향력을 가지고 정통성을 얻기 위해서 사회공헌활동에 참여한다. 이 모델에 따르면 기업의 사회공헌활동의 목표는 정치적인 환경에서 문제가 있는 행위자들을 포섭하여 기업의 편으로 끌어들일 뿐 아니라, 정부에 대해 사적 주도력을 가짐으로써 기업의 자율성을 증진하고자 한다.

회공헌활동에 참여하는 이유에 대해서는 여러 가지 설명이 있는데 대체로 이타주의 모델, 이윤극대화 모델, 정치적·제도적 모델이라는 세 가지 모델로 정리할 수 있다(사회복지공동모금회, 2003). 이러한 설명 역시 앞에서 살펴본 메논의 논의와 유사하다.

이러한 모델 중 최근에는 주로 이타주의 모델에서 전략적 모델로 이전하였다는 것이 일반적 평가인데 이에는 기업의 사회적 책임에 대한 대중들의 인식 증대, 사회공헌활동에 대한 기업 내부의 인식 개선, NGO의 급속한 성장과 기업-NGO의 협력적 관계 모색 등의 요인이 작용한 것으로 볼 수 있다. 기업의 사회공헌활동에는 기부, 공익재단의 설립 등 다양한 종류의 활동이 있으며, 그중에서도 물질적 지원을 넘어 직원들의 자원봉사활동을 지원하는 것은 기업 사회공헌의 매우 적극적인 한 형태라 할 수 있다.

(2) 기업 자원봉사의 의미와 특성

기업 자원봉사 혹은 기업 사회봉사란 기업이 임직원들의 자원봉사활동을 정책적으로 유도하며, 임직원과 퇴직자들의 시간과 기술을 지역사회에 제공하도록 공식적으로 지원하는 활동을 말한다(박윤애, 2003b; 송애리, 2002). 이러한 의미에서 기업 자원봉사는 사회적 책임의 구체적이고 적극적인 참여형태라 할 수 있다. 우리나라에서도 상당수의 기업이 이러한 활동을 하고 있으며 이는 직원들의 긍지를 높이고 협동심을 길러 주고 나아가서는 기업의 사회적 이미지 제고에 결정적으로 중요한 역할을 한다. 특히 기업이 새로운 사업을 전개하는 지역에서는 현지 지역사회와의 지속적인 신뢰관계를 구축하는 것이 중요하다. 이러한 직원참여형 공헌활동은 단순한 재정적 지원보다 훨씬 더 창의적인 아이디어와 치밀한 준비를 요구하는 반면, 그 성과는 더 크고 지속적이다(전경련, 2000).

기업의 자원봉사활동은 기업 사회공헌의 일환으로 조망할 수도 있지만 다른 한편에서 일반적 자원봉사활동의 한 종류라는 측면에서 기업 자원봉사활동을 살펴볼 필요도 있다. 기업 자원봉사는 기업조직의 활동이므로 자원봉사활동 주체의 측면에서 독특성을 가지며 여기서 파생된 여러 가지 특성 때문에 다른 자원봉사활동에서는 찾아보기 힘든 양상을 나타내기도 한다.

표 11-2 기업 자원봉사와 일반 자원봉사의 비교

구분	기업 자원봉사	일반 자원봉사
장점	• 우수한 인력의 활용 • 조직적인 활동의 효과성 • 기술과 전문성의 활용 • 기업의 물적 자원과 자원봉사활동의 결합	• 개인의 자발성 극대화 • 개인의 선호도 반영 • 활동시간의 융통성 • 헌신성에 대한 주변의 인식 • 장기 자원봉사활동의 가능성 높음
단점	• 활동시간의 제약성 • 활동인력의 잦은 교체 • 참여자 개인 선호 반영의 취약성 • 기업 홍보수단일 뿐이라는 인식	• 비조직적 활동 • 대규모 활동의 가능성 낮음 • 소규모의 영세성으로 인해 물적 · 기술적 자원의 결합 가능성 낮음
비고	• 기업에서 조직적으로 참여	• 대개는 개인적으로 참여(경우에 따라 동아리 형태 활동)

출처: 남기철(2007).

기업 자원봉사는 우리 사회에서 가장 우수하고 조직화되어 있는 기업의 인력 활용, 기술과 전문성의 활용, 기업이 가진 상대적으로 풍부한 물적 자원과 자원봉사활동의 결합이라는 점 등에서 독특한 장점을 가진다. 반면, 활동시간의 제약성, 활동인력의 잦은 교체 등으로 인한 단점도 나타난다. 사실상 형식적인 활동 혹은 기업 홍보전략으로만 비춰질 우려도 있으며, 일각에서는 직원의 자원봉사활동에 대해서는 무관심한 채 기업이 제공하는 물질적 지원에만 신경을 쓰기도 한다.

기업의 다른 사회공헌활동이 '기업-비영리단체-지역사회'의 연계구조라면, 기업의 직원 자원봉사활동은 여기에 '직원'이라는 체계와 욕구가 결합됨으로써 보다 복잡한 양상이 나타난다. 그리고 이것이 바로 자원봉사관리의 필요성을 낳는 또 하나의 이유가 된다.

기업이 직원들의 자원봉사 프로그램을 운영할 때 나타나는 이득이나 효과에 대해 직원들의 만족도와 사기진작, 팀 의식의 고취, 직원들의 능력고취(empowerment), 전문성 개발, 훌륭한 직원의 모집, 지역사회 네트워크의 증가 등 다양한 것이 제기될 수 있다. 촛불재단에서는 기업들에 대한 실제의 조사결과를 통해 다음과 같이 직원 자원봉사활동의 효과에 대해 이야기하고 있다.

촛불재단이 밝힌 기업 자원봉사활동의 효과

- 53%의 기업이 직원 자원봉사활동은 회사의 영업목적을 수행하는 방법이 된다고 응답하였다.
- 85%의 기업이 직원 자원봉사활동은 지역사회를 보다 건강하게 만들고 있다고 응답하였다.
- 74%의 기업이 직원 자원봉사활동은 회사의 이미지를 고양시키는 방안이 되고 있다고 응답하였다.
- 56%의 기업이 직원 자원봉사활동은 임직원의 사기 진작에 도움이 된다고 응답하였다.

출처: 촛불재단(http://www.pointsoflight.org).

2) 기업 사회공헌과 자원봉사의 현황

(1) 우리나라의 기업 사회공헌과 자원봉사 현황

우리나라의 기업 사회공헌활동은 양적 및 질적으로 모두 확장하고 있는 추세이다. 우리 사회에서는 특히 과거의 개발독재적 성장경험이나 기업의 성장과정에 대한 국민들의 인식이 우호적이지 못한 편이다. 때문에 기업의 사회적 책임에 대한 비판이나 압력이 매우 강하다. 이상민(2002)은 미국과 한국 기업들에 대해 비교분석하면서 미국 기업들은 기업경영에 사회공헌활동을 집중함으로써 효율성을 극대화하고 있는 것으로 분석하였다. 반면, 우리나라는 기업의 사회공헌활동이 사회적 압력에 의한 것으로 인식되어 자발성이 부족하다고 보았다. 또한 기업 소유주의 과시적 자선의 성향도 강하여 지속성이 부족하고 그 부침이 심한 것으로 분석하고 있다(이상민, 2002).

그러나 최근 들어서는 우리나라의 기업들도 사회공헌을 전략적으로 진행하고 있다. 우리나라 기업의 최근 사회공헌 경향에는 다음과 같은 특성이 나타난다.

- 경영전략적 접근(판매, 홍보, 인사와 결합)의 보편화

- 소액 다수지원에서 특정 분야에 대한 소수 집중지원으로 전환
- 업(業) 특성의 적극적 반영
- 단순 지원에서 참여적 파트너십으로 전환
- 비영리단체와의 전략적 파트너십 강화
- 공익연계마케팅의 중요성 부각

우리나라의 기업들도 다양한 형태의 사회공헌활동을 전개함과 동시에 최근에는 직원들의 자원봉사활동을 조직화하여 지원하는 기업 자원봉사에도 많이 나서고 있다. 기업 차원에서의 조직적 자원봉사활동이 활발하게 나타난 것은 1990년대 중반부터이다. 삼성의 경우 1994년 사회봉사단을 창설하였고 1995년에는 자원봉사 코디네이터 제도를 도입하였다. 뒤이어 주식회사 우방, 국민은행, 교보생명 등 다수의 대기업들이 1990년대 후반부터 21세기에 진입하는 시점에 기업 내 자원봉사활동 조직들을 창설하였다. 21세기 접어들면서 기업의 자원봉사가 사회공헌에서 주요한 역할을 담당하는 경향이 나타나고 있다. 전국경제인연합회의 1% 클럽이 118개 기업과 49개 기업복지재단을 대상으로 실태조사한 결과에 따르면, 향후 기업의 사회공헌활동의 추진방법으로 현금 및 현물 직접지원의 비중이 줄어들고, 임직원 자원봉사활동의 비중이 높아질 것으로 예측하고 있다(전경련, 2003).

2004년 아름다운재단에서 국내 상장기업 555개에 대한 검토와 150여 개 상위기업에 대한 조사를 통해 기업의 사회공헌활동에 대해 평가하였다(아름다운재단, 2004). 조사대상 기업 중 93.2%가 사회공헌활동 프로그램을 가지고 있었다. 그 프로그램의 전체 내용을 양적 비율로 살펴보면 후원사업이 38.8%로 가장 많게 나타났고 다음으로는 15.9%가 행사지원, 그리고 자원봉사활동이 14.5%였다. 기업 내의 직원 자원봉사활동에 대해 지원하고 있는 경우는 58.5%로 나타났으며 직원 자원봉사활동이 있지만 특별한 지원은 없다는 경우가 14.6%, 특별한 직원 자원봉사활동이 없다가 26.8%로 나타났다. 회사의 자원봉사 팀의 구성내용은 사내봉사단이 48%로 가장 높았으며 사업부 단위의 자원봉사가 22%, 사내모임 및 동아리가 10% 등으로 나타났다. 직원 봉사활동에 대한 회사의 지원내용은 봉사활동 경비지

원이 52%, 물품지원이 17%, 활동시간 유급처리가 13%, 인력지원이 9%로 응답하였다. 기타 응답의 내용으로는 임직원 기금, 매칭기프트 등이 나타났다(아름다운재단, 2004). 기업의 사회공헌으로서 전통적인 후원방식이 높은 비중을 차지하고 있으나 임직원 자원봉사활동 프로그램 운영과 그 지원도 상당수 기업에서 공식적으로 나타나고 있다.

반면, 문제점에 대한 지적들도 있다. 국내 기업의 사회공헌과 자원봉사활동에서의 문제점으로 자발성 부족(사회적 압력에 따른 활동), 지속성 부족(기업 소유주의 과시적 자선활동), 투자개념의 부족(경영전략과 무관하고 비효율적 사회공헌운영), 전문성의 부족(통합시스템이나 전문성과 네트워크의 부재) 등이 일반적으로 지적되곤 한다(이강현, 2003).

(2) 외국의 기업 자원봉사 동향

기업 사회공헌과 자원봉사활동의 조직화와 체계화가 활발한 나라로는 대표적으로 미국을 들 수 있다. 미국에서는 1970년대 이후 직원 자원봉사활동을 기업들이 제도적으로 뒷받침하는 경향이 두드러지게 나타났다. 이는 주로 근무시간 내 자원봉사활동의 인정, 자원봉사휴가제 도입 등과 관련된다. 1980년대 레이건 행정부 시기에는 기업체 직원들의 자원봉사활동 시간을 현금으로 환산하여 세제 혜택을 주고 해당 기업에도 세제혜택을 부여하였다. 그 후 기업 자원봉사협의회(Corporate Volunteer Council: CVC)의 전국적 조직인 전국기업 자원봉사협의회(The National Council on Corporation Volunteering)가 결성되었다(최일섭 외, 1996). 미국의 기업 자원봉사에서 특징적으로 나타나는 점 중의 하나가 개별 기업의 활발한 활동을 전개한다는 것과 아울러 CVC 단위로서의 활발한 활동이다. CVC는 기업 임직원의 자원봉사를 통해 지역사회의 욕구에 대응하고 효과적 활동을 전개하기 위해 기업들이 결합된 지역적 네트워크이다. CVC는 보통 공동모금회나 자원봉사센터와 같은 지역의 지역사회 기반 기관이나 조직들과 연계되어 있다. 이는 뉴욕 같은 경우에는 CVNY(Corporate Volunteers of New York)라는 명칭으로 구성된 것처럼 다양한 명칭으로 불리고 있다. CVC는 1970년대 초반부터 뉴욕에서 직원 자원봉사 프로그램을 운영하는 몇몇의 기업이 비공식적으로 월례모임들을 개최한 데서 비롯되었다. 현재는 50개 이상의 다양한 업종의 대기업이 CVNY에서 함께 활동하고 있다. 미 전역에 각 지역별로 다수의 CVC가 결성되어 있다. 애틀랜타 같은 경우에는 1992년 이후 CVC를 조직하여 기업의 직장 자원봉사활동, 시민참여를 활성화하기 위해 자원봉사 모범사례를 공유하고 지역사회 투자전략을 강화하며 기업의 서비스를 통한 지역사회 변화를 추구하는 것을 지향해 왔다. 델타항공, 뱅크오브아메리카, 페이스북, IBM 등 100여 개에 달하는 회원 기업과 비영리조직이 애틀랜타 기업 자원봉사협의회의 구성원으로 활동하고 있다.

1990년대 후반부터 촛불재단의 활동은 CVC 활동의 확장과 활성화에 크게 기여하였다. 촛불재단에서는 기업서비스협의회라고 할 수 있는 CSC(Community Service Council)를 2005년에 창설하였고 대기업의 리더십이 사회적 변화를 이끌도록 교육과 세미나, 이벤트 및 자문 서비스를 제공하고 있다. 약 90여 개의 글로벌 대기업이 회원으로 포함되어 있는데, 이러한 CSC 활동에서도 기업 임직원의 자원봉사활동 지원을 중요하게 취급하고 있다. 촛불재단의 CECE(Community for Employee Civic Engagement)라는 온라인 커뮤니티는 기업의 직원들이 크고 작은 자원봉사와 참여활동에 나설 수 있도록 지원하는 체계로 작동하고 있다. 촛불재단은 자체적인 CSC나 CECE 외에도 각 지역의 CVC를 지원하는 데 중요한 역할을 수행하고 있다.

CVC에서는 EVP(Employee Volunteer Program), 즉 직원의 자원봉사 프로그램 활성화를 매우 중요하게 생각하고 있다. 직원들이 회사가 지원하는 자원봉사 프로그램에 자주 참여하는 경우 직장에서 보다 강한 유대감과 소속감을 가지게 된다는 것이 중요한 명제로서 받아들여지고 있다. 좋은 기업시민으로서의 참여역할, 영리적 활동과 사회적 수익의 균형을 통한 지속 가능한 기업활동에 직원들의 자원봉사활동이 중요한 요소가 되고 있다.

국제적 자원봉사조직인 세계자원봉사연합회(IAVE)에서도 글로벌조직으로 세계기업 자원봉사협의회인 GCVC(Global Corporate Volunteer Council)가 구성되어 있으며, 다양한 지원행사와 정보제공, 연례적 시상과 행사개최 등의 활동을 진행하고 있다.

촛불재단에서는 2006년의 조사를 통해 성공적인 CVC가 효과적으로 기업 자원봉사를 조직한 경험과 관련하여 열 가지의 제안을 제시하였다(촛불재단: www.pointsoflight.org).

- 기업들을 CVC의 멤버로 관여시키라.
- CVC의 리더로 헌신하는 그룹을 구축하라.
- CVC에 인적 자원을 투입하라.
- CVC 프로그램을 질적으로 고양시키라.
- EVP(직원 자원봉사 프로그램) 지식의 리더가 되라.
- CVC 구성원들을 지역사회에 연결하라.
- 기업 간 동료집단의 연계를 구성하라.
- 구성원들에게 이득이 될 수 있는 멤버십을 제공하라.
- 구성원들의 피드백을 요청하라.
- 해당 자원봉사센터의 성공에 대한 손익 평가에 기여하라.

미국에서는 1990년대 이후 전문화의 경향이 기업 자원봉사의 특징으로 부각되었다. 예를 들어, IBM은 지역주민들을 대상으로 주민 네트워크를 확산하는 방법으로 기업 자원봉사의 영역을 확대하였고, Time Warner는 문맹퇴치 자원봉사인 '읽을 시간' 프로그램을 전국에 확대하여 직원들과 지역주민이 함께 참여하도록 하였다.

촛불재단에서는 미국의 기업 자원봉사활동의 주요 경향으로 다음과 같은 것들을 들고 있다(촛불재단: www.pointsoflight.org).

- 기술 기반의 자원봉사활동: 기업 특유의 기술에 입각한 자원봉사활동을 전개한다.
- 자원봉사활동의 재명명과 재인식: 기존의 자원봉사자나 활동에 대한 선입견을 넘어서는 활동을 전개한다.
- 재난 대응의 자원봉사활동
- 다양성에 초점을 둔 자원봉사활동: 기업의 다양성과 광범위성으로 인해 인종

적 · 문화적 측면 등에서 다양한 활동을 전개한다.

- 근원적 리더십의 자원봉사활동: 기업이 비영리조직의 파트너로서가 아니라 주체적으로 사회문제를 제기하고 대응하는 리더십을 발휘한다.
- 기업경영 연계의 자원봉사활동: 기업경영과 연계되는 활동이 점차 강화되고 있다.
- 면밀하게 측정하는 자원봉사활동: 기업 특유의 효과성 · 효율성 측정과 평가가 이루어진다.

기업 자원봉사의 확산에 따라 미국과 유럽 등에서는 이들의 활동과 자료에 대한 표준화 작업도 추진하고 있다. Bay Area CVC에서는 촛불재단 등 관련 조직들과의 협력을 통해 기업 사회봉사 보고에서의 표준화를 위한 '기업 자원봉사 보고기준(Corporate Volunteer Reporting Standards)'의 버전들을 제시하고 있다.

또한 촛불재단은 기업들의 후원을 얻어 기업의 직원 자원봉사 프로그램에 대한 시상제도를 만들어 연례적으로 시상 및 평가행사를 개최하고 있다. 개별 기업이나 지역 CVC에 대한 시상이 연례적으로 이루어지고 있는데, 2021년의 경우 '올해의 CVC'는 필라델피아의 기업 자원봉사협의회인 GPCVC(Greater Philadelphia Corporate Volunteer Council)가 선정되었다. 과거 수상자인 골드버그(Goldberg)는 "지금까지 자원봉사 프로그램을 받아들여 실행하는 것은 기업에게는 선택사항이었지만 이제는 더 이상 기업들에게 선택이 아니다."라며 기업의 직원 자원봉사 프로그램의 중요성에 대해 강조하였다.

2. 기업 자원봉사의 관리와 활성화

1) 기업 자원봉사 관리주체

직원 자원봉사활동 프로그램을 누가 관리할 것인가 하는 점이 기업 자원봉사에서 중요한 관건이 된다. 기업 자원봉사관리자의 역할에 대해서는 일반적인 자원봉사관리자의 역할에 준하여 그 업무영역을 설정하곤 한다. 다음과 같은 기업 자원봉사관리자 역할 설명(박윤애, 2003a)을 보면 일반적인 자원봉사관리자와 본질적으로 같은 역할과 책임을 맡고 있음을 볼 수 있다.

- 기업 자원봉사의 목적 설정
- 운영조직의 결정
- 정책의 수립
- 프로그램 기획과 업무설계
- 자원봉사자 모집 및 홍보
- 자원봉사자 면접 및 배치(업무 분장)
- 오리엔테이션 및 업무교육
- 활동관리와 동기부여 및 인정
- 조직 간 연계와 협력을 위한 네트워크 만들기
- 평가와 기록유지 활동

자원봉사관리를 위해서는 관리운영을 담당할 구조를 결정해야 한다. 이에 대해서는 대체로 임직원 중에서 담당자를 선발하여 두는 경우, 운영위원회 구조를 채택하는 경우, 외부의 전문가를 고용하는 경우 등으로 구분해 볼 수 있다(박윤애, 2003a).

(1) 기업 내의 인력 중에서 담당자 선발

이는 기존의 임직원 중에서 자원봉사 담당자가 1명 선발되어 관련 업무를 전담하는 형태로 가장 흔한 형태의 운영구조이다. 이때 담당자는 관련 업무의 내용을 좋아하고 경험이나 지식이 있는 사람으로 선발되어야 한다. 이상적으로는 해당 기업의 특징을 잘 알고 있는 인력이므로 자원봉사관리에서 기업의 특성을 잘 반영할 수도 있다. 그러나 실제에서는 자원봉사관리자로서 자원봉사에 관한 적절한 지식

과 준비를 갖춘 인력이 기존 기업 내에서 확보되기 어려운 경우가 많다. 자원봉사 관리자가 기존의 기업 내 직원으로 충원되는 경우에는 자원봉사관리에 대한 교육과 관리자로서의 정체성 확립을 위한 교육이나 지원이 필수적이다.

(2) 운영위원회 구조

미국의 경우에 운영위원회 중심의 자원봉사 운영조직은 기업 자원봉사활동에 있어서 가장 많이 이용되어 왔던 운영구조이다. 정책결정 팀이나 운영위원회는 홍보, 충원, 이벤트, 평가, 인정을 계획하거나 실행한다. 운영위원회는 자문위원회보다는 더 많은 책임을 가지며, 산하에 하부위원회를 두고 자원봉사활동 유형별로 관리활동을 실행하도록 할 수 있다. 하부위원회는 프로그램별 활동을 조정하기도 한다. 이 형태는 기업 임직원의 주인의식을 보다 고취할 수 있고, 팀워크와 협력 작업의 고취, 질적인 통제 가능성, 활동수준 제고, 아이디어의 형성 등 장점이 있다. 반면, 자원봉사관리를 위한 결정이 집단적 위원회를 통해 이루어져야 하므로 신속한 결정이나 집행, 의견일치를 이루는 점에서는 취약점을 가진다.

(3) 외부 전문가 고용

외부의 자원봉사 관련 전문가가 파트타임이나 풀타임으로 고용되어 기업의 자원봉사 프로그램을 관리하는 경우로서 흔하지는 않다. 우리나라에서도 일부 기업에서는 풀타임이나 파트타임의 계약직으로 사회복지사를 고용하여 자원봉사 코디네이터나 보조 역할을 하도록 하곤 한다. 이 경우 다른 업무에 의해 지장받지 않고 자원봉사 프로그램에 대해서만 집중한다는 점, 외부 전문가의 인맥과 정보를 통해 활동 현장과의 접근성이 높아지는 점, 관련 정보와 지식 등 전문성이 높은 점, 회사 내부 사정에 민감하게 영향받지 않는 점 등이 장점이 될 수 있다. 반면, 외부 전문가는 중요한 회사 내의 흐름이나 정보에 민감하지 못하다는 점, 자원봉사활동이 회사의 기본활동 내에 전략적으로 통합되지 못하고 별도의 번외활동으로 흐르기 쉽다는 점 등은 단점이 될 수 있다.

2) 기업 자원봉사관리와 ACT

기업 사회봉사의 기본원칙으로 ACT의 원리가 많이 이야기되고 있다.[1] 이는 현재 미국의 가장 대표적인 민간자원봉사 기구인 촛불재단이 창설 직후인 1992년부터 지속적으로 강조하고 있는 기업 사회봉사의 원리이다. 촛불재단에서는 ACT를 기업봉사 관리에서 가장 핵심적 요소로 보고 있다. 단, 최근에는 ACT의 원리 외에 영역 간의 파트너십 형성, 구체적 성과 입증에 대한 강조 등도 두드러지는 추세이다(촛불재단: www.pointsoflight.org).

촛불재단에서 강조하고 있는 우수한 기업 사회봉사의 원리는 기업영역에서의 자원봉사관리에 핵심적인 의미를 가지고 있다. 이 원리의 개괄적 내용은 다음과 같다.

> **우수한 기업 사회봉사의 원리**
>
> 1. **인식**(acknowledgement): 직원의 자원봉사활동이 기업 영업목적을 달성하는 데 기여하는 것임을 인식하라.
>
> 자원봉사 프로그램이 기업의 핵심가치에 조응하도록 배치하여 자원봉사 프로그램의 전략적 토대를 구성하여야 한다. 기업의 사회적 비전과 경영비전을 통합하여 이를 명시하고 안팎의 주요 의사결정자들에게 이를 자세히 알리고 의사소통한다.
>
> ① 기업에서는 사회와 지역의 이슈가 기업의 미래성공에 직접적 관계가 있다는 것을 인식한다. 이는 미션이나 비전 혹은 가치나 기업의 목적으로 명시한다.
>
> ② 직원 자원봉사활동은 기업의 지역사회 참여노력에 핵심적인 구성요소이다.

1) 이 ACT는 Acknowledgement, Commitment, Target의 머리글자이고 순환성을 가지기 때문에 촛불재단 등의 자료 중에는 이를 CTA의 순서로 기술하고 표현하는 경우도 나타나고 있다.

③ 기업은 그 기업의 사회적 비전을 연례보고서나 뉴스레터, 웹사이트 등의 방법을 이용하여 내 · 외부의 주요 의사결정자들에게 지속적으로 의사소통한다.

④ 기업의 고위 관리층은 자원봉사노력의 지도나 지역사회에서의 적극적이고 명시적인 역할에 참여한다.

⑤ 직원 자원봉사 프로그램은 기업에 전략적 이득을 가져오고 영업목적에 기여한다.

2. **실행**(Commitment): 모든 직원이 자원봉사활동에 참여할 수 있도록 직원 자원봉사 프로그램을 설치하고 지지하고 촉진하라. 그리고 기업의 다른 영업 활동처럼 자원봉사 프로그램을 관리하라.

> 성공과 지속을 위해서는 조직적인 헌신성을 투입하여야 한다. 직원 자원봉사활동을 개발하고 관리하고 유지하는 데 충분한 자원을 할당한다. 이를 영업계획과 함께 관리한다. 가능한 한 최적의 직원참여를 위해 정책과 절차, 인센티브를 설정한다. 기업의 독특한 기술을 활용할 프로젝트를 개발한다. 그리고 지역사회의 이슈에 직원을 투입하고 자원봉사 프로그램이 직원, 회사, 지역사회에 미친 영향을 평가하라.

⑥ 직원 자원봉사 프로그램을 목적, 자원, 촉진계획, 인정전략, 평가 등이 포함된 작업계획으로 설계한다.

⑦ 직원 자원봉사 프로그램은 직원의 자발적 참여이고, 기업 경영층과 지역사회 구성원의 투입이다.

⑧ 직원 자원봉사 프로그램은 적절한 참여를 고무하는 정책과 실천들을 통해 지원한다. 정책과 절차는 시간의 할애, 자원봉사 행사, 참여목적, 인정, 기금지원 등의 지속적인 개선노력을 포함한다.

⑨ 직원 자원봉사 프로그램은 조직에 긍정적 가치를 가져온다. 긍정적 가치는 팀워크, 직원의 지도력 개발, 가족참여행사, 지역사회의 관계증진, 기업적 영업관계의 강화 등을 통해 얻어진다.

⑩ 직원 자원봉사 프로그램을 회사와 직원, 지역사회에 가져온 성과를 결정하기 위해 평가한다.

3. **표적화**(Target): 자원봉사활동을 지역사회의 심각한 사회적 문제에 초점을 맞추라.

지역사회의 문제에 초점을 맞춘 자원봉사활동은 프로그램과 직원, 지역사회에 명백한 효과를 가져온다. 어떠한 사회문제에 직원들이 관심을 가지고 있는지 조사한다. 이들이 심각한 사회문제를 제기하는 데 프로그램의 초점을 맞춘다. 비영리조직과의 정규적인 평가를 통해 성과를 분석한다. 동의된 목적에 기초하여 현재의 파트너십을 사정한다.

⑪ 직원 자원봉사 프로그램은 심각한 사회문제의 제기에 초점을 둔다.

⑫ 기업은 지역사회의 비영리단체나 다양한 관련체계와의 직원 자원봉사 프로그램 파트너십을 개발한다. 이를 통해 기업과 지역사회는 직원 자원봉사 프로그램을 지역사회의 주요 자원으로 여길 것이다.

⑬ 직원 자원봉사 프로그램은 비영리 파트너의 능력이나 기술, 자원을 높여 준다.

출처: 촛불재단(http://www.pointsoflight.org).

이 ACT의 원리는 [그림 11-1]에서 보는 것처럼 개별적인 기업의 직원 자원봉사 프로그램의 적절성을 평가하는 기준으로 사용되기도 한다. 그리고 프로그램이 가지는 특징을 손쉽게 비교하여 볼 수 있는 도구가 되기도 한다.

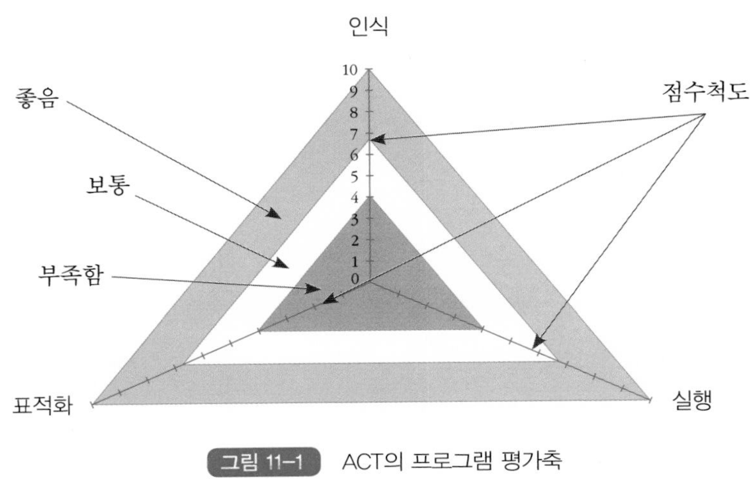

그림 11-1 ACT의 프로그램 평가축

출처: 남기철(2007).

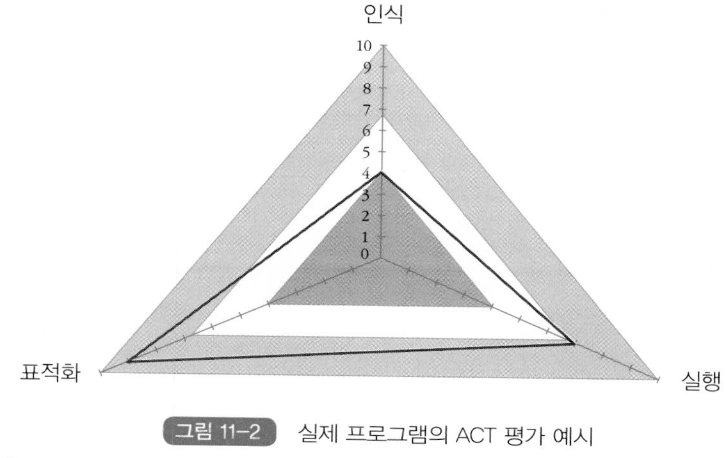

그림 11-2 실제 프로그램의 ACT 평가 예시

출처: 남기철(2007).

예를 들어, [그림 11-2]에 나타난 것은 실제의 직원 자원봉사 프로그램이 표적화에서는 90%, 실행에서는 70%, 인식에서는 40%의 적절성을 가지고 있는 경우를 보여 주고 있다. 이처럼 ACT는 기업 자원봉사 프로그램의 사정과 관리를 위한 기본 원리로 활용될 수 있다.

3) 기업 자원봉사의 주요 정책

기업의 경우 직원의 자원봉사관리는 다른 조직체에서의 자원봉사관리와 비교하여 독특한 정책적인 결정이 필요한 사안이 있다(박윤애, 2003b).

(1) 최고 경영자의 지속적인 지지

우리나라의 상황에서 가장 먼저 언급될 수 있는 것은 최고 경영자의 지속적 지지를 얻어 내는 것이다. 최고 경영자는 많은 경우 자원봉사관리자가 원하는 만큼 자원봉사 프로그램 자체에 관심을 가질 시간적 여유가 없다. 따라서 홍보나 부속실 등 최고 경영자와 직결된 관련 부서와의 협조하에 최고 경영자의 지속적인 지지를

기업 내에 충분히 알리는 활동이 중요하다.[2)]

(2) 자원봉사 유급휴가제

이는 기업에서 직원들에게 자원봉사활동을 근무시간 중에 할 수 있도록 배려하는 것과 관련된다. 활동시간을 유급휴가로 처리하거나 혹은 근무활동으로 인정하는 것으로 이에는 몇 가지 종류가 있다. 회사 내에서 근무시간 중에 자원봉사활동과 관련된 업무를 볼 수 있도록 하는 것, 근무시간 중에 외부의 자원봉사활동에 나갈 수 있도록 하는 것, 자원봉사활동에 참여한 시간을 근무시간으로 인정하여 혜택을 주는 것, 중장기적으로 비영리단체나 지역사회의 공익 프로젝트에서 일하도록 하는 직원의 파견 등의 형태가 있을 수 있다.

실행주체가 기업인만큼 자원봉사활동을 근무로 인정하는 정책을 실행하기 위해서는 그 인정의 형태나 범위, 혹은 오남용의 소지가 없도록 하는 분명한 방법이 조작화되어야 하고 사내에서 충분한 합의와 동의가 이루어져야 한다. 특히 이 정책의 관리에는 면밀한 조심성이 요구된다. 다만, 이러한 조직적 정책이 없다면 직원 개인의 자원봉사활동일 뿐이지 기업의 직원 자원봉사활동이라고 하기 어렵다.

(3) 기부금 및 활동경비 지원

기부금 및 활동경비의 지원은 임직원들의 자원봉사활동에 대한 인정의 차원으로 지원되며, 회사의 사회공헌 프로그램의 일환으로서도 활용된다. 이를 'dollars for doers'나 'community involvement funds'라는 방식으로 표현하기도 한다. 이를 운영하는 방식도 여러 가지가 있는데 가장 많은 경우에는 활동에 참여하는 팀에게 활용재량권을 주며 일정 금액 한도 내의 금품을 지원하는 것이다. 직접 기부와 매칭 기부의 서로 다른 방식도 나타날 수 있다.

2) 반면, 특정한 경우에는 최고 경영자의 의지나 지지에 비추어 중간관리자의 부정적 태도가 장애가 되기도 한다. 이때에도 마찬가지로 기업의 자원봉사활동이 기업경영의 본질적 측면임을 충분히 알릴 수 있는 방안을 모색하여야 한다.

직접 기부는 임직원 자신들이 자원봉사활동을 했던 비영리기관이나 프로그램을 기부금을 수령할 곳으로 지목할 수 있도록 하며 회사에서는 기부할 금액을 지불한다. 주로 일정 시간 이상의 활동을 한 개인이나 팀에게 신청할 자격이 주어진다.

매칭 기부는 임직원들이 자신이 자원봉사하고 있는 기관이나 프로그램에 일정 금액을 기부하거나 지출한다면 회사에서도 역시 이에 대한 일정 비율의 금액을 보태어 기부 혹은 지출하는 방법이다. 임직원들이 자원봉사활동과 관련된 기금을 조성하는 경우 급여에서 자발적으로 공제하거나 바자회나 이벤트를 벌여 수익금을 조성하는 경우도 많다.

역시 금전적 문제와 관련되는 만큼 사용처나 수령자격, 운영방법에 대한 면밀한 고려가 필요하다.

(4) 인사정책의 반영

회사가 직원의 자원봉사활동을 장려하기 위해 인사정책에 관련 사항을 기록하거나 반영하는 것이다. 이는 기업의 적극성을 표명하고 활동이 활성화될 수 있도록 하는 장점이 있으나 자발성을 해치는 강압으로 받아들여질 우려도 있다. 최근 이러한 방안을 실행하고 있는 기업들이 늘어나고 있다. 특히 신입직원 채용 등의 경우에 자원봉사활동 경력을 고려하는 경우는 일반화되어 가고 있다.

이 밖에도 기업 내에서 직원 중에 우수 자원봉사자나 자원봉사 팀에 대한 표창이나 인정 행사를 개최하는 것, 자원봉사활동 중의 여러 사안에 대해 보호와 면책을 위한 제도 등을 가지는 것도 자원봉사활동과 관련된 기관의 인사정책의 부분이 될 수 있다.

4) 기업 자원봉사 활성화의 과제

기업 자원봉사가 가지는 의미나 중요성 자체에 대해서는 논란이 없다. 그만큼 사회적으로 가지는 효과에 대해서는 모두가 인정하는 것이다. 그러나 아직까지 그 참여 정도나 수준이 만족스러운 것만은 아니고 개선의 여지도 많이 남아 있다.

미국의 CVC에서는 직원의 자원봉사 프로그램, 즉 EVP(Employee Volunteer Program)에서 직원의 자원봉사활동이 효과적으로 이루어지기 위해 다른 기업의 직원 자원봉사 프로그램들의 경험을 공유하는 것을 강조하면서 8개의 단계를 제시하고 있다.

- 직원의 관심사와 지역사회의 욕구에 대해 사정하는 것으로 활동을 시작하라.
- 기업의 경영목표와 연계하라.
- 최고 관리층의 지지를 얻으라.
- 기업 주변 환경의 다른 조직들과 파트너십을 형성하라.
- 재정적인 기부활동이나 현물기여와 자원봉사활동을 연계하라.
- 프로그램의 성과에 대해 측정하고 효과를 평가하라.
- 인정과 보상 프로그램을 설정하라.
- 노력과 성과에 대해 내·외부에 홍보하라.

기업 자원봉사가 활성화되기 위해서는 다음의 몇 가지 측면에 대한 개선과제가 중요한 의미를 가진다.

(1) 경영층의 기업 자원봉사에 대한 인식 개선

현재 우리나라에서는 경영층이 자원봉사 프로그램에 대해 가지고 있는 태도가 프로그램의 실행가능성과 성패에 큰 영향을 미친다. 따라서 경영층에게 직원 자원봉사 프로그램이 기업의 경영과 목표를 공유하는 본질적인 활동이라는 점을 인식하도록 하는 것이 중요하다. 특히 이를 취약층에 대한 일방적 자선활동으로 인식하지 않게 하는 것이 중요하다.

기업 경영층은 직원 자원봉사 프로그램에 대해 두 가지의 요구를 할 수도 있다. 첫째, 직원의 자원봉사활동이 기업홍보나 이미지 개선에서 유익한 효과를 낳을 것(간접적 마케팅 기여: 직원 자원봉사의 외형적 구조와 내용에서 독특한 활동)에 대한 요구이다. 둘째, 직원 자원봉사가 직접적 경영 효과 창출(직접적 마케팅 기여: 매출 등에서

의 긍정적 기여 외현화)할 것에 대한 요구이다. 이에 대한 현실적이고 적절한 피드백이나 대응이 준비되어야 한다.

(2) 기업 자원봉사의 책임성 자각

기업 자원봉사활동은 기업의 일원으로서 수행하는 활동이므로 자원봉사자는 개인이 아닌 소속 기업을 대표한다는 공적 활동으로서의 책임성을 인식해야 한다. 이 책임성은 자기만족적인 활동이 아니라 보다 효과적이고 활동 대상자의 이득을 먼저 고려할 것을 요구한다. 다른 자원봉사활동보다 특히 기업 자원봉사활동은 개인적 활동 이상으로 대상자나 지역사회에 도움이 되어야 하고, 기업을 대표한다는 책임성이 필요하다.

> 기업의 팀에서 활동에 참여하는 자원봉사자가 활동 현장에서 부적절한 태도나 행동을 하게 되는 경우에는 같이 활동하는 팀의 구성원 전체나 혹은 기업의 이미지 전체에 나쁜 영향을 주게 된다. 경솔하거나 형식적인 태도, 현장의 규칙을 지키지 않는 자의적 활동, 지나친 동정심 표현이나 무분별한 금품제공 등으로 인해 해당 기업이 자원봉사활동 후에 좋지 않은 이미지를 남기는 경우가 종종 있다. 사회복지시설 등 활동 현장에서 겉으로 표현하지는 않지만 어떤 기업이 좋은 혹은 좋지 않은 활동을 전개하는가에 대한 이미지를 가지고 있으며 또한 이 이미지는 여러 현장에 신속히 퍼져 공유되곤 한다. 결국 기업 자원봉사자도 의식하지 못하는 사이에 자신이 속한 기업의 브랜드 이미지를 만들어 가고 있는 것이다.
>
> 출처: 교보생명다솜이사회봉사단(2006).

(3) 기업의 특징을 반영한 프로그램의 모색

개인이 아니라 기업의 자원봉사활동인 만큼 수동적으로 주어진 활동을 기계적으로 수행하는 것이 아니라 활동내용을 프로젝트화된 프로그램으로 만드는 노력이 필요하다. 즉, 자원봉사활동을 프로젝트화하는 것에 대해서도 적극적으로 고려할 필요가 있다. 이 경우 기업 단독의 프로젝트 수행도 방법이겠지만, 파트너가 될 만한 관련 NGO 등을 물색하는 것도 중요하다. 몇몇 기업이 공동의 프로젝트에 참여하는 것도 가능하다. 네트워킹은 개별 기업이 단독으로 마련하기 어려운 프로그램의 질적 고양을 위해 좋은 방안이 된다.

궁극적으로 기업 자원봉사활동에서는 각 기업이 '대표 프로젝트'나 '대표 프로그램'을 개발하는 것이 중요하다. 기업의 마케팅 포인트, 임직원 특성과 욕구, 지역사회의 문제점과 기업에 바라는 점의 세 가지 측면에 대한 연구와 기획을 통해서 기업의 대표 자원봉사 프로그램을 개발해야 한다. 이를 위해서는 기업의 주된 '業'을 반영하는 것도 필요하다. 협동적인 프로젝트에 많은 기업이 함께 참여함으로써 기업끼리의 연대감을 쌓는 것도 바람직할 수 있다(송인주, 2003).

(4) 적절한 관리의 실행

기업 자원봉사는 보통 단위별·부서별 직원의 봉사 팀으로 구성되는 경향이 있다. 기업의 봉사 팀 리더의 리더십 유형이 자원봉사자의 만족도에 영향을 미치고 있다는 점이 실증적 조사로 입증되었고, 설득형 혹은 설득·위임형의 리더십이 상대적으로 높은 만족도를 이끌어 내고 있음이 확인되었다(송애리, 2002).

기업 자원봉사는 근무의 일환으로 주중의 근무시간에 이루어지거나 혹은 주말의 활동으로 이루어진다. 이 경우는 유급으로 보상되거나 혹은 그렇지 않은 경우도 있으며 기업의 정책에 따라 달라진다. 한편, 기업이 보유한 물적 지원과 함께 활동이 이루어지는 경우도 있다. 반면에 활동 현장이나 혹은 활동에 참여하는 직원들은 기업이 자원봉사에 대해 가지는 인식이 제한적이어서 기업의 자원봉사정책을 부정적으로 여기는 경우도 많다.

이러한 현실을 감안하여 기업의 자원봉사 프로그램을 적절히 기획하고 운영할 관리체계의 역할이 중요하다. 그리고 이 관리자는 봉사 팀의 리더, 활동 현장, 기업 경영층의 욕구 모두에 민감해야 한다.

[그림 11-3]에서 보는 바와 같이 기업 자원봉사관리에서의 욕구체계는 일반 자원봉사관리에서의 욕구체계보다 복잡하다. 자원봉사활동의 수요주체와 공급주체

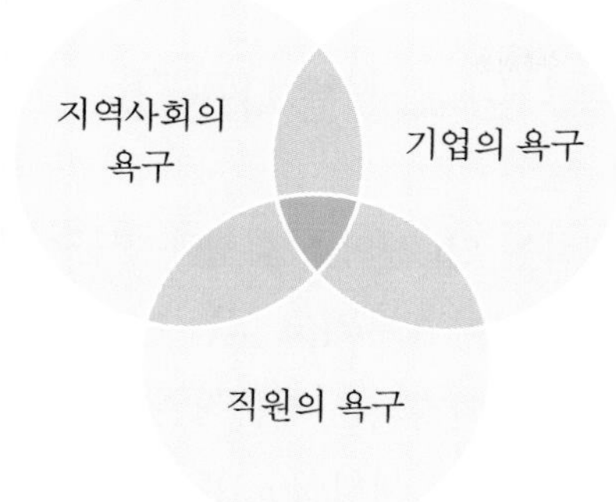

그림 11-3 기업 자원봉사관리에서의 욕구체계

출처: 남기철(2007).

가 일대일로 나타나던 일반 자원봉사관리에서 수요와 공급이라는 두 개 원의 공유점에 집중하던 것과는 달라진다. 일차적으로 기업의 자원봉사활동 참여를 필요로 하는 수요체계로서 지역사회의 욕구, 그리고 자원봉사자인 직원의 활동을 제공하는 공급체계로서 기업의 욕구가 대응되거나 이해관계가 갈등한다. 하지만 동시에 기업 내적 측면으로는 자원봉사활동을 직접 수행해야 하는 직원들의 욕구와 직원들의 지역사회활동을 필요로 하는 기업 측의 욕구의 이해관계가 대응되거나 마찰을 빚기도 한다. 직원과 지역사회의 관계도 마찬가지이다. 따라서 기업 자원봉사활동을 관리하는 관리자는 다중적 욕구체계의 복합성을 감안하면서 자원봉사관리를 수행해야 한다.

기업의 직원 자원봉사관리 분야는 자원봉사관리자의 신규 진출이 많이 예상되는 분야임에 비해 이론적·실천적 준비는 상대적으로 빈약하다. 외국 혹은 국내의 경험에 대한 정보를 활용하고 관련 체계 간의 네트워킹을 통한 협력이 자원봉사관리의 측면에서도 중요하다.

3. 전문직의 자원봉사와 자원봉사관리

기업은 조직체로서 수행하는 업(業)의 사회성과 전문성에 기초하여 직원들의 자원봉사활동을 수행하지만, 개인이 보유하고 있는 전문기술을 발휘하는 자원봉사활동도 중요하다. 대개 전문성이 인정되는 전문직은 자체적인 윤리강령이나 의무로 전문성에 따른 사회공헌 및 기여의 책임성을 표방하고 있다. 이에 기초하여 이 전문성을 사회공익적으로 발휘하는 것이 전문직의 자원봉사활동이라고 할 수 있다.

전문적 자원봉사활동 혹은 전문직의 자원봉사활동이라고 할 때, 두 가지로 의미가 달리 사용되곤 한다. 하나는 누구나 당장 혹은 약간의 안내만으로 수행할 수 있는 일반적 활동이 아닌 상당한 지식 · 기술 · 경험을 기반으로 하여 수행되는 내용의 자원봉사활동을 의미하는 것이다. 다른 하나는 전문가, 즉, 전문직종에 종사하는 사람들이 수행하는 자원봉사활동이라는 의미이다. 보통 전자의 의미로 사용되는 경우가 많다. 왜냐하면 전문가의 경우에도 자원봉사활동에 참여할 때, 자신의 전문성과 관련된 내용의 자원봉사활동을 수행하는 경우도 있지만 그렇지 않은 다른 내용의 자원봉사활동을 수행하는 경우도 많기 때문이다. 예를 들어, 기름유출사고로 인해 해안의 오염지역을 정화하기 위해 해안지역의 돌과 땅에 묻어 있는 기름을 닦아 내는 활동에 교수나 법률가가 참여하였다고 하면 이를 전문적 자원봉사활동 혹은 전문직의 자원봉사활동이라고 부르기는 다소 어색하다. 물론 이들이 기름을 제거하기에 효과적인 화학적 방법이나 장비를 활용하거나 기술을 무료로 공유하며 활동하였거나 혹은 환경오염에 따른 주민의 피해복구를 위한 법률자문을 무료로 진행하였다면 이는 전문직의 자원봉사활동이다. 따라서 전문직의 자원봉사활동은 자신이 보유하고 있는 전문적 지식과 기술을 활용하여 일반적이지 않은 전문적 내용의 자원봉사활동을 수행하는 것으로 이는 활동내용에서 전문성이 발휘되는 경우라 할 수 있다. 전문직의 자원봉사란 활동주체가 전문가라는 것만이 아니라 동시에 활동내용이 전문적이라는 것을 포함한다.[3)]

통계청의 조사결과에 따르면 2019년 기준으로 전문적 자원봉사활동의 경험은

34.6%이며, 이 비율은 연차적으로 계속 상승하는 것으로 나타나고 있다(통계청, 2019). 다만, 이 조사에서의 전문적 자원봉사활동은 그 범위가 다소 넓게 설정되어 있다. 이 조사에서는 전문적 자원봉사활동 중에 아동학습지도와 같은 경우가 가장 높은 비율을 차지하고 있는데, 전문 교육자가 아닌 고등학생이나 대학생, 일반인이 수행한 아동학습지도도 모두 전문적 자원봉사활동에 포함시키고 있다. 때문에 실질적 의미에서 전문적 자원봉사 혹은 전문직 자원봉사활동의 비율은 이보다 훨씬 낮다고 보아야 한다. 그러나 전문직 자원봉사활동이 증가하고 있다는 점은 같은 기준의 조사결과를 연차적으로 비교해 보았을 때 분명히 나타나고 있는 상황이다.

전문직 자원봉사활동은 자원봉사활동 현장에서는 다음과 같은 의의를 가진다. 때문에 전문직 자원봉사자 모집과 활용을 위한 별도의 노력이 중요하다.

- 전문직 자원봉사활동은 사회복지기관이나 자원봉사활동을 필요로 하는 현장이 (서비스 대상자들을 위해 필요하지만) 가지지 못한 전문성을 보충해 줄 수 있다.
- 전문직 자원봉사활동은 전문기술을 경제적으로 구매하여 사용하기 어려워서 전문성의 지원으로부터 배제된 계층의 인권을 옹호하고 사회적 통합을 도모할 수 있다.
- 욕구의 세분화 경향에 따라 서비스의 전문성을 통한 욕구 대응성을 높이고, 공익적 서비스의 품질을 제고할 수 있다.
- 전문직 자원봉사활동은 전문직의 사회적 공헌과 책임을 이행할 수 있는 기회를 제공한다.

전문직의 자원봉사활동을 활성화하기 위해 자원봉사관리의 영역에서 필요한 점을 다음과 같이 살펴볼 수 있다(류기형 외, 2015).

3) 전문직 자원봉사활동에서의 전문직은 일반 사회에서 이야기하는 사회적 · 경제적 인정도가 높은 일부 전문직에 국한되지는 않는다. 일반 사회에서는 인정도가 높은 법률가나 의료인과 같은 경우를 대표적 전문직으로 이야기하지만, 전문직 자원봉사활동에서는 특수한 기술, 예를 들어 이미용이나 운송, 장비를 활용한 특수돌봄 등 다양한 활동에서의 전문성을 인정해야 한다.

첫째, 전문가 단체와의 협력 강화이다. 전문가는 전문직 자체의 협회 등을 통해서 자신들의 권익과 사회참여활동을 수행하는 경향이 강하다. 따라서 개별적으로 전문가를 발굴하려는 것보다 협회 등 전문가 단체와의 협력을 강화하는 것이 효과적이다. 자원봉사자 모집에서도 표적모집(target recruitment)이나 주변조직모집(ambient recruitment)의 방법을 적극적으로 활용하여야 한다.

둘째, 전문기술 중심의 자원봉사 프로그램 개발에 노력하여야 한다. 전문직의 기술이나 재능을 적절히 발휘할 수 있도록 기회가 충분히 제공되어야 한다. 전문적 자원봉사자가 많이 필요하다고 하지만, 의외로 일선 기관현장에서는 전문가의 전문활동이 이루어질 수 있는 프로그램이 미리 만들어져 있지 않아서 전문가의 참여가 확보되었는데도 활동이 원활히 수행되지 않거나 일반적 자원봉사활동으로 대체되는 경우도 많다.

셋째, 참여시간의 제약 극복을 위한 방법을 강구해야 한다. 전문직 종사자들이 대체로 시간의 압박을 많이 받고 있다는 점을 감안해서 이들이 자원봉사활동에 참여할 수 있도록 시공간적 조건을 융통성 있게 활용해야 한다. 예를 들어, 기관을 직접 방문하지 않고도 활동을 수행할 수 있도록 하거나, 전문직의 일상직업적 활동 시간대를 감안하여 이들의 자원봉사활동이 가능한 시간대에 프로그램을 배치하는 것과 같다.

넷째, 일반적 자원봉사활동과의 결합이다. 전문직 자원봉사자도 경우에 따라서는 자신의 전문성 혹은 직업 활동과 다른 내용의 참여활동을 수행하려는 욕구가 있다. 그러므로 이들의 전문적 자원봉사활동과 다른 일반적 자원봉사활동의 요소를 적절히 결합한 프로그램을 개발하거나, 전문적 자원봉사활동만이 아니라 일반적 자원봉사활동에도 참여할 수 있는 기회를 제공할 수 있어야 한다.

다섯째, 전문직 자원봉사활동에 대한 사회적 인정욕구를 잘 충족해 주어야 한다. 전문직 종사자들은 사회적으로 기여하고 지역사회 공동체에 의미 있는 활동을 해야 한다는 부담을 가지고 있는 경우가 많다. 이는 대개의 전문직들이 자체적인 정체성이나 윤리강령으로 가지고 있는 부분이기도 하다. 전문직 자원봉사자가 수행한 활동에 대해서 특히 그 전문적 기여의 가치를 충분히 강조하고, 인정과 승인에서 공식성을 갖추는 노력이 필요하다.

반면, 전문직 자원봉사자 관리에서 부정적인 상황이 발생하지 않도록 유의해야 할 사항들도 있다. 우선, 전문직 자원봉사자들이 일반 경제적 관계에서 만나게 되는 고객에 대한 대응과 자원봉사활동에서 만나게 되는 대상자와의 차이에 대한 부분이다. 자칫 전문적 서비스를 무료로 이용하는 대상이라는 인식에 의해 이들에 대한 인권보호가 취약하게 다루어질 우려에 대비해야 한다. 사회적으로 배제된 대상자일 가능성이 높으므로 자원봉사활동 대상자의 인권옹호와 관련된 교육과 안내가 명확하게 이루어져야 한다. 다음으로 전문직 자체가 가지고 있는 고유한 정체성이나 인식이 자원봉사활동 현장에서 야기할 수 있는 갈등이나 마찰에 대비해야 한다. 전문직은 경쟁적 관계에 있는 인접 전문직과의 경계가 되는 활동에 대해서 혹은 전문직종의 이해관계와 관련된 현안문제에 대해서 예민한 경향이 있다. 자칫 자원봉사활동 현장이나 과정에서 이러한 부분들이 부각되지 않도록 유의해야 한다. 무엇보다도 경계해야 할 것은 전문성을 갖추지 않은 자원봉사자에게 전문적 활동을 수행하도록 하였을 때의 위험성이다. 자원봉사자에게 어떠한 내용의 자원봉사활동을 맡기고 어떻게 지원하며, 반대로 부적절한 실천은 어떻게 방지할 것인지를 고민하고 대책을 만드는 것은 자원봉사관리자의 몫이다.

제12장

노인 자원봉사와 가족 자원봉사

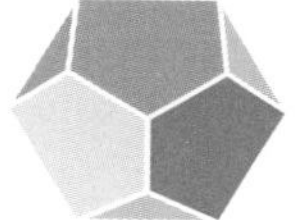

자원봉사자는 학교나 기업과 같이 자원봉사자가 소속된 참여조직체의 특성에 따라 주체의 특성이 나타나기도 하지만, 자원봉사자의 인구학적 특징이나 일차집단과 관련된 특징이 부각되기도 한다. 노인은 전통적 의미에서는 자원봉사의 대상으로 여겨지기도 하지만, 현대사회에서는 매우 중요한 사회의 인적 자원이다. 자원봉사활동에서는 특히 그렇다. 자원봉사활동의 주체로서 노인이 가지는 의미가 부각되고 있다. 그리고 자원봉사자가 개인단위로 활동에 참여하는 경우가 많지만 소집단단위, 특히 가족단위로 자원봉사활동에 참여하는 것에 대한 관심이 높아지고 있다.

1. 노인 자원봉사활동의 의미와 현황

1) 노인 자원봉사활동의 의의

우리나라의 노인인구 비중이 급격히 증가하고 있다. 2000년에 노인인구가 차지하는 비율이 7%를 넘어 고령화사회(aging society)에 진입한 이래 이미 고령사회(aged society)가 되었고 세계 최고의 고령화 속도를 나타내고 있다. 보건의료 영역의 기술발전 등으로 평균수명이 연장되고 있으나, 한편으로는 조기퇴직 등으로 인해 사회적 활동의 기회를 상실하는 것과 같은 문제를 낳고 있다.

1905년에 남자 22.6세, 여자 24.4세이던 평균수명은 1945년에는 남자 45.6세, 여자 50.7세가 되었다. 2000년의 기대수명은 남자 71.0세, 여자 78.8세이었고, 2020년에는 남자 79.6세, 여자 85.7세로 전체적으로 82.8세의 기대수명을 나타내고 있다. 물론 이와 같은 평균수명의 연장은 유아사망률의 저하와 큰 관련이 있지만 기본적으로 노령기의 연장이라는 속성을 가진다. 우리 사회의 고령화 현상은 이른바 노인문제라고 표현되는 사회문제 양상을 다음과 같이 나타낸다.

첫째, 노인의 경제력 약화에 따른 빈곤의 문제이다. 과거와 달리 산업화사회에서 노인은 퇴직에 따라 고정된 수입이 없어지고 빈곤에 시달리게 된다. 둘째, 역할상실의 문제이다. 현대사회의 노인은 노년기에 접어들면서 사회생활의 축소와 이에 따른 역할의 상실을 경험하고 있다. 셋째, 긴 여가시간의 문제이다. 다른 연령층에 비해 노인은 상대적으로 긴 여가시간을 가지고 있으나 사회적으로 노인의 여가활동 프로그램은 매우 빈약한 상태이다. 넷째, 건강의 문제이다. 노인은 다른 연령층에 비해 크고 작은 만성질환이나 노화에 따른 신체적 기능의 약화 등으로 인해 건강의 취약성을 가지고 있어 건강문제가 심각하며 보건의료욕구가 크다. 마지막으로, 고립과 소외의 문제이다. 노년기에 사회적 역할이 축소되고 관계망과 교류가 취약해지면서 노인은 심리적 · 사회적으로 고립감과 소외를 느끼게 된다.

이와 같은 노인문제에 대해 여러 가지 형태의 사회복지정책과 서비스가 사회적

대책으로 이루어지고 있다. 그러나 한편으로는 노인을 사회적 부양의 대상으로 조망하는 패러다임에 대한 재검토가 요청되고 있다. 기존의 관점에서는 노인을 사회적 생산력의 주체로 고려하지 않고 있다. IMF에서는 노인인구가 1% 증가할 때, 실질 GDP는 0.041% 감소한다고 보고 있다. 노인을 부양 대상으로 볼 때, 2005년에는 생산가능인구 8.2명이 노인 1명을 부양하였지만 2020년에는 4.6명이 노인 1명을, 2050년에는 1.4명이 노인 1명을 부양해야 하는 부담이 생긴다. 따라서 노인의 삶의 질을 높이기 위한 방안은 사회적 부양방안과 서비스를 고양시킨다는 측면도 있겠으나 이것만으로는 한계에 부딪치게 되므로 노인 인력을 생산적으로 활용하는 방안을 모색해야만 한다. 때문에 우리나라의 저출산고령사회기본계획 등 국가의 정책계획에서도 그 추진과제의 하나로 고령 인력의 활용을 중요하게 제기하고 있다.

노인 자원봉사활동이 가지는 의미 역시 노인에 대한 일방적 부양의 관점에서 벗어나 노인 인력을 적극적으로 활용하는 관점과 밀접하게 관련된다. 노인층의 자원봉사활동은 다른 연령층의 활동과는 또 다른 독특한 의미와 중요성이 있다. 노인문제의 상황에서 볼 수 있듯이, 우선 노인들은 경제활동이나 양육과 같은 의무로부터 상대적으로 자유로운 위치에 있게 된다는 점이고, 반대의 측면에서는 퇴직이나 주요한 사회적 역할의 상실로 인해 역할 없는 역할(roleless role), 그리고 심리적 고립감과 소외감 등으로 인해 고통받기도 한다. 이는 노인이 자원봉사활동에 참여할 수 있는 여건과 동기가 되며, 그 필요성의 근거가 되기도 한다.

현대사회에서는 65세 이상의 노인이라도 건강하고 사회활동의 능력과 경력을 갖춘 경우가 점점 많아지고 있어 자원봉사활동이나 사회참여활동의 욕구가 높아지고 있다. 노인 개인의 측면이나 혹은 국가사회의 측면 모두에서 노인의 사회적 활동이 활발해지는 것을 필요로 하기에 노인의 사회참여활동을 지원하고 있다. 특히 노인의 자원봉사활동 참여는 자원봉사의 당사자성이라는 측면에서도 의미를 가진다. 일방적으로 특정 집단이 주고 다른 집단은 수혜를 받는 것이 아니라 상호작용적인 것으로 정체성이 확립되는 실질적 계기가 될 수 있다. 자원봉사자와 자원봉사활동의 대상자 간에 나타날 수 있는 일방적 관계의 인식을 상호 대등한 관계로 인식하게 하고, 자원봉사활동은 사회구성원 누구나가 공익활동을 위해 참여하기도 하고 도움을 받는 것일 수도 있다는 공동체적 시민의식 함양에 도움이 된다.

노인이 자원봉사활동에 참여하는 것은 사회의 경제적 활동과 역할에서 물러나 상실하기 쉬운 자신의 사회적 가치성을 회복하거나 유지할 수 있게 함으로써 자신이 예전과 마찬가지로 사회에 유용하고 중요한 존재가 되고 있다는 가치를 갖게 해 준다. 노인의 자원봉사 참여가 우울감을 낮추고 사회적 지지는 높인다는 조사결과(김수현, 2013) 등도 자주 제시되곤 한다. 자원봉사활동은 활동에 참여한 노인 개인에게 다음과 같은 이득을 주는 것으로 이야기된다(최성재, 장인협, 2002).

- 퇴직으로 상실했던 사회적 지위와 역할을 보충해 준다.
- 자원봉사활동에의 참여는 사회의 일선에서 물러나 자칫하면 상실하기 쉬운 자신의 사회적 가치성을 회복하거나 유지할 수 있게 함으로써 아직도 자신이 사회에 유용하고 중요한 존재라는 생각을 가지게 한다.
- 노년기에 있어서의 자아상을 긍정적으로 유지하고 자존심을 유지·향상시켜 줄 수 있다.
- 자원봉사활동에의 참여는 소외감을 극복하는 데 유익하다.
- 자원봉사활동 참여는 노인의 자기성장과 자아실현을 돕고 창의성과 책임성을 발휘할 수 있는 기회를 제공해 준다.

다른 한편으로 노인의 자원봉사활동 참여는 다음과 같은 측면에서 지역사회에 이익을 준다(최성재, 장인협, 2002).

- 노인의 자원봉사활동 참여는 노화 또는 노인에 대한 인상을 긍정적으로 바꾸어 놓는다. 노인의 사회적 기여는 노인에 대한 사회적 평가를 높이고 노인에 대한 사회적 존중을 과거 사회와는 다른 형태로 새롭게 재정립하게 한다.
- 노인들 스스로가 노인을 보는 시각을 긍정적인 것으로 바꾸어 놓는다. 노인의 활발한 사회적 활동은 노인 스스로 노년기를 보다 바람직한 인생주기로 인식하는 데 일조할 수 있다.

- 자원봉사활동에의 참여는 무엇보다도 사회에 봉사하고 사회를 발전시키는 데 공헌하게 된다. 노인의 사회적 경험과 능력이 사장되지 않고 지역사회를 위해 발휘되는 것은 사회 전체적으로 커다란 복지자원의 확충으로 볼 수 있다.

2) 노인 자원봉사활동에 대한 이론적 접근

노인 자원봉사활동의 의미와 중요성에 대한 논의에서 많이 활용되는 이론에는 활동이론, 지속이론, 교환이론 등이 있다(김미혜, 정진경, 2003; 류기형 외, 1999; 최성재, 장인협, 2002).

(1) 활동이론의 의미

활동이론(activity theory)은 노인이 중년기 이후의 활동수준을 계속 유지함으로써 노년기의 행복감을 증진시킬 수 있다고 본다. 따라서 노년기 이전의 역할 중 노인이 되어 상실 혹은 감소된 역할을 대체하면서 이전의 활동수준을 대체할 만한 다른 새로운 역할을 모색해야 한다고 본다. 이를 통해 노인의 복지수준을 증가시킬 수 있다는 것이다. 이 과정에서 노년기의 대체적 역할로서 자원봉사활동은 상실한 과거의 역할과 활동을 보상해 줄 수 있는 매우 유효한 수단이 될 수 있다.

(2) 지속이론의 의미

지속이론(continuity theory)은 전 생애를 통한 인간의 연속적 발달에 초점을 두는 시각이다. 사람은 생애과정에서 일관성 있는 태도와 행동유형을 지켜 감으로써 자신에 대한 긍정적 자아상과 만족도를 지켜 간다는 것이다. 활동이론이 노년기에 이르러 새로운 대체적인 역할을 찾아서 활동을 계속하는 것을 강조한 반면, 지속이론은 전 생애를 통한 성장발달의 연속성에 초점을 맞추면서 개인의 인성적 특징에 의한 노년기 대처 및 적응과정을 설명하고 있다. 사람들은 누구나 평생을 두고 일관성 있는 태도와 행동유형을 지켜 나감으로써 자아존중감과 생활만족도를 지속적으로 확보하고자 한다는 것이다. 그리고 노인의 자원봉사활동은 이러한 맥락에서 이전의 사회활동 혹은 봉사활동을 지속적으로 유지하거나 노년기에 와서 더 확장하는 것으로 설명할 수 있다.

이처럼 활동이론은 노년기에 이르러서 대체적 역할로서의 자원봉사활동을 강조하는 반면, 지속이론은 노년기 이전부터 지속되어 온 사회활동의 연속으로서 자원봉사활동을 강조하고 있다.

(3) 교환이론의 의미

교환이론(exchange theory)은 인간관계에서 교환활동이 핵심이라고 본다. 그런데 교환에 필요한 자원이 노인에게는 부족하다. 노인이 가지고 있는 자원의 빈약성이 노인을 의존과 종속관계에 빠뜨려 많은 노인문제를 파생시킨다고 보고 있다. 따라서 노인이 가진 자원의 가치를 높이는 것이 중요하다고 보고 이를 위한 의미 있는 대책의 하나가 자원봉사활동이라고 본다. 즉, 교환이론에 입각해 볼 때, 노인에게 새로운 자격이나 지위를 획득시켜 노인의 자원을 강화하는 방법으로서 자원봉사활동 프로그램을 개발하는 것이다. 자원봉사활동은 노인이 사회적 활동에서 자신이 보유한 지위나 역할과 같은 자원가치를 높이는 방향으로 활용되었을 때 긍정적 효과를 가진다고 본다.

3) 노인 자원봉사활동의 현황과 문제점

결국 현실적 · 이론적인 면에서 살펴볼 때, 우리나라는 고령화 사회를 맞이하여 노인 자원봉사활동의 필요성과 욕구가 높아지고 있다. 그러나 아직까지 우리나라의 노인 자원봉사활동 참여는 그다지 활성화되어 있지 못한 상황이다. 우리나라에서 다른 연령대의 자원봉사활동 참여에 비해서도 노인 자원봉사활동은 활발하지 못하다. 2019년 통계청의 조사에 따르면 60세 이상 노인의 자원봉사활동 참여율은 8.1%로 전 연령대의 평균인 16.1%에 크게 미치지 못하고 있다. 그리고 노인의 자원봉사활동의 내용으로 지역 환경보전활동이 높은 비율을 나타내고 있어 다른 연령대의 양상과는 다르다. 이는 노인의 자원봉사활동 참여에 대해 다양한 프로그램의 개발

이 이루어지지 못하고 단순 노력봉사형 활동에 불과한 상황을 나타내는 것이다.

미국의 경우 2000년대 초반의 조사결과에서 55세에서 64세 사이의 자원봉사활동 참가율은 43%, 65세에서 74세는 41%, 심지어 75세 이상의 인구에서도 39%의 자원봉사활동 참가율을 나타내고 있어 젊은층의 자원봉사활동 참여현황과의 차이가 우리나라보다는 훨씬 적게 나타나고 있다(Harvard School of Public Health · MetLife Foundation, 2003).

우리나라에서 노인의 자원봉사활동 참여는 특별한 조직적 맥락도 없이 개인적인 활동으로 이루어지는 경우도 적지 않으나 대개는 다음의 세 가지 유형의 형태로 활동에 참여하는 것으로 볼 수 있다. 첫째, 자신이 속한 노인단체 등을 통해 자원봉사활동에 참여하게 되는 경우이다. 둘째, 노인복지증진을 위해 만들어진 노인종합복지관이나 노인복지회관 등의 기관을 통해 자원봉사활동에 참여하는 경우이다. 셋째, 중앙정부나 지방자치단체의 예산 혹은 프로그램 지원에 따라 만들어지는 자원봉사 프로그램에 참여하는 것이다. 이 밖에도 스스로 봉사활동 동아리를 조직하는 경우나 노인만이 아닌 다른 연령대의 자원봉사활동에 함께 참여하는 경우도 있다.

(1) 노인단체를 통한 자원봉사활동

대한노인회, 각 지역의 노인단체, 삼락회 등 각종 노인단체를 통해 자원봉사활동이 이루어지는 경우가 있다. 이 중 대표적인 노인단체인 대한노인회는 전국의 각 지회 혹은 경로당 단위로 자원봉사활동에 참여하고 있다. 2011년에 대한노인회 내에 노인 자원봉사지원본부를 발족시키고 노인 자원봉사지원센터를 전국적으로 광역단위에서 운영하고 있다. 또한 노인 자원봉사클럽을 만들어 운영하고 있다. 노인 자원봉사클럽은 보통 15명에서 20명 단위로 편성되며 노인들이 주체적으로 자원봉사를 계획해 실행하는 자주적 단체로 매월 2회 이상의 정기적 자원봉사활동을 수행하는 것으로 되어 있다. 2019년까지 전국적으로 약 4,000개의 클럽에서 3만 명 이상의 노인이 자원봉사활동에 참여한 것으로 나타나고 있다. 대한노인회를 통한 노인의 자원봉사활동은 아직은 단순하고 획일적인 형태의 자원봉사내용이 대부분을 이루고 있어 참여하는 노인들의 만족감이나 참여욕구를 충족하기에 한계가 있다. 일반 노인단체의 경우 아직 자원봉사활동 관리에 대한 이해가 높지 않아 적절한 자원봉사 프로그램 기획이나 관리활동이 나타나기 어려운 실정이다.

최근에는 기업의 퇴직준비 프로그램과 관련되거나 자원봉사활동을 위한 노인단체 등이 조직되어 다양한 시니어봉사단도 나타나고 있다. 이 경우에는 일반 노인단체보다는 자원봉사활동의 내용과 프로그램에 대한 보다 폭넓은 모색이 나타나고 있으나 아직 파편적이고 소규모의 조직화 모습을 보이고 있다.

미국의 경우 자원봉사활동을 위한 노인조직으로 시니어봉사단(Senior Service Corps: Senior Corps) 등의 조직이 전국적인 차원에서 노인의 자원봉사활동을 활성화하는 데 기여하고 있다. 특히 이는 매우 다양한 자원봉사활동 프로그램과 관리의 모습을 보이고 있어 우리나라의 노인 자원봉사활동 활성화를 위해 시사하는 바가 크다.

시니어봉사단(Senior Corps: AmeriCorps Senior)

미국의 전국적인 노인봉사단체 해당하는 Senior Corps은 지역사회가 직면하는 문제들에 대처하기 위해 노인들의 경험과 기술 및 재능을 활용하는 프로그램의 총체로 가장 대표적인 노인 자원봉사 프로그램이다. 이는 미국봉사단(AmeriCorps)의 한 부분으로 포함되어, 전미국봉사단의 대표적 프로그램이 되고 있다. 20만 명 이상의 노인이 이 전국노인봉사단활동을 통해 지역의 비영리조직 · 공공기관 · 종교기관 등에서 활동하고 있다. 노인봉사단은 주로 다음과 같은 세 가지의 프로그램을 통해 활동하고 있다.

① 은퇴자 및 노인 자원봉사 프로그램(Retired and Senior Volunteer Program): 가장 규모가 크고 대표적인 프로그램으로 55세 이상의 노인들이 지역사회 감시, 이민자 대상 영어교습, 아동교육, 자연재해 피해자 원조 등 다양한 활동을 조직화하고 있다. 매해 수십만 명의 자원봉사자가 평균적으로 일주일에 4시간 동안 다양한 지역조직에서 천 개에 달하는 RSVP 프로젝트를 통해 활동했다. 이들은 통상 음식과 교통수단을 제공받을 수 있지만 급여를 받지는 않는다.

② 위탁조부모 프로그램(Foster Grandparents Program): 60세 이상인 노인이 참여하며, 일주일에 20시간 학교 · 병원 · 교정시설 · 주간보호시설 · 헤드스타트센터(Head Start Center) 등에서 학대아동 · 방임아동 · 장애미숙아 원조, 10대 미혼모 지원 등 아동들과 교류하고 지원하는 활동을 벌인다.

③ 노인동반 프로그램(Senior Companion Program): 60세 이상의 노인이 수행하는 프로그램으로 일상생활활동에 어려움을 겪는 성인을 지원하는 것이다. 장애가 있는 성인이나 말기 질환환자와 같이 독립적으로 생활하기 위해 추가 지원이 필요한 성인을 지원한다. 보통 자신의 집에서 거주하고 있는 2명 내지 4명의 성인 클라이언트에게 일주일에 5~40시간의 지원활동을 하며 노인동반 프로그램의 활동자들은 월별 교육을 받아야 한다. 면세혜택을 받거나 활동수당 혹은 급여를 받기도 한다.

출처: 미국봉사단(http://www.americorps.gov).

(2) 노인복지기관을 통한 자원봉사활동

노인종합복지관이나 노인복지회관 등 노인복지증진을 위해 설립된 지역사회의 노인복지기관은 원래 노인을 대상으로 한 사회복지서비스를 제공하는 것을 초점으로 한다. 그러나 노인의 생활상 욕구 중 상당부분은 오히려 자원봉사활동의 주체로 활동함으로써 도움이 될 수 있으므로 노인복지기관에서 지역사회의 노인들을 자원봉사활동의 주체로서 활용하거나 자원봉사활동을 조직화하는 경우가 많이 나타나고 있다.

노인복지기관은 사회복지서비스를 주 업무 대상으로 하는 조직이기 때문에 자원봉사 프로그램에 대한 인식 정도도 상대적으로 높고, 노인 자원봉사활동에 대한 프로그램도 보다 다양한 내용을 기획하는 편이다. 노인단체에서의 자원봉사활동에서 보편적으로 나타나는 활동내용 외에도 복지기관 내에서의 자원봉사활동, 노노케어, 강사로서의 활동, 외국어 통역이나 번역 봉사, 공연, 상담 등의 자원봉사활동을 하고 있다.

(3) 국가 · 지방자치단체 지원 프로그램을 통한 자원봉사활동

정부와 지방자치단체에서도 노인 자원봉사활동을 지원하기 위한 여러 프로그램들을 시행하고 있다. 우리나라에서 가장 대표적인 것은 노인일자리 및 사회활동지원사업이다. 이 사업은 우리나라의 높은 노인빈곤율을 감안하여 약간의 활동에 따른 재정지원일자리사업의 속성을 지니고 출발하였으나 동시에 노인들의 자원봉사활동과 같은 사회참여활동을 지원하겠다는 다중적 목표를 가지고 있다. 이에 따라 사업의 명칭도 사업이 시작된 2004년에는 '노인일자리사업'으로 출발하였으나 이후 '노인일자리 및 사회활동지원사업'으로 바뀌었다. 이 사업의 전체적 내용은 〈표

표 12-1 노인일자리 및 사회활동지원사업의 내용

구분	유형	주요 내용	예산 지원형태	활동 성격
공공형	공익활동	노인이 자기만족과 성취감 향상 및 지역사회 공익증진을 위해 참여하는 활동	지자체 경상보조	봉사 (사회활동)
	재능나눔 활동	재능을 보유한 노인이 자기만족과 성취감 향상, 지역사회 공익증진을 위해 자발적으로 참여하는 봉사 성격의 각종 활동	민간 경상보조	
사회서비스형		노인의 경력과 활동역량을 활용하여 사회적 도움이 필요한 영역(지역사회 돌봄, 안전 등)에 서비스를 제공하는 일자리	지자체 경상보조	근로
민간형	시장형 사업단	참여자 인건비 일부를 보충지원하고 추가 사업 수익으로 연중 운영하는 노인일자리	지자체 경상보조	
	취업 알선형	수요처의 요구에 의해서 일정 교육을 수료하거나 관련된 업무능력이 있는 자를 해당 수요처로 연계하여 근무기간에 대한 일정 임금을 지급받을 수 있는 일자리	지자체 경상보조, 민간경상보조	
	시니어 인턴십	만 60세 이상자의 고용촉진을 위해 기업에 인건비를 지원하여 계속고용을 유도하는 사업	민간경상보조	
	고령자 친화기업	고령자가 경쟁력을 가질 수 있는 적합한 직종에서 다수의 고령자를 고용하는 기업 설립 지원	민간경상보조	

출처: 보건복지부(2021b).

12-1〉에서 보는 바와 같다. 2004년 2만 5천 개를 목표로 시작한 이 사업은 2020년에 80만 개의 노인일자리 및 노인사회활동을 창출하는 것이 목표가 되었을 만큼 비약적으로 성장하였다. 현재 이 사업의 유형 중 공익활동과 재능나눔활동이 (일자리사업이 아니라) 사회활동, 즉 자원봉사활동으로 분류되고 있다. 2020년을 기준으로 공익활동은 연간 50만 개 이상, 재능나눔은 약 4만 개가량의 자원봉사활동 일자리를 창출하고 있다.

공익활동은 노노케어, 취약계층에 대한 지원, 공공시설에서의 활동, 경륜전수활동 등의 내용으로 이루어지며 1개월 동안 30시간 이상 활동하고 월 27만 원의 수당을 받는 것으로 되어 있다. 주로 저소득층 노인이 참여하고 있으며 지방자치단체, 노인복지관, 시니어클럽 등을 통해 사업이 운영되고 있다. 재능나눔활동은 노인안전예방, 상담 및 안내, 학습지도, 문화예술과 기타의 활동 등으로 구성되며 1개월에 최대 10만 원의 활동수당이 지급된다. 사업참여는 저소득 여부와는 무관하고 주로 대한노인회를 중심으로 활동이 이루어지고 있다. 공익활동의 경우 저소득노인에게 참여 기회가 우선적으로 부여되고, 월 27만 원의 수당을 목적으로 참여하는 경우가 적지 않아 사실상 자원봉사라기보다는 일자리사업이라는 논란도 많다. 어찌되었건 현재는 국가적 프로그램에 의해 노인이 사회참여와 자원봉사활동에 참여하는 대표적인 경로에 해당한다.

이 외에도 각 지방자치단체들도 자체적으로 노인을 대상으로 자원봉사활동을 지원하는 프로그램을 실행한 바 있다. 과거 서울시에서 유료봉사활동 형태로 지원했던 '할아버지 봉사대'나 경기도의 '노인 자원봉사학교 과정' 등이 그 예가 될 수 있다. 최근에는 지방자치단체에서 설립하고 있는 인생이모작지원센터나 50+캠퍼스와 센터 등에서도 노인의 자원봉사 지원과 관련되는 프로그램을 진행하고 있다.

(4) 노인 자원봉사활동의 문제점

노인은 사회복지서비스나 자원봉사활동의 대상자로서만이 아니라 다양한 형태로 자원봉사활동의 주체가 되고 있다. 그러나 노인의 자원봉사활동은 아직 참여율도 높지 않고 활동내용도 빈약한 것이 사실이다. 실제로 길거리나 현장에서 흔히 눈에 띄는 노인 자원봉사자는 대부분 단순한 활동에 종사하고 있을 뿐이며, 노인의 활동욕구를 충족시키지 못하는 경우가 많다. 활동내용의 획일성이나 관리의 부재는 결국 노인의 자원봉사의욕을 떨어뜨리고 참여율을 낮추는 결과를 낳곤 한다. 노인의 자원봉사활동 활성화를 저해하고 있는 문제점으로 다음의 것들을 들 수 있다(류기형 외, 1999).

첫째, 노인의 자원봉사활동과 관련하여 중요한 틀이 되는 교환이론적 관점에서 볼 때, 현재 노인의 자원봉사활동 참여는 노인에게 득이 되는 부분이 적다는 점을 지적할 수 있다. 자원봉사활동을 통해 무언가 이득이 되거나 노인의 보유자원이나 교환에서 힘을 강화시켜 주는 부분이 있어야 함에도 불구하고 별다른 보상이 없고, 스스로의 위치를 강화시켜 주는 것으로 생각되지도 않는다는 것이다. 즉, 매우 단순한 내용의 노인 자원봉사활동 내용으로는 활동에 참여한 노인들이 스스로의 자존감을 높이거나 영향력을 증진시키는 등의 효과를 기대하기 어렵다. 오히려 경우에 따라서는 활동에 참여했던 노인들에게 좌절감과 같은 부정적 정서를 경험하게 할 우려도 있다.

둘째, 노인들이 자원봉사활동에 참여할 경로를 잘 모르는 경우가 많다. 활동에 참여할 의향을 가지고 있다 해도 참여경로의 접근성이 떨어지면 자원봉사활동에 참여할 수 없다. 이는 노인 연령층의 특성상 다른 연령대보다 새로운 활동에의 접근이 어려우므로 접근성을 더 좋게 해야 함에도 불구하고 현재는 노인의 자원봉사활동 참여방법에 대한 홍보가 거의 실효성을 갖지 못한 실정이다. 예를 들어, 인터넷이나 SNS를 통한 노인 자원봉사자 모집은 다른 연령대에 비해 효과성이 떨어지는 모집방법이 될 것이다.

셋째, 노인은 심신의 기능이 젊은 층에 비해 뒤떨어지는 등의 특성을 가지고 있다. 따라서 노인의 상황에 맞추어 참여할 수 있는 프로그램이 개발되어 있어야 함에도 불구하고 그렇지 못하다는 점이 지적되어야 한다. 노인들은 지금까지의 생활에서 축적한 많은 경험과 지식, 기술 등이 있지만 이러한 중요한 자원을 충분히 활용하여 삶의 보람을 느끼게 해 줄 수 있는 프로그램은 극히 부족하다. 따라서 젊고 건강한 사람이나 수용 가능한 정도의 무리한 신체활동 수준이 요구된다든지, 수준에 맞지 않는 단순한 작업만을 부과하여 노인의 참여의욕을 없애 버린다든지 하는 결과가 초래되는 경우도 있다.

고령화 사회에서 노인은 매우 유용한 인적 자원이다. 이러한 자원을 충분히 활용하기 위해서는 노인 자원봉사관리가 적절히 이루어져야 할 필요가 있다.

2. 노인 자원봉사관리와 과제

노인에게 있어 자원봉사활동은 다른 연령층과는 달리 활동에 참여하는 자신의 복지욕구 충족에도 큰 의미를 지닌다. 따라서 노인의 자원봉사활동 참여를 활성화하는 것은 대단히 중요하지만 아직까지 우리 사회의 현실은 그렇지 못하다. 노인의 자원봉사활동 참여를 촉진하는 요인과 저해하는 요인은 〈표 12-2〉에서 보는 바와 같다.

노인은 상대적으로 긴 여가시간을 가지고 있으며 사회활동에 참여하고자 하는 욕구가 많이 있다. 많은 경륜과 경험을 쌓았고 이웃과 지역사회에 대한 관심도 높은 편이다. 그리고 존경과 인정을 추구한다. 이는 노인의 자원봉사활동을 촉진하는 요소가 된다. 그러나 반대로 건강의 취약성과 신체적 능력이 떨어지는 점, 역할에 대한 전통적 보수성이나 대인 교류에서의 경직성, 이동성이 떨어지는 점, 새로운 정보통신 기술에 대한 접근성이 떨어지고 새로운 기술이나 정보를 획득하는 데 있어서의 상대적 취약성 등은 노인의 자원봉사활동에 장애요소가 된다. 노인의 자

표 12-2 노인 자원봉사 참여 촉진요인과 저해요인

참여 촉진요인	참여 저해요인
• 긴 여가시간	• 상대적으로 취약한 신체적 능력
• 높은 사회활동 참여 욕구	• 역할에 대한 전통적 보수성
• 다양한 사회활동 경험	• 교류에서의 경직성
• 이웃과 지역사회에 대한 관심	• 원거리 이동에 대한 부담
• 존경과 인정 추구	• 새로운 지식습득 경로의 취약성

원봉사활동 참여가 부진하다는 것은 참여의 촉진요인보다 저해요인이 더 크게 작용하고 있다는 것과 관련된다.

노인 자원봉사관리는 기본적으로 노인의 자원봉사활동 참여의 촉진요인을 강화하고 저해요인을 통제하는 것이다. 그리고 이를 통해 노인의 자원봉사활동을 활성화하고 노인이 자원봉사활동을 통해 욕구 충족과 좋은 경험을 얻을 수 있도록 지원하는 것이어야 한다.

노인 자원봉사관리에서는 노인의 자원봉사활동 영역과 프로그램을 적절하게 선택하는 것이 큰 중요성을 가진다.

1) 적절한 자원봉사활동 영역과 프로그램 모색

노인의 자원봉사 참여 활성화와 자원봉사관리는 먼저 적절한 활동영역과 내용을 모색하는 것에서 출발해야 한다. 노인에게 적절한 자원봉사활동의 영역과 내용은 다음과 같은 원칙하에서 모색되어야 한다.

첫째, 이론적 측면에서 노인 자원봉사활동의 의의를 고양시키는 것이어야 한다. 교환이론적 측면에서 노인의 자원을 증진시키는 것인지, 지속이론이나 활동이론의 측면에서 노인의 과거 활동내용을 계승하거나 혹은 과거 활동성을 충분히 대치하는지 등을 각 개별 노인의 상황에 비추어 사정해야 한다.

둘째, 활동영역과 내용은 앞에서 제기한 노인 자원봉사활동 참여의 촉진요인을 강화하고 저해요인을 통제하는 것이어야 한다.

셋째, 노인이 나타내는 심신의 노화에 따른 기능저하에 크게 민감하지 않은 활동영역과 내용으로 구성되어야 한다. 일반적으로 노인은 체력과 순발력과 같은 기능이 다른 연령대에 비해 뒤떨어진다. 따라서 과도한 체력이나 집중력을 요구하는 활동보다는 그간의 경험과 기술을 발휘할 수 있는 활동이 더 적절하다.

넷째, 최근 증가하고 있는 고학력·중산층 노인의 과거 사회활동 수준을 감안한 활동영역과 내용을 찾아야 한다.

다섯째, 모든 노인의 상황이 다르므로 획일적으로 모든 노인에게 적합한 활동

내용에 집착할 것이 아니라 각 노인에게 적합한 활동내용을 개별화하여 모색해야 한다.

노인에게 적절한 자원봉사활동의 내용은 다양하다. 이와 관련하여 정부에서는 '고령자 우선고용직종'을 선정하여 발표한 바 있다. 이는 과거 고령자 적합직종을 개편한 것이다. 이 직종들은 취업의 의미에서만이 아니라 자원봉사활동의 영역과 내용으로서도 의미를 가진다. 적합직종을 자원봉사활동의 내용으로 재구조화한 숲생태 해설, 간병인, 베이비시터, 문화예술단, 가사도우미, 주례 및 전통행사 주관, 문화해설사, 1 · 3세대 연계 프로그램, 노인지킴이, 각종 소양교육 및 전통문화교육 등은 좋은 노인 자원봉사 프로그램의 활동내용으로 함의를 가진다.

최근에는 노인에 대해 선배시민으로 개념화하며 사회참여활동을 증진시키는 움직임도 활발하다. 한국노인종합복지관협회에서는 선배시민 자원봉사단을 운영하고 있다. 이는 노인이 선배시민으로서 소양과 철학을 가지고 후배시민을 돌보고 소통하며 사회와 공동체를 위해 지역사회를 위한 대안을 만들고 실천하는 것을 의미한다. 기존의 성공한 노인과 달리 선배시민으로서의 정체성을 추구한다는 특징을 가지고 있다.

표 12-3 선배시민 자원봉사단의 패러다임 전환

구분	성공한 노인	선배시민
정체성	자산관리의 노인	공동체를 돌보는 노인
인식	나를 묻는 노인	본질을 묻는 노인
태도	기회와 자기계발	비판과 변화
위험의 원인	개인과 가족	사회와 국가
실천	개인의 변화	관계와 구조의 변화
제도	개인의 기회보장	제도적 사회복지
집의 유형	가족의 집	국민의 집
관련 이론	신노년	비판적 노년학

출처: 한국노인종합복지관협회(www.kaswcs.or.kr).

그림 12-1 선배시민 자원봉사단의 활동모습

출처: 한국노인종합복지관협회(www.kaswcs.or.kr).

선배시민 자원봉사단은 전국에 광역단위로 선배시민 자원봉사단 교육지원센터를 운영하고 있으며 기존의 노인 자원봉사활동 관행과는 달리 사회참여적이고 비판적인 성격의 자원봉사활동을 내용으로 삼고 있다는 특징을 나타내고 있다.

2) 노인 자원봉사 관리활동

노인으로 구성된 자원봉사자 모임이 나타낼 수 있는 우려사항을 이금룡 등(2009)은 다음과 같이 제시하고 있다.

- 봉사활동 조직 내에서 갈등이 발생할 가능성이 더 높다.
- 봉사모임의 행사나 관계 관리에 많은 에너지가 소요될 수 있다.
- 리더의 영향을 과도하게 받을 수 있다.
- 자원봉사조직이 가지는 목적이 불안정할 수 있다.
- 자원봉사조직의 회원구성이 자주 변할 수 있다.

이러한 상황에 대한 대응은 결국 자원봉사관리자의 역할이다. 노인에 대한 자원봉사관리도 기본적으로는 일반적인 자원봉사관리와 같은 원칙과 절차를 거친다. 먼저, 노인의 특성에 맞는 적절한 프로그램을 기획한 다음, 모집 · 선발 · 교육의 과정을 거쳐 자원봉사활동을 시작하도록 지원해야 한다. 이 과정에서 노인 각자의 특성 및 희망하는 활동장소, 활동 대상, 활동분야, 관심영역, 생활하고 있는 상황 등을 면밀히 고려해야 한다.

노인 자원봉사관리자가 유의해야 할 사항으로 다음과 같은 내용들이 강조되곤 한다(김범수, 2004).

- 노인의 성격이나 습관을 파악한다.
- 자원봉사활동을 인생설계의 가운데에 둔다.
- 건강과 안전에 만전을 기한다.
- 요보호자라도 자원봉사활동을 할 수 있다는 것을 유념한다.
- 부부관계나 가족관계를 배려한다.
- 노인은 활동자가 동시에 자원봉사활동의 대상자가 되기도 한다는 점에 유의한다.
- 다양한 활동의 종류를 준비해서 활동의 계기를 만든다.
- 활동에 들어가기 전에 충분한 교육을 한다.

노인 자원봉사자를 모집하기 위한 홍보수단을 선택하는 데 있어 노인이 익숙한 매체를 선택해야 한다. 기존의 노인 자원봉사자를 모집원으로 활용하는 것은 유용한 수단이 될 수 있다. 선발과 면접과정에서 노인의 특성을 감안해야 하며, 특히 노인 자원봉사자는 단기 자원봉사자보다는 전통적으로 장기 자원봉사자의 특성을 많이 가지고 있음에 유의해야 한다. 따라서 부분적이고 기계적인 업무분담보다는 활동영역의 전반적인 동료의식을 나누는 형태의 업무배치가 더 효과적인 경우가 많다.

교육과 훈련 과정에서는 필요한 교육을 한 번의 강의로 수행하는 것보다는 반복과 경험의 이해를 충분히 활용하는 코칭(coaching) 등의 유형을 활용하는 것이 좋다. 노인은 '정답을 말하기보다는 오답을 말하지 않으려 하는' 특유의 심리사회적 특징을 가지기 쉬우므로 교육과 훈련 과정에서 이를 감안해야 한다.

지도감독과 평가 및 승인 과정 전반에 걸쳐 참여 노인의 자존감을 증진하고 충분히 존중하는 태도를 전달하는 것에 유의해야 한다. 그리고 장기 자원봉사자로서의 특징이 많은 인구층인 만큼 활동 참여가 장기화되도록 격려하고 점점 더 많은 책임과 중요한 지위와 역할을 부여하는 관리를 실행해야 한다. 만약 단기 자원봉사활동으로 종결하는 노인 자원봉사자가 있다면 프로그램 기획이나 관리활동에 부적절한 점이 무엇이었는지를 빨리 확인해야 한다.

3) 노인 자원봉사활동 활성화 과제

노인의 자원봉사활동을 활성화하기 위해서는 자원봉사 관리활동이 매우 중요한 의미를 가지지만, 보다 환경적이고 제도적인 측면에서 보완해야 할 과제도 있다.

첫째, 노인 자원봉사 프로그램을 확충해야 한다. 아직도 많은 경우에 단순한 몇 가지 활동내용이 지배적인 상황을 시급히 개선해야 할 필요가 있다. 이는 특히 주요한 노인단체의 사회복지나 자원봉사관리의 이해가 부족하다는 점과 관련된다. 다양한 노인의 경력과 지식을 활용할 수 있는 프로그램을 보급해야 한다.

둘째, 노인 자원봉사관리자의 활동이 보편화되어야 한다. 특히 노인 자원봉사활동을 수행하고 있는 노인단체에 노인 자원봉사관리자가 배치 혹은 연계되어 활동할 수 있어야 한다. 이를 위해서는 일단 노인 자원봉사관리자가 많이 양성되어야 하고 교육 프로그램과 체계도 만들어져야 한다.

셋째, 노인 자원봉사 관리체계와 추진체계의 접근성이 개선되어야 한다. 아직도 활동 욕구를 가진 많은 노인이 어떻게 자원봉사활동에 참여할 수 있는지에 대해 적절한 정보를 가지지 못하는 경우가 많다. 따라서 관리체계나 추진체계의 홍보를 강화해야 한다.

넷째, 노인의 자원봉사활동에 대한 승인과 보상체계를 확충해야 한다. 특히 현재의 노인세대는 자원봉사활동이 보편화되지 않았던 사회 분위기에서 생활해 왔으므로 이들을 유인하기 위한 유인체계로서 적절한 승인과 보상방법을 활용하는 것이 필요하다. 노인은 학생들과 달리 자원봉사활동시간의 인증이 그 자체로서는 큰 유인이 되지 못한다. 이와 아울러 노인의 자원봉사활동을 전반적으로 지원하기 위한 지원체계를 제도적으로 강화해야 할 것이다.

다섯째, 노인의 사회참여활동, 특히 자원봉사활동에 대해 긍정적으로 인식하고 장려하는 사회적 분위기를 확산시키는 것이 중요하다. 노인에 대해 '역할 없는 역할'을 암묵적으로 강요하고 노인을 주변화하여 소극적 태도를 유발하는 분위기는 노인의 자원봉사활동 활성화에 결정적 장애가 된다.

3. 가족단위 자원봉사의 의미와 현황

1) 가족 자원봉사의 개념과 의의

가족 자원봉사란 두 명 이상의 가족 구성원이 함께 자원봉사활동에 참여하는 것을 말한다. 좁은 의미로는 부모-자녀나 조부모-자녀 등과 같이 2세대 이상이 동시에 참여했을 때만을 가족 자원봉사로 부르기도 한다. 예컨대, 형제가 자원봉사활동에 참여했을 때 통상 이것만으로는 가족 자원봉사라고 부르기 어렵다는 것이다. 하지만 넓은 의미에서는 두 명 이상의 가족 구성원이 함께 참여하는 경우는 세대를 따지지 않고 가족 자원봉사라고 부른다.

그렇지만 최근 가족형태의 다양성에 대한 인식이 높아지고 있는 상황에서 특정한 가족형태만이 참여하는 경우를 가족 자원봉사라고 한정하기보다는 참여자들이 가지고 있는 '가족이라는 공동체의식'을 보다 중요한 정체성의 요소로 이야기하기도 한다. 즉, 스스로 같은 가족이라고 생각하고 있는 두 명 이상으로 구성된 그룹의 자원봉사활동 참여인 것이다. 그 구체적 형태는 가족 전체일 수도 있고 부모 중 한 명과 그 자녀, 형제자매, 또는 조부모, 삼촌, 고모, 사촌형제자매까지 포함할 수 있는 다양한 것이다. 물론 전형적인 형태는 부모(양자 혹은 한 명)와 자녀(전부 혹은 일부분)의 참여이겠지만 중요한 것은 가족 자원봉사에 참여하는 '가족'의 정체성을 참여자들 스스로 인식하고 있어야 한다는 점이다.

우리나라에서도 자원봉사활동과 관련하여 가족단위 자원봉사활동에 대한 관심이 점점 높아지고 있는 추세이다. 가족 자원봉사에 대한 관심은 우리나라의 독특한 교육적 관심과 관련되어 있다. 부모가 자녀에 대해 사회적 책임감에 대한 교육 방안으로 가족 자원봉사 프로그램을 모색하는 경우도 늘고 있다. 가족이 함께 참여하는 자원봉사활동을 통해 가족 간 결속도 다지고 자녀들에게 자신이 누군가에게 필요한 사람이 된다는 책임감도 함양할 수 있다는 것이다. 그러나 다른 한편으로는 학교에서 진학을 위해 필요로 하는 자원봉사활동 이수시간이 규정되고 있어 자녀들이 이를 효과적 · 효율적으로 이수하도록 부모가 지원하는 방안으로 가족 자원봉사에 대한 관심이 나타나기도 한다.

주 5일 근무제와 근무시간 단축의 상황이 더해지면서 부모와 자녀가 함께 자원봉사활동에 참여하고자 하는 양상이 더 부각되고 있다. 가족이 함께 나누는 여가의 일환으로서 활용되는 것이다. 때문에 '볼런테인먼트'라는 신조어가 유행하기도 한다. 최근 약해져 가는 가족 간 유대와 의사소통을 지원하는 여가활용 방안으로서 자원봉사활동을 하는 것이다.

기업 자원봉사의 참여형태 면에서 가족단위 자원봉사 참여에 대한 논의가 부각되기도 한다. 이는 기업이 사회공헌 프로그램의 하나로 진행되고 있는 직원 자원봉사 프로그램을 가족과 함께 참여할 수 있도록 하는 설계하는 방식이다. 직원들이 가족과 함께하는 활동을 통해 개인적 활동보다 높은 만족도를 가져올 수도 있고, 혹은 자녀들에 대한 교육적 효과(혹은 자녀들이 필요한 봉사 이수시간)를 충족할 수도 있다는 점과도 관련된다.

참여자의 측면이 아니라 활동 수요처인 봉사현장에서도 가족 자원봉사활동은 다수의 자원봉사자를 안정적으로 확보할 수 있는 좋은 방안이 된다. 가족 자원봉사활동은 기본적으로 한 단위의 자원봉사자 모집 시 복수의 자원봉사자를 확보하게 된다. 그리고 가족단위의 활동 특성이 가지는 독특한 안정성과 책임성 고양의 장점도 있다. 따라서 수요처의 측면에서도 가족 자원봉사활동의 활성화는 양적으로나

질적으로 자원봉사 자원의 확보에 도움이 되는 긍정적 양상으로 간주되고 있다.

기본적으로 가족 자원봉사활동 자체의 유용성이나 긍정성에 대해서는 아무도 이의를 제기하지 않고 있다. 가족 자원봉사활동에 대한 긍정적 가치부여는 '가족 자원봉사'에 대한 수요자 측이나 공급자 측에서의 기대에 의한 것이다. 그리고 이 기대는 가족 자원봉사가 두 명 이상의 자원봉사자가 함께 와서 일한다는 것 이상의 의미를 가진다는 전제에 기반한다.

가족 자원봉사활동에 대한 사회적 관심이 많이 나타나는 것은 그 효과에 대한 기대 때문이다. 가장 우선적인 측면은 가족이 함께 자원봉사활동에 참여함으로 인해 가족 구성원 일부, 특히 자녀에 대한 교육적 효과를 나타낼 것이라는 점이다. 가족 자원봉사는 자녀들에게 열정과 관용, 지역사회 구성원으로서의 책임감과 올바른 시민의식을 가르칠 수 있는 실천적인 방법이다. 또 하나의 효과에 대한 기대는 가족 자원봉사활동을 통해 가족체계가 보다 건강하게 기능할 수 있게 되고 공동체적 활동 경험을 늘리는 기회가 된다는 점에 대한 것이다. 가족은 자원봉사활동을 통해 의사소통과 유대가 더욱 강해지고, 공유할 수 있는 추억이 생기고, 질 높은 가족시간을 가지며, 지역사회 공동체에 기여하는 가족 구성원으로서의 긍지를 공유할 수 있다.

가족 자원봉사를 통해 얻어지는 이득을 다음과 같이 관련되는 각 단위체계별로 나누어 살펴본 논의도 있다(http://Volunteerfamily.org).

- 자녀: 타인에 대한 배려심(compassion)과 타인을 이해하는 마음을 개발할 수 있다. 또한 자녀들을 자원봉사활동에 대한 제반 의사결정과정에 참여시킴으로서, 스스로 존중받고 있다고 느끼게 할 뿐 아니라, 실제 봉사활동으로 새로운 기술을 획득할 수도 있다. 자녀들은 물질주의에 반하는 이념(anti-materialism)에 대해서도 이해하게 되고, 자신의 가족 구성원에게 고마움을 느끼게 된다. 또한 자원봉사활동 현장에서 그들의 부모가 타인을 대하는 모습을 보고 모델로 삼을 수 있으며, 활동을 통해 그들 고유의 재능을 개발하고, 다른 사람을 돕는 것에 적응해 간다.

- 부모: 긍정적인 환경에서, 자녀들과 함께 더 많은 시간을 보내고, 중요한 가치를 전하고, 의미 있는 대화를 함께하면서 동시에 다른 사람을 도울 수 있다.
- 비영리기관: 종종 인원부족과 업무과중으로 추가인력을 필요로 한다. 가족 자원봉사는 비영리기관의 지역사회 아웃리치를 더 확장시키도록 도와줄 수 있다. 자원봉사자에 가족들이 포함된 사회서비스 기관의 97%는 실제로 이것이 매우 효과적이라고 인식하고 있다. 그들(가족)의 관심사에 기초하여, 가족 자원봉사자는 홈리스, 병자, 장애인, 노인, 아이들, 동물, 환경 등을 포함한 여러 종류의 비영리기관에 도움을 주길 원할 것이다.
- 사회: 가족 자원봉사를 통한 사회의 이익은 자연스럽게 자원봉사자가 증가한다는 것이다. 관련 연구들은 자원봉사자인 아이들이 성인이 되어서도 계속 자원봉사를 할 가능성이 높고 그들의 자녀들에게도 이러한 풍습을 전해 준다는 것을 보여 준다.

또한 가족 자원봉사에 대해서는 기업의 관심도 높아지고 있다. 직원의 자원봉사 프로그램을 운영하는 기업체에도 가족 자원봉사 프로그램은 다음과 같은 특별한 이득을 주는 것으로 지적되고 있다(http://www.pointsoflight.org).

- 가족 자원봉사는 직원들의 사기를 증진시키고 일터에서 긍정적인 태도를 가지게 한다.
- 직장 내 또는 직원들 간의 갈등을 낮추고 팀워크를 강화시키며 책임감을 가지고 헌신하게 한다.
- 직장 내 가족 자원봉사는 직원들로 하여금 나눔과 돌봄의 중요성을 더해 주고, 지역사회에 대한 자각을 생기게 한다.
- 가족 자원봉사는 좋은 기회를 배우게 하고, 자녀들에게 긍정적인 역할모델을 보여 줌으로써 가족에게 질적인 시간을 더해 준다.
- 가족 자원봉사는 그 조직의 기술이 향상된 만큼, 지역의 리더십, 문제해결, 공공연설(public speaking)의 면에서도 기술발전의 기회를 제공한다.

- 지역사회 내에서 기업의 이미지에 긍정적인 영향을 주며, 기업과 직원에게 그들이 일하고 있는 지역사회의 의무, 책임을 지니게 한다.

실제로 촛불재단의 조사결과, 가족 자원봉사를 장려하는 기업의 경우 전체의 70%가 공공기관과 지역사회와의 관계가 증진되었다고 답하였으며, 57%는 직원들의 책임감이 높아졌으며, 15%는 직원들이 더욱 생산적으로 되었고, 12%는 가족에 대한 책임부담을 덜 수 있었다고 응답했다.

다른 일반적 형태의 자원봉사 참여에 비해 가족단위 자원봉사 참여가 가지는 장점을 실증적으로 분석한 연구는 아직 미진한 상태이다. 드물기는 하지만 유사한 시도로 우리나라의 경험적 연구에서 가족 자원봉사활동에 참여하는 경우 일반 자원봉사활동에 비해 자원봉사활동의 지속기간이 길었으며, 가족 자원봉사활동에 참여한 청소년이 일반 자원봉사활동에 참여한 청소년보다 자아존중감, 이타성과 사회적 책임성이 높게 나타났다는 실증적 결과를 보여 주기도 한다(이명희, 2004). 가족 구성원 중 두 명 이상이 자원봉사활동에 함께 참여할 때, 소위 '가족 자원봉사'가 가질 것으로 생각되는 독특한 장점은 저절로 나타나는 것이 아니라 의식적인 기획과 관리를 통해 얻어진다.

2) 가족 자원봉사의 현황

국내의 가족 자원봉사 프로그램은 최근 들어 증가하는 추세이다. 아직까지 공식적인 가족 자원봉사 프로그램에 대한 수량적 집계나 범주적 기준 등은 확립된 바 없어 수량적 통계를 파악하기는 어렵다. 하지만 지역별로 자원봉사센터에서는 지역의 가족봉사단을 창설하는 경우가 매우 많아졌다. 또 지역사회복지관이나 건강가정지원센터 등의 기관에서는 대개 가족 자원봉사 프로그램을 운영하고 있다.

자원봉사 프로그램 중에서도 가족단위 자원봉사 프로그램 자체에 집중하는 사례들도 있다. 교보생명교육문화재단의 경우 다솜이가족봉사단이라는 명칭으로 가족 자원봉사활동을 지속적으로 지원하고 있으며, 2015년부터는 생태적 인식과 가족

그림 12-2 그림다솜이가족봉사단의 빗물로 키우는 마을텃밭 조성 자원봉사활동 장면
출처: 교보교육재단 그린다솜이가족봉사단(http://nanumfamily.kbedu.or.kr/).

자원봉사활동을 결합한 그린다솜이가족 자원봉사단 프로그램을 운영하고 있다.

외국에서도 가족 자원봉사에 대한 집중적 관심은 1990년을 전후하여 부각되었다. 촛불재단의 활동에서 가족 자원봉사에 대한 관심이 두드러졌다. 1990년대부터 2000년대 초반까지 촛불재단의 프로그램으로서 Family Matters는 가족 자원봉사를 통해 가족을 강화시키고 지역사회의 심각한 사회문제를 해결하는 데 이바지하고자 강조되었다. 1991년 촛불재단과 켈로그(Kellogg)재단에서 가족단위 자원봉사활동에 관한 조사를 시작했다. 이 조사는 비영리기관에서 자원봉사자로서 가족들을 활용하고 있는지 알아보기 위한 것이었다. 그 결과는 가족들은 여러 다양한 방법으로 자원봉사를 하고 있는데 가족단위로서의 자원봉사자가 적절하게 활용되지도 관리되지도 못하고 있다는 점이 확인되었다. 이러한 조사의 결과로부터 촛불재단과 켈로그재단은 지역사회의 가족 자원봉사를 증가시키고 강화하기 위한 방법으로서 모델을 개발하는 Family Matters의 협력체계를 구축하게 되었다.

Family Matters 프로그램의 목표는 가족 자원봉사자의 수, 가족이 자원봉사할 수 있는 기회, 가족 자원봉사활동 공동체들을 증가시키고 지지함으로써 가족 자원봉사활동의 규범들을 창출해 가는 것이다. Family Matters는 다양한 유형의 가족을 통해 자원봉사를 장려한다. 한편, Family Matters의 관심은 자원봉사에 참여하는 가족의 수를 늘리는 것에만 국한되지 않고 비영리기관, 교육기관, 종교단체, 그리고 기업이 함께 지역사회 욕구에 대응하는 방법을 발견하는 것에 이르고 있다(http://www.pointsoflight.org). 1990년대 이후 Family matters의 주도성을 통해 지역사회의 공동체들은 비영리기관과 기업들, 지역사회 사업장들과 함께 국가적 차원의 전통으로 가족 자원봉사를 만들기 위해 노력하기 시작했다. 심각한 사회문제에 생산적이고 혁신적인 방법으로 대응하기 위해 지역에서 비영리기관과 함께 자원봉사할 중요한 기회를 가족에게 제공하는 것이 중요하다고 보았다.

이후에도 촛불재단은 디즈니(Disney)사 등과 협력하면서 가족 자원봉사에 대한 시상이나 가족 자원봉사의 날 행사, 가족 자원봉사를 지원하기 위한 정보제공과 자료집 발간 등을 통해 가족 자원봉사 활성화를 위한 활동을 다양한 형태로 진행하고 있다.

촛불재단과 같은 대규모 네트워크가 아니라 가족 자원봉사활동 자체에만 초점을 두어 지원하는 체계들도 나타났다. TVF나 Family Cares 등과 같은 것들이다. TVF는 The Volunteer Family의 약자로 2003년 5월에 출발한 비영리 스타트업이다. 가족들은 그들(가족)에게 알맞은 자원봉사활동기관을 찾기 힘든 실정이라는 점에 주목하여, TVF는 이렇게 부모와 그들의 자녀가 함께 자원봉사를 할 수 있는 현장을 연결하는 것에 주력하였다. TVF는 주로 보스턴지역에서 100개 이상의 비영리기관들과 함께 연계해 어린 자녀들에게 알맞은 자원봉사활동을 개발해 가족들에게 제공해 왔다. Family Cares는 가족 자원봉사와 관련된 정보와 가족 자원봉사 관리를 위한 현장 전문성을 공유하는 활동을 진행하였다. 최근 들어서는 이와 같은 소규모 체계의 활동은 주춤한 상태이다.

미국에서는 1990년부터 가족 자원봉사의 날(Family Volunteer Day)을 제정하여 행사를 개최하고 있다. 가족 자원봉사의 날에는 가족이 함께 자원봉사활동을 하는 것이 얼마나 도움이 되는지를 전시, 홍보하고 올해의 가족 자원봉사상을 시상하기도 하는 등의 전국적 이벤트가 각 지역에서 개최된다. 가족 자원봉사의 날은 전략

그림 12-3 촛불재단의 가족 자원봉사의 날 지침서

출처: 촛불재단(http://www.pointsoflight.org).

적으로 추수감사절 직전의 토요일로 설정하고 있다. 가족들이 밖으로 나와서 그들의 지역사회에서 자원봉사활동을 하도록 장려하고 가족들이 모두 함께 다양한 이벤트와 활동에 참여하도록 유도하고 있다.

4. 가족 자원봉사관리와 과제

1) 가족 자원봉사활동에서의 쟁점

가족 자원봉사활동에 대해 '가족'체계 혹은 가족 구성원에 독특한 긍정적 효과를 가질 것이라는 점을 가장 우선적으로 기대한다. 따라서 가족 자원봉사에 관한 연구

(이경은, 2003; 이금룡, 2002 등)에서도 가족체계의 건강성 등에 대한 언급이 많이 나타난다. 가족 자원봉사와 관련하여 가족건강성의 개념 구성요소로 이론적으로 지적되는 부분은 다음과 같다(이경은, 2003).

- 가족의 결속력
- 가족원 간의 의사소통
- 가족의 문제해결능력
- 가족원 간의 가치체계 공유
- 가족 구성원의 역할 유연성

즉, 가족 자원봉사는 가족체계 건강성에 기여하는 쪽으로 기획되고 활용되어야 최대한의 효과를 볼 수 있다는 것이다. 이는 활동에 참여하는 가족 구성원 각자의 욕구를 충족한다는 것과 조금은 다른 각도에서 가족체계 전체에 대한 관점을 지향하는 것이다. 물론 가족 구성원의 욕구(예: '자녀'에 대한 교육 프로그램으로서의 충실한 기능)에 대한 고려도 동시에 이루어져야겠지만, 전체 가족체계에 대한 효과증진의 모색이 필요하다.

현재 많은 경우의 가족 자원봉사는 '체계로서의 가족'과 자원봉사의 목적의식적 결합이 아니라 동일한 가족에서 복수의 사람이 동일한 자원봉사활동에 동시에 참여하게 되는 우연성에 기초하는 취약성도 나타나는 현실이다. 즉, 가족 자원봉사에 대한 자각과 체계적 관리 이전에 가족은 자원봉사에 이미 참여해 온 것이 현실이다. '가족 구성원들이 참여하고 있는 자원봉사'와 '가족 자원봉사'는 구별되어야 하고, 가족 자원봉사 프로그램으로서의 속성을 갖추려면 전체 가족의 건강성을 지원하기 위한 목적의식적 지원이 있어야 한다. 가족체계의 건강성을 지원하는 자원봉사관리 요소가 필수적인 이유이다.

또 한편으로 생각해 보아야 할 점은 모든 자원봉사 대상이나 영역에서 가족 자원봉사활동이 적절한가에 대한 부분이다. 가족 자원봉사의 효과에 대한 논의에서는 가족 자원봉사활동은 일반 자원봉사활동에 비해 서비스공급자(자원봉사자인 '가족'

또는 가족참여를 제공하는 기업이나 학교 등의 조직체)에 초점이 맞추어져 있다. 국·내외 논문 등 관련 자료에서도 봉사활동을 통해 '가족'이 얻는 것이 무엇인지에 대한 언급이 주를 이룬다. 하지만 가족 자원봉사활동의 초점을 서비스대상자에게 전환시킨다면, '대상자의 입장에서 개인 또는 개개인으로 구성된 자원봉사 팀이 오는 것보다 "가족"이 올 때 더 좋은 점은 무엇일까?' '어떤 대상자에게 가족 자원봉사가 찾아가는 것이 바람직한가?' '가족이 자원봉사를 하러 갔을 때 오히려 악영향을 주는 경우는 없을까?' 등의 질문에 대해 생각해 볼 필요가 있다.

국내에서 가족 자원봉사의 활동내용을 살펴보면, 환경활동, 지역사회의 물리적 개선활동, 농촌일손 돕기, 사회복지시설 방문(청소, 일손 돕기 등), 각종 행사기획 등이 많으며, 대상자와 함께 교류하는 활동은 일반 자원봉사활동에 비해 오히려 그 종류가 제한적으로 나타난다. 대개 독거노인이나 홈리스에 대한 지원 등이 언급되곤 한다. 대면 활동에서 가족 자원봉사활동은 대상자에게 미칠 수 있는 특정한 요소에 대한 우려가 있을 수 있다. 예를 들어, 양육시설에 입소해 있는 아동이 자원봉사 대상자가 될 경우 비슷한 연령의 자녀가 있는 한 가족과 만나는 것은 시설에서 생활하는 아동에게 부정적인 영향을 미칠 수도 있다는 것이다. 결국 가족 자원봉사가 대상자에게 가지는 효과가 일반 자원봉사와 다른 독특한 점이 있는가? 이에 대해서는 쉽게 단언하기 어려우며 한편으로는 부정적 영향에 대한 유의점도 있다. 실제로 가족 자원봉사활동 중에 '가족의 미해결된 과제나 갈등'이 표면화되는 부작용이 발생하기도 한다.

가족 자원봉사가 봉사자와 대상자 모두에게 보다 큰 효과를 가지기 위해서는 적절한 활동영역의 선정과 과정상에서의 관리요소가 강조되어야 한다. 그렇지 못할 경우 지금까지처럼 복수의 자원봉사자가 함께 일한다는 것 그리고 부모가 자녀에 대한 교육을 위해 함께 일하려 한다는 우연적 참여방식을 벗어나기 어려울 수 있다.

가족 자원봉사 프로그램은 현실적으로 운영에서 어려운 점도 여러 가지가 있다. 가장 대표적인 장애물로는 가족 구성원들의 스케줄을 조정하여 함께 참여할 수 있도록 관리하는 것이 있다. 복수의 참여자가 동시에 활동하기 때문이다. 또한 성인의 자원봉사활동과 미성년자의 활동이 자주 결합되어야 한다는 점, 다양한 연령대의 가족 구성원에게 모두 적절한 프로젝트를 찾아야 한다는 점 등도 어려움에 해당한다.

이와 아울러 가족 자체가 다양하다는 점과 관련된 이슈도 있다. 다양한 형태의 가족이 있으므로 가족 자원봉사에 참여하는 형태도 다양해지며 이는 '가족 자원봉사'라고 부를 수 있는 전형성이 모호해지는 결과를 낳을 수 있다. 즉, 활성화와 관리 방안을 모색함에 있어 어떤 참여에 초점을 둘 것인가 하는 점이다.

가장 전형적인 참여형태는 학령기 아동이나 청소년 자녀와 부모세대가 함께 참여하는 자원봉사활동이라고 볼 수 있다. 학령기 자녀를 둔 가족의 자원봉사활동을 활성화하기 위해서는 '지원체계'나 '추진체계'의 다소 거시적이고 정책적인 활동과 '관리체계'의 구체적 관리활동이 모두 필요하다. 그렇지 못할 경우 부모가 자신의 자녀를 돌보느라고 정작 자원봉사활동에서 주어진 care의 임무에 소홀하게 되는 등의 부작용이 발생하기도 한다. 혹은 자원봉사활동 과정에서 가족의 미해결된 역동성의 문제가 부각되면서 부작용을 낳기도 한다. 자칫하면 가족뿐만 아니라 활동대상자에게 나쁜 영향을 미칠 수도 있다. 이러한 부작용을 최소화하면서 가족 자원봉사 본래의 효과를 거두기 위해서는 봉사과정에서의 적절한 관리가 필수적이다.

가족 자원봉사 추진 및 관리체계로서 Family Cares를 만들었던 스페이드(Spaide)가 '성공적인 가족 자원봉사를 위한 제언'을 제시한 바 있다. 이는 주로 자녀와 함께 활동하는 부모가 숙지해야 하는 사항으로 제시되고 있다. 또한 자원봉사관리자가 프로그램을 기획하고 관리를 실행하는 과정에서 구현해야 할 요소일 수도 있다.

성공적인 가족 자원봉사를 위한 제언

- 자녀들로 하여금 자기에게 소유된 무엇인가를 타인에게 준다고 느낄 수 있는 실제적인 활동을 고르라: 활동 대상자에게 선물이나 기념카드를 보낸다고 할 때, 부모가 사거나, 부모에게 소유권이 있는 것을 단지 자녀들의 손을 빌려 전달하게 하는 것보다, 자녀들에게 우선적으로 소유권을 준 것을 자녀가 직접 전달하게 하는 것이 좋다.

- 간단하고 단기간에 할 수 있는 활동을 선택함으로 활동의 성공을 보장하도록 하라: 오랜 기간을 요하는 복잡한 활동은 때때로 자녀들의 열정을 빨리 식게 할 수 있다. 짧은 기간 내에 성취할 수 있고, 자녀들이 스스로 관리할 수 있는 활동을 선택하라.
- 자녀들이 봉사하고 싶어 하는 관심을 따라가면서 교육적인 순간을 극대화시키라: 대부분의 성공적인 가족 자원봉사활동은 자녀들의 관심사에 기초한 것이다. 아이들과 함께 뉴스를 보고 요즘 사건들에 대한 의견을 물어보라. 홈리스, 기근 등 현재 이슈화되고 있는 사회문제 이야기들을 쉽게 읽을 수 있는 방법을 찾아라.
- 일생의 남은 부분을 위해 봉사기억을 만들어 놓음으로서 자존감을 세우라: 가족의 활동사진, 고마운 사람들, 자녀들의 귀여운 인용 글, 각각의 활동에 대한 당신의 감흥들이 포함된 '활동 스크랩북'을 만들라. 그 책은 자녀들이 성장하여 어른이 될 때, 자존감을 키워 줄 수 있는 좋은 자료가 될 것이다.
- 재미있는 분위기: 베푸는 활동이 자녀들에게 재미있고 기분 좋은 경험을 가져다주어야 한다. 함께 자원봉사활동을 하면서 농담하고, 칭찬해 주고, 자주 웃어라. 자녀들은 '일' 자체보다는 그때의 '분위기'를 더 기억할 것이다.
- 자원봉사를 함께 하길 원하는 다른 가족들과 함께 힘을 합쳐라: 좀 더 명랑해지면 좋다. 봉사활동은 당신 가족의 친구들과 함께 할 때, 더욱 높은 성취를 가져올 수 있다. 당신은 자원봉사활동 파티를 개최할 수도 있고 지역사회에서 가족 자원봉사의 날을 가질 수도 있다.
- 봉사하는 모습의 좋은 사례가 되라: 자녀들로 하여금 당신(부모)이 자원봉사하는 모습을 보게끔 하라. 자녀가 있는 곳에서 어른들과 함께 타인을 돕는 방법에 대해 이야기하라. 당신(부모)의 자원봉사활동에 대한 불평을 하는 것을 피하라. 자녀들에게 봉사하는 것(다른 사람을 돌보는 것)이 얼마나 기분 좋은 활동인지 말해 주라.
- 봉사는 결과가 아니라 과정임을 기억하라: 봉사활동에 있어서 자녀들의 의지와 노력을 빛나게 하라. 봉사의 최종결과물이 완벽하지 않다 해도 그것은 애써 무시하라. 필요하다면, 당신은 자녀가 알기 전에 비밀스럽게 결과를 고칠 수 있을 것이다.
- 각각의 활동 후 자녀의 열정을 강화시키라: 비공식적인 가족모임을 통해 활동에 대해 논의하고, 무엇을 배웠는지, 무엇을 느꼈는지, 다음에는 어떻게 할 것이지 논의하라. 활동에 대해 이야기하는 것은 느낀 점에 대해 글로 적게 할 것이고 좀 더 효과적인 경험을 안겨 줄 것이다.

출처: 패밀리케어(http://www.familycares.org).

2) 효과적 가족 자원봉사를 위한 관리와 과제

(1) 사전 기획 과정에서의 유의사항

기본적으로 모든 자원봉사 프로그램 기획에서 가족 자원봉사 프로그램으로의 활용성을 타진할 필요가 있다. 가족 자원봉사 프로그램만을 별도로 기획하거나 별도로 모집하는 것은 바람직하지 않다.

가족을 모집하기 이전에 참여할 가족이 함께 할 수 있는 적절한 활동내용이 확보되어야 한다. '가족이기 때문에 할 수 있는' 또는 가족이 잘할 수 있는 것이 무엇인지 파악하는 것이 필요하다. 예를 들어, 가족이 함께 독거노인의 집을 방문해 생일상을 차려 드리는 등의 활동은 개인단위로 방문하여 같은 일을 했을 때보다 효과가 더 클 수 있다. 즉, 가족봉사단이 필요한 곳에 가족이 찾아가서 봉사를 하는 형태가 가장 이상적이다. 현재 가족 자원봉사는 단지 개인 대신 가족이 참여한다는 것 외에 봉사활동 영역과 내용 면에서는 일반 자원봉사와 구분 없이 진행되고 있는 것이 많다. 때문에 가족이 할 수 있는 자원봉사업무에 대한 개발이 필요하고 지침을 세울 필요가 있다.

가족 자원봉사활동 직무는 단지 가족 구성원이 '함께' 할 수 있다고 해서 모두 적절한 것은 아니다. 가족 자원봉사활동 내용으로서 일반적으로 갖추어져야 할 사항은 다음과 같다(촛불재단: www.pointsoflight.org).

- 재미있고 활동적이고 눈에 보이는 실천적인 활동
- 경험, 재능, 능력 범위 안에서 가능한 활동
- 분배해서 할 수 있는 활동
- 가족들에게 새로운 경험과 환경을 소개시킬 수 있는 활동
- 가족들로 하여금 느끼고 배운 것을 반성할 수 있도록 하는 활동
- 계획과 장소의 유연성이 있는 활동
- 어린 자녀들에게 교육적인 측면을 가지는 활동
- 다른 가족들과 상호작용할 수 있는 활동

- 직접적인 효과를 확인할 수 있는 곳에서의 활동

기본적으로 가족 자원봉사활동은 가족 구성원이 함께 협력하여 성취할 수 있는 팀워크와 관련된 일을 기획하는 것이 좋다. 참여하는 가족 구성원마다 잘할 수 있는 일이 다르고, 각자 맡은 일이 결정되지 않는다면 가족 중 어느 한 명(특히 부모)이 모든 것을 다 하는 식으로 될 우려가 있다. 이러한 측면에서 볼 때, 가족 자원봉사는 분업, 즉 각자 맡은 일이 반드시 있어야 하고 특히 자녀의 일이 분명하여야 한다.

효과적인 가족 자원봉사 프로그램의 구성은 가족의 발달단계에 따라 달라진다. 여기서 자녀의 연령이 중요하게 부각될 수 있는데 초등학교, 중학교, 고등학교, 성인 등에 따라 큰 자원봉사영역 안에서의 세부 활동이 각각 다르게 제시될 수 있다. 먼저, 초등학생의 경우 열정과 사랑이 많고 초등학생 그룹일 때 자원봉사활동의 경험이 매우 큰 이익을 남긴다는 보고가 있다. 반면, 중·고등학생으로 갈수록 본인의 흥미분야 및 잘할 수 있는 것에 대한 인식이 분명해지고 자원봉사 행동의 계획을 스스로 세울 수 있다. 장애인 체육대회에서 장애인을 보조하여 같이 달리거나 발달장애를 가진 청소년과 함께 축구를 하거나 스포츠를 하는 경우, 와상환자 또는 그 가족들에게 식사를 배달하거나 식사보조를 할 경우, 학업, 미술 등을 누군가에게 가르치는 활동을 하는 경우, 초등학생보다는 중·고등학생에게 더 적합할 것이다.

자원봉사관리자나 사회복지사 혹은 교사가 가족 자원봉사활동에 적절하게 프로그램을 개발할 수도 있으나 활용 가능한 프로그램과 유의점에 대한 정보들을 공유할 수 있는 체계를 구축하는 것도 긴요한 정책과제가 될 것이다.

(2) 참여 가족의 모집과 선발

가족 자원봉사활동에 참여할 가족을 모집하기 위해서는 새로운 프로그램을 지역사회에 제안하고 홍보하여 신청가족을 모집하는 것이 일반적이지만, 한편으로는 기존의 자원봉사자들에게 가족과 함께 참여하도록 요청하는 경우도 많이 있다.

촛불재단에서는 가족 자원봉사자를 모집하는 간단한 방법으로 다음과 같은 것들을 제시하고 있다(촛불재단: www.pointsoflight.org).

- 유망한 자원봉사자에게 그들의 가족과 함께 자원봉사를 하는 것에 흥미를 가지고 있는지 물어보라.
- 'Family Involvement Day' 등의 이벤트를 만들어 광고하라.
- 광고지에 가족 자원봉사의 기회에 대해 눈에 띄도록 싣고, 가족들의 자원봉사 활동을 보여 주라.
- 가족의 참여를 위해 홍보할 수 있도록 가족 자원봉사 멤버들의 사무국을 만들라.
- 직원 자원봉사 프로그램에 가족의 참여까지 확장시키기 위한 프로그램을 권유하라.
- 지역 자원봉사센터에 가족 자원봉사의 기회에 대해 홍보하라.

모집에 응한 가족 자원봉사자가 모두 곧장 자원봉사활동에 투입되는 것은 아니고 참여의 적절성에 대한 선발의 절차가 있어야 한다. 이 선발과정에서는 다른 참여 가족이나 활동내용과의 적합성을 고려하면서 탐색이 필요할 수 있다.

가족유형별로 봉사단을 운영할 것인지, 아니면 여러 유형의 가족들을 통합하여 운영할 것인지는 프로그램 개발뿐 아니라 모집과정에서도 중요한 이슈가 되며, 궁극적으로 단순한 봉사 프로그램에 행위주체만 가족단위로 하는 일괄적이고 평면적인 기획에 그칠 수 있는 것을 방지해 줄 수 있다(이금룡, 2002). 전형적인 핵가족으로만 구성할 것인지, 아니면 다양한 유형의 가족들(예: 한부모가족 등)을 대상으로 할 것인지 혹은 모든 유형의 가족을 모두 통합하여 실행할 것인지를 먼저 고려해야 한다. 만약 다른 유형의 가족형태들(전형적인 핵가족과 한부모가족 등)이 함께 봉사활동을 전개하는 경우, 단지 프로그램 내용뿐 아니라, 진행과정에서 개별 가족 간의 상호작용에 대해 신경을 써야 한다. 만약 전형적인 핵가족들만을 대상으로 선발한다면, 가족봉사단의 활동 자체가 한부모가족과 같은 다양한 형태의 가족을 배려하지 못하고, 이들에게 또 다른 낙인을 주는 상황이 될 것이다.

현실적으로 가족 자원봉사가 주로 자녀들에게 초점이 맞추어져 있는 것이 사실이다. 자녀세대들의 봉사활동에 부모세대가 함께 참여하는 형태로 이루어지는 것이 일반적인 봉사 프로그램이라면, 자녀들의 발달단계 혹은 연령대(유치원, 초등학교, 중학교, 고등학교 등)를 가족봉사단 모집 기준의 하나로 설정해야 할 것이다.

(3) 부모의 우선적 고양

평소에 부모가 아이들에게 보여 주는 자원봉사에 대한 올바른 태도가 중요하고 이렇게 부모에게 영향을 받은 아이들의 경우 좋은 자원봉사활동을 지속적으로 할 수 있다. 하지만 현실에서는 부모들이 자원봉사 경험이나 정보가 충분하지 못하다.

우리나라에서 가족 자원봉사는 '부모'의 욕구에 의해 시작되는 경우가 많다. 그리고 이를 감안한다면 가족 자원봉사를 통해, 부모가 자녀에게 올바른 자원봉사모습을 보여 줌으로써 그 자체가 교육적인 측면을 지닐 수 있다. 특히 초등학생의 경우 교육적인 측면이 더 크다. 자녀에게 지역사회의 실태를 보여 주고, 지역사회의 사회복지 현장에 접촉하게 하는 것만으로 의미가 있을 수 있다. 그러나 이 과정에서 부모는 자녀와 같은 수준에서 현장에 접촉하는 것이 아니라 어느 정도 '지도자'로서의 소양과 지식을 가지고 있는 것이 좋다. 즉, 부모는 초보가 아니어야 한다는 점이다.

이를 위해서는 실제 활동 전에, 부모와 자녀 모두에게 자원봉사에 대한 교육을 해야 하지만, 특히 부모는 사전 교육과 제공되는 정보가 많아서 실제 활동에서는 자녀에게 본보기가 되고 자녀를 이끌 준비가 되어 있어야 한다. 즉, 부모는 자녀에 비해 업그레이드되어 있어야 한다. 그렇지 않을 경우 자원봉사활동이 제대로 이루어지지 않고 부모의 '자기 아이 챙기기'가 될 우려가 있다. 활동 현장에서 부모와 자녀가 함께 활동하는 경우 부모가 본인의 자녀를 신경 쓰느라 자원봉사가 잘 이루어지지 않는다는 불만이 상당수 있다.

(4) 충실한 오리엔테이션

새로운 자원봉사자를 위해 오리엔테이션은 언제나 필요하다. 오리엔테이션은

자원봉사자들을 편안하게 해 주면서 기관의 배경과 실천적 지식을 알려 준다. 가족 자원봉사자 역시 예외가 아니고 기관의 오리엔테이션이 필요하다. 각각의 가족 자원봉사자들은 그들이 이곳에서 일하는 이유가 무엇이며, 개인적으로, 집단적으로, 그들에게 기대되는 것이 무엇인지 알아야 할 필요가 있다. 가족 자원봉사자의 오리엔테이션은 연령을 고려해 편성되어야 하며 특히 어린이와 청소년에 주의를 기울여야 한다. 그리고 동시에 기관의 욕구와도 맞아야 한다.

오리엔테이션은 너무 길지 않게 구성하는 것이 바람직하다. 다양한 연령을 감안하여 참가자들의 질문시간과 시각적인 자료들, 자원봉사자들이 상호작용할 수 있는 시간 등이 포함되어야 한다. 주된 내용은 기관의 미션과 가치에 대한 간략한 자료, 기관의 역사, 기관의 프로그램과 서비스 내용, 기관의 미래 계획에 대한 묘사 등이다.

오리엔테이션을 위해 포함되어야 할 과제들

- 자원봉사지역 견학
- 상호작용해야 할(함께 일하게 될) 다른 자원봉사자 또는 관련된 사람들의 이름 및 맡은 일
- 자원봉사자 각자의 활동 스케줄과 궁금한 사항에 대해 물어볼 수 있는 시간
- 자원봉사자가 자신의 짐을 맡겨 놓을 수 있는 장소
- 자원봉사자가 일하게 될 장소
- 자원봉사자가 사용할 수 있는 장비와 공급품이 있는 장소
- 자원봉사자가 도착하고 떠날 때 통보할 수 있는 스태프의 이름
- 자원봉사 수행 중 문제에 대응하기 위한 방법의 재검토(재고)

(5) 활동관리와 가족체계 강화

가족 자원봉사가 단지 복수의 활동자 이상의 의미를 가진다는 것은 '건강한 가족체계로의 지원'과 관련된다. 이를 위해서는 활동 진행 중의 관리에서 가족기능의 강화에 대한 지원요소를 포함하여야 한다.

먼저, 가족의 경계와 구조와 관련하여 '개방형'의 체계가 성립될 수 있도록 하는 지원이 필요하다. 가족봉사단의 궁극적인 목적은 가족 자원봉사활동을 통해 개방적 유형의 가족을 지향하는 것이라고도 할 수 있기 때문이다(이금룡, 2002). 다음으로 가족의 의사소통을 격려하는 방식으로 활동이 진행되어야 한다. 가족 모두가 참여하는 일로 활동을 구성하는 것도 중요하지만 각자가 일만 하는 것이 아니라 함께 논의하고 개방적인 피드백과 의사소통이 많이 일어나도록 설계하고 관리해야 한다. 가족 전체의 측면에서 문제해결능력을 고양할 수 있도록 하는 것도 중요하다. 이는 활동이 단지 행위의 개념으로서가 아니라 결과(성과)의 개념으로 부과되고 이를 주체적으로 해결하려는 노력을 통해 이루어질 수 있다. 마지막으로, 가족 구성원 전체가 동일한 가치와 유사한 경험을 통해 결속력을 고취할 수 있도록 하는 적절한 이벤트나 행사의 마련도 중요하다.

이러한 지원은 가족이 구성원의 단순 합계 이상인 것처럼 자원봉사활동이 구성원 각자와 아울러 전체 가족의 기능을 향상시키는 것에 기여할 수 있을 것이다.

(6) 가족 자원봉사의 인정 · 보상과 평가

가족 자원봉사활동에의 참여에 대해서 한 단위로서 가족에게 그리고 가족 구성원 개개인에 대해서 모두 각자의 공헌을 확인하고 감사함을 느낄 수 있도록 종결과정을 이끌어야 한다.

가족 자원봉사활동에 대해 인정하고 보상해 주는 일은 매우 중요하다. 프로그램에 대한 인식도를 제고하고, 참가하는 가족들 사이에 긍정적인 집단정체성을 강화시켜 준다. 또한 가족들에게 이후의 활동에 대해서도 동기가 유발되도록 만들고, 신입회원을 모집하는 데도 도움이 된다.

자원봉사자의 성취를 인정하는 것은 적극적으로 이루어져야 한다. 인정은 정직하게 해야 한다. 활동의 끝에서만이 아니라 지속적으로 자원봉사자에게 인정의 메시지를 주는 것이 좋다. 자원봉사자에게 물을 챙겨서 준다거나, 기념일이나 생일날 카드를 보낸다거나, 미소를 짓거나, 감사하다는 말을 건네는 등의 간단한 방법들도 사용될 수 있다. 가족 개개인에 대해 알맞은 방법으로 '인정'해 주고 가족이나 문화의 다양성을 고려해야 한다. 감사카드, 감사장, 인증서 등 사용 가능한 아이디어는 많다.

가족 자원봉사활동에서는 가족이 함께한 시간에 대한 기록과 추억을 강화하는 내용의 인정방법이 중요한 의미를 가진다. 예를 들어, 활동앨범이나 동영상을 만들어 제공해 주는 것은 개인자원봉사자보다 가족 자원봉사자에게 더 효과적인 인정방법이 되곤 한다.

평가의 경우에도 전체로서의 가족, 그리고 각 구성원이 모두 평가의 단위가 되어야 한다. 특히 자녀의 견해가 충분히 중요하게 취급될 수 있어야 한다.

제13장

사회복지시설에서의 자원봉사

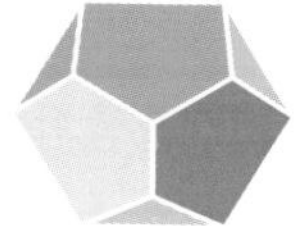

1. 사회복지시설의 이해

1) 사회복지시설의 개념과 개방성

사회복지기관과 시설은 지역사회에서 충족되지 않은 사회복지적 욕구에 접근하기 위해 만들어진 조직체이다. 지역사회에 존재하는 사회복지기관과 시설은 주로 사용하는 전문적 사회복지실천의 방법, 클라이언트에게 직접적인 서비스를 제공하느냐의 여부, 활동을 전개하는 지리적 단위, 다루고자 하는 문제의 형태, 설립주체 등의 여러 가지 기준에 따라 다양하게 유형이 분류될 수 있다.

사회복지기관(agency)과 시설(institution)이라는 용어도 일반적으로는 둘 다 쓰이지만 명확히 구별되기 어려운 점이 있다. 통상 사회복지시설이라는 용어를 더 많이 사용한다. 그러나 어떤 경우에는 복지서비스 대상자인 클라이언트를 직접적으로 접촉하여 활동하는 경우에는 시설, 그렇지 않은 간접적 활동을 수행하는 경우에는 기관이라는 용어를 사용하기도 한다. 던햄(Dunham) 등과 같은 학자는 직접서비스 기관(소비자서비스기관)과 간접서비스기관(비소비자서비스기관)으로 지칭하기도 하지만, 보통 직접서비스기관은 사회복지시설을 의미하며 이를 생활시설과 이용시설로 구별하는 것이 일반적인 용어 사용이다.

사회복지기관과 시설은 그 종류와 수가 매우 많고, 지역사회 구성원 전체 혹은 일부 특정 집단의 기본적 욕구의 미충족 문제나 사회문제로 인한 각종 생활상의 어려움 이슈를 직접적으로 다루는 조직이다. 게다가 사회복지기관과 시설은 지역사회에서 사회복지서비스를 제공하는 핵심 거점이 되므로 그 중요성은 매우 크다. 이러한 점에서 자원봉사활동의 일차적인 관심의 표적이 되기 때문에 대표적인 자원봉사활동의 현장으로 가장 많이 활용되곤 한다.

우리나라의 사회복지시설은 「사회복지사업법」 제2조와 관련 법령의 적용을 받는 것으로 규정되고 있다.

「사회복지사업법」에서의 사회복지시설 규정

제2조(정의) 이 법에서 사용하는 용어의 뜻은 다음과 같다.

1. "사회복지사업"이란 다음 각 목의 법률에 따른 보호 · 선도(善導) 또는 복지에 관한 사업과 사회복지상담, 직업지원, 무료 숙박, 지역사회복지, 의료복지, 재가복지(在家福祉), 사회복지관 운영, 정신질환자 및 한센병력자의 사회복귀에 관한 사업 등 각종 복지사업과 이와 관련된 자원봉사활동 및 복지시설의 운영 또는 지원을 목적으로 하는 사업을 말한다.
   가. 「국민기초생활 보장법」
   나. 「아동복지법」
   다. 「노인복지법」
   라. 「장애인복지법」
   마. 「한부모가족지원법」
   바. 「영유아보육법」
   사. 「성매매방지 및 피해자보호 등에 관한 법률」

아. 「정신건강증진 및 정신질환자 복지서비스 지원에 관한 법률」

자. 「성폭력방지 및 피해자보호 등에 관한 법률」

차. 「입양특례법」

카. 「일제하 일본군위안부 피해자에 대한 생활안정지원 및 기념사업 등에 관한 법률」

타. 「사회복지공동모금회법」

파. 「장애인 · 노인 · 임산부 등의 편의증진 보장에 관한 법률」

하. 「가정폭력방지 및 피해자보호 등에 관한 법률」

거. 「농어촌주민의 보건복지증진을 위한 특별법」

너. 「식품 등 기부 활성화에 관한 법률」

더. 「의료급여법」

러. 「기초연금법」

머. 「긴급복지지원법」

버. 「다문화가족지원법」

서. 「장애인연금법」

어. 「장애인활동 지원에 관한 법률」

저. 「노숙인 등의 복지 및 자립지원에 관한 법률」

처. 「보호관찰 등에 관한 법률」

커. 「장애아동 복지지원법」

터. 「발달장애인 권리보장 및 지원에 관한 법률」

퍼. 「청소년복지 지원법」

허. 그 밖에 대통령령으로 정하는 법률

2. "지역사회복지"란 주민의 복지증진과 삶의 질 향상을 위하여 지역사회 차원에서 전개하는 사회복지를 말한다.
3. "사회복지법인"이란 사회복지사업을 할 목적으로 설립된 법인을 말한다.
4. "사회복지시설"이란 사회복지사업을 할 목적으로 설치된 시설을 말한다.
5. "사회복지관"이란 지역사회를 기반으로 일정한 시설과 전문인력을 갖추고 지역주민의 참여와 협력을 통하여 지역사회의 복지문제를 예방하고 해결하기 위하여 종합적인 복지서비스를 제공하는 시설을 말한다.

6. "사회복지서비스"란 국가 · 지방자치단체 및 민간부문의 도움을 필요로 하는 모든 국민에게 「사회보장기본법」 제3조 제4호에 따른 사회서비스 중 사회복지사업을 통한 서비스를 제공하여 삶의 질이 향상되도록 제도적으로 지원하는 것을 말한다.
7. "보건의료서비스"란 국민의 건강을 보호 · 증진하기 위하여 보건의료인이 하는 모든 활동을 말한다.

사회복지시설은 「사회복지사업법」에 따른 사회복지사업을 할 목적으로 설립된 시설인데, 여기서 목적이라는 표현의 의미는 실제로 그 시설이 하는 활동의 내용으로 판단하도록 되어 있다. 즉, 시설 설립자나 운영주체가 사회복지사업을 할 목적인지 아닌지를 스스로 판단하는 것이 아니라 취약계층이 함께 생활하도록 수용보호하고 있거나 생활지원서비스를 제공하는 경우에는 정부나 지방자치단체에 의해 사회복지시설로 판단이 이루어진다. 사회복지시설은 모두 지방자치단체에 신고를 하도록 되어 있으며, 신고를 하고 나면 법률에 의해 사회복지시설로서 운영에 필요한 인건비와 운영비의 지원을 받게 된다. 단, 법률에 규정된 서비스의 품질과 시설평가, 지도감독, 감사 등의 의무를 진다. 정부로부터 비용지원도 받지 않고 대신 규제도 받지 않는 것은 예전에는 가능했지만 지금은 불가능하다. 사회복지시설과 같은 혹은 유사한 활동을 하면서 정부와 지방자치단체의 통제를 받지 않는 것(예: 지정한 수의 사회복지사를 고용하지 않는 것, 사회복지시설로서 최저기준에 해당하는 서비스를 제공하지 않는 것, 외부의 감사나 평가를 받지 않는 것, 행정관서의 조치에 따르지 않는 것 등)은 불법이다. 이처럼 지원과 함께 강한 규제를 동반하는 것은 사회복지시설이 국민, 특히 취약성을 가진 국민들의 생활과 인권 자체를 직접 다루는 일을 하는 곳이고, 모든 국민의 인권을 지켜야 할 의무가 국가에게 있기 때문이다.

사회복지시설에서 인권보호가 제대로 이루어지지 않았을 때의 비극적 양상은 1980년대 형제복지원 사건을 통해 우리에게 잘 알려져 있다.

형제복지원 사건

1987년 3월 22일, 전국 최대의 부랑인 시설인 부산 형제복지원에서 직원의 구타로 원생 1명이 숨지고 35명이 탈출하는 사건이 일어났다. 부산광역시 진구 당감동에 위치한 형제복지원은 부랑인 선도를 목적으로 당시 해마다 20억 원씩 국고의 지원을 받아 온 곳이었다.

하지만 조사 결과, 형제복지원은 부랑인 선도를 명목으로 역이나 길거리에서 주민등록증이 없는 사람을 끌고 가서 불법 감금시키고 강제노역을 시켰으며, 저항하면 굶기고 구타하거나 심지어 살해하여 암매장까지 했던 것으로 밝혀졌다. 이런 식으로 12년 동안 무려 531명이 사망했고, 일부 시신은 300~500만 원에 의과대학의 해부학 실습용으로 팔려 나가기도 했다. 또한 원장은 자신의 땅에 운전교습소를 만들기 위해 원생들을 축사에 감금하고 하루 10시간 이상의 중노동을 시켰다. 형제복지원 사건이 알려지게 된 것은 탈출에 성공한 원생이 신고하면서였다. 이 사건으로 형제복지원 원장 박 모 씨를 비롯한 직원 5명이 구속되었다. 이 사건은 당시 1987년 민주화 진행과정에서 인권에 대한 의식고양과 함께 세인의 관심을 크게 모았다. 이 사건은 당시 낙후된 부랑인시설의 인권수준과 참상을 여실히 보여 준 사례였으며 이후 우리나라 부랑인시설과 사회복지시설에서의 인권문제에 대한 의식에 크게 영향을 미쳤다.

출처: 남기철(2009).

형제복지원과 같은 심각한 인권침해를 범하는 수용시설은 현재는 거의 사라졌지만 우리나라의 사회복지가 거주시설 혹은 생활시설 중심으로 이루어지고 있는 특성은 지금도 남아 있다. 만약 형제복지원이 지금 존재하고 있다면 이곳에서는 자원봉사자를 받아 자원봉사활동을 활발하게 진행하고 있으리라고 예상되는가? 아

표 13-1 사회복지시설의 종류

<table>
<tr><th rowspan="2">소관
부처</th><th rowspan="2">시설종류</th><th colspan="2">세부종류</th><th rowspan="2">관련법</th></tr>
<tr><th>생활시설</th><th>이용시설</th></tr>
<tr><td rowspan="10">보건
복지부</td><td>노인
복지시설</td><td>• 노인주거복지시설
• 노인의료복지시설
• 학대피해노인전용쉼터</td><td>• 재가노인복지시설
• 노인여가복지시설
• 노인보호전문기관
• 노인일자리지원기관</td><td>「노인복지법」</td></tr>
<tr><td>복합노인
복지시설</td><td colspan="2">• 농어촌에 지역에 한해 「노인복지법」 제31조 노인복지시설을 종합적으로 배치한 복합노인복지시설을 설치 · 운영 가능</td><td>「농어촌주민의
보건복지
증진을 위한 특별법」</td></tr>
<tr><td>아동
복지시설</td><td>• 아동양육시설
• 아동일시보호시설
• 아동보호치료시설
• 자립지원시설
• 공동생활가정</td><td>• 아동상담소
• 아동전용시설
• 지역아동센터
• 아동보호전문기관
• 가정위탁지원센터</td><td>「아동복지법」</td></tr>
<tr><td>장애인
복지시설</td><td>• 장애유형별 거주시설
• 중증장애인 거주시설
• 장애영유아 거주시설
• 장애인 단기 거주시설
• 장애인공동생활가정
• 피해장애인쉼터</td><td>• 장애인지역사회재활시설
• 장애인직업재활시설
• 장애인의료재활시설
• 장애인생산품판매시설</td><td>「장애인복지법」</td></tr>
<tr><td>어린이집</td><td></td><td>• 어린이집</td><td>「영유아보육법」</td></tr>
<tr><td>정신보건
시설</td><td>• 정신요양시설
• 정신재활시설 중 생활시설</td><td>• 정신재활시설 중 이용시설</td><td>「정신건강증진 및
정신질환자
복지서비스 지원에
관한 법률」</td></tr>
<tr><td>노숙인시설</td><td>• 노숙인자활시설
• 노숙인재활시설
• 노숙인요양시설</td><td>• 노숙인종합지원센터
• 노숙인일시보호시설
• 노숙인급식시설
• 노숙인진료시설
• 쪽방상담소</td><td>「노숙인 등의 복지 및
자립지원에 관한 법률」</td></tr>
<tr><td>사회복지관
결핵 ·
한센시설</td><td>• 결핵 · 한센시설</td><td>• 사회복지관</td><td>「사회복지사업법」</td></tr>
</table>

	지역 자활센터		• 지역자활센터	「국민기초생활 보장법」
	다함께 돌봄센터		• 다함께돌봄센터	「아동복지법」
여성 가족부	성매매피해 지원시설	• 일반지원시설 • 청소년지원시설 • 외국인지원시설 • 자립지원공동생활시설	• 자활지원센터 • 성매매피해상담소	「성매매방지 및 피해자 보호 등에 관한 법률」
	성폭력피해 보호시설	• 성폭력피해자보호시설	• 성폭력피해상담소	「성폭력방지 및 피해자 보호 등에 관한 법률」
	가정폭력 보호시설	• 가정폭력피해자 보호시설	• 가정폭력상담소 • 긴급전화센터	「가정폭력방지 및 피해자보호 등에 관한 법률」
	한부모가족 복지시설	• 모자가족복지시설 (기본, 공동, 자립) • 부자가족복지시설 (기본, 공동, 자립) • 미혼모자가족복지시설 (기본, 공동) • 일시지원복지시설	• 한부모가족복지상담소	「한부모가족지원법」
	다문화가족 지원센터		• 다문화가족지원센터	「다문화가족지원법」
	건강가정 지원센터		• 건강가정지원센터	「건강가정기본법」
	청소년 복지시설	• 청소년쉼터 • 청소년자립지원관 • 청소년치료재활센터 • 청소년회복지원시설		「청소년복지 지원법」

출처: 보건복지부(2021a).

마 그렇지 못할 것이다. 지역사회에 개방하고자 하지 않을 것이다. 사회복지시설에서 투명성과 개방성은 그 운영에서의 전문성과 아울러 가장 중요한 원칙으로 이야기되고 있다. 지역사회에 투명하게 개방적으로 시설이 운영되는 것은 입소자나 취약계층의 인권보호를 위해 중요하고, 최근에는 거의 모든 사회복지시설이 개방성을 통해 스스로의 운영 적절성을 입증하고 있다. 그리고 이 개방성과 지역사회교류의 중요한 방편이 자원봉사활동이기도 하다.

2) 사회복지시설의 종류와 자원봉사현장

사회복지시설은 대상 인구층에 따라 아동복지시설, 노인복지시설, 장애인복지시설, 모부자복지시설, 정신요양시설, 노숙인복지시설 등으로 나눌 수 있고, 각각의 시설은 시설 고유의 성격에 따라 다양한 모습을 가지게 된다.

노인복지시설 중 생활시설은 주거복지시설과 의료복지시설로 나눌 수 있다. 주거복지시설은 무의탁 노인들에게 시설에 거처를 제공하며 기본생활지원 서비스를 주는 시설이고, 의료복지시설은 상대적으로 심각한 건강문제가 있는 노인들에게 주거지원과 함께 요양보호를 제공하는 시설이다. 이용시설로는 노인 대상의 여가복지시설과 재가노인복지시설이 있다.

아동복지시설 중에서 생활시설은 아동양육시설, 아동일시보호시설, 아동보호치료시설, 아동직업훈련시설, 아동단기보호시설이 있다. 아동생활시설의 대부분은 정상적인 가정양육과 보호를 받을 수 없는 상황에 놓인 아동들에게 보호와 생활지원서비스를 제공하는 것이다. 또한 아동상담소, 아동전용시설, 아동복지관 등의 이용시설도 있다.

장애인 대상의 사회복지시설은 장애인을 대상으로 수용보호하는 장애유형별 장애인생활시설과 이용시설로서 장애인지역사회재활시설과 장애인직업재활시설이 있다. 정신장애인이나 정신질환자를 대상으로 하는 사회복지시설로는 정신요양시설과 정신질환자 사회복귀시설이 있다.

사회경제적으로 취약한 상태인 한부모가정을 지원하기 위한 모부자복지시설과 노숙인을 위한 노숙인복지시설, 결핵시설, 한센시설 등의 다양한 시설이 있다. 이상의 사회복지시설은 대부분 보건복지부가 지도감독의 주무부처가 되고 있다. 그러나 여성복지 관련 영역과 보육시설은 여성가족부의 소관이다. 자립지원시설, 직업보도시설, 교호시설, 청소년 쉼터와 회관, 청소년상담소 등 청소년복지 관련 시설도 주무부처가 달라 사회복지시설의 법적 범주 내에 포함되어 있지 않지만 사실상 사회복지시설로서의 서비스를 제공하고 있다.

〈표 13-1〉에서 보는 바와 같이 다양한 사회복지시설이 있고, 어떤 자원봉사자가 사회복지시설에서 자원봉사활동을 수행한다면, 여기에 명시된 시설유형 중 하나에 해당하는 것이다. 기본적으로는 대상 인구나 사회적 욕구 분야별로 생활시설(입소하여 시설 내에 거주하게 되는 거주시설)과 이용시설(자신의 주된 거주지가 따로 있고 서비스에 필요한 시간에만 시설을 이용)로 크게 구분되는 방식이다.

(1) 사회복지생활시설(거주시설)

특정 대상자가 사회복지시설에서 거주하면서 기본적인 의식주를 포함하여 생활지원과 복지서비스를 받는 사회복지생활시설은 가장 전형적이고 고전적인 자원봉사활동 현장이기도 했다. 일반인들이 사회복지시설이라고 부를 때는 아직도 사회복지생활시설을 의미하는 것이 보통이다. 사회복지생활시설은 입소자의 가정을 대신해 기본적인 보호를 제공하는 '가정대체적 기능'과 전문적 서비스를 제공하는 '전문적 보호의 기능'을 통합적으로 수행하게 된다.

우리나라 사회복지생활시설 중에서 입소자 통계가 제시되고 있는 생활(거주)시설의 현황은 〈표 13-2〉에서 보는 바와 같다. 2020년 말을 기준으로 공식적인 사회복지생활시설 총 9,024개소에 약 232,664명이 입소생활하고 있다. 여기에는 20만 명 가까운 종사자가 근무하고 있다. 이 중 노인의료복지시설이 시설 수 5,746개, 입소자 수 16만 명, 종사자 수 11만 명으로 가장 높은 비중을 차지하고 있다. 전체적으로 대부분의 유형의 사회복지생활시설은 감소하는 추세이지만 노인의료복지시설은 꾸준히 증가하는 추세이다.[1] 다음으로는 장애인거주시설이 1,422개에 입소자 26,648명, 종사자 18,562명이 있다. 생활시설서비스의 특성상 24시간 무휴로 서비스가 제공되어야 하기 때문에 종사자의 교대근무 등을 감안한다면 인력과 비용이 매우 많이 소요되는 복지서비스 제공방식이다. 아직도 우리나라에서는 적절한 서비스 제공을 위한 충분한 종사자 인력 지원이 되지 못하고 있다. 예산과 인력 지원이 취약하므로 규모의 경제를 활용하여 효율적으로 운영하기 위한 대형 사회복지생활시설이 여전히 존재하고 있다. 이는 본질적으로 전문적 복지서비스가 제공되기 어려운 구조적 원인이 된다. 최근에는 각 시설유형별로 대형시설을 줄이고 소규모화하기 위한 정책들이 추진되고 있다.

표 13-2 사회복지생활시설의 현황 (2021. 8. 25. 기준)

구분	시설 수	입소자 수	비고[2)]
아동	875	14,325	아동복지시설
노인	6,014	169,948	노인의료복지시설, 노인주거복지시설
장애인	1,422	26,648	장애인거주시설
정신보건	270	9,153	정신재활시설, 정신요양시설
노숙인 등	101	6,987	노숙인 등 생활시설
결핵 · 한센장애	6	259	
한부모	121	2,969	한부모가족복지시설
여성	185	2,201	가정폭력피해 보호시설, 성매매피해지원시설, 성폭력피해 보호시설
청소년	30	174	청소년복지시설
총계	9,024	232,664	

출처: 보건복지부(2021).

1) 2005년 기준의 통계를 보면 전체 사회복지생활시설 2,262개에 총 입소자 수가 103,498명으로 입소자 수 기준으로 현재의 절반도 되지 않는다. 이에 따르면 약 15년 사이에 10만 명 이상 입소자가 늘어난 것으로 보이지만, 이는 노인생활시설의 입소자 수가 37,919명에서 169,948명으로 증가한 탓이다. 장애인, 아동, 정신보건, 노숙인 등 대부분의 생활시설은 시설입소자 인원이 감소하였다. 전체적으로 사회복지생활시설에서는 대규모 시설의 수나 전체 입소자 규모가 감소하고 있는 추세이지만, 급속한 고령화와 요양욕구 증가에 따라 노인의료복지시설 입소자 수만 크게 증가하고 있는 추세이다.

2) 이 도표에서의 시설유형은 「사회복지법」상의 명칭이 아니라 사회복지시설정보시스템의 분류명칭을 그대로 사용한 것이다.

20세기 말까지 우리나라 사회복지생활시설 중에는 미신고시설이 상당수 존재하였다. 그러나 여기에서 발생하는 잦은 인권침해의 문제나 서비스의 질적 수준에 대한 논란 등이 발생하였다. 국가의 복지행정 능력이 어느 정도 갖추어지자 21세기 들어 미신고시설에 대한 양성화 정책을 통해 많은 수를 신고시설로 흡수하였다. 이에 따라 모든 사회복지생활시설은 정해진 수준의 인증을 통해 신고시설이 되었고 신고에 따라 정부의 재정지원과 지도감독을 받는다. 신고를 했으나 요건을 갖추지 못해 사회복지생활시설로 등록되지 못하거나, 아예 신고를 하지 않은 미신고시설은 법률적으로도 불법이고, 사회적 신뢰성도 떨어진다고 볼 수 있다. 따라서 자원봉사활동의 현장으로서도 부적절하다.

앞에서 살펴보았듯이, 사회복지생활시설은 역사적으로 과거에는 요보호대상자를 사회 일반으로부터 격리수용하거나 혹은 최저생활보장을 위해 수용보호하는 모습을 나타내기도 했다. 그러나 최근에는 단지 입소자들을 수용보호하는 것이 아니라 이들에게 적절한 재활과 자활 프로그램 및 개입을 제공하여 지역사회 일반의 사람들과 같이 생활할 수 있게 하는 목적을 가지고 있다. 이에 따라 사회복지시설보호의 발전과정과 이념형을 〈표 13-3〉과 같이 정리할 수 있다.

우리나라의 사회복지시설도 일부를 제외하고는 사회방위적 단계를 넘어 사회보장적 단계에서 사회복지적 단계로의 발전을 도모하고 있다고 할 수 있다. 이에 따라 사회복지시설보호의 기본적인 원리로 개별화, 가정과의 관계조정, 집단활용, 일관성, 지역사회와의 관계강화 등을 들고 있다. 최근 우리나라의 사회복지시설은 시설평가제도나 미신고사회복지시설의 양성화 등을 통해 사회복지시설의 개방화와 투명성 및 전문성 제고를 도모하여, 입소생활하는 서비스 대상자뿐만 아니라 지역

표 13-3 사회복지시설보호의 변천과정

구분	보호수준	보호목표	보호형태	지역사회와의 관계
사회방위적 단계	열등처우	사회적 방위	격리	단절
사회보장적 단계	최저생활	발달가능성	수용	수동적 · 일방적
사회복지적 단계	최적생활	정상화	생활 · 육성	능동적 · 상호적

출처: 박태영(2000).

사회와의 교류를 강화하고 사회적 승인을 확고히 하고자 노력하고 있다.

현재 대부분의 사회복지생활시설이 법령에 정해진 합법적이고 전문적인 서비스를 제공하고 있지만 그럼에도 거주시설이라는 자체가 긍정적이지 않다는 인식과 비판도 강하다. 현재는 장애인복지 등 일부 영역에서는 '탈시설화'가 우리나라 사회복지에서 중요한 정책과제가 되고 있다. 정부에서도 2021년 8월 '탈시설 장애인 지역사회 자립지원 로드맵'을 수립하고 2041년까지 모든 시설입소 장애인의 지역사회 전환을 마무리한다는 계획을 발표하기도 하였다.

(2) 사회복지이용시설과 지역사회복지관

사회복지이용시설은 생활시설과 달리 일정한 거처가 있는 지역주민들이 필요한 시간에 사회복지시설을 방문하여 원하는 사회복지서비스나 프로그램을 활용할 수 있게 하는 것이다.

사회복지이용시설 중 가장 대표적인 것으로 자원봉사자의 활용도 활발한 곳은 지역사회복지관이라 할 수 있다. 전국적으로 500개소 가까이 운영되고 있으며 1만여 명의 종사자가 근무하고 있다. 지역사회복지관 외에도 특정 인구층만을 대상으로 하는 노인복지관과 장애인복지관 등 단종 복지관도 있다. 지역사회복지관은 각종 복지 프로그램을 통해 생활이 어려운 주민들에게 사회복지서비스를 제공하거나, 자립능력 배양을 위한 교육훈련의 기회제공 등 각종 복지서비스를 제공하며 지역사회 문제의 예방치료 및 지역주민의 연대감을 조성하는 사회복지시설로 지역주민의 복지증진을 위한 종합복지센터의 역할을 수행하는 곳이다. 단종 복지관은 노인이나 장애인 등 특수한 인구층의 욕구에 초점을 두어 운영되는 시설이다.

사회복지관은 사회복지 대상자들을 수용보호하는 곳이 아니라는 점에서 사회복지생활시설과는 구별되는 이용시설이다. 또한 지역을 단위로 하여 지역주민에게 종합적인 사회복지서비스를 제공하기 위한 곳이라는 특성을 가지고 있다. 지역사회복지관은 1980년대 후반부터 급격히 그 숫자가 늘어났다. 인구 10만 명당 1개소를 기본원칙으로 하고 저소득층 밀집지역 등에는 추가로 설치되고 있다. 지역사회복지관은 지역인구 중 저소득층과 인구학적 측면에서의 취약계층을 우선 대상으로 하여 사업을 진행하도록 되어 있다. 사업내용의 기획과 집행에서 지역성, 전문성, 책임성, 자율성, 통합성, 자원활용, 중립성, 투명성을 사업의 원칙으로 하고 있다. 지역사회복지관은 각 지역사회의 실정에 맞도록 정해진 프로그램 중에 필요하고 적절한 사업을 선정하여 진행하도록 되어 있다. 자원봉사자들도 이 중의 어느 한 프로그램에서 활동하게 되는 것이 일반적이다. 지역사회복지관은 현재 우리나라에서 가장 대표적인 자원봉사활동 현장이라고 할 수 있다. 지역사회복지관은 재가복지사업을 운영하는 것이 일반적인데 이것이 자원봉사자들이 매우 많이 활동하는 영역이다. 이용시설을 방문하여 이용하기 어렵고 가정에서 돌봄이 이루어져야 하는 장애인 · 노인 등 취약계층에 대해 자원봉사자들이 방문하여 가사 · 간병 · 정서 · 의료 · 결연 등의 서비스를 제공하는 역할을 수행하는 경우가 많다.

사회복지관 외에도 지역아동센터, 초등학생온종일돌봄시설(키움센터), 푸드뱅크, 시니어클럽, 지역사회의 장애인 및 정신건강 지원시설 등이 자원봉사활동이 많이 이루어지는 사회복지이용시설이다. 탈시설화의 흐름은 사회복지생활시설에서 거주하거나 혹은 입소하는 것을 부적절하다고 보아 최소화하려는 경향인데, 이는 역으로 거주하는 집이 있는 지역사회에서 활용할 수 있는 서비스가 많아져야 하는 것이다. 따라서 탈시설화에 따라 생활시설은 줄어들지만 지역사회에 이용시설과 그 서비스는 늘어나게 된다. 우리나라에서도 점차 그러한 경향이 나타나고 있는 상황이다.

(3) 사회복지기관

사회복지생활시설과 이용시설 외에 사회복지기관도 자원봉사활동의 현장으로 활용되고 있다. 사회복지기관은 직접적으로 서비스 대상자를 접촉하지는 않지만 간접적인 형태로 지원하는 활동을 수행하는 곳이다. 사회복지기관도 여러 종류가 있다. 사회복지협의회, 사회복지시설연합회나 각종 협회, 사회복지공동모금회, 지역사회복지협의체 등이 이에 해당한다. 이러한 사회복지기관에서는 직접적 서비스를 제공하는 사회복지시설에 대한 프로그램 개발 및 지원이나 네트워크사업, 개별 사회복지시설이 수행하기 어려운 각종 조사와 연구 업무, 홍보활동, 옹호활동 등을 통해 복지증진에 노력하고 있다. 지역모금이나 자원동원 등의 역할을 수행하기도 한다. 사회복지기관에서도 많은 자원봉사자가 활동하고 있다. 사회복지분야에서 소위 '간접봉사활동'이라고 부르는 것으로, 궁극적으로 복지 대상자를 지원하되 복지 대상자를 직접 접촉하지 않는 방식의 자원봉사활동을 수행하는 현장이 된다.

이상에서 살펴본 각종 사회복지기관이나 시설은 우리나라에서 사회복지 관계법령의 규정과 보건복지부의 '사업안내 및 지침'에 의거해 사업을 진행하고 있다. 시설의 종류에 따라 사업이나 프로그램의 내용이 서로 다르고 다양하다. 현재의 각 시설유형별 사업안내와 지침은 모두 공개되어 있으며 보건복지부의 홈페이지 등을 통해 그 내용을 확인할 수 있다. 대개 연차별로 업그레이드가 되면서 게시된다. 이에는 시설을 설치할 수 있는 자격, 운영재원, 인력배치, 평가 관련 내용이 규정되어 있다. 코로나19 팬데믹과 같은 특별한 상황이 있을 때에는 시설운영과 서비스 방식의 변화 등에 대해 수시로 바뀌면서 게시되기도 한다. 자원봉사활동이나 혹은 그 적절한 관리활동을 위해서는 이 내용들을 숙지할 필요가 있다. 또한 최근 사회복지시설에 대한 평가의 중요성이 부각되는 상황이므로, 시설평가의 항목이나 배점 등을 통해서 시설의 어떤 프로그램에 사회적 강조점을 두는지 그리고 이와 관련하여 자원봉사자의 활용이나 역할이 어떤 의미를 가지는지도 파악할 수 있다.

2. 사회복지시설에서의 자원봉사활동과 자원봉사관리

사회복지기관과 시설은 자원봉사활동의 대표적 현장으로 활용되고 있다. 이는 자원봉사활동이 지역사회의 이른바 생활이 어려운 사람에 대한 직접적이고 공익적인 활동을 일차적으로 떠올리게 한다는 점에 기인하고 있다. 또한 사회복지시설에서의 자원봉사활동은 활동 대상자를 직접적으로 접촉하여 서비스를 제공하는 직접적 활동의 주된 배경이 된다는 점에서도 독특한 의미를 가지게 된다.

1) 사회복지시설 자원봉사활동의 의의와 원칙

(1) 사회복지시설 자원봉사활동의 의의

자원봉사활동 혹은 자원봉사자 활용은 자원봉사자 개인뿐만 아니라 사회복지시설의 관점에서도 매우 중요한 의미를 가진다.

첫째, 대인적 서비스 욕구에 대한 충족의 필요이다. 사회복지시설은 기본적인 보호와 생활유지뿐만 아니라 재활서비스 제공 등을 위해 물질적 서비스와 아울러 다양한 대인적 서비스를 필요로 한다. 이를 위해서는 매우 많은 인력의 참여를 필요로 한다. 그러나 대개 공공의 유급 복지인력은 충분치 않기 때문에 지역사회의 사회복지욕구 충족을 위해 대인적 서비스를 제공하기 위해서는 시민사회의 자원봉사인력이 많이 활용되어야 할 필요가 있다. 예를 들어, 지역사회의 노인이나 장애인에게 최저생계보장을 위한 급여를 제공하는 것은 당연히 정부의 역할이다. 하지만 지역사회의 독거노인 모두에게 말벗 활동을 위한 정서적 서비스 지원이나 지역사회 장애인 모두에게 이동보조 서비스를 제공하는 것은 유급의 사회복지인력으로는 불가능한 상황이다. 따라서 사회복지가 최저생활보장의 물질적 측면 이상으로 삶의 질을 증진하기 위한 의미를 가지기 위해서는 지역사회의 사회복지기관과 시설에서 많은 자원봉사자의 활동을 필요로 한다.

둘째, 지역사회 통합과 개방화의 기능이다. 사회복지기관과 시설은 최근 지역사회 개방화를 중요한 과제로 삼고 있다. 이는 지방화의 흐름 속에서 사회복지시설이 생존하기 위한 중요한 방편이 된다. 이를 위해서 지역사회와 사회복지시설이 인적·물적 자원을 교류하는 것이 필요하고 지역사회로부터 자원봉사자를 받아들이는 것은 사회복지시설이 지역사회와 교류하고 개방성을 증진하는 가장 핵심적인 활동이 될 수 있다. 이는 지역사회의 입장에서는 사회복지 증진을 위해 지역사회 구성원들이 서로 협력하는 통합성 증진의 활동이 될 수 있다.

셋째, 시민사회에 대한 복지교육의 의미이다. 사회복지서비스에 대한 참여활동은 참여자와 주변의 지역사회에 대해 가장 효과적인 복지교육의 수단이 된다. 아직까지 서구국가에 비해 사회복지에 대한 사회적 인식이 높지 않은 우리 사회에서는

그림 13-1 사회복지생활시설의 자원봉사활동 안내의 실제

출처: 장봉혜림원(http://jbhl.or.kr).

자원봉사활동 참여자가 활동을 통해 복지서비스에 대한 인식을 제고하고 사회복지 증진의 옹호자가 될 수 있도록 긍정적 경험을 부여하는 것이 중요하다.

넷째, 복지자원의 효율적 활용의 의미이다. 사회복지시설과 기관의 유급직원은 많은 경우에 사회복지에 대한 전문성을 보유하고 있다. 그리고 이들이 전문성을 발휘하여 보다 수준 높은 사회복지 프로그램을 기획하고 실행하기 위해서는 기본적이고 일상적인 보호(care)활동의 부담을 경감시키는 것이 필요하다. 지역사회의 자원봉사자를 활용함으로써 사회복지 전문가와 일반 참여자 사이에 효율적인 역할분담이 나타나도록 할 수 있다. 그리고 사회복지사 등 전문가는 자원봉사자에 대한 지도감독 등의 지원과 새로운 프로그램 개발에 진력할 수 있다.

(2) 사회복지시설 자원봉사활동에서의 원칙

사회복지시설에서의 자원봉사활동은 다른 어느 영역에서의 자원봉사활동보다

도 활동 대상자와 직접적인 접촉 속에서의 활동이 빈번하게 나타난다. 이 활동은 자원봉사활동의 대상자인 사회복지 클라이언트에게 많은 영향을 미치므로 대상자와의 관계에서 각별히 유의해야 할 사항이 있다.

① 대등한 인격체로서의 존중

자원봉사자가 스스로를 도와주는 자 또는 시혜를 베푸는 자로 인식하고 클라이언트에 대해서는 도움이 필요한 사람으로만 인식한다면, 상대의 자존감을 떨어뜨리고 쉽게 치유될 수 없는 상처를 입힐 수 있다. 활동 대상자를 자신과 대등한 인격체로 존중해야 하고, 특히 상대방의 입장에서 이해하는 자세로 대등한 신뢰관계를 쌓아야 한다. 클라이언트가 무엇을 원하는가와 관계없이 자원봉사자 개인만의 판단에 의해 임의로 도움을 주고자 하는 것은 바람직하지 못하다. 상대방에 대해 대등하고 겸손한 언동을 통해 활동 대상자의 인격을 존중하고 있음이 전달되어야 한다.

② 사생활의 존중과 비밀보장

사회복지생활시설의 경우에 활동 대상자의 입장에서는 생활하는 가정이 된다. 따라서 이곳에서 자원봉사자의 활동은 타인의 가정을 방문한 것과 같이 활동 대상자의 사생활을 존중한다는 원칙을 견지해야 한다. 또한 활동 중에 알게 되는 대상자의 개인적 사항에 대해서는 철저하게 비밀을 보장해야 한다.

③ 임의적인 금품제공의 금지

사회복지시설에서 자원봉사자가 만나게 되는 대다수의 대상자는 경제적으로 매우 어려운 여건에 있다. 이에 일부 자원봉사자들은 선의로 이들에게 개인적으로 물질적 지원을 행하는 잘못을 범할 수 있다. 그러나 임의적이고 개인적인 물질적 지원은 활동 대상자의 자존감에 상처를 입힐 수도 있고, 의존심을 확대할 수도 있다. 더 나아가 해당 사회복지시설 내의 다른 직원과 자원봉사자를 난처하게 할 수 있다. 따라서 임의적이고 개인적인 금품제공은 금지되어야 한다.

④ 관계의 한계 설정

자원봉사자는 활동 대상자의 생활 모두에 대해 책임질 수 없다. 자신의 자원봉사활동의 책임한계 내에서 성실히 활동에 임할 뿐이지 모든 일에 개입하려 해서는 안 된다. 특히 무분별하게 활동 대상자와의 사적인 관계를 발전시키거나 책임질 수 없는 약속을 하는 것은 곤란하므로 극히 신중해야 할 필요가 있다.

⑤ 대화내용에 대한 판단

활동 대상자가 자원봉사자에게 많은 이야기를 하곤 한다. 이를 자원봉사자가 경청하고 지지해 주는 것은 중요한 활동내용이 될 수 있다. 그러나 대화내용이 모두 적절한 한계 내에 있는 것은 아니고, 매우 사적인 것이거나 특별한 부탁 혹은 주변에 대한 불평을 토로하는 경우 등이 있다. 자원봉사자가 경청하고 적절한 반응을 보여야 하지만 모든 내용을 곧이곧대로 받아들이고 조급한 해결을 도모하는 등의 행동을 하는 것은 곤란하다. 대상자의 말이 자원봉사자나 활동에 대한 지나친 기대로 치우치거나, 혹은 개인적으로 불평을 토로하거나, 타인에 대해 비난하는 식으로 진행될 경우 동조하거나 시인해서는 곤란하다. 만일 이런 경우가 지나치게 많다면 직원이나 담당자 등과 의논해야 한다. 대상자와의 대화는 원만하고 부드럽게 하지만 그 내용의 적절성에 대해서는 관계설정이 바람직한 쪽으로 이루어지도록 해야 한다.

⑥ 적절한 의사소통 기술의 습득과 활용

사회복지시설에서의 자원봉사활동 중에 활동 대상자와 적절한 대화를 나누는 것은 중요하다. 이를 위해 필수적인 기술이 되는 의사소통 방법을 익혀 두어야 한다.

첫째, 자신이 하고자 하는 말을 구체적으로 정확히 요점을 파악하여 의사를 전달할 수 있어야 한다. 적절하고 흥미 있는 대화내용을 선택해야 하고 상대의 입장에서 적절한 주제의 내용인지 누군가에게 상처를 줄 수 있는 내용은 아닌지 주의해야 한다.

둘째, 대화 중 자신의 말을 간결하게 전달하며 일방적이지 않은 주고받는 식의

대화를 선택해야 한다.

셋째, 처음 만났을 때 자연스럽게 대화를 시작할 수 있도록 먼저 인사하고 말을 걸 준비가 되어 있어야 한다.

넷째, 용어의 적절한 선택이 중요하다. 가능한 모든 사람에게 존댓말을 사용하는 것을 원칙으로 하며, 연령 차이 등에 의한 반말의 사용 등은 서로 충분히 친해진 다음 합의하에 이루어져야 한다. 욕설이나 조롱 등은 금물이다. 가급적 긍정적인 단어를 많이 사용하며 직접적이고 단순한 표현을 주로 사용한다. 반어적이거나 비꼬는 어휘의 사용은 부적절하다.

다섯째, 활동 대상자가 가진 인구학적 특징이나 사회복지적 욕구를 감안하여 적절한 대화방법을 모색해야 한다. 시각장애인과의 대화에서 지시어를 많이 사용하거나 노인과의 대화에서 눈을 지나치게 오래 응시하는 것 등은 부적절하다.

⑦ 관찰과 경청

사회복지시설에서의 자원봉사활동에서 대화보다 더 중요한 것이 관찰과 경청이다. 대상자의 언어적·비언어적 표현을 격려하고 장려하는 것이 중요하므로, 잘 듣고 열심히 관찰하는 것만으로도 훌륭한 자원봉사활동이 될 수 있다. 오히려 자원봉사자가 말하기 바빠 활동 대상자의 중요한 말이나 몸짓을 놓치는 일이 없어야 한다.

관찰은 상대의 몸짓이나 태도, 주변의 생활여건에 대해 관심을 가지고 세밀히 지켜보는 것이며, 상대가 원하고 필요로 하는 것을 파악해야 한다. 몰래 훔쳐본다거나 공격적인 시선을 취한다는 인상을 주지 않아야 한다. 그리고 봉사활동의 분야에 따라 다르겠지만 상대방의 건강이나 정서상태 등에 위해가 갈 만한 요소는 없는지 잘 살펴서 필요할 때 직원에게 보고할 수 있어야 한다.

경청은 관계형성과 의사소통에서 가장 중요한 기술이자 태도이다. '훌륭한 면접자는 큰 귀와 작은 입을 가지고 있어야 한다.'는 말처럼 활동 대상자의 말을 주의 깊게 듣는다는 것은 적절한 말을 하는 것보다도 훨씬 더 중요하다. 경청의 목적은 존중감의 표현과 아울러 상대의 감정과 생각을 알아내는 것이다. 또한 경청하고 있다는 반응을 적절하게 전달할 필요가 있다.

⑧ 관심과 호의의 전달

활동 대상자에게 관심과 호의를 가지고 있음을 전달하는 것은 중요하다. 이를 위해 상대를 칭찬하며 좋은 점을 지적해 주는 것, 변화에 대해 인식하고 있으며 이를 격려해 주는 것, 필요시에 반드시 감사와 사과의 표현을 하는 것 등이 중요하다.

⑨ 시설 직원 및 자원봉사관리자와의 협조

활동 대상자를 직접 접촉하는 활동인 만큼 해당 사회복지시설의 활동 대상자에 대해 잘 알아야 하고 이를 위해서는 시설의 직원이나 자원봉사관리자를 통해 필요한 정보를 얻어야 한다. 그러나 사회복지시설은 주된 대상자층에 따라 매우 다른 속성을 가지고 있으므로 자원봉사자가 단시간 내에 필요한 정보와 기술을 완전히 숙지하기는 어렵다. 따라서 시설의 직원인 사회복지사나 자원봉사관리자와 긴밀하게 접촉하고 협조하는 가운데서 활동하도록 하는 것이 매우 중요하다.

이상에서 살펴본 원칙이나 기술은 전반적인 사회복지실천의 원칙이나 기술과 유사한 측면이 있다. 이는 역사적으로나 실질적인 측면에서 과거 인보관이나 자선조직화협회(COS)의 전통이 전문화된 것이 사회복지실천이고 대중화된 것이 자원봉사활동이라는 점에서 그 맥락의 유사성에 기인하는 것이라 하겠다.

2) 사회복지시설에서의 자원봉사관리

사회복지기관과 시설은 다른 조직체보다는 자원봉사자의 투입이 상대적으로 많고 그 역할도 강조되어 왔다. 조직의 성격상 자원봉사인력의 활용에서 상대적으로 유리한 입장에 있다고 볼 수 있다. 그러나 한편으로 자원봉사자의 활용이 없다면 사회복지기관과 시설은 적절한 역할을 하기 어려운 것이 사실이다. 자원봉사활동이 조직의 생존과 발전에 결정적으로 중요한 역할을 하고 있는 만큼 사회복지기관과 시설에서 자원봉사관리는 더욱 중요한 의미를 가진다.

(1) 자원봉사자와 사회복지시설과의 적절한 연계

사회복지시설에서의 자원봉사활동과 관련하여 해당 자원봉사관리자가 사회복지시설의 종사자인 경우가 대부분이지만 그렇지 않은 경우도 있다. 특히 중요한 점은 자원봉사자가 특정 사회복지시설에서 활동을 하게 되는 연결의 선택이 적절해야 하고 이것이 자원봉사자들에게도 충분히 납득이 되어야 하는 것이다. 또한 이 과정에서 자원봉사자의 인식을 반영하면서 동시에 사회복지시설과 서비스에 대한 교육적 측면도 고려되어야 한다. 단지 '어려운 혹은 어려워 보이는 곳을 돕는 것'을 제일로 생각해서는 곤란하다. 이는 자칫 자선적 관점과 아울러 부적절한 사회복지시설을 먼저 지원하는 부작용을 낳기 쉽다.

낙후된 시설환경만을 자원봉사활동의 대상 장소로 선정하는 우선기준으로 판단하는 것은 우리 사회에 널리 퍼져 있는 인식이기는 하지만 이는 매우 곤란한 것임을 인식시켜야 한다. 만약 자원봉사자들이 낙후된 환경을 보이는 곳만을 우선적으로 도우려고 든다면 이는 환경개선과 서비스 질 향상에 노력하지 않는 사회복지시설에게도 정당성을 부여하는 상황을 조장할 수 있다.

바람직한 사회복지시설이라면 최대한으로 입소자에게 좋은 여건을 만들어 주는 곳이어야 한다. 그리고 이러한 곳이 사회적으로 더 많은 지원을 받아야 하는 것이다.

자원봉사활동 현장으로 사회복지시설 선택의 원칙

[다음 중 어느 시설이 지원과 자원봉사활동의 우선 대상이 되어야 하는가?]

A 시설: 많은 노력을 기울이고 있으나 재정이 열악하여 시설 환경이 낙후되어 있음

B 시설: 재정이 열악하지만 운영진의 적극적인 후원개발과 부채 등을 통해 시설환경을 우선적으로 개선한 곳

C 시설: 재정과 후원이 충분히 여유가 있어서 시설환경이 좋은 곳

D 시설: 재정에 여유가 있거나 혹은 후원을 개발할 수 있음에도 시설개선에 우선적으로 투자하지 않아 현재 시설이 낙후된 곳

* 물론 이는 외부의 자원봉사자가 쉽게 알 수 있는 것은 아님. 그러나 이와 같은 관점에서 면밀히 생각해 볼 필요가 있음. 이 중에서 C는 우선적인 봉사처가 아니겠지만 다른 유형 중에서는 B가 우선적으로 지원을 받아야 할 곳에 해당함. 특히 D는 봉사처로 선정되는 것이 부적절함

(2) 활동의 위임과 지도감독

자원봉사자를 활용하여 대상자에 대한 사회복지서비스의 일부를 제공하는 것은 시설의 사회복지사 및 직원이 자신의 업무영역 중에 일부를 계획적으로 자원봉사자에게 위임한 것이라 할 수 있다. 따라서 위임에 따른 지도감독과 대리적 책임의 문제는 매우 중요한 이슈가 될 수 있다. 사회복지시설은 다른 조직과 달리 가장 핵심적인 활동의 목표인 '직접적 서비스 제공'에 있어서 자원봉사자에게 크게 의존하고 있기 때문이다.

사회복지시설에서 기관의 직원 혹은 자원봉사관리자와 자원봉사자의 관계는 부분적으로 사회복지실천에서의 지도감독 관계와 유사할 수 있다. 이는 자원봉사자 관리에서 행정적 · 교육적 · 정서적 측면에서의 종합적인 지원이 필수적임을 의미한다.

① 행정적 관리

자원봉사자의 활동은 기관의 직원이나 사회복지사를 대행하는 서비스의 전달이다. 따라서 이들의 활동에서 나타나는 적절성과 부적절성은 곧 기관 · 시설 사회복지서비스의 적절성이나 부적절성을 의미하는 것이 되므로, 이에 대한 행정적 측면에서 관리의 책임성이 요구된다. 필요한 사항에 대한 보고나 활동에 대한 행정적 지원, 만일의 경우에 발생할 수 있는 여러 갈등 요소에 대한 해결과정이 모두 체계적으로 구성되어야 하고, 이것이 자원봉사관리자 개인의 임의적인 판단에 의한 것이 되지 않도록 해야 한다.

특히 유의해야 할 사항은 만일의 경우 발생할 수 있는 부적절한 실천에 대한 대처 및 책임과 활동 중에 발생할 수 있는 자원봉사자의 사고나 피해에 대한 보상 등

이다. 보험 등의 방안을 비롯하여 자원봉사자의 지위와 역할 그리고 책임이 시설과의 관계에서 행정적으로 체계화되어 있어야 한다.

② 교육적 관리

사회복지시설에서의 자원봉사활동은 사회복지서비스 대상자를 접하는 일이 많은 만큼 초보적인 실천기술과 지식이 필히 교육되어야 한다. 이는 특히 클라이언트를 대할 때 필요한 윤리적 원칙의 측면에서는 더욱 중요하다. 다른 종류의 현장에서 나타나는 자원봉사자 활용과는 달리 실수가 매우 큰 영향을 낳을 수 있으므로 교육적 관리는 지속적으로 이루어져야 한다.

다른 한편으로 사회복지시설에서의 자원봉사자는 외적으로는 지역사회에 대해 해당 사회복지시설과 사회복지 전반에 대한 옹호자가 되도록 육성되어야 할 필요가 있다. 이를 위해서는 자원봉사자에게 행해지는 사회복지와 그 실천원리에 대한 적절한 교육이 시민사회에 대한 복지교육으로서 큰 의미를 가진다. '일손을 덜기 위해 자원봉사자를 쓰는 것'이 아니라 '자원봉사자 활용과 그 교육이 지역사회에서 시설의 생존에 필수적인 또 하나의 과제'라는 생각으로 자원봉사 프로그램을 운영해야 한다.

③ 정서적 관리

사회복지실천 현장에서 사회복지사의 소진(burn-out)현상이 자주 발생한다. 마찬가지로 자원봉사자도 활동 중에 소진을 경험하게 된다. 더구나 자원봉사자는 유급의 직원이 아니기 때문에, 특히 활동의 동기가 충족되지 않고 만족도가 낮으면 즉각적인 소진현상이 두드러지게 나타난다. 자원봉사관리의 가장 중요한 역할 중에 하나는 이러한 상황 속에서 자원봉사자에게 지지와 능력고취(empowerment)를 통해 정서적 지원을 제공하는 것이다.

적절한 자원봉사 프로그램을 통해 소진을 예방하고, 자원봉사활동의 기간을 통해 이들에게 대면 접촉과 지지를 제공하는 것은 사회복지시설에서 필요한 기본적 실천내용이 된다.

(3) 자원봉사관리의 활성화 방안 모색

사회복지기관과 시설에서는 자원봉사자 활용이 중요한 만큼 다른 영역에 비해 자원봉사자 활용에 유리한 조건이 있다. 자원봉사관리자와 자원봉사관리 프로그램에 대한 이해가 상대적으로 높다는 것이 대표적이다. 자원봉사관리활동은 사회복지 영역에서 많이 강조되어 온 만큼 사회복지사가 자원봉사관리자로 활동할 수 있는 장점이 크다.

그렇지만 아직까지도 사회복지시설과 기관의 일부에서는 자원봉사자를 단지 모자라는 인력을 외부 사람들의 선의의 자선심에 기초하여 보충하는 방안으로만 여기는 경우도 있어 자원봉사관리의 역할은 여전히 강조되어야 할 필요가 있다. 사회복지시설에서의 자원봉사관리 방법이나 절차도 본질적으로는 기본적인 자원봉사관리와 동일하다. 그러나 사회복지시설이나 기관의 특성을 감안할 때 그 자원봉사활동과 관리활동의 활성화를 위해서는 다음의 내용들이 중요하다.

① 자원봉사관리자의 활용

많은 시설이나 기관에 자원봉사관리자가 존재하고 있다. 그러나 자원봉사관리자나 담당을 두고 있어도 매우 많은 업무 중 하나로, 형식적으로만 직함이 주어져 있어 실질적인 자원봉사관리 역할은 주요 업무에서 제외되는 경우들도 있다. 자원봉사관리 프로그램이 잘 운영될 수 있기 위해서는 기관이나 시설 내에 명실상부한 자원봉사관리자가 선정되어 있어야 하고, 이들이 자신의 주 업무로 자원봉사관리 역할을 수행해야 하는 것이 기본적인 전제가 된다.

② 자원봉사 프로그램의 사전 기획

자원봉사 프로그램이 사전에 기획되고 이에 필요한 자원봉사 직무개발 그리고 이에 의한 자원봉사자 모집이 이루어져야 한다. 그때그때 모자라는 인력을 보충하기 위한 방편으로 자원봉사자 모집부터 진행하다 보면 자원봉사 프로그램의 발전이 없고 자원봉사자들이 기피하는 현장이 될 수밖에 없다. 모집은 프로그램의 기획 내용에 따라서 이루어지는 것이 되어야 한다.

특히 사회복지기관과 시설은 클라이언트를 대상으로 직접적인 서비스를 전개하는 조직이므로 다양한 자원봉사 프로그램을 개발할 수 있는 상황이다. 이 과정에서 자원봉사 프로그램에 대해 기관이 시설 내 직원 전반의 동의와 이해를 구하는 것이 중요하다.

③ 지역사회와의 교류기능 강화

자원봉사자 모집이나 승인 및 평가 등을 비롯한 자원봉사자의 투입과 산출의 전 과정을 통해 지역사회와 그 내부의 의미 있는 하부조직과의 연계와 교류를 강화해야 한다. 잘 알려진 기관이나 시설의 프로그램에 자원봉사자들이 많이 관심을 가지기 마련이다. 홍보와 교류의 일환으로 지역사회에 대한 자원봉사 프로그램을 활용할 수 있다. 자원봉사 관련 행사 개최나 지역사회 주요 하위집단 지도자나 구성원들과의 자원봉사 협력체계 구축 등도 매우 중요한 과제가 된다.

④ 자원봉사자에 대한 교육의 중요성

사회복지기관이나 시설의 입장에서는 자원봉사자를 해당 시설과 기관 그리고 사회복지서비스에 대한 옹호자로 만드는 것도 중요하다. 따라서 인력의 보충으로서가 아니라 교육훈련의 대상으로서도 자원봉사자를 인식해야 한다. 또 한편으로는 클라이언트를 직접 접촉하여 위임된 서비스를 제공하는 것이 사회복지시설에서의 자원봉사자이므로, 이들에게 사회복지서비스의 전달을 위한 기초적 교육을 충실하게 수행하는 것이 클라이언트에 대한 책임성 강화와 직결된다.

⑤ 장기 자원봉사자로의 육성

최근에는 단기 자원봉사자가 늘어 가는 추세이다. 하지만 사회복지기관이나 시설의 입장에서는 클라이언트와 직접 대면하는 활동의 경우에 어느 정도의 지속기간이 필수적일 수 있다. 따라서 자원봉사자를 현재 프로그램에서의 활용에만 초점을 두어 인식할 것이 아니라 자체 내에서 장기 자원봉사자를 육성하기 위한 관리노력을 기울여야 한다.

⑥ 지속적 지도감독의 제공

자원봉사활동의 시작과 종료의 국면에서는 많은 관리노력이 나타나다가 막상 활동 중에는 별다른 관리활동이 이루어지지 못하는 경우가 많다. 대면 활동은 상황마다 다양한 일이 벌어질 수 있고, 이에 따라 자원봉사자가 사전에 준비되지 못한 경험에 직면하거나 소진을 나타내기 쉽다. 자원봉사활동 진행기간에 지속적이고 정기적인 지도감독을 제공하는 것이 필요하다.

⑦ 적극적인 승인과 보상

자원봉사자들이 활동을 통해 얻고자 하는 동기나 만족을 제공하는 것은 중요하다. 그리고 이를 위해서 적절한 승인과 보상의 방법이 활용되어야 한다. 관행적으로 이수증이나 활동인증을 행하는 것 이상의 노력이 필요하며 특히 개별화되고 상징적인 형태의 승인방법을 다양하게 강구해야 한다.

⑧ 자원봉사 관련 정보망의 활용

자원봉사 관리체계와 추진체계의 상호 연계를 통한 관리 및 지원의 통합화도 필요하다. 각 개별 기관이나 시설단위의 자원봉사관리활동으로는 충족시킬 수 없는 승인 및 보상의 연계, 자원봉사활동 프로그램 개발, 자원봉사 관련 조사연구 등의 활동을 위해 시설이나 기관단위를 넘어 사회복지자원봉사 영역 전반을 포괄하는 자원봉사 관리체계들을 활성화하고 이용해야 한다. 사회복지자원봉사관리체계인 VMS는 필수적으로 활용해야만 한다. 그 외에도 1365, DOVOL 등의 인증 및 국내 정보화 체계와 아울러 해외의 자원봉사 관련 주요 온라인 정보망의 내용 등을 적극적으로 활용하는 것이 필요하다.

제14장
다양한 대상의 자원봉사와 자원봉사관리

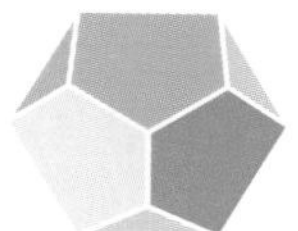

자원봉사관리는 자원봉사자가 누구인가라는 주체의 측면, 자원봉사활동 현장이 어떤 곳인가에 대한 현장의 측면과 아울러 자원봉사활동 대상자가 누구인가에 따라서도 초점을 두어야 할 내용이 달라진다. 특히 자원봉사활동의 대상자 특성은 직접적인 대면 자원봉사활동의 경우 매우 중요한 부분이 된다. 자원봉사관리의 측면에서는 특히 취약한 집단이라고 생각되는 대상자에게 자원봉사자가 의도하지 않았던 부적절한 실천을 범하지 않도록 관리하는 데 신경을 써야 한다. 몇 가지 대표적인 자원봉사활동 대상자 유형의 경우에 부각되는 특성에 대해 살펴본다.

1. 아동 대상의 자원봉사활동

아동은 통상 18세 미만으로 규정되고 있고, UN의 「아동권리협약」과 같은 국제기구의 규정이나 우리나라의 「아동복지법」에서도 18세 미만을 아동으로 본다. 그러나 현실에서는 청소년이라는 개념을 함께 사용하고 있어서 아동은 12세까지, 즉 초등학생 연령까지를 지칭하는 것이 일반적이다. 아동은 독자적 인권과 자율성을 가진 존재이지만 동시에 아직 신체적 · 인지적 · 정신적 · 사회적 측면에서 성장이 이루어져야 할 의존성을 가지고 있는 연령이다. 때문에 어느 나라에서나 아동에 대해서는 성인, 많은 경우 부모의 보호와 지원이 일차적으로 필요하다고 간주하고 있다. 하지만 경우에 따라서는 부모나 가족 등 원래의 일차적 사회관계망에 속한 성인들로부터 적절한 보호와 지원을 받기 어려운 부분이 있고 이 경우 사회적인 지원이 이루어진다. 또한 현대사회의 복잡한 상황에 따라 아동에게 도움이 되는 모든 지원을 부모가 할 수 없으므로 아동에 대한 사회적 지원은 필수적이기도 하다. 아동에 대한 자원봉사활동은 이와 같은 사회적 지원의 일환이 되곤 한다.

주의해야 할 점은 자원봉사활동의 대상이 되는 아동이 사회적 지원을 받는다고 해서 그 가족이나 부모가 뭔가 부족하거나 비난받아야 한다고 생각해서는 곤란하다는 것이다. 가족에서 잘 보호를 받는 아동이라고 해도, 특정한 레크리에이션 프로그램에 참여하여 자원봉사자와 즐거운 캠프활동을 할 수도 있다.

아동을 대상으로 하는 자원봉사활동은 돌봄을 비롯하여 아동에 대한 사회적 지원으로서, 아동이 적절하게 보호받고 잘 성장하도록 돕는 다양한 성격의 프로그램과 관련된다. 일반아동이 대상이 되기도 하고, 가족의 보호가 취약한 요보호아동이 대상이 될 수도 있다.

아동을 대상으로 하는 자원봉사활동은 아동을 직접 접촉하지 않고 간접적으로 아동복지증진을 위한 조직체를 지원하는 활동일 수도 있다. 하지만 아동을 대상으로 활동하면서 유의해야 할 내용이 부각되는 것은 아동을 자원봉사자가 직접 접촉하여 활동하는 것이다. 대개는 아동에 대한 돌봄, 학습지원, 레크리에이션이나 취미활동 지원, 동반 외출이나 함께 행사에 참여하는 것 등의 모습을 띤다. 이와 같은 활동을 수행하면서 자원봉사자가 활동할 때 일반적인 유의사항은 다음과 같이 이야기되고 있다(류기형 외, 2015).

- 대상아동에 대한 지속적 관심과 이해

- 약속 시간의 엄수와 신뢰관계의 형성
- 아동의 수준에 맞추는 눈높이 활동
- 아동의 솔직한 자기 감정표현과 긍정적인 감정의 유도
- 원만한 대인관계 기술 및 일상생활의 지도
- 시설입소 아동에 대한 자원봉사활동에서의 각별한 주의

아동을 직접 접촉하여 수행하는 자원봉사활동에서 가장 큰 원칙은 아동의 보호이다. 아동에 대한 교육 프로그램이나 레크리에이션 프로그램 등도 기본적으로는 보호와 돌봄에 초점을 둔다. 특히 자원봉사자가 참여하는 프로그램은 많은 경우에 안전한 보호와 돌봄이 우선적 목표이고 이 과정에서 교육이나 다른 발달지원의 내용은 첨가되는 방식이다. 돌봄과 보호는 그냥 안전한지를 지켜보는 방식으로 수행되는 것은 아니므로 아동과의 밀접하고 활발한 교류와 상호작용을 통해서 이루어진다. 다만, 상호작용 과정에서 아동은 연령과 발달단계에 따라 성인과는 다른 인지와 언어양태를 보이므로 다음과 같은 발달단계적 특성을 염두에 두어야 한다(남기철, 정선욱 공역, 2020).

자원봉사자가 유의할 아동의 발달적 특성

약 3~6세의 아동은 사고가 매우 주관적이고, 구체적이고, 자아중심적이다. 예를 들면, 그들은 자기를 행복하게 해 주는 사건이 다른 모든 사람에게도 동일한 영향을 끼친다고 믿는다. 이때 아동의 사고방식은 전체 아니면 전혀 없는 것(all or nothing)과 같은 극단적인 패턴이다. 예를 들면, 사물은 좋거나 아니면 나쁘다. 그래서 미묘하게 복잡한 감정이나 양가감정 등을 이해할 수 없다. 아동은 처음에는 평범하고 하찮은 사람이라고 생각한 사람을 나중에는 친절하고 재미있는 사람으로 생각할 수도 있다. 이러한 극단적이고 절대적인 생각으로 자신들과 다른 사람을 착하거나 나쁘고, 똑똑하거나 어리석은 등등으로 범주화시킨다. 이 연령의 아동들은 자신과 다른 사람들을 외양적인 특성으로 설명한다. 즉, 나이, 머리색, 학년 등이다.

6세가 되면 아동들의 사고는 더 객관적이며 논리적이 된다. 점차적으로 자기 자신을 다른 사람의 역할 가운데서 상상하고, 모든 사람이 각기 다르게 생각하고 느끼며 반응한다는 것을 이해하는 능력이 생기게 된다. 그러나 7세가 되더라도 여전히 다른 사람, 특히 부모가 느끼고 행동하는 대부분의 이유가 자기 때문이라고 생각한다. 약 9세, 10세가 되면 자신이 관찰하는 타인의 행동과 감정의 이유가 모두 자신에 의한 것은 아니라고 이해하게 된다.

약 10세의 아동은 더 이상 극단적 사고를 하지 않으며 자기 자신을 분리된 인간으로서, 특성과 능력의 복합체로서 보게 된다. 즉, 어떤 일을 잘하는 사람은 다른 일을 잘못할 수도 있으며 착한 사람도 때로는 나쁠 수도 있다는 것을 알게 된다. 이 연령의 아동은 상반되는 생각이나 감정들을 동시에 가지는 것이 가능하다는 것을 깨닫게 된다. 즉, 사랑하는 사람에게 화가 날 수도 있다는 것을 알게 된다. 또한 자신의 감정과 행동을 돌아볼 수 있는 능력을 가지게 되며 다른 사람들이 특정한 상황에서 어떻게 행동하게 될 것이라는 것과 어떤 정보에는 반응하게 될 것이라는 것을 어림잡아 생각할 수 있다. 더 나아가 다른 사람이 어떻게 행동할 것인가에 영향을 끼치기 위해서 말이나 정보를 조작할 수도 있다.

아동과 상호작용할 때, 자원봉사자는 대상인 아동의 발달단계에 비추어 언어를 이해하고 사용하는 능력이 어떠한지를 예상할 수 있어야 한다. 아동이 어떻게, 무엇을 생각하고 느끼는지는 발달단계와 매우 밀접한 관계가 있다. 그러나 같은 연령층의 아동들도 매우 다양하다는 것 역시 이해해야 한다. 자원봉사자는 아동과 계획한 상호작용이나 활동을 수행하기 위해서 몇 개의 대안적인 계획도 가지도록 해야 한다. 일이 잘 안 될 수도 있다는 것을 염두에 둔다. 예를 들어, 아동이 이야기를 하지 않으려고 하거나 울 수도 있으며 또한 부모와 떨어지지 않으려고 하는 경우도 있다. 그러한 상황을 어떻게 다룰 것인지에 대한 대안계획이 있어야 하고 이는 자원봉사관리자나 담당직원이 사전에 준비해야 할 수 있다는 것을 알리고 계획을 함께 준비할 필요도 있다. 놀이는 아동에게 있어서 자연스러운 의사소통이고 다른 사람들과 교류하는 방식이다. 그러므로 아이들이 편안하게 의사소통을 활성화하도록 놀이형식을 몇 개 정도 계획한다.

자원봉사자가 신체적으로 아동의 수준에 맞추려는 노력을 기울이는 것이 적절하다. 아동보다 높은 위치에 있지 않도록 앉거나 웅크리는 자세를 취하는 것이 바람직하다. 아동의 옷차림이나 장신구에 대해 관심을 보이거나 학교생활, 좋아하는 게임, TV 프로그램 등에 대하여 질문하면서 친근한 대화로 상호작용을 하는 것이 좋은 시작일 수 있다. 만일 아동이 대화나 상호작용을 거절하면 아동과 나란히 아동의 활동에 참여하다가 점차적으로 활동과 관련된 대화를 시작한다. 예를 들면, 아동이 이야기를 하지 않지만 인형이나 장난감을 가지고 놀기 시작한다면, 다른 인형이나 장난감을 집어 들고 비슷한 놀이에 참여한다. 때로 이러한 것이 상호작용을 활성화시키고, 언어 대화의 기회를 제공한다. 두려워하거나 움츠러들기 쉬운 어린 아동들은 당신이 익살을 부리기 시작하면 긴장을 풀고 마음을 열기도 한다.

학대, 방임과 같은 문제나 징후는 심각하게 다루어져야 한다. 자원봉사자에 의해 아동이 부적절하게 다루어지는 것은 물론 있어서는 안 되는 일이고, 아동이 다른 곳에서라도 잘못된 처우를 경험하고 있다고 판단될 때는 즉각적이고 진지한 조치가 이루어져야 한다. 그러나 많은 경우에 일반적 자원봉사자는 심각한 위험에 처해 있는 아동을 담당하게 될 경우는 적다. 만약 위험성이 있는 아동이라면 전문직원에게 의뢰되어야 하고 자원봉사자는 곧장 기관에 보고해야 함을 숙지하고 있어야 한다. 간혹 아동은 사실과 다르거나 혼자 생각한 것과 사실을 잘 구별하지 못하여 객관적인 사실이 아닌 것을 사실처럼 이야기할 수도 있다. 때문에 아동의 위험성에 대해서는 전문가가 상담을 해야 한다. 주의해야 할 점은 자원봉사자가 아동과 대화를 나누거나 상호작용을 하는 과정에서 전문가와 같은 상담이나 개입을 경솔하게 시도하지 않도록 하고, 반드시 자원봉사관리자나 기관의 직원 혹은 슈퍼바이저와 즉각 의논하도록 해야 한다는 것이다.

2. 청소년 대상의 자원봉사활동

청소년기는 통상 13~19세까지를 말한다. 2차 성징의 발현을 시작으로 신체적인 성숙은 이루어졌지만 사회경제적으로 독립적 생활을 시작하지는 않은 시기를 청소년기라고 한다. 청소년 시기는 활동성과 에너지가 넘치고 호기심이 많지만 사회적인 규제를 많이 받는다. 때문에 일탈과 불안정성이 높다. 청소년과 부모들 사이에서는 종종 갈등이 나타나고 이는 흔히 자율성과 통제의 이슈에 관련되어 있다. 전형적으로 부모들은 청소년 자녀들이 비행이나 부적절한 성적 문제, 무분별한 행동으로 인한 문제를 일으키지 않을까 걱정하고 통제하고자 한다. 우리나라 청소년들은 입시와 성적에 의한 과도한 경쟁 속에서 억압을 당하고 있기도 하다. 청소년은 미래에 좋은 기회를 가지고자 하는 욕구도 있으나 동시에 기성세대의 질서나 자신보다 나이가 많은 사람에 대해서 반감을 가지는 것도 일반적이다.

청소년에 대한 자원봉사활동은 두드러지는 문제나 욕구를 나타내지는 않은 청소년들에 대해서 교육이나 사회적 적응성을 높여 주는 활동인 경우가 많지만, 경우에 따라서는 비행을 저지르거나 소위 청소년 문제의 직접 당사자가 되는 청소년에 대한 개입 프로그램인 경우도 있다. 물론 후자의 경우에 심각한 문제를 가진 청소년과의 활동은 대개 자원봉사자에게 일임되지는 않고 사회복지사나 다른 전문가가 주도한다. 가족갈등, 학교부적응, 가출, 폭력, 비행, 임신, 알코올이나 약물중독, 자살위협, 그리고 위탁보호나 보호처분 등이 심각한 문제와 욕구를 지닌 청소년들의 대표적 이슈이다. 심각한 문제를 가진 청소년에 대한 자원봉사활동은 대개 전문가에 의한 전체적인 사례관리 속에서 부분적인 목적을 가지는 프로그램 활동인 경우가 많다.

청소년에 대한 자원봉사활동에서 아동 대상의 활동과 유사하게 대면적인 상호작용과 프로그램이 활용된다고 해도 그 의미는 약간 다르다. 아동은 프로그램을 진행하면서도 보호와 돌봄이라는 일차적 목적이 부각되는 활동 대상이었다면, 청소년은 프로그램 자체 내용이 가지는 목적성이 더 부각된다. 물론 청소년의 경우에도 안전한 보호와 돌봄은 중요하지만, 아동에 비해서는 프로그램이나 활동에서 추구하는 내용적 목적성에 더 초점을 두어야 한다.

청소년을 대상으로 하는 자원봉사활동에서 자원봉사자들이 지켜야 할 일반적 유의사항은 다음과 같다(류기형 외, 2015).

- 긍정적인 초기관계의 수립
- 자신의 역할과 업무 및 한계에 대한 명확한 이해
- 청소년의 서비스에 대한 욕구와 현재 감정에 대한 검토
- 공동의 목표설정 및 대안선택
- 청소년에게 도움을 줄 수 있는 사회적 자원의 탐색과 의뢰
- 활동과정에서의 교육적 요소 중시
- 청소년의 자기결정에 대한 존중
- 청소년을 둘러싼 환경과의 협력체계 구축
- 청소년의 안전문제 고려
- 활동 시작 전과 후에 청소년과의 관계에 유의

자원봉사자는 대상 청소년이 가지는 심리사회적 특성에 대해 사전에 준비되어야 한다. 청소년과의 초기 라포(rapport) 형성이 중요하며, 대상 청소년이 보일 수 있는 태도나 반응에 대해 자원봉사자가 적절하게 대응하면서 관계를 유지할 수 있어야 한다. 자원봉사자가 활동의 대상인 청소년과 상호작용하는 것은 자원봉사자의 욕구나 필요에 의한 것은 아니다. 때문에 자원봉사자는 청소년과의 관계에서 일반 사적 관계에서와 같이 감정적이고 즉각적인 반응이나 상호작용이 아니라 준비되고 통제된 대응을 보일 수 있어야 한다. 대상 청소년과의 관계에서 부정적이거나 긍정적이거나 양자 모두에서 통제된 정서적 관계의 형성이 중요하며, 동시에 대상 청소년에 대해 일관된 존중을 보여야 한다. 자원봉사자는 다음과 같은 청소년의 심리사회적 특성에 대해 유의할 필요가 있다(남기철, 정선욱 공역, 2020).

- 청소년들은 전형적으로 이상적이며, 고통스러워하면서 자의식이 강하고, 권위 이슈와 싸우려는 경향이 있다. 특히 또래관계에 집착하며, 용모와 성적 매력에 열중하고, 또래집단에서의 인기와 조화를 추구하여 또래집단에게 잘 보이는 것에 민감하다. 가족과 별개의 자아정체감을 발달시키고자 노력한다. 그런데 부모의 감독과 영향에 저항하면서 역설적으로 가족 이외의 성인의 지도는 받아들이려는 경우도 많다. 청소년들에게는 긍정적 성인역할과 성인기를 잘 대비할 수 있는 멘토가 필요하며 또 이들은 표현하지 않아도 멘토를 원하는 경우가 많다. 자원봉사자는 또래집단의 의미를 받아들이면서도 좋은 멘토로서의 역할을 준비해야 한다.
- 또래집단이 청소년 시기에 매우 중요하기 때문에 집단접근, 예를 들어 집단토의, 사이코드라마, 집단상담 등이 청소년에 대한 프로그램으로 유용할 수 있다. 대부분의 청소년은 일대일 관계를 통한 자원봉사활동의 대상이 되는 것보다는 집단과 관련된 개입을 쉽게 수용한다.
- 청소년의 에너지 수준이 높기 때문에 청소년과 상호작용할 때는 이동과 활동을 반영해야 한다. 상담이나 이야기를 나누는 과정이 필요한 자원봉사활동일 경우, 가능하다면 사무실 공간에서 이야기만 하는 것보다는, 대신에 걷고, 농구공을 던지며, 체육관에서 활동하거나 차를 타고 가면서 청소년과 이야기를 하는 것이 더 효과적일 수 있다. 움직이면서 이야기하는 것이 더 편안하게 느껴질 수 있고 감정을 쉽게 표현한다.
- 청소년은 비록 자신이 다른 사람인 것처럼 가장할지라도 다른 사람들의 인위성에 대해서는 매우 민감하다. 그러므로 자원봉사자가 청소년에게 솔직하고 진실성 있게 대하는 것이 중요하다. 그들의 또래와 같이 이야기하거나 행동하려고 노력하지 않아도 된다. 일시적 최신 유행, 음악, 속어 등을 계속해서 따라잡는다는 것은 거의 불가능한 것이다. 연령 차이가 있는 자원봉사자가 청소년들의 말투를 모방하는 것은 어리석게 보이기 쉽다.
- 청소년들은 '지금-여기'에 충실하다. 의사결정에서 다소 충동적인 경향이 있고 특정 행동의 결과를 예측하지 않기도 한다. 물론 이 때문에 자신들과 타인

들에게 해를 끼치는 나쁜 결정을 하기도 한다. 자원봉사활동 내에서 소망과 꿈, 목표를 생각해 보면서 대안과 가능한 의사결정을 검토하도록 부드럽게 격려하는 내용이 포함되어 있으면 좋다. 청소년의 사고가 너무나 비현실적이거나 위험하다면 자원봉사 프로그램 내에서 사실대로 이야기를 하는 것이 최선이다.

- 청소년들은 자신의 이야기를 들어 주기를 바라는 강한 욕구가 있다. 다른 사람들이 주의를 기울여 주고 심각하게 여겨 주기를 바란다. 하지만 성인들에게 개방적으로 이야기하는 것은 어려워한다. 비심판적으로 경청하며, 말하는 이면의 의미에도 주의를 기울여야 한다. 희망, 꿈, 가치, 중요한 삶의 경험, 중요한 것을 배운 때, 10대의 삶과 문제, 도전에 관해 남들이 이해해 주지 못한 것에 대해서 질문한다. 간혹 청소년들이 자원봉사 프로그램에 대해 냉소적으로 접근하더라도 지속적으로 본인의 이야기를 할 수 있는 기회를 제공하고 인내할 필요가 있다.
- 청소년들에게는 예측이 가능한 환경과 구조와 제약이 있는 환경이 필요하다. 자원봉사 프로그램에서는 이러한 환경을 만들고 어떤 규칙이 필요한지를 결정하여 일관성 있게 적용하는 것이 중요하다. 청소년들은 보통 어른들이 정한 규칙들이나 제약들을 시험하고자 할 것이다. 자원봉사 프로그램에서는 규칙을 만들기 전에 그것이 정말로 필요한 것이며, 실행되어야 하고, 도전해 볼 만한 가치가 있는 것인가를 확인한다. 일단 특정한 규칙이 필요하다고 결정하면, 청소년들에게 규칙들에 대한 정보를 제공하고 규칙위반의 결과에 대해서도 설명하면서 당사자인 청소년들과 합의하는 과정을 거친다. 규칙을 수행하고 결과를 적용하고자 할 때 공평하고 일관성을 지키는 것이 매우 중요하다.
- 자원봉사활동 대상이 되는 청소년들 중 일부는 한부모가족이거나 법적 보호자로부터 적절한 보호를 받지 못하고 있다. 이러한 경우 가까이에서 모델링의 대상이 될 성인 역할의 부재로 인해 학교에서의 수행이 좋지 않은 것, 결석률, 비행, 약물남용, 폭력, 불량서클활동 등과 관련된 결과를 초래할 수도 있다. 청소년은 건강한 성인 역할모델을 필요로 한다. 이상적으로는 부모가 이 역할모

델이 되면 좋지만 그렇지 못한 경우에는 친척이나, 가족의 친구, 빅브라더나 빅시스터 등 다른 성인의 모델링이 특히 중요해진다. 경우에 따라서는 자원봉사자가 성인 모델링의 대상이 될 수도 있다.

- 일부 청소년들은 좋지 않은 비행집단에 매력을 느끼고 빠져든다. 청소년은 여러 가지 이유로 비행집단에 합류하는데, 그 이유는 보통 그러한 집단이 청소년이 필요로 하는 또래의 인정, 자아정체성과 소속감, 자신감과 자부심, 흥분과 동지애를 제공해 주기 때문이다. 통제되지 않는다면 청소년 또래의 비행집단은 부적절한 활동이나 심각한 범죄까지 연결되기 쉽다. 자원봉사자와 자원봉사 프로그램은 비행집단이 제공하곤 하는 소속감이나 자부심, 인정 등을 제공해 주는 좋은 대안이 될 수 있도록 노력해야 한다. 또한 대상 청소년에게 위험한 비행집단의 관여를 통제할 방법을 고민해야 한다.
- 자원봉사 프로그램에 참여한 일부 청소년들은 비자발적으로 보호자나 다른 성인에 의해 프로그램에 참여한 경우도 있다. 청소년기 특유의 권위에 반항하려는 경향이 있기 때문에 이 같은 상황에서 자원봉사 프로그램에 대상으로 참여하는 것은 청소년에게는 매우 불편하고 어색한 것이 된다. 청소년은 저항의 표시로 성인 자원봉사자의 말에 침묵으로 일관할 수도 있고, 비협조적이고 무례하게 구는 등 성인의 권위에 도전할 수 있다. 자원봉사자는 인내와 자기통제에서 어려움에 부딪힐 수 있으니 비자발적인 참여 청소년에 대해서는 미리 예상을 해야 한다.

청소년기의 심리사회적 특성 때문에 청소년을 대상으로 하는 자원봉사 프로그램은 (대상 청소년들이 수동적인 경우) 매우 형식적으로 운영이 되거나 (대상 청소년들이 표면적으로 저항하는 경우) 갈등이 표면화되는 경우도 많다. 이런 어려움에도 불구하고 청소년들은 탄력적이며 성장하고 변화하는 무한한 가능성을 가지고 있기 때문에 청소년들과 함께 하는 자원봉사활동은 고무적이며 흥미진진하기도 하다. 청소년을 대상으로 하는 자원봉사활동은 다른 연령대 대상의 자원봉사활동보다도 대상자에게 훨씬 더 큰 영향을 미칠 수 있다는 점을 자원봉사자들이 인식해야 한다.

3. 장애인 대상의 자원봉사활동

많은 자원봉사자가 장애인을 자원봉사활동의 대상으로 접촉하곤 한다. 장애인은 일부 기능에서의 제약과 사회적 배제로 인해 어려움을 겪고 있기 때문에 자원봉사자들과 함께 하는 활동을 통해서 사회적 통합이나 참여의 기회를 높이는 경우가 있다. 과거 우리나라에서는 사회경제적으로 취약한 장애인들을 생활시설에 집단적으로 거주하게 하면서 보호하는 전근대적인 방법이 많이 사용되어 왔다. 그러나 장애인에 대한 사회복지적 접근방법은 정상화(normalization)와 통합화(integration)의 원리에 따라 지역사회의 다른 사람들과 같은 생활방식으로 다른 비장애인들과 함께 생활하도록 돕는 자립생활 지원의 방식을 추구하고 있다. 따라서 우리나라에서도 장애인에 대해서는 탈시설화 정책이 추진되고 있다. 지역사회 내에서 장애인의 자립생활을 돕기 위해 장애인 활동지원사를 유급 전문인력으로 지원하는 등 여러 가지 제도가 만들어져 시행되고 있다. 그러나 현실에서는 정부의 공공 지원이 부족하기 때문에 자원봉사자들이 장애인과 함께 활동하면서 지원하는 활동도 여전히 중요한 비중을 차지하고 있다.

장애는 질병이나 손상과는 다른 의미이다. 손상(impairment)은 질병이나 상해로 인해 장기간 혹은 영구적인 신체적 · 감각적 · 인지적 제한이 유발된 것을 의미한다. 만약 손상이 개인의 중요한 사회적 역할이나 일상적인 활동(자기보호, 이동, 타인과의 의사소통 등)을 방해한다면 이는 장애(disability)로 범주화될 수 있다. 손상이 장애를 유발하는 물리적이거나 생리적인 측면에 초점을 두고 있다면 장애는 손상으로 인한 생활기능에서의 취약성이나 제한성이라 할 수 있다. 여기에 기능제약 이상으로의 사회적 차별이 더해져 장애인의 일반적 사회생활을 어렵게 만들고 있다.

장애인에 대한 자원봉사활동은 장애인과 비장애인이 차별 없이 지역사회에서 함께 살아갈 수 있는 사회환경을 만들기 위한 의미를 가지고 있다. 때문에 자원봉사자가 장애와 장애인에 대한 정확한 인식을 가지는 것이 중요하다. 전체 사회구성원의 10% 이상이 장애를 가지고 있으나 아직도 횡행하는 낙인과 차별 등으로 실제

장애등록률은 이에 미치지 못하고 있다. 장애의 다양한 유형에 대해서도 인식이 정확하지 않은 부분도 많다. 장애에 대해서는 나라별로 실정법에 따라 유형과 정도 등 구분기준에 차이가 있다. 심지어는 우리나라 안에서도 법률에 따라 장애에 대한 인정 여부, 유형 등에 대한 기준이 다르다.

장애는 보통 신체적 장애와 정신적 장애 두 가지로 크게 구분된다. 우리나라의 「장애인복지법」에서는 신체적 장애와 정신적 장애로 구분하고, 신체적 장애는 다

표 14-1 우리나라 장애인복지법의 장애유형

유형구분			특징
신체적 장애	외부 신체기능의 장애	지체장애	절단장애, 관절장애, 지체기능장애, 신체변형 등의 장애
		뇌병변장애	뇌의 손상으로 인한 복합적인 장애
		시각장애	시력장애, 시야결손장애
		청각장애	청력장애, 평형기능장애
		언어장애	언어장애, 음성장애, 구어장애
		안면장애	안면부의 추상, 함몰, 비후 등 변형으로 인한 장애
	내부 기관의 장애	신장장애	투석치료 중이거나 신장을 이식받은 경우
		심장장애	일상생활의 현저히 제한되는 심장기능이상
		간장애	일상생활이 현저히 제한되는 만성·중증의 간기능 이상
		호흡기장애	일상생활이 현저히 제한되는 만성·중증의 호흡기 기능 이상
		장루·요루장애	일상생활이 현저히 제한되는 만성·중증의 장루·요루
		뇌전증장애	일상생활이 현저히 제한되는 만성·중증의 뇌전증
정신적 장애	발달장애	지적장애	지능지수가 70 이하이면서 사회성 지수가 70 이하인 경우
		자폐성장애	소아청소년자폐 등 자폐성장애
	정신장애		조현병, 분열형 정동장애, 양극성 정동장애, 반복성 우울장애

출처: 국가법령정보센터(www.law.go.kr)에서 편집.

시 외부 신체기능의 장애와 내부 기관의 장애로 양분한다. 그리고 소분류로서 총 15가지 장애유형으로 구별하고 있다. 이는 〈표 14-1〉과 같다.

장애의 정도에 대해서는 장애의 정도가 심하지 않은 장애인과 장애의 정도가 심한 장애인으로 양분하고 있다. 이는 소위 경증장애인과 중증장애인으로 부르기도 한다. 우리나라에서 얼마 전까지는 장애의 정도에 따라 1~6급까지 장애등급을 부여하였는데 인권적 측면에서 문제가 있다고 해서 장애등급제는 여러 논란 끝에 폐지되었다.

자원봉사자가 장애를 가진 대상자와 활동할 때, 다음의 지침을 기억하는 것이 필요하다(남기철, 정선욱 공역, 2020).

첫째, 사람과 함께 활동하고 있는 것이고 장애라는 측면은 그다음이다. 자원봉사자는 대상자가 가지는 장애의 측면에 초점을 두기보다는 대상자와 자신이 같은 사람으로서 동반자적 활동을 하고 있다는 인권과 공통성의 측면에 우선 초점을 두어야 한다.

둘째, 장애인의 취약점보다는 강점을 잘 파악하고 이를 강조하며 활용하는 활동을 해야 한다. 소위 강점관점이라고 표현하듯이 장애인은 일부 기능이 제약되었을 뿐이지 많은 기능을 스스로 잘 수행하고 있고, 자신의 능력과 환경 측면에서 다양한 강점을 가지고 있다.

셋째, 장애인이 최대한 스스로 결정할 수 있도록 자기결정권을 주어야 한다. 장애인이 스스로 해결하기 어려운 부분들을 도와주는 것이 중요하지만 스스로 할 수 있는 일에 대해서는 최대한 스스로 처리할 수 있도록 하는 것도 중요하다. 장애인을 편하게 돕는 것보다는 장애인이 지역사회생활을 스스로 처리할 수 있도록 지원하는 원조자가 된다는 생각을 가져야 한다.

넷째, 장애인의 생활패턴은 비장애인과 유사한 방식이 되도록 지원하는 것이 좋다. 주말과 주중의 일상적 차이, 해당 연령대에서의 일반적인 활동과 관심 등 일상생활에서의 다양한 요소나 생활리듬이 사회에서 일반적인 사람들과 차이가 나지 않도록 최대한 노력하여야 한다. 주말에 이루어지는 자원봉사활동은 가급적 (일반 비장애인들의 생활에서도) 주말에 어울리는 내용으로 이루어지는 것이 좋다.

다섯째, 도움이 필요하다고 생각될 때는 어떻게 도와주면 될지를 장애인에게 물어본다. 도와주고 싶다는 선의의 마음 때문에 자칫 필요 없는 도움을 주려고 시도하거나 부적절한 방법으로 장애인에게 행동하게 될 수도 있다. 장애인에게 도움이 필요한지, 어떻게 도움을 주면 좋을지를 직접 물어보는 것을 피하지 말아야 한다. 장애인과 적극적으로 대화하는 것이 중요하다.

여섯째, 다양한 상황에서 장애인을 옹호(advocacy)할 준비가 되어 있어야 한다, 장애인은 기능에서의 제약 이외에도 다양한 차별에 희생되고 있다. 자원봉사자들이 장애인과 활동하면서 이동권이나 일상생활에서 장애인의 기본적 인권을 침해하는 상황에 대해서는 장애인을 옹호하는 자세를 가져야 한다.

일곱째, 장애인을 존중하는 자세가 가장 중요하다. 뇌병변장애인은 뇌병변장애 그 자체로는 비장애인에 비해 인지적으로 뒤처지지 않는다. 기회가 적을 뿐이다. 겉으로 표현하는 데 어려움을 겪거나 외관상으로 비장애인과 차이가 날 수 있는데 자칫 자원봉사자가 이를 잘못 파악하여 장애인을 실제 연령보다 낮게 생각하거나 하대하는 식의 언동을 하는 경우도 있다. 경험의 부족으로 실수가 생기는 것은 어쩔 수 없다고 해도, 자원봉사자는 장애인의 인격을 존중하는 기본적인 마음을 가지고 있어야 한다. 존중하는 마음을 확고히 가지고 있다면 태도를 통해 장애인이나 주변 사람들에게 전달되기 마련이다.

장애는 장애유형의 다양성에서 보는 것처럼 장애유형에 따라 특성이 모두 다르다. 관련 직업을 가진 전문가가 아닌 이상에는 일반적 자원봉사자가 모든 장애유형에 대해 장애의 특성이나 유의해야 할 사항을 숙지할 수는 없다. 따라서 자원봉사관리자가 무리해서 자원봉사자를 전문가처럼 육성해서 전문적 실천을 수행하도록 시도하는 것은 적절하지 않다. 해당 활동에서 만나는 장애인의 장애유형과 특징적인 양상에 대해 교육하는 것, 그리고 장애인에 대한 해당 자원봉사활동이 장애인의 자립생활을 지원하는 전체에서 어떤 위치를 차지하고 있는지, 장애인에 대한 잘못된 편견을 인지하고 사회적 통합에 대한 관점을 가지도록 교육하는 것에 초점을 두어야 한다. 자원봉사자가 자신의 활동이 가지는 의미를 정확히 알고 활동한다면 장애인과의 활동에 관련된 세부적 지식이나 기술의 부족은 수시로 사안에 따라 보완이 이루어질 수 있다. 자원봉사자와 관리자의 접촉이 다른 대상 유형의 자원봉사활동보다는 더 자주 이루어져야 한다.

4. 노인 대상의 자원봉사활동

우리나라는 고령화 속도가 전 세계에서 가장 빠르다. 2020년대 중반에 초고령사회에 진입한다. 세계에서 가장 심각한 저출생 현상과 맞물려 전체 인구 중에서 노인이 차지하는 비중은 급속하게 높아지고 있다. 그런데 우리나라는 주요 국가들 중에서 노인빈곤율과 노인자살률이 가장 높다. 우리나라의 사회보장체계 자체가 노인들에게 적절한 소득을 보장하지 못하고 있다. 우리나라 사회복지의 발전에 따라 조금씩 개선되고 있지만 다른 나라들에 비해 노년기의 생활이 무척 어려운 사회환경이다. 우리가 흔히 보는 '폐지 줍는 노인'의 모습은 다른 나라에서는 일반적이지 않다. 우리나라에서도 베이비 붐 세대가 노년기에 들어서고 있고 과거보다 학력과 경제력이 높은 노인들도 많아지고 있어서 노인들이 자원봉사활동의 주체가 되는 비중이 높아지고 있지만, 경제적 · 사회적으로 취약한 노인들의 수가 워낙 많기 때문에 노인들은 자원봉사활동의 대상이 되는 경우가 더 많다.

노인문제로서 경제적 빈곤문제가 가장 심각한 것이기는 하지만 대개의 경우 자원봉사자가 자원봉사활동을 통해 노인빈곤의 문제에 개입하는 것은 어렵다. 이보다는 빈곤이나 건강문제 등으로 인해 파생되는 노인의 일상생활에서의 어려움이나 사회적 고립을 완화하기 위한 활동을 지원하는 경우가 많다. 자원봉사자가 노인에게 도시락을 배달하는 활동도 단지 식사를 제공하는 것만이 아니라 노인에게 관심을 가지는 사회적 관계망을 확충한다는 의미도 가지고 있다. 고립된 노인의 입장에서는 자원봉사자와의 잠깐의 교류가 외부 지역사회와 접촉하는 주요한 경로인 경우도 많다. 자원봉사자는 노인을 대상으로 활동하면서 노인과의 상호작용에 적극적이어야 한다. 때문에 노인이 가지는 심리사회적 특성에 대해 인식하는 것이 필요하다(남기철, 정선욱 공역, 2020).

- 사람은 나이가 들면서 많은 상실, 즉 사랑하는 사람의 죽음, 건강의 상실, 자유롭게 몸을 움직일 수 없게 되는 것 등을 경험하면서 덜 독립적이고 점점 더 취약해지는 것처럼 느끼게 된다. 노인은 스스로를 돌볼 수 없을까 봐, 그리고 자녀나 다른 가족 구성원들에게 짐이 될까 봐 걱정한다. 결과적으로 많은 노인은 아직 보유하고 있는 독립성과 자유에 대해 집착한다. 자원봉사자는 가능한 한 노인 대상자가 최대한의 통제력을 갖고, 선택을 하며 독립성을 유지할 수 있도록 돕는다고 생각하고 노인의 주체성을 존중하는 태도를 가질 필요가 있다.
- 노인들은 대개 격식을 차린 자원봉사자보다는 친근하게 대하는 자원봉사자를 더 좋아하는 것으로 보인다. 그러나 그들은 어디까지나 존중받고 공손히 대우받기를 원한다. 너무 허물없이 굴기보다는 친근하면서도 경륜을 존중하는 태도를 가지도록 해야 한다. 노인들은 자신들이 보기에 파격적인 옷차림이나 머리모양, 장신구에 거리감이나 거부감을 보이기도 한다는 점도 염두에 두어야 한다.
- 노인을 대상으로 수행하는 자원봉사활동 중에서 상당 부분은 노인들의 집에서 이루어지기도 한다. 좋은 관계를 형성하고 싶다면 그 집이나 방의 가족 사진, 특이한 가구, 수공예물품, 장식물 등에 대해 관심을 보이고 대화를 시작하는 것도 좋다. 특히 초기에는 사회적 활동이나 친구관계, 교통, 의료보호 등과 같이 명확하고 구체적인 노인의 관심사에 유의해서 반응을 보이는 것이 필요하다.
- 많은 노인이 심각한 빈곤에 시달리고 있다. 또한 노인은 같은 경제적 수준에서도 더 내핍생활을 하는 경우가 많다. 노인들은 여러 상황에서 비용에 대한 문제를 걱정하는 경우가 많고, 자원봉사자가 활동하는 기관으로부터의 서비스에 대해서도 비용을 걱정하는 경우들이 많다. 이에 대한 정보의 제공이나 받을 수 있는 지원에 대해 연결이 가능하도록 준비할 필요가 있다.
- 노인들은 시력과 청력이 취약한 경우가 많다. 이로 인한 어려움을 고려하여

의사소통을 할 때 가급적 큰 소리로 명확하고 반복적으로 말하는 것이 중요하다. 손동작과 같은 비언어적인 커뮤니케이션을 보충적인 방법으로서 잘 활용하면 좋다. 또한 대화속도는 보조를 느리게 맞춘다.

- 점차 나이가 들어갈수록 인생에서의 성취와 좌절에 대해 더 많이 생각하게 된다. 많은 경우에 영성이나 종교의 부분도 노인들에게는 더 중요해진다. 노인들이 인생에 대해 배운 것과 생각을 나누는 대화를 자원봉사자가 가급적 많이 활용하고 경청하도록 한다.
- 노인은 자연스럽게 미래지향적이라기보다는 과거에 대해 회상하고 가치를 많이 부여하는 편이다. 과거에 대해 생각하고 이야기를 많이 하는 것은 노인들에게 일반적이다. 노인이 회상하는 이야기에 대해 자원봉사자는 주의 깊게 경청해야 한다. 이러한 이야기는 노인들 자신의 가치, 감정, 현재의 관심 등에 관해 많은 것을 알려 준다. 또한 자신의 과거 이야기를 잘 들어 주는 자원봉사자의 존재 자체가 노인에게는 자기존중감을 높여 주고 큰 힘이 될 수 있다.
- 대상 노인이 고집스럽고 완고하게 느껴지는 경우가 종종 있다. 인생주기에서 노년기는 자신이 가졌던 과거의 내용들을 수정하기보다는 그대로 유지하려는 보수성이 가장 강한 때이다. 따라서 노인의 완고함은 많은 사람에게 자연스러운 태도일 수 있다는 점을 자원봉사자가 수용하는 것이 좋다.
- 노인은 다른 사람들이 보기에는 대단치 않아 보이는 물건에 대해 중요하게 집착하곤 한다. 자원봉사자는 노인의 물건에 대해 남다른 의미가 있을 수 있다는 점에 유의해서 함부로 다루어서는 안 된다. 특정한 물건을 만지거나 치우기 전에 노인들에게 질문하는 것이 좋다.
- 노인의 신체적 능력이 허용하는 한, 여러 가지 활동이나 관계에 참여하도록 기회가 제공되는 것이 바람직하다. 가능하다면 자원봉사자가 함께 하면서 노인의 사회적 자원 역할을 해 주면 노인의 자긍심을 높이는 데 도움이 될 수도 있다.
- 노인과의 상호작용에서는 자원봉사자가 여유와 인내를 가져야 한다. 접촉시간을 끝내려고 서두른다는 인상을 주어서는 안 된다. 시간에 여유를 가져야

한다. 또한 여러 번의 방문이나 대화에서 반복되는 상황을 자연스럽게 받아들이고 천천히 관계를 맺고 진행한다는 생각을 가져야 한다.

- 자원봉사자가 노인의 위기상황에 대해 주의해 관찰할 필요가 있다. 이러한 위기는 학대와 방임일 수도 있지만, 혼자 사는 노인의 경우에는 주거환경에서의 위험성이나 자기방임이 나타나기 쉽다. 특히 노인의 주거는 낡고 제대로 관리되지 못해 낙상과 같은 사고가 발생할 가능성도 높다. 자신의 기본적인 의식주나 안전을 제대로 챙기지 못하는 경우도 많다. 제대로 치료받지 않은 상처, 타박상 등, 날씨에 맞지 않는 옷차림, 적절하지 않은 시간이나 위험한 장소에서 방황하는 것, 배달물이나 청구서가 방치되는 것, 비정상적인 활동이나 혹은 이동의 흔적이 전혀 없는 것, 집에서 불유쾌한 냄새가 나거나 쓰레기가 방치되는 것, 몇 번의 만남 이후에도 자원봉사자를 알아보지 못하는 것, 바로 직전의 일이나 활동을 기억하지 못하는 것, 주거환경이 안전에 위배되는 것 등에 대해 주의를 기울인다.

우리나라의 심각한 노인문제에 비교해서 노인을 위한 복지체계는 전문인력의 수가 부족하다. 노인들과 개별적으로 접촉해서 사회적 고립을 완화하기 위한 활동을 수행하는 데 어려움이 있다. 때문에 지역사회에서 노인을 대상으로 자원봉사자들의 활동은 필수적이다. 자원봉사자는 노인에게 전문적 서비스를 제공할 수는 없지만 노인과의 접촉을 통해 얻어진 정보나 경험은 그 노인에게 보다 좋은 서비스를 제공할 수 있는 중요한 계기가 될 수 있다. 자원봉사관리자는 노인에 대한 자원봉사자의 개인적 접촉 경험과 소속기관의 서비스가 잘 연결될 수 있도록 체계를 마련해야 한다.

5. 이주민 대상의 자원봉사활동

이제 우리나라도 다민족·다인종 국가로서의 모습이 확연해지고 있다. 국내에 거주하고 있는 외국인의 수가 약 200만 명에 이르고 있다. 국내거주 외국인 혹은 이주민은 이민자, 망명자 등 다양하게 유형화될 수 있고 법적 지위도 서로 다르다. 통상 자원봉사활동의 대상이 되는 이주민은 외국인노동자와 결혼이주여성 혹은 이들의 가족이다. 결혼이주여성과 같이 배우자 중 한 명이 내국인이고 다른 한 명이 외국인인 경우 결혼이주가정을 다문화가정이라고 표현하기도 한다.

우리나라는 외국인의 이주에 대해 개방적이고 수용적인 편이 아니다. 문화적으로도 다양성의 존중에 대한 내면화가 뒤늦은 편이다. 정책이나 제도의 측면에서도 내국인 중심의 주민등록제도는 국민에 대한 복지나 지원정책의 운영에서 외국인을 배제하는 속성이 강하다. 외국인 인력을 활용하는 노동현장에서는 외국인의 체류와 노동자격에 대해 엄격한 제한이 있는 편이다. 또한 내국인 노동자와 비교해서 차별적인 처우와 인권침해, 불법적인 착취로 인해 사건사고가 자주 발생하기도 한다. 결혼이주여성이 많은 편이지만 얼마 전까지도 외국인 여성과 내국인 남성 사이의 결혼과정에서 부적절한 상품화의 문제 등 인권침해에 대한 보도가 많았다. 또한 결혼 이후 내국인 배우자나 가족에 의한 학대나 차별의 문제, 다문화가족의 자녀에 대한 교육에서의 어려움과 차별의 문제 등도 사회적으로 불거지곤 했다. 이처럼 사회 전반적으로 국내에 거주하는 이주민들이 차별이나 배제에 시달리면서 사회적 소수자인 이들을 지원하기 위한 제도적 개편이나 활동들도 나타나기 시작했다. 그리고 외국인노동자지원센터나 다문화가족지원센터 등의 지원조직도 점차 많아지고 있다. 그리고 이러한 활동에 참여하는 자원봉사자도 많아지고 있다. 과거에는 이주민에 대한 자원봉사활동이 '우리말 교육' '우리 문화 체험학습'과 같이 내국인의 언어나 문화를 중심에 두고 진행되는 것 일변도였던 경향이 있었다. 그러나 최근에는 다양성에 대한 존중이 기본원칙으로 정착되고 있다.

이주민은 결혼이나 노동, 학업 등의 이유로 우리나라에서 거주하면서 소위 주류 문화집단 혹은 지배적 문화집단과의 관계 속에서 적응이 쉽지만은 않다. 시간이 많이 소요되기도 하지만, 적응이 덜 된 상황과 적응하는 상황의 두 가지 특성만을 가지는 것도 아니다. 이 과정에서는 자기 자신의 정체성에 대한 인식, 우리나라에 함께 거주하고 있는 같은 소수민족에 대한 인식, 우리나라의 다른 소수민족에 대한

표 14-2 인종 · 문화적 정체성 발달모델

단계	자신에 대한 태도	같은 소수민족에 대한 태도	다른 소수민족에 대한 태도	지배집단에 대한 태도
1단계 순응	낮은 민족적 중요성으로 인한 자기비하 혹은 중립	집단에 대한 경멸 혹은 낮은 민족적 중요성으로 인한 중립	차별적 혹은 중립적	집단존중
2단계 불협화와 존중	자기비하와 집단존중과의 갈등	집단경멸과 공유한 경험 감정과의 갈등	지배적 관점과 집단경멸의 갈등	집단존중과 집단비하의 갈등
3단계 저항과 잠입	자기존중	집단존중 경험과 문화중심주의의 감정	다른 소수민족에 대한 감정이입의 감정들과 갈등	집단에 대한 경멸
4단계 자기성찰	자기존중의 근거에 대한 관심	집단존중에 대한 관심	타인에 대한 판단에 있어 민족중심주의적 관점	집단경멸의 근거에 대한 관심
5단계 통합적 인식	자기존중	집단존중	집단존중	선택적 존중

출처: 평택대학교 다문화가족센터(2007).

태도, 지배집단인 우리나라의 내국인 전반에 대한 인식과 태도처럼 여러 구성집단에 대한 인식과 태도가 역동적으로 변화하는 과정을 겪는다. 〈표 14-2〉와 같은 문화적 정체성 발달모델은 이주자의 정체성 변화과정을 보여 주는 대표적인 이론적 모델이다(김범수 외, 2007). 순응의 단계, 불협화와 존중의 단계, 저항과 잠입의 단계, 자기성찰의 단계, 통합적 인식의 단계라는 과정으로 개념화되고 있다.

자원봉사자는 이 과정의 어느 한 부분에 있는 이주민을 지원하면서 함께하는 것이다. 자원봉사자가 이주민과 함께 활동하면서 유의해야 할 일반적인 사항은 다음과 같다.

- 문화적 다양성에 대한 존중이 기본이 되어야 한다. 우리나라는 오랫동안 순혈

주의와 같은 고립적 관점이 강했던 탓에 문화적 상대주의나 다양성에 대한 민감성이 약한 편이다. 이주민이 원래 거주했던 다른 나라의 관습이나 문화에 대해 존중하고 상호적으로 수용해야 한다. 우리나라에 왔으니 우리나라의 문화와 관습에 맞추어 일방적으로 적응하도록 주문하는 것은 곤란하다. 기존의 이주민에 대한 프로그램이나 자원봉사활동이 우리나라의 언어나 문화를 교육하면서 우리나라의 문화에 통합되는 것을 주문하는 방식이었다면, 이제는 서로 간의 언어나 문화를 공유하고 함께 공존하기 위해 이해의 폭을 넓혀 가는 것으로 바뀌어 가고 있다. 이주민을 대상으로 자원봉사자가 활동하면서 하나를 전달하고 가르쳤다면 반대로 하나는 배우고 전달받는 식으로 역할부여와 상호성이 필요하다. 문화적 다양성에 기반하여 상대방의 문화를 존중하는 태도가 활동 대상자에게 전달될 수 있어야 자원봉사자와의 라포(rapport) 형성이 용이해진다.

- 이주민의 적응과 정체성 발달과정에 대해 고려하여야 한다. 이주민 중 누군가는 적응을 잘하고 누군가는 적응을 잘 못한다는 식으로 볼 것이 아니라, 이주민 각자는 〈표 14-2〉에서 보았던 것과 마찬가지로 복잡한 역동성상에서 정체감 형성을 위해 변화하는 과정에 있는 것이다. 지배집단의 일원일 수도 있는 자원봉사자에 대한 태도나 수용성 역시 이 역동성의 일부분이다. 물론 개인적 차이가 있지만 이주민들이 우리나라의 배타적인 지배문화 속에서 자신의 정체성을 형성해 가는 과정에 있다는 점과 그 과정에서 나타날 수 있는 갈등상황을 염두에 두고 이주민의 심리나 태도를 살펴보아야 한다. 지배문화에 대해 순응적으로 잘 받아들이고 있는 이주민이 적응을 잘하고 있다는 식으로 생각하는 것은 부적절하다.
- 소수자로서 이주민에 대해 옹호할 준비가 되어 있어야 한다. 우리나라의 이주민은 내국인에 비해 여러 가지 유형의 차별과 인권침해를 경험하고 있다. 자원봉사활동이 가지는 보편적 인권증진의 가치에 비추어, 활동 대상자인 이주민이 개인적으로 혹은 소수자 집단으로서 경험하는 부당한 상황에 맞닥뜨릴 경우 자원봉사자는 이주민을 대변하고 지지할 준비가 되어야 한다.

- 이주민의 주도적 역할을 지지하는 방식으로 활동해야 한다. 이주민이 한국과 관련된 무엇인가를 배워야 할 필요성도 있지만, 이주민이 다른 내용, 예를 들어 모국의 언어나 문화와 같은 것들을 내국인들에게 가르칠 수도 있다. 이는 문화적 다양성과 상호성에 대한 존중의 의미도 있지만, 이주민 자신에게 보다 긍정적인 자아상을 제공하고, 적극적 역할과 지위가 지역사회에 자리 잡히도록 하는 방법이 될 수도 있다. 촌락지역에서 결혼이주여성이 지역 노인을 대상으로 기초적인 영어를 교육하는 것은 이주민이 교사와 지도자로서의 역할을 수행하는 것이 될 수 있다. 자원봉사자가 이주민을 대상으로 자원봉사활동을 할 때, 이주민이 객체가 아니라 주체가 되는 역할을 수행하도록 도울 수 있는 방법을 모색할 수 있다.
- 외국인 노동자와 관련된 합법성 이슈에 대해서는 신중한 접근이 필요하다. 외국인 노동자는 체류기간, 노동권과 시민권 등이 극히 제약되고 있다. 부당한 제약성에 대해서는 옹호활동이 필요할 수 있으나 결과적으로 대상자인 외국인 노동자가 법적 조치에 따라 더 이상 머무를 수 없거나 금전적 피해를 보아야 하는 현실적 제약이 따를 수 있다. 대상자인 이주민에게 현실적인 피해가 수반될 수 있는 외국인 노동자의 합법성과 관련된 부분에 대해서는 자원봉사자가 유의하도록 준비가 되어야 한다.
- 이주민의 가족에 대한 고려가 필요하다. 결혼이주여성이나 외국인노동자의 경우 본국에 있는 원가족이나 혹은 우리나라에서 태어난 자녀와 같은 가족의 이슈가 생활상에서 중요하게 부각될 수 있다. 예를 들어, 원가족이나 우리나라에서 태어난 이주민의 자녀들도 상황에 따라서는 사회보장체계나 보육, 교육, 의료보장이 이루어지지 않는 경우들이 있다. 자원봉사자는 이와 같은 내용에 대해서 이주민들이 허용하는 한, 많이 소통하고, 필요하다고 판단되면 활동기관과 의논하여 자원의 연계와 같이 지원할 수 있는 방법을 모색하여야 한다.

6. 대상 특수성에 따른 자원봉사관리

자원봉사활동이 특히 대상자를 직접 대면해서 이루어지는 활동인 경우에는 자원봉사자와 대상자 사이의 상호작용이 양자 모두에게 긍정적 경험이 되어야 한다. 그리고 이는 자원봉사관리자에게는 쉽지 않은 과제이다. 때문에 일부 기관에서는 대면적 자원봉사활동을 가급적 기피하거나 대면 활동을 다소 기계적이고 파편적인 반복활동 중심으로 편성하기도 한다. 그러나 기관의 정규직원만으로 서비스 대상자들과 충분한 대면 상호작용이 이루어지지 못하는 상황이 일반적이다. 또한 자원봉사활동의 목적에 비추어 본다면, 필요한 것은 반복적인 일상 업무의 지원이라는 소극적인 것이 아니라 소수자나 취약계층의 고립을 완화하고 자원봉사자와 지역사회가 취약계층과의 접촉을 늘리는 것과 관련된다. 자원봉사자가 대상자를 대면하는 자원봉사 프로그램은 적극적으로 활용되어야 한다.

대면적 자원봉사활동이 자원봉사자와 대상자를 연결하기만 하면 자동적으로 양자 간에 좋은 관계가 형성되고 효과적인 활동이 이루어지는 것이 아니므로 관리자의 목적의식적인 노력이 필요하다. 자칫 예기치 않게 대상자의 인권이 침해되거나 반대로 자원봉사자가 상처를 입는 일은 막아야 한다. 특히 자원봉사자가 대상자의 특성별로 유의해야 할 점들에 대해 기본적인 인식을 갖추고 준비가 되어야 한다. 이를 위해서 자원봉사관리자는 다음과 같은 노력을 기울여야 한다. 기본적으로 자원봉사관리의 절차별로 준비가 이루어져야 한다.

1) 자원봉사 프로그램과 역할설계에서 대상자 특성의 반영

자원봉사 프로그램을 만들고 각 자원봉사자들의 역할과 직무를 설계하는 과정에서부터 대상자의 특성을 감안하여야 한다. 해당 대상자를 자원봉사자가 직접 접촉하는 것이 가능하고 적절한 업무인지에 대한 검토가 이루어져야 하고, 만약 그렇게 프로그램을 만든다면 자원봉사자가 구체적으로 수행해야 하는 역할이나 직무를 어떻게 편성해야 할지를 결정해야 한다.

예를 들어, 아동에 대한 돌봄과 레크리에이션이라는 측면에서 동일한 자원봉사 프로그램이라고 해도 일반아동이 아닌 학대경험 직후의 아동이 대상이라면 일반적으로 자원봉사자가 운영할 만한 프로그램은 아니다. 노인에 대한 이동지원과 수발 프로그램이어도 노인의 신체적 기능저하가 심각하고 중증의 골다공증이나 고관절의 손상이 있다면 역시 자원봉사자가 수행하기에는 부적절하다. 그렇지만 자원봉사관리자가 지나치게 보수적으로 대면적 자원봉사활동을 기획하는 것이 적절하지는 않다. 일반 자원봉사자가 수행하는 것이 명확히 부적절한 내용만을 배제하고 다른 내용들에서는 자원봉사자의 활용을 적극적으로 기획해야 한다. 거꾸로 자원봉사자가 수행하기에 아무런 부담이 없고 걱정이 없는 일들에만 국한하여 자원봉사자를 활용하는 방식은 좋지 않다. 자원봉사자만으로 특정 대상에게 자원봉사 프로그램을 만들어 제공하는 것이 부담스럽다면 정규직원의 책임활동과 자원봉사자의 역할 분담이 같은 프로그램 내에 포함되도록 기획할 수도 있다.

2) 적절한 자원봉사자의 선정

대면 자원봉사활동에서는 대상자의 특성에 잘 부합하지 않는 자원봉사자도 있을 수 있다. 이 경우 대상자를 직접 접촉하는 자원봉사 프로그램 자체를 기피할 것이 아니라 그 활동에 적절한 자원봉사자를 선정하여야 한다. 자원봉사자의 기본적 선의가 있다고 해도 모든 자원봉사활동에 모든 자원봉사자가 어울리는 것은 아니다.

예를 들어, 결혼이주여성을 대상으로 문화교류활동을 운영할 자원봉사자는 문화적 다양성에 대한 민감성을 갖추어야 한다. 그런데 문화적 보수성이 강한 사람, 예를 들어 전통적 성향을 가진 일부 노인 자원봉사자는 이러한 활동에 어울리지 않을 수 있다. 전통 문화를 전수하는 것이라면 장점을 가지지만, 다양한 문화를 교류하고 결혼이주여성과 상호작용하는 데는 어려움을 겪을 수 있다. 물론 노인과 같은 연령이나 성별, 학력과 같은 특성에 기초하여 자원봉사자를 선별하는 것은 좋지 않다. 이보다는 꼭 필요하다고 생각되는 자질이나 능력을 반영하여 적절한 자원봉사자를 선정할 수 있도록 해야 한다.

우선, 해야 할 역할과 직무에 부합하는 특성이나 조건들을 갖춘 자원봉사자들을 접촉하기에 용이한 방식으로 홍보전략이나 모집전략을 만들어야 한다. 다수모집 방법은 대면 자원봉사활동, 특히 민감성을 가질 수 있는 대면 자원봉사활동에는 적절하지 않은 모집방법일 수 있다. 특히 중요한 것은 대면 자원봉사활동 대상자 특성에 부합하도록 자원봉사자를 선발하는 것이다. 다문화적 감수성이나 다양성에 대한 수용성과 같은 부분을 선발원칙으로 설정하고 면접이나 선발과정을 운영하여 이러한 조건을 갖추고 있는지를 확인하여 이를 토대로 적절한 자원봉사자를 선발해야 한다.

3) 대상자 특성과 관련된 충실한 자원봉사자 교육훈련

가장 핵심이 되는 것은 교육훈련이다. 물론 자원봉사자에 대한 교육훈련은 단기적인 것이므로 자원봉사자 교육과정을 통해 자원봉사자의 기본적인 태도나 능력이 크게 변화하기는 어렵다. 활동 대상자의 특성과 자원봉사자 사이의 기본적인 부합성은 모집과 선발과정에서 어느 정도 갖추어져야 한다. 그리고 교육훈련 과정에서는 구체적으로 대상자의 특성에 대한 정보의 제공, 구체적인 활동에서 나타나는 상호작용 과정에서의 유의사항 등이 전달되어야 한다.

소수자나 사회적 배제의 대상 혹은 피해자를 직접 접촉하는 자원봉사자에 대한 교육훈련은 다른 자원봉사활동에 비해 더 많은 노력을 들여야 한다. 앞에서 살펴보았던 대상자들의 특성과 유의해야 할 사항은 자원봉사자의 교육훈련 과정에서 꼭 다루어져야 할 내용이지만 단지 평면적 정보제공으로는 불충분할 수 있다. 자원봉사관리자가 예상할 수 있는, 하지만 교육을 받는 자원봉사자들은 익숙하지 않을 수 있는 상황들을 제시하고 대처방안을 실제로 연습하는 상황극이나 코칭의 방법이 함께 활용되는 것이 유용하다. 특히 대면적인 자원봉사활동의 특성상 비밀보장의 중요성에 대한 부분 역시 교육과정을 통해 강조되어야 한다.

4) 적시의 지도감독과 활동관리

대상자와 직접 대면하는 자원봉사활동에서는 자원봉사자가 기관의 담당직원이나 자원봉사관리자와 더 많이 접촉하도록 해야 한다. 대면 활동에서는 점검과 교정이 더 신속하게 이루어져야 할 필요가 있으므로 지도감독 과정에서의 체크포인트가 더 자주 설정되어야 한다. 이와 관련되어 슈퍼바이저나 자원봉사관리자는 자원봉사자가 접근하기 쉽도록 높은 허용성을 보여 주어야 한다. 자원봉사자와 마주쳤을 때 수시로 대상자와의 관계에서 나타난 일들을 묻는 등 대상자와 자원봉사자 사이의 상호작용 관계에 대해 관심이 많다는 것을 전달해야 한다. 그 과정에서 자원봉사자가 필요할 때는 언제라도 찾아와 의논할 수 있는 허용적 분위기를 전달할 필요가 있다. 특히 대상자와 자원봉사자 사이의 갈등은 자원봉사활동에서의 다른 이슈보다도 신속하게 다루어져야 할 중점적 관리사항이다.

반면, 지나치게 자주 관리자나 감독자의 개입이나 간섭이 있으면 자원봉사자는 스스로의 통제력을 잃고 수동적이 될 수 있다. 때문에 자원봉사관리자는 자원봉사활동 대상자의 특성에 따른 우려지점과 자원봉사자 주체성 증진이라는 지향점 사이에서 균형을 잘 맞추어야 한다. 또한 자원봉사자가 활동대상자와의 상호작용 내용에 대한 비밀을 보장하는 것과 담당직원 혹은 자원봉사관리자에게 보고 혹은 의논할 필요성 사이의 균형도 역시 중요하다. 물론 기본적인 원칙은 대상자의 특성에 비추어 나타날 수 있는 위험성을 막는 것이 최우선이다. 이는 자원봉사자에게도 전달되어 있어야 한다. 그렇지만 자원봉사자의 통제력 수준을 높이기 위한 자원봉사관리의 원칙은 대면적 자원봉사활동에서도 시도되어야 하는 부분이다.

5) 평가와 환류에서의 반영

자원봉사활동 대상자의 특성에 비추어 자원봉사활동이 얼마나 대상자에게 도움이 되었는지, 자원봉사자의 활동이 구체적인 측면에서 특정한 대상 유형에게 잘 어울리는 것이었는지, 개선할 점은 무엇이 있었는지는 종결 국면에서의 자원봉사 평

가과정에서 꼭 다루어져야 한다. 예컨대, 자원봉사자가 노인을 대상으로 하는 활동에서 나타내었던 장단점을 확인하고 논의하는 것은, 이후에 해당 자원봉사자가 노인을 대상으로 지속적으로 자원봉사활동을 시도하는 것과 새롭게 장애인을 대상으로 자원봉사활동에 참여하는 것 사이에 결정을 내리는 기준이 될 수 있다. 특정한 유형의 대상자와 함께했던 자원봉사자가 이후에 대면적인 자원봉사활동을 계속하더라도, 그 활동 대상자의 유형은 바뀌는 것이 나을 수도 있고 그렇지 않을 수도 있다. 대상자 특성이라는 기준에 비추어 본 자원봉사활동의 평가는 자원봉사자의 이후 자원봉사활동 참여 여부와 대상자 결정에 중요한 환류정보가 될 것이다.

참고문헌

교보다솜이사회봉사단(2006). 교보생명 기업자원봉사활동 매뉴얼.

교보생명(2005). 2005년 자원봉사 리더 워크숍 자료집.

교육인적자원부(2000). 초 · 중 · 고등학교 학생봉사활동 제도운영 개선지침.

교육인적자원부(2015). 2015 개정 교육과정.

권지성(1999). 자원봉사 참여형태에 따른 대학생 자원봉사활동의 만족도. 서울대학교 대학원 석사학위논문.

권지성, 남기철(1999). 대학생 자원봉사활동의 만족도. 학생연구, 33, 42-55.

김기원(1997). 자원봉사 참여욕구 활성화 방안에 관한 연구. 사회복지연구, 10, 1-48.

김동배(2005). 시민사회와 자원봉사. 학지사.

김동배, 김선아, 이서원, 장신재, 조학래, 홍영수(2009). 자원봉사의 이해. 학지사.

김동배, 조학래(1997). 청소년 자원봉사활동의 효과성에 관한 연구. 한국사회복지학, 31, 147-170.

김동배, 조학래, 최재성, 최선희(1998). 한국자원봉사활동의 관리운영 실태평가와 지원욕구. 한국사회복지학, 35, 31-50.

김미숙(1998a). 여성 자원봉사활동의 활성화에 관한 연구. 단국대학교 대학원 석사학위논문.

김미숙(1998b). 자원봉사센터의 현황과 효율적 운영방안. 한국보건사회연구원.

김미혜, 정진경(2003). 노인자원봉사자의 봉사활동 헌신과 생활만족에 관한 연구. 한국사회복지학, 54, 221-243.

김범수(2004). 자원봉사의 이해. 학지사.

김범수, 서은주, 손병돈, 정재훈, 조석연, 최현미, 신승연, 최승희(2007). 다문화사회복지론. 양서원.

김범수, 이기백(2021). 자원봉사론. 학지사.

김봉희(2004). 기업자원봉사관리자의 특성 및 업무환경이 자원봉사 참여도에 미치는 영향. 경성대학교 대학원 석사학위논문.

김선숙, 안재진(2012). 청소년 자원봉사활동이 공동체 의식에 미치는 영향-자아존중감과 또래애착의 매개역할을 중심으로. **사회복지연구, 43**(1), 339-363.

김성경(2007). 우리나라 자원봉사자의 적극적 자원봉사참여의 영향요인에 관한 연구. **한국가족복지학, 21**, 167-186.

김성이(1997). **자원봉사센터 운영 길잡이**. 한국자원봉사단체협의회.

김수현(2013). 노인의 자원봉사 참여가 신체적 건강, 우울, 사회적지지 및 삶의 의미에 미치는 영향. **한국노년학, 33**(1), 53-66.

김영옥, 권해수(2011). 자원봉사활동이 사회적 자본 형성에 미치는 영향. **한국거버넌스학회보, 18**(2), 103-129.

김영윤(2005). **학생봉사활동 운영실태**. 교육인적자원부.

김영호(1996). 자원봉사 교육훈련의 방법, **자원봉사의 효율적 관리**. 한국사회복지협의회.

김영호(1997). **자원복지활동의 활성화 방법**. 학문사.

김정배(1997). **주요 외국의 청소년 자원봉사**. 한국청소년개발원.

김통원, 김혜란(2001). 대학생 봉사학습에 관한 실증적 사례연구. **한국사회복지학, 47**, 148-177.

김현옥, 안승화, 천희, 김형용, 오영수, 박연수, 오은경(2008). 자원봉사관리 표준매뉴얼 개발연구. 행정안전부.

남기철(1998). 자원봉사활동의 현황과 과제. 한국사회과학연구소 편, **한국 사회복지의 현황과 쟁점**. 인간과 복지.

남기철(2003). 대학생 자원봉사활동의 만족도와 관리방안. **학생지도연구, 22**, 42-55.

남기철(2007). **자원봉사론**. 나남.

남기철(2009). **노숙인 복지론**. 집문당.

남기철, 권영혜(2006). 자원봉사 활성화를 위한 가족단위 자원봉사와 자원봉사관리. 2006 초·중학교 자원봉사 활성화 방안 보고서. 삼미재단.

남기철, 오봉옥(2007). **초등학생 자원봉사 통합지도 지침서**. 삼미재단.

남기철, 정선욱 공역(2020). **사회복지실천의 기법과 지침**. 나남.

대구광역시교육청(2021). **2021학년도 학생봉사활동 운영계획**.

대한민국정부 관계부처 합동(2018). **자원봉사 진흥을 위한 제3차 국가기본계획**.

류기형(2008). 자원봉사 직무특성이 활동만족도와 지속의지에 미치는 영향 연구. **사회복지정책, 35**, 221-243.

류기형(2010). 자원봉사동기유형과 보상인식 및 자원봉사과업만족도와의 관계에 관한 연구. **사회복지정책, 37**(4), 75-96.

류기형, 남미애, 홍봉선, 강대선(1999). **자원봉사론**. 양서원.

류기형, 남미애, 홍봉선, 강대선(2015). 자원봉사론(개정증보1판). 양서원.

문성호, 문호영(2009). 청소년 자원봉사활동의 실태 및 효과에 관한 비교분석. 청소년복지연구, 11(1), 101-121.

문성호, 정경은, 한지연(2009). 청소년기의 자원봉사활동 과정 연구: 근거이론 적용. 청소년학연구, 16(3), 181-208.

문영희, 오세영, 국윤경(2018). 청소년 자원봉사활동과 사회복지사의 자원봉사관리 경험을 통해 본 자원봉사관리체계. 인문사회과학연구, 19(4), 369-405.

박용순(2001). 노인자원봉사의 활성화를 위한 실증적인 분석연구. 한국사회복지학, 46, 89-117.

박윤애(2003a). 기업자원봉사 관리자 역할. 2003 기업자원봉사관리자 교육교재. 볼런티어21.

박윤애(2003b). 기업자원봉사 정책수립. 2003 기업자원봉사관리자 교육교재. 볼런티어21.

박태영 역(1993). 자원봉사활동조정자. 은익.

박태영(2000). 사회복지시설론. 양서원.

박태영(2003). 지역사회복지론. 현학사.

박태영, 채현탁, 정진석, 조미정(2019). 자원봉사론(2판). 공동체.

보건복지부(2021a). 2021 사회복지시설 관리안내.

보건복지부(2021b). 2021년 노인일자리 및 사회활동지원사업 운영안내.

보건복지부, 한국보건사회연구원(2020). 통계로 보는 사회보장 2020.

보건복지부, 한국사회복지협의회(2021). 2020 VMS 사회복지자원봉사 통계연보.

볼런티어21(2002). 자원봉사관리자 교육매뉴얼.

볼런티어21(2003). 기업자원봉사관리자 교육교재.

볼런티어21, 성공회대학교(2003). 2003자원봉사 관리자 아카데미 교육교재.

사회복지공동모금회(2003). 기업의 사회공헌활동에 대한 실태조사.

삼성생명(2000). 자원봉사프로그램 핸드북-알기 쉽고 재미있는 자원봉사.

서울특별시 사회복지협의회(2004). 자원봉사관리자 교육교재.

성민선(1997). 주요국과 한국의 자원봉사 동향. 자원봉사프로그램백과2-자원봉사의 기초. 한국사회복지협의회.

송기영, 김욱진(2017). 자원봉사활동의 지속성에 관한 연구. 한국콘텐츠학회지, 17(4), 446-460.

송승현, 김보린(2005). 초 · 중학생 자원봉사 활성화를 위한 자원봉사센터와 학교의 연계방안. 2005 초 · 중학교 자원봉사 활성화 방안. 삼미재단.

송애리(2002). 기업 내 봉사팀 리더의 리더십 유형과 직원봉사자들의 성숙도 및 봉사활동 만족도에 관한 연구. 가톨릭대학교 대학원 석사학위논문.

송인주(2003). 기업자원봉사 프로그램개발. 2003 기업자원봉사관리자 교육교재. 볼런티어21.

송정인, 이혜영(2017). 영국의 자원봉사제도 변화에 관한 연구: '협약'과 '큰 사회'의 제도층화를 중심으로. 한국거버넌스학회보, 24(2), 217-242.

신혜섭, 남기철(2001). 동덕사회봉사의 길잡이. 동덕여자대학교 출판부.

아름다운재단(2004). 기업의 사회공헌활동 실태조사.

양참삼(1995). 사회봉사의 철학과 기능. 대학의 사회봉사. 한양대학교 사회봉사단.

엄명용, 김성천, 오혜경, 윤혜미(2003). 사회복지실천의 이해. 학지사.

오정수, 류진석(2019). 지역사회복지론. 학지사.

오효근, 김욱(2008). 대학생 자원봉사활동의 지속성 결정요인에 대한 경로분석. 사회복지정책, 35, 297-327.

와타도이치로, 오병삼, 정종우(1997). 일본의 자원봉사 유래와 현황. 한국사회복지관협회.

원미순, 박해숙(2010). 자원봉사활동 경험이 시민의식에 미치는 영향. 한국거버넌스학회보, 17(3), 225-245.

유성호 역(1997). 자원봉사프로그램의 관리와 리더십. 아시아미디어리서치.

이강현 역(1997). 자원봉사 프로그램의 기획과 관리를 위한 101가지 아이디어. 한국자원봉사단체협의회.

이강현 역(2002). 세계의 자원봉사활동. 볼런티어21.

이강현(2003). 기업사회공헌의 의미와 필요성, 동향. 2003 기업자원봉사관리자 교육교재. 볼런티어21.

이경은(2003). 가족자원봉사경험과 가족의 건강성에 관한 연구. 한국사회복지학, 52, 63-87.

이경은, 장덕희(2000). 가족자원봉사 프로그램 개발에 관한 연구. 경북여성정책개발원.

이금룡(2002). 가족자원봉사활동의 사회적 의의와 발전방향. 한국자원봉사협의회.

이금룡, 강은경, 박준기, 구재관, 조봉실, 이기백, 이권일, 박상욱(2009). 노인자원봉사실천론. 학지사.

이만식, 김성호, 오단이, 전구훈, 원도연(2020). 뉴패러다임 시대의 자원봉사론. 학지사.

이만식, 손신, 신효진(2010). 21세기 자원봉사관리. 학지사.

이명희(2004). 가족자원봉사활동과 일반자원봉사활동에 참여한 청소년에 관한 비교연구. 숭실대학교 대학원 석사학위논문.

이상민(2002). 기업의 사회적 책임. 한국사회학, 36(2).

이성록(1993). 자원봉사자의 활동실태와 효율적 활용체계. 대구대학교 대학원 석사학위논문.

이성록(1995). 자원봉사활동 관리조정론. 학문사.

이성은(2009). 청소년 자원봉사활동과 자아존중감의 관계에 대한 종단적 연구. **사회복지연구**, 40(2), 313-335.

이재삼(2019). 현행 자원봉사활동 기본법 상 자원봉사활동 활성화를 위한 법적 제고 방안. **동북아법연구**, 13(2), 295-331.

이재웅(1999). 미국 대학의 사회봉사체제와 프로그램 운용에 관한 연구. **21세기정치학회보**, 9(1), 411-437.

이재은, 조영아(2015). 서울시 자원봉사센터 자원봉사관리자의 역량모델 개발. **사회복지연구**, 46(4), 173-198.

이창호(1996). 자원봉사자 관리사례 및 평가. **자원봉사의 효율적 관리**. 한국사회복지협의회.

이창호(1997). 자원봉사의 방법과 기술. **자원봉사프로그램백과2-자원봉사의 기초**. 한국사회복지협의회.

이태수(2005). **지역주민통합서비스 제공체계 구축방안**. 저출산고령사회위원회.

장연진(2005). 대학생 자원봉사센터와 자원봉사관리. **학생연구**, 39, 52-70.

전경련(2000). **기업의 사회공헌활동**. 전국경제인연합회 사회공헌팀.

전경련(2001). **사회공헌활동에 관한 기업인 및 국민의식 조사**. 전국경제인연합회 사회공헌팀.

전경련(2003). **1% 클럽 뉴스레터 11호**. 전국경제인연합회 사회공헌팀.

전신현(1999). 지역연결망 및 지역성원으로서의 정체성이 자원봉사 참여에 미치는 영향. **한국사회복지학**, 38, 234-254.

정무성(1996). 자원봉사자 유형에 따른 효율적인 활용 및 관리방안. **자원봉사의 효율적 관리**, 한국사회복지협의회.

정병오(1997). 사회복지조직의 효과적인 자원봉사 관리방안에 관한 연구. 연세대학교 대학원 석사학위논문.

정진경, 남기철, 권은선, 한세리(2008). **자원봉사 인정 프로그램 실태조사 및 모형개발**. 행정안전부, (사)자원봉사포럼.

정진경, 천희(2018). 온라인 자원봉사자의 인구사회학적 및 봉사활동 특성에 관한 연구. **시민사회와 NGO**, 16(1), 49-84.

조휘일(1995). 사회복지와 자원봉사. 남세진 편, **한국 사회복지의 선택**. 나남.

조휘일(1996). 자원봉사관리자의 구체적 업무. **자원봉사의 효율적 관리**. 한국사회복지협의회.

조휘일(1997). 자원봉사에 대한 이해. **자원봉사프로그램백과2-자원봉사의 기초**. 한국사회복지협의회.

조휘일(1998). **현대사회와 자원봉사**. 홍익재.

주정아(2021). 장기간 자원봉사활동자들의 자원봉사 경험에 대한 현상학적 연구 **한국사이코드라마학회지, 24**(1), 83-96.

최성재, 장인협(2002). **노인복지론**. 서울대출판부.

최유미(2011). **자원봉사관리론**. 공동체.

최일섭, 이강현, 이창호, 주성수(1996). **미국의 자원봉사 유래와 현황**. 한국사회복지관협회.

최일섭, 임현진, 김혜란(1997). **서울대학교 사회봉사활동 추진방안**. 서울대학교 사회복지연구소.

최혜지, 이미진, 전용호, 이민홍, 이은주(2020). **노인복지론**. 사회평론아카데미.

통계청(2019. 11. 25.). 2019년 사회조사결과 보도자료.

통계청(각 연도). 사회조사.

평택대학교 다문화가족센터 편(2007). **다문화사회복지론**. 양서원.

한국대학사회봉사협의회(1999). **새천년 새희망을 여는 청소년들**.

한국사회복지협의회(1995). **자원봉사자 교육교재**.

한국사회복지협의회(1996). **자원봉사의 효율적 관리**.

한국사회복지협의회(1997). **자원봉사 프로그램 백과**.

한국자원봉사연합회(2002). **가족자원봉사 프로그램 개발 매뉴얼**.

한국자원봉사연합회(2002). **미국의 가족자원봉사**.

한양대학교 사회봉사단 편(1995). **대학의 사회봉사**. 한양대학교 출판부.

한화(2003). **기업사회봉사지침서**.

홍순혜, 한인영 공역(1997). **사회사업기록: 이론과 실제**. 학문사.

홍승혜(1995). 재가복지 자원봉사자의 만족과 지속에 관한 연구. 이화여자대학교 대학원 석사학위논문.

황창순(2016). 기업자원봉사자의 자원봉사반응에 영향을 미치는 요인에 대한 연구. **한국콘텐츠학회논문지, 16**(12), 492-506.

Burger, E. (2019). *The Book on Volunteer Management*. VolunteerHub.

Chinman, M. J., & Wandersman, A. (1994). The benefits and cost of volunteering in community organization: Review and practical implication. *Nonprofit and Voluntary Sector Quarterly, 28*(9).

Dunn, P. D. (1995). Volunteer Management. *Encyclopedia of Social Work,* 19th ed. NASW Press.

Ellis, S. J. (1989). *Volunteer centers: Gearing up for the 1990s*. Washington D.C.: United

Way of America.

Ellis, S. J., & Cravens, J. (2000). *The virtual volunteering guidebook.* www.impactonline.org.

Gidron, B. (1985). Predictors of retention and turnover among service volunteer workers. *Journal of Social Service Research*, vol.8.

Harvard School of Public Health · MetLife Foundation (2003). *Reinventing aging baby boomers and civic engagement*.

Jackson, R., Locke, M., Hogg, E., & Lynch, R. (2019). *The complete volunteer management handbook* (4th ed.). Directory of Social Change.

Jacobson, A. (1990). *Volunteer management handbook for effective development of volunteer programs*. ACSW.

Lammers, J. R. (1991). Attitudes, motives, and demographic predictors of volunteer commiyment and service duration. *Journal of Social Service Research,* vol.14.

Madding, A., & King, D. (2018). *Volunteer management 101 how to recruit and retain volunteers*. Charm House Publishing.

McCurley, S., & Lynch, R. (1989). *Essential volunteer management.* The Volunteer Management Series of VM Systems.

Rosenthal, R., & Rosnow, R. (1975). *The volunteer subject.* John Wiley & Sons Inc.

Rothman, J., Erlich, J. L., & Tropman, J. E. (1999). *Community intervention*. F. E. Peacock Publishers, Inc.

Shulman, L. (1997). *The skills of helping.* F. E. Peacock Publishers, Inc.

Stenzel, A. K., & Feeney, H. M. (1976). *Volunteer training and development: A manual.* Seabury Press.

Stevenson, S. C. ed. (2011a). *128 Recognition ideas for donors, volunteers and members*. John Wiley and Sons, Inc.

Stevenson, S. C. ed. (2011b). *94 Terrific Ways to Recruit Volunteers*. John Wiley and Sons, Inc.

Whittaker, J. K., & Garbarino, J. (1983). *Social support networks.* Aldine Publishing Company.

경향신문(2006. 5. 16.)

뉴시스 포토뉴스(2020. 7. 10.)

뉴시스(2021. 7. 4.)
연합뉴스(2006. 7. 24.)

1365 자원봉사포털 https://www.1365.go.kr/
교보교육재단 그리다솜이가족봉사단 http://nanumfamily.kbedu.or.kr/
교육부 http://www.moe.go.kr/
미국봉사단 http://www.americorps.gov/
법제처 국가법령정보센터 http://www.law.go.kr/
복지넷 http://www.bokji.net/
볼런티어패밀리 http://www.volunteerfamily.org/
브라운 대학교 https://www.brown.edu/
사회복지시설정보시스템 https://www.w4c.go.kr/
사회복지자원봉사인증관리 https://www.vms.or.kr/
서울노인복지센터 http://www.seoulnoin.or.kr/
시니어봉사단 http://www.seniorcorps.org/
장봉혜림원 http://www.jbhl.or.kr/
청소년활동정보서비스 https://www.youth.go.kr/
촛불재단 https://www.pointsoflight.org/
캠퍼스 콤팩트 http://www.compact.org/
통계청 http://kostat.go.kr/
패밀리케어 http://www.familycares.org/
한국노인인력개발원 http://www.kordi.or.kr/
한국노인종합복지관협회 https://www.kaswcs.or.kr/
한국자원봉사문화 http://www.volunteer21.org/
한국자원봉사문화 http://www.volunteeringculture.or.kr/
한국자원봉사협의회 https://www.vkorea.or.kr/
한국중앙자원봉사센터 https://www.v1365.or.kr/

50+ Volunteering: Working for Stronger Communities. http://www.pointsoflight.org/
Announces national family volunteer award winners. http://www.pointsoflight.org/
Award for excellence in workplace volunteer programs(12th)-senior executives at award-

winning companies share key for successful employee volunteer programs. http://www.pointsoflight.org/

Business Membership Survey Report 2005. http://www.pointsoflight.org/

Corporate Volunteer Council Pathways to Success with top 10 recommendation. http://www.pointsoflight.org/

Corporate Volunteer Reporting Standards. http://www.pointsoflight.org/

Corporate Volunteering Section. http://www.pointsoflight.org/

Daily point of light award past winner. http://www.pointsoflight.org/

Employee Volunteer Programs: Building Blocks for Success for small to medium size businesses. http://www.pointsoflight.org/

Employee Volunteering News-November 2005. http://www.pointsoflight.org/

Family Care Tip For Successful Volunteering. http://www.familycares.org/

Family Volunteer Day Guidebook. http://www.pointsoflight.org/

Family Volunteering Primer. http://www.pointsoflight.org/

Family Volunteering. http://www.familycares.org/

Find the meaning of family in volunteering. http://www.pointsoflight.org/

How does family volunteering benefit businesses? http://www.pointsoflight.org/

How to Start an Employee Volunteer Program. http://www.pointsoflight.org/

Human Resources and Workplace Volunteering. http://www.pointsoflight.org/

IAVE Universal Declaration on Volunteering. http://www.iave.org/

National family volunteer day 2005. http://www.volunteerfamily.org/

Principle of Excellence in Workplace Volunteering. http://www.pointsoflight.org/

Putting family first. http://www.pointsoflight.org/

Recruiting Family Volunteers. http://www.pointsoflight.org/

The Principles of Excellence for CVCs. http://www.pointsoflight.org/

The Role of a Corporate Volunteer Council. http://www.pointsoflight.org/

The volunteer family connection. http://www.pointsoflight.org/

Top Seven Trend Affecting Employee Volunteer Programs (EVP). http://www.pointsoflight.org/

Why involve family volunteers? http://www.volunteerfamily.org/

Why volunteer? http://www.impactonline.org/

찾아보기

저자 소개

남기철(南基澈/Nam, Ki Cheol)

서울대학교 사회복지학과(학사)

서울대학교 대학원 사회복지학과(석사, 박사)

전 서울시복지재단 대표이사

참여연대 사회복지위원회 위원

현 동덕여자대학교 사회복지학과 교수

대표 저 · 역서

사회복지실천 기법과 지침(개정 3판, 공역, 나남, 2020)

사회권의 현황과 과제(공저, 경인문화사, 2017)

주거복지의 새로운 패러다임(공저, 사회평론, 2011)

노숙인 복지론(집문당, 2009)

대표 논문

돌봄SOS와 지역사회통합돌봄의 연계 및 발전방안(2021)

한국 지역사회통합돌봄 정책과 주거지원(2020)

사회복지사의 역할 다양화와 역량의 쟁점(2017)

지원주택의 의미와 가치(2017)

지역사회복지와 참여의 고민(2015)

숨겨진 노숙인으로서 다중이용시설숙박자의 성격(2014)

사회복지총서

자원봉사론

Volunteer Management

2022년 1월 10일 1판 1쇄 인쇄
2022년 1월 20일 1판 1쇄 발행

지은이 • 남기철
펴낸이 • 김진환
펴낸곳 • (주)학지사
04031 서울특별시 마포구 양화로 15길 20 마인드월드빌딩
대표전화 • 02-330-5114 팩스 • 02-324-2345
등록번호 • 제313-2006-000265호

홈페이지 • http://www.hakjisa.co.kr
페이스북 • https://www.facebook.com/hakjisabook

ISBN 978-89-997-2572-2 93330

정가 22,000원

저자와의 협약으로 인지는 생략합니다.
파본은 구입처에서 교환해 드립니다.